Ce
Livre
appartient à

Martin Tanguay
mars 200

Le Grand Livre de la
GRAPHOLOGIE

Édité par :
France – ÉDITIONS ATLAS,
89, rue La Boétie, 75008 PARIS.

Belgique – ÉDITIONS ATLEN s.a.,
Avenue Georges-Rodenbach, 4,
1030 Bruxelles.

Textes : Corinne ORANGEL.

Cet ouvrage est une édition partielle
de l'encyclopédie « Astrologie » parue aux Éditions Atlas.
Réalisation de la couverture : Blue up.
© Éditions Atlas, Paris MCMXCVI.
Dépôt légal : Juillet 1996.
Photocomposition : Touraine Compo, Tours.
Imprimé et relié en C.E.E.
ISBN : 2-7312-1981-5

Le Grand Livre de la
GRAPHOLOGIE

EDITIONS ATLAS

Introduction

Qui ne se souvient des longues heures passées à l'apprentissage de l'écriture ? Que cela semblait difficile de reproduire aussi joliment et parfaitement des lettres du tableau ou du livre. Recommencer toujours le même geste dans le but d'affiner, d'assouplir pour enfin accélérer son geste et réussir, plus ou moins bien au début puis de mieux en mieux, à dessiner les lettres, c'est-à-dire écrire. Cet apprentissage requiert une complexité extraordinaire de gestes et de mouvements très délicats. Chacun apprend en fonction de ce qu'il est, de ses capacités mais aussi de ses motivations. Plaisir d'apprendre, désir de réussir, goût pour la forme, tout cela influe sur l'écriture. Déjà un enfant est différent des autres, il est unique et son écriture l'est aussi.

J'ai toujours gardé la même forme d'écriture depuis l'école :

Adulte, notre caractère est formé et notre écriture ne ressemble à aucune autre. Nous l'avons plus ou moins consciemment modelée, transformée à notre image, ou bien nous avons conservé intact, tout au moins le croyons-nous, le modèle appris. Mais même dans ce cas certains éléments du graphisme révéleront la personnalité de leur auteur : l'appui, la signature, la tenue de ligne, la rapidité...

Mon écriture varie tout le temps :

Il est vrai que l'écriture change, évolue au cours de notre existence, qu'elle est variable selon notre humeur et, surtout, selon le type de lettre que nous écrivons. Un brouillon, des notes rapides ou une lettre de candidature n'auront pas toutes la même ordonnance dans la page ni tout à fait la même forme. Mais pour faire une analyse graphologique, on vous demandera différents types d'écriture et il y aura des points communs invariables comme la pression, par exemple. Quant au reste, il est normal de soigner la forme pour une lettre professionnelle, ne pas le faire est tout aussi révélateur du caractère du scripteur.

Cette écriture ne m'est pas sympathique :

Faire une analyse graphologique requiert une grande ouverture d'esprit et un respect de l'autre. Avant de faire ce travail, il vous faudra faire abstraction de tout mouvement de sympathie ou d'antipathie afin de garder la neutralité nécessaire à cette approche qui prétend être objective et non basée sur vos propres sentiments. La complexité d'une écriture correspond à celle d'une personne et ne se livre pas sans un patient travail.

Pouvez-vous analyser ma signature ?

La signature ne révèle rien en elle-même, elle ne se regarde que dans son rapport au texte. Plus grande ou plus petite, plus appuyée ou plus légère, elle traduira la confiance en soi ou le doute, l'engagement ou le dilettantisme. De même qu'une personne n'est pas toujours ce qu'elle paraît être au premier abord, la signature n'est qu'une griffe qui ne dit rien sans le texte qui la précède. Il en est de même pour les petits signes de l'écriture, barres de T, points sur le I ou lignes plus ou moins descendantes qui, en eux-mêmes, n'indiquent rien de bien profond. Mis en rapport avec le reste du graphisme, ils viendront confirmer ou infirmer l'analyse générale.

La graphologie est une approche de la personnalité qui vous permettra de vous découvrir et, par là, de peut-être travailler sur vous-même pour développer au mieux vos points forts en comprenant vos points faibles. Mieux connaître les autres afin de les accepter dans leur globalité, c'est aussi un des fils conducteurs de la graphologie qui est une merveilleuse école d'humanité.

Corinne Orangel

THÉORIE

Fondements et principes

Que vous apporte la graphologie ?

Elle permet de se connaître soi-même, mais aussi de connaître les autres, de déchiffrer leur caractère pour mieux comprendre leur comportement.

THÉORIE

Écrire

Présent

J'écris, tu écris, il écrit, nous écrivons, vous écrivez, ils écrivent.

Idées reçues

• La graphologie ne permet pas d'évaluer le quotient intellectuel. Elle révèle la forme d'intelligence, concrète ou abstraite, analytique ou synthétique.

• Elle permet aussi de déceler l'habileté, la finesse et l'ouverture d'esprit, la rapidité de compréhension, l'objectivité ou la subjectivité.

• Une analyse graphologique à but professionnel ne révèle pas les secrets intimes de votre vie. Il s'agit de voir si le candidat correspond au poste, non de porter un jugement de valeur sur sa personnalité profonde.

L'écriture est le reflet de l'individu. Elle change donc au cours de la vie en fonction des expériences vécues. Tout le monde évolue au cours de son existence, et il est parfois intéressant de comparer des documents anciens et récents pour voir dans quel sens s'effectue cette évolution.

La graphologie chez l'adulte

Elle comporte deux domaines :
• **Graphologie professionnelle :** l'entreprise qui recrute cherche surtout à savoir si le candidat correspond au profil du poste.
• **Graphologie approfondie :** effectuée à la demande de l'intéressé, l'étude permet de faire une synthèse de sa personnalité et de l'orienter vers des activités correspondant à son caractère. Ce portrait est plus intime que celui de l'analyse professionnelle.

La graphologie chez l'enfant

L'analyse est généralement faite à la demande d'un psychologue en raison de difficultés scolaires. Elle ne comporte pas d'étude de caractère, car chez l'enfant celui-ci n'est pas encore formé.

Sensibilité et techniques

La graphologie demande patience, rigueur, ouverture d'esprit. Elle attribue à chaque signe une gamme de significations possibles, mais aucun signe ne doit être examiné indépendamment du contexte. Une barre de T en haut et à droite de la hampe ne veut rien dire si d'autres signes ne viennent pas confirmer sa signification.

La personne qui écrit s'inscrit dans un rapport symbolique avec l'espace représenté par la feuille de papier. Il faut, par exemple, tenir compte du fait que telle personne utilise des formes courbes, que telle autre préfère les angles. La courbe signifie rondeur dans les contacts, capacité de faire le dos rond dans les conflits, besoin de se refermer sur soi. L'angle peut traduire le combat, l'affrontement, le sens de l'effort, la volonté, le courage.

Le symbolisme de l'écriture

Dans les écritures occidentales, le tracé s'effectue de gauche à droite. Le point de départ du mot représente la source.

Ce qui est déjà écrit, qui est à gauche, symbolise le passé et l'individu avec ses ressources intérieures.

Ce qui est à droite, qui n'est pas encore écrit, évoque l'avenir, l'extérieur, les autres.

– Les écritures tournées vers la droite (dextrogyres) : elles montrent beaucoup de signes d'expansion : elles peuvent être tournées vers la droite, les barres de T peuvent être prolongées, le graphisme semble buter sur le bord de la feuille, ce qui traduit un désir d'aller vers les autres, de réaliser des projets.

– Les écritures tournées vers la gauche (sinistrogyres) : elles sont le fait de personnes attachées au passé, centrées sur elles-mêmes ou puisant de la force dans les valeurs traditionnelles.

– Les lettres : le rapport à l'idéal, à l'autorité, aux valeurs traditionnelles, l'imagination seront symbolisés par le haut : haut de la feuille, hauteur de la hampe des lettres (d, f, h, l, t). La terre, les racines, les ressources inconscientes, ainsi que les besoins sexuels et inctinctifs seront visualisés par le bas, par les jambages des lettres (g, j, p).

La zone médiane de l'écriture, c'est-à-dire la hauteur des lettres sans hampe ni jambage, est le Moi de l'individu.

A quoi se remarque l'harmonie ?

L'harmonie, de façon globale, indique l'adaptation et l'objectivité d'une personne, ainsi que son désir d'une communication efficace.

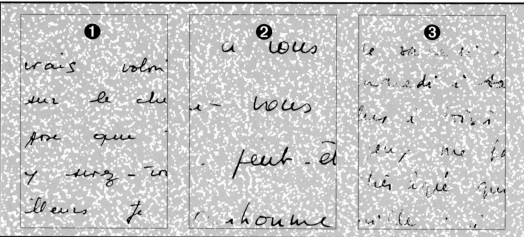

Interprétation

❶ L'harmonie découle ici de la simplicité, des proportions équilibrées, de la sobriété et de l'aisance générale du graphisme. Une certaine sérénité se dégage de cette écriture.

❷ L'harmonie se remarque par l'aisance du tracé, sa clarté, sa sobriété. L'écriture est homogène. Personne qui a su trouver un équilibre entre ses différentes tendances.

❸ L'ordonnance est réussie, les espaces entre les mots sont équilibrés. L'écriture est simple et sobre, tout en étant personnalisée. L'énergie est bien canalisée, les conflits sont dépassés.

Afin de procéder à une analyse graphologique, on repère les principales caractéristiques de l'écriture, puis on les replace dans un contexte, ou milieu graphique, afin de voir si les diverses espèces répertoriées sont homogènes ou en contradiction. Ce sont les synthèses élaborées par des graphologues de différentes tendances qui permettent de situer le milieu graphique.

L'harmonie : proportion et équilibre

L'harmonie est la synthèse, élaborée par Crépieux-Jamin, que l'on utilise pour analyser une écriture. Pour être harmonieux, un graphisme doit être proportionné, ordonné, simple, sobre, clair, aisé et homogène. L'homogénéité représente l'accord de toutes les parties de l'écriture entre elles.

L'harmonie se traduit dans l'écriture par des proportions respectées dans le sens vertical et horizontal. Le rapport des hampes et des jambages est proportionné quand il n'y a pas ou peu de prolongements importants dans une zone, au détriment d'une autre. Des jambages prolongés tirent l'écriture vers le bas et l'équilibre des trois zones n'est plus respecté. Il en est de même de la largeur des lettres : trop étalée ou trop étrécie, l'écriture se déséquilibre. L'ordonnance s'observe dans la mise en page et dans l'aération suffisante entre les mots et les lignes. La simplicité se retrouve dans une forme sans ornement inutile, dans la sobriété et quand le mouvement porte la forme sans la contraindre ni la dissoudre. L'aisance découle de la souplesse du déroulement graphique et la lisibilité du texte en détermine la clarté.

La disproportion est signe d'un déséquilibre ou d'un conflit intérieur qui tiraille la personne et qui entrave son dynamisme. L'ordonnance traduit l'implication sociale du sujet, en révélant une acceptation des règles sociales, mais aussi la relation aux autres selon l'espacement entre les mots. Cette ordonnance indique aussi la clarté ou la confusion d'esprit, selon que les lignes sont séparées ou enchevêtrées.

Simplicité et aisance

La simplicité et la sobriété indiquent le naturel et la spontanéité du scripteur. La simplicité est un indicateur de bon sens et d'objectivité. La sobriété révèle la mesure et la maîtrise de soi de la personne. L'aisance suppose un apprentissage calligraphique suffisant et témoigne d'une adaptation efficace à la réalité et, notamment, dans le domaine professionnel. La clarté, surtout dans un contexte rapide et évolué, indique la clarté d'esprit. La clarté se détermine par la lisibilité des lettres, mais aussi par la mise en valeur des mots par l'espace.

La clarté donne aussi une bonne indication sur la capacité de discernement et le sens des priorités.

Une écriture non harmonieuse traduit la fragilité de la personne et son insatisfaction, laquelle peut être signe de tension et d'agressivité. L'absence d'harmonie n'a rien à voir avec le niveau socioculturel d'une personne : une écriture peut être maladroite dans sa forme et, cependant, parfaitement homogène dans ses parties.

Quels sont les critères de la caractérologie de Le Senne ?

L'ensemble des traits de caractère constitue la personnalité. Le caractère, selon Le Senne, est « le squelette de la personnalité ».

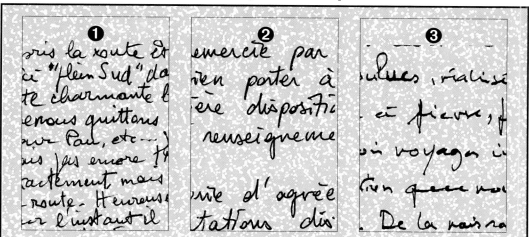

Interprétation

❶ L'activité est bien représentée dans cette écriture liée, anguleuse et appuyée. Elle est, par ailleurs, plutôt NE et S. De la persévérance, du courage et de l'implication chez cette femme de 80 ans.

❷ Peu d'émotivité, de la primarité et de la secondarité, ainsi qu'une activité de motivation plus que naturelle. De l'efficacité si l'enjeu en vaut la chandelle.

❸ L'émotivité domine le graphisme : pochages et trait inégal dans son appui. Peu d'activité, le tracé est mou, l'écriture est plutôt primaire. Impulsivité et découragement.

Le Senne, psychologue français (1882-1954) inspiré par l'école hollandaise de Heymans et Wiersma, a établi une caractérologie dégageant trois propriétés fondamentales du caractère. Un individu peut être émotif ou non émotif, actif ou non actif et primaire ou secondaire. La combinaison de ces facteurs permet de reconnaître huit types caractérologiques de base. On utilise les initiales suivantes E ou NE, A ou NA et P ou S.

Émotivité

L'émotif est celui dont les réactions sont disproportionnées par rapport à leur cause. L'individu ressent trop violemment les stimuli du monde extérieur. Inversement, le non-émotif aura des réactions peu violentes et sera plus difficilement ému. L'émotivité n'a rien à voir avec la sensibilité ou l'affectivité.

L'écriture E : le trait est ferme et rapide mais irrégulier, les inégalités sont nombreuses.

L'écriture NE : elle est stable, régulière, calme. La pression est homogène ainsi que la forme et la dimension.

L'activité

L'activité de Le Senne concerne la disposition à agir et non le comportement. Un actif agit naturellement, l'obstacle le stimule et renforce son action. Il reprend rapidement ses forces après l'obstacle. Le non-actif peut être un actif dans son comportement, à condition qu'il soit motivé. Il est moins porté à agir, mais peut être très efficace si nécessaire. L'obstacle ne le stimule pas et il a tendance à se décourager. Ses capacités de récupération sont moindres.

L'écriture A : la tension est ferme, le trait est net et appuyé. L'écriture est progressive, souvent en relief. La vitesse est rapide, l'inclinaison est souvent marquée avec des lancements et une dominante anguleuse.

L'écriture NA : le trait est léger et courbe. La vitesse est plus lente et le mouvement plus coulant, voire lâché. La conduite est souple avec un trait pâteux. Il peut y avoir des signes d'hésitation.

Primaire ou secondaire

La primarité et la secondarité concernent le retentissement des représentations sur l'individu. Le primaire vit dans l'instant, ses réactions sont immédiates, explosives, mais le lendemain, il passe à autre chose. Il peut être superficiel. Pour un individu de type secondaire, les impressions produisent un effet durable et profond. Le secondaire est concerné par le passé et l'avenir, mais peut rater le présent. Les secondaires sont en général fidèles, conservateurs et tributaires du passé.

L'écriture P : elle est grande, progressive, spontanée avec une ordonnance peu soignée. Les finales partent sans contrôle.

L'écriture S : le contrôle domine, la régularité et la sobriété des formes sont intégrées à une ordonnance soignée et précise. Les finales sont arrêtées ou suspendues.

Qui est le nerveux de Le Senne ?

Le nerveux de Le Senne est Émotif, Non Actif et Primaire (ENAP). C'est le plus changeant des tempéraments. Il a le goût du renouvellement et un besoin d'émotions nouvelles.

THÉORIE

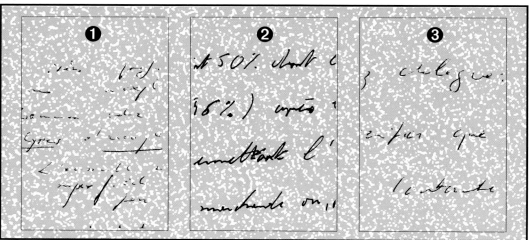

❶ ❷ ❸

Interprétation

❶ Petite, irrégulière et lancée, l'écriture est celle d'un nerveux de Le Senne. Toutefois, le rythme et l'inclinaison régulière compensent la rapidité et donnent un certain poids au graphisme.

❷ Très inégale, spasmodique et rapide, cette écriture très réactive est assez typique du nerveux de Le Senne. La tenue de ligne compense la réactivité et correspond à une recherche de résultats concrets.

❸ Inégale, petite, lancée, avec un rythme personnel, l'écriture est celle d'une personne très émotive, réagissant rapidement et ayant besoin de renouveler ses centres d'intérêt.

L'écriture est irrégulière, rapide et plutôt inégale dans l'appui, marquant ainsi l'émotivité. Les finales sont vives, lancées, tout comme les barres de « T ». L'accentuation est peu précise et parfois omise. La mise en page est spontanée et peu disciplinée. Cela traduit la primarité, c'est-à-dire la réaction rapide, sans que cela laisse de traces profondes. Le trait est plutôt léger, ce qui indique la non-activité, c'est-à-dire le besoin de stimulations importantes pour agir.

Rapidité d'esprit et imagination

L'intelligence du nerveux de Le Senne est vive et originale, car l'individu recherche la nouveauté à tout prix. Il est souvent imaginatif et curieux d'esprit. Ne tenant à aucun principe, il peut être assez influençable et se laisser séduire par les événements tels qu'ils se présentent. Il est, par ailleurs, peu objectif et souvent perdu dans ses rêveries. Il manque de bon sens et surtout de patience et de persévérance pour réaliser ses nombreux rêves. Sa pensée est plus rapide que profonde et il touche un peu à tout sans rien approfondir ou terminer. Il est finalement assez dilettante.

Sens de l'imprévu

Son activité est très rapidement déclenchée, il réagit vite et spontanément, mais sans organisation. Il s'enthousiasme volontiers et aime faire partager à autrui ce qu'il ressent à propos de tel ou tel projet. Il se décourage toutefois rapidement, car il n'a pas le sens de l'effort. Son rythme de travail est irrégulier et fluctue selon ses humeurs. L'obstacle le stimule et il peut être combatif, mais jamais sur le long terme. Il réagit au coup par coup et est un excellent tacticien. Il sera très à l'aise dans des situations qui demandent des réactions rapides et immédiates. Il sait faire face à l'imprévu et répondre à l'urgence. Il a besoin de résultats rapides et manque de sens prévisionnel. Il a un constant besoin de renouvellement et s'ennuie rapidement. Dans ce dernier cas, il devient inefficace. Son activité est toujours dépendante des sollicitations de l'environnement. Il a du mal à trouver en lui-même suffisamment de ressources et de motivations pour agir. Il est incapable de travailler dans la solitude et sous sa propre responsabilité.

Vagabondage affectif

Sur le plan sentimental, il est assez instable et peut avoir un côté don Juan – s'il s'agit d'un homme. La femme, elle aussi, multipliera les conquêtes en cherchant à séduire et à faire de nouvelles rencontres sans approfondir les relations. Les sentiments s'expriment facilement, mais, en revanche, ils manquent de profondeur. Sa facilité de contact lui permet d'établir des relations nombreuses.
Au fond assez inquiet, voire mélancolique, il recherche le divertissement pour s'étourdir. Il a besoin d'excitants et d'émotions qui lui donnent le sentiment de vivre. Il aime travestir la réalité et cela peut s'extérioriser dans le domaine artistique, dans le meilleur des cas, ou bien dans le mensonge et la vanité.

Qu'est-ce que le « formniveau » ?

L'harmonie de Crépieux-Jamin privilégiait l'équilibre dans l'écriture. Le formniveau de Klages permet d'appréhender le potentiel de l'individu et ses capacités à l'utiliser.

THÉORIE

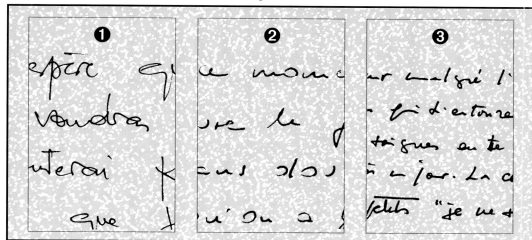

❶ ❷ ❸

Interprétation

❶ Personnalisée et authentique, cette écriture est intense et originale. Elle est rythmée. Il y a beaucoup de contraintes, mais le potentiel est important.

❷ La relation des noirs et des blancs donne un rythme à cette écriture, qui est originale et intense par le trait chaleureux. La personne est énergique, elle se réalise dans son quotidien.

❸ Petit graphisme de nerveux, intense, qui a du poids et une bonne répartition des noirs et des blancs. Du contrôle, mais aussi des forces de libération. Un potentiel qui s'exprime.

Ludwig Klages, né à Hanovre en 1872, est mort à Zürich en 1956. Philosophe, docteur en chimie et graphologue, il est l'auteur de nombreux ouvrages de graphologie. Le plus célèbre est *l'Expression du caractère dans l'écriture*.

Sa théorie est fondée sur sa conception philosophique de la dualité entre les forces de vie, la richesse et la libération, et les forces de contraintes, synonymes d'appauvrissement. Il est nécessaire que les deux pôles s'équilibrent, car un certain contrôle est nécessaire afin de canaliser et de mettre en forme les forces expressives. D'un bon formniveau on déduit que la personne a un potentiel d'expression et qu'elle est en mesure de l'utiliser. La détermination du formniveau nécessite une vision globale de l'écriture afin de déterminer son originalité, son intensité, sa plénitude, son poids et son rythme.

Originalité et authenticité

L'originalité, dans ce contexte, signifie authenticité et personnalisation. En effet, une écriture inutilement ornée sera artificielle, mais pas originale car non authentique. Une écriture originale exprime les forces de l'individu, à l'inverse d'une écriture impressive, qui cherche à faire impression.

La plénitude se retrouve dans des formes légèrement arrondies et un trait plutôt nourri, qui dégage une certaine chaleur. Cette chaleur et cette plénitude indiquent la capacité à établir des rapports humains ouverts.

Le poids de l'écriture se remarque à la façon dont les mots sont posés sur la ligne de base, celle de la réalité. Des mots qui dansent et flottent donnent peu de poids à l'écriture, et de cela on peut déduire le manque de contact avec la réalité.

Intensité et image directrice

L'intensité se dégage d'un trait dense et nourri, qui indique l'ardeur et la vitalité associées à une élasticité du trait. En effet, une personne trop tendue risque de craquer. Inversement, une personne sans tension manque d'implication. L'idée générale du formniveau est que l'individu a une image directrice, un idéal qui le guide et qui constitue pour lui une aspiration à se dépasser. L'intensité se déduit également du rythme de répartition des noirs et des blancs, qui donne une densité au graphisme. En effet, des mots qui sont mis en valeur par l'espace se détachent bien et donnent davantage d'intensité au graphisme.

Les forces de libération se remarquent quand l'écriture est rapide, élancée, en guirlande, dynamique, appuyée sans excès et nuancée. Les forces de contrainte se retrouvent dans une écriture posée, en arcade, légère ou très appuyée et très régulière. L'idéal est que les forces s'équilibrent, afin que le contrôle permette la canalisation des forces créatives de l'individu. Le rythme s'appréhende surtout par la répartition des noirs et des blancs. Il existe aussi un rythme de forme, quand le tracé est nuancé et non monotone. Les écritures qui ont un faible formniveau sont monotones, dévitalisées, artificielles ou banales.

Quelles sont les différentes typologies utilisées en graphologie ?

Une typologie est une classification d'indices graphologiques par types psychologiques.

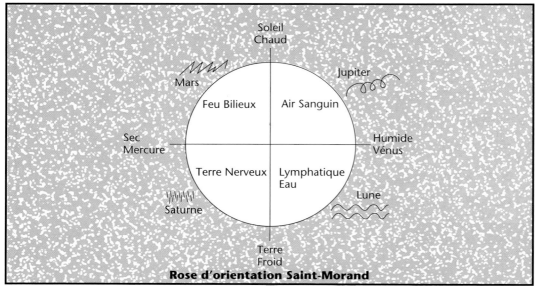

Rose d'orientation Saint-Morand

La rose d'orientation Saint-Morand montre les associations possibles des différentes typologies utilisées en graphologie. Avant d'aborder une écriture, il est possible, en première impression, de déterminer quels sont les éléments dominants du graphisme : Air, Terre, Soleil ou Eau.

Les classifications typologiques sont à manier avec prudence, car les individus appartiennent rarement à un type pur, mais il peut être important de faire ressortir les traits dominants.

Les quatre éléments

Les savants et les philosophes de l'Antiquité avaient mis en évidence l'importance de quatre éléments : l'Eau, le Feu, l'Air et la Terre. Ces éléments ne constituent pas en eux-mêmes une typologie, mais il est intéressant, dans une première approche, de voir si une écriture est plutôt Feu, Air, Eau ou Terre.

Eau

Une écriture Eau, que l'on retrouve dans le tempérament lymphatique, donne un trait léger, plutôt lent, pâteux, épais, terne et sans relief. La forme est courbe, un peu molle, filiforme et ondulée. Les formes sont lâchées, peu

structurées ; le mouvement est immobile ou flottant. On retrouve beaucoup de blancs dans l'écriture.

Air

L'Air va donner de la vigueur à l'écriture, qui aura un trait nourri, appuyé et plutôt rapide. La forme est ample, dilatée en courbe étalée. Le mouvement est résolu et dynamique, en souplesse. Le sanguin est le tempérament qui correspond à l'Air.

Feu

Les indices graphiques de l'élément Feu sont : un trait net, appuyé et parfois coupant. La forme est anguleuse, droite, avec des gestes cruciformes et des jambages appuyés. Le mouvement est dynamique et propulsif ou barré. Le bilieux est le tempérament Feu.

Terre

L'élément Terre donne un trait inégal d'appui, net ou pâteux. La forme est fragmentée, la dimen

sion est petite, l'ensemble du graphisme est simple, quelquefois compact. Le mouvement est vibrant, cabré ou immobile. Le nerveux est le tempérament de l'élément Terre.

La typologie hippocratique

Hippocrate, célèbre médecin grec du IVe siècle avant J.-C., a établi, à partir de sa théorie de l'altération des humeurs, des méthodes de diagnostic. C'est lui qui est à l'origine de la définition des quatre tempéraments de base : le lymphatique, le sanguin, le bilieux et le nerveux.
Ces tempéraments permettent de distinguer des caractères psychologiques. Un individu sera sanguin, nerveux, bilieux ou lymphatique. Il existe rarement des tempéraments purs. L'équilibre idéal consiste donc en la présence des quatre tempéraments dans chaque individu.

La typologie planétaire

C'est en 1937 que Mme Saint-Morand appliqua la typologie

planétaire à la graphologie. La graphologie planétaire n'a aucun rapport avec l'astrologie, si ce n'est qu'elle utilise le nom des planètes pour décrire différents types d'écriture. Ainsi, on parlera d'une écriture Mercure ou Soleil pour déterminer les caractéristiques graphologiques et leurs correspondances psychologiques. La graphologie planétaire est une classification qui s'utilise en plus de l'analyse graphologique classique. Elle constitue un complément enrichissant. Sept planètes ont été étudiées dans un premier temps : Terre, Lune, Vénus, Soleil, Mars, Mercure et Saturne. Plus tard ont été étudiées Neptune, Uranus et Pluton, que l'on appelle planètes « transcendantales ».
Comme toute typologie, elle est à manier avec précaution afin de ne pas plaquer sans nuance des types psychologiques qui seraient des caricatures : il n'existe pas de Soleil pur ou de Mars pur.

Comment reconnaître une écriture de type Soleil ?

THÉORIE

Le Soleil symbolise les forces spirituelles ou idéales qui nous inspirent, nous vivifient ou nous assoiffent.

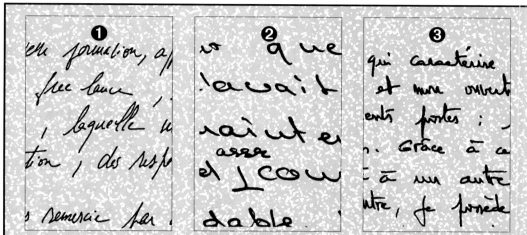

Interprétation

❶ La mise en page ordonnée, le trait fin, la forme étrécie et prolongée sont typiques d'une écriture Soleil. Recherche d'individualisation et exigence guident cette personne.

❷ L'écriture est stylisée, prolongée, verticale, plutôt étrécie et en arcade. Le Soleil domine dans ce graphisme qui est le fait d'une personne sélective, exigeante et peu encline aux compromis.

❸ Arcades, étrécissements, prolongements et recherche d'une forme élégante sont le fait du Soleil dans cette écriture. C'est une personne qui tient à être à la hauteur de ses exigences, mais pour qui il est difficile de se réaliser aussi bien qu'elle le voudrait.

L'écriture solaire se remarque par son souci d'une forme recherchée plus ou moins discrète. Le désir d'individualisation est présent. Ce qui importe, c'est l'image qui est donnée et montrée, la représentation de soi.

Souci d'individualisation

Le Soleil se sent unique, il veut montrer aux autres ce qu'il a de spécifique. L'écriture sera donc très personnalisée, acquise, voire artificielle. La forme est toujours hyperstructurée et l'arcade domine. La verticalité est courante et l'étrécissement aussi. Le graphisme semble aspiré vers le haut. On retrouve des surélévations, mais la dimension est variable. La pression est souvent forte avec du relief et une conduite plutôt ferme ou même raide. L'organisation dans la page est toujours très réfléchie, même si elle peut être originale.

Exigence et perfectionnisme

L'écriture solaire correspond à une personnalité qui cultive l'originalité, le prestige et qui refuse la médiocrité du quotidien. Les préoccupations d'un tel caractère sont d'ordre éthique, philosophique ou esthétique. Le narcissisme est important et il peut être, selon le potentiel de l'individu, porteur ou, au contraire, écrasant et stérile. Individualiste et sélectif, le type solaire est conscient de sa différence et, de ce fait, ressent un sentiment de solitude et une difficulté d'adaptation que l'on retrouve dans l'écriture au travers de la raideur et de la non-spontanéité du graphisme. Exigeant et perfectionniste, il est toujours insatisfait, ne se sentant jamais à la hauteur de son idéal. Si son insatisfaction est profonde, il peut se montrer irascible à l'égard d'autrui et assez méprisant. Il manque de savoir-faire et ne sait pas concilier les choses ou faire des compromis.

Sur le plan intellectuel, c'est un idéaliste qui n'a pas beaucoup de sens concret ni de bon sens. Sa pensée est synthétique, il voit haut et loin, mais peut manquer ce qui se présente autour de lui. Il peut être chimérique, ignorer le quotidien. Il n'est pas souple et a du mal à se remettre en question, bien qu'il ait un esprit critique, aiguisé en ce qui concerne les autres. Il aime penser en termes de catégorie et de classement et manque de nuance et de réceptivité à l'égard des idées nouvelles et surtout extérieures à lui-même.

Responsable

Son activité est guidée par son sens du devoir et des responsabilités. Il aime diriger et tente de se placer haut dans la hiérarchie. Il a besoin d'être fier de ce qu'il fait et recherche l'excellence. Il cherche toujours à se dépasser et à faire mieux, il est perfectionniste et a le sens de la qualité, ce qui peut nuire à la rapidité d'exécution. Il est prudent et contrôlé, et ses initiatives sont circonspectes. Affectivement, il a besoin des autres, mais ne sait pas toujours l'exprimer. Il est pudique, secret et sensible. Il est assez froid et il est difficile de savoir ce qui se passe derrière son image toujours maîtrisée. Il a besoin d'être rassuré sur sa valeur et il n'est pas sûr qu'il sache donner beaucoup sur le plan des sentiments. En revanche, son sens des responsabilités lui fait assumer ses charges.

En excès dans l'écriture, le Soleil donne de la raideur et de l'orgueil, ainsi qu'une réelle difficulté d'adaptation. Inversement, une carence en Soleil signifie une ambition médiocre, un manque de confiance et une difficulté à s'affirmer.

Comment se caractérise l'écriture d'une personnalité Lune ?

La Lune est en relation avec le monde de l'enfance, de l'imagination, où l'irrationnel domine.

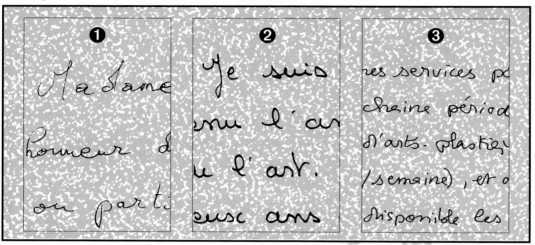

❶ **❷** **❸**

Interprétation

❶ Le mouvement flottant et les formes enfantines sont typiquement Lune. Proche du monde de l'enfance, ce jeune homme de 24 ans a du mal à s'inscrire dans le présent.

❷ Jeune fille de 22 ans assez rêveuse. Les formes enfantines, le mouvement flottant sont de type Lune. La tenue de ligne est plutôt Terre et est un bon indice de sens des réalités.

❸ Le mouvement flottant, le trait léger de cet étudiant en maîtrise de l'art révèlent l'influence du monde des rêves. L'arcade et la liaison indiquent le désir de se construire.

Dans l'écriture Lune, l'espace est peu organisé, l'ordonnance est spontanée, aérée et inégale. Les lignes sont sinueuses et les espaces entre les lignes inégaux.

La direction est fluctuante et le mouvement flottant, posé, avec une vitesse assez lente. Le blanc domine largement le noir, ce qui indique la prédominance de l'inconscient et du rêve sur le conscient et le réalisme.
Le trait est léger et plutôt pâteux avec une conduite peu ferme. Les liaisons sont discontinues. Les formes sont arrondies, en ballon, avec des gonflements, ou bien ont une tendance filiforme. L'écriture est un peu enfantine, on remarque des crénelages, des torsions, des jambages longs et mous.
Le tempérament correspondant est le lymphatique, avec l'élément Eau.

Imagination et créativité

Du point de vue intellectuel, le type lunaire est irrationnel, intuitif. Sa vision des choses est globale, il n'aime pas approfondir. Il peut manquer de rigueur et de sens logique et n'a pas l'esprit de synthèse. Il parle quand il est inspiré, sans chercher à mettre de l'ordre dans ses idées.
Le lunaire est imaginatif et créatif, il est souvent réceptif et ouvert aux idées nouvelles. Il est subjectif dans ses jugements, puisqu'il émet une opinion sans la vérifier.

Passivité et fantaisie

Ce tempérament n'est pas très actif, il préfère se laisser imprégner par ce qu'il ressent et ce qu'il reçoit du monde extérieur. Peu discipliné, il a du mal à s'intégrer dans une équipe de travail, c'est un individualiste qui ne cherche pas à avoir une emprise sur autrui. Il s'adapte plus par facilité que par goût ou par nécessité. Il ne recherche ni les responsabilités ni les initiatives.
Il ne se fixe pas réellement d'objectif, car il préfère obéir au principe de plaisir. Son organisation est fantaisiste et personnelle. Il peut être doué sur le plan artistique. Sans être intéressé, l'argent le rassure, mais son budget n'est pas vraiment tenu. Il est plus cigale que fourmi. Imprévoyant, il improvise et trouve souvent des solutions astucieuses.

Indifférence et opportunisme

Il manque de confiance en lui et est souvent inquiet. De ce fait, il peut avoir tendance à se réfugier dans la passivité ou à fuir les problèmes. Sur le plan affectif, il est assez froid, ne s'engage pas vraiment. Son insécurité foncière l'amène toutefois à rechercher la compagnie, à condition que le climat soit calme. Il est diplomate, car il refuse les conflits, mais reste assez indifférent. Il peut être opportuniste et toujours débrouillard. Son humeur est très changeante, il passe de l'euphorie à la tristesse et, vis-à-vis des autres, il est tour à tour disponible et fermé.

Une carence en Lune

Une écriture carencée en Lune indique un manque de fantaisie et une difficulté à apprécier vraiment les plaisirs de la vie. C'est l'écriture de l'enfance et de la jeunesse, et cette part de rêve et de naïveté donne à l'adulte de la réceptivité et une certaine fraîcheur d'âme.

Comment se caractérise l'écriture d'une personnalité Terre ?

THÉORIE

La Terre est symbole d'enracinement et de stabilité. L'origine, la fertilité et le concret sont ses domaines.

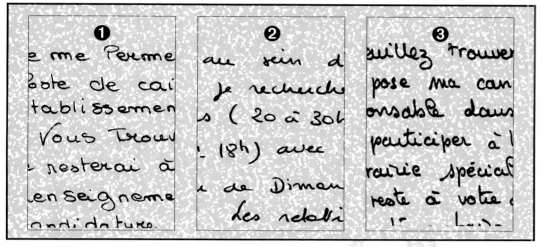

❶ e rme Perme
bote de cai
tablissemen
Vous Troev
nesterai à
en seigneme
andidature

❷ au sein d
je recherch
s (20 à 30t
18h) avec
de Diman
Les retabli

❸ uillez trouve
pose ma can
onsable dans
pauticiper à l
rauie spécial
reste à votie
...

Interprétation

❶ Simple, régulier, ce graphisme, proche du modèle calligraphique, indique le sens des réalités, le sérieux et l'implication au quotidien.

❷ La clarté, l'ordonnance conventionnelle et une zone médiane prépondérante révèlent le goût du travail bien fait, la persévérance, la capacité de s'impliquer au quotidien. La Terre apporte la stabilité.

❸ Sont typiquement Terre la forme structurée, le mouvement contrôlé, la fermeté de la ligne de base. Désir de bien faire, clarté de la pensée et rigueur au quotidien pour ce jeune homme responsable.

La régularité est la marque de l'écriture Terre, la forme est simple et sans fioritures. Le mouvement y est contrôlé et posé. C'est une écriture claire, sobre et sans affectation. Elle est peu personnalisée et proche du modèle calligraphique.

Elle est souvent liée, avec un trait nourri, assez appuyé et plutôt pâteux. La mise en page est conventionnelle, avec des lignes horizontales tenues et des marges stables. Les interlignes sont très réguliers. La zone médiane est prépondérante et l'écriture peut être à tendance basse.

Nerveux et lymphatique

L'intelligence de la Terre est concrète, soucieuse de rentabilité et d'application pratique. La théorie et les idées abstraites ne l'intéressent pas. Le Terrien est solide et réaliste, il a du bon sens. Il peut manquer de finesse, mais se rattrape par ses capacités de réflexion, de concentration et de logique. Il a le sens de l'observation et s'en tient à ce qu'il voit. Préférant approfondir ses connaissances plutôt que se disperser, il ne cherche pas à diversifier ses activités ou ses intérêts. Il peut manquer d'imagination, d'intuition, de nuance et d'autonomie dans le jugement, car il est assez conventionnel. Ces caractéristiques sont, bien sûr, à nuancer en fonction de l'apport des autres planètes dans le graphisme. Rappelons qu'un individu n'est jamais représenté par un seul thème.

Persévérance

La personnalité Terre est volontaire, tenace et capable de soutenir des efforts de longue durée. Disciplinée, elle ne craint pas l'effort et ne cherche pas particulièrement à se mettre en valeur. S'appuyant sur l'expérience acquise, elle est capable de réajuster son comportement pour être plus efficace. Fiable et responsable, le sujet possède un grand sens du devoir doublé d'une conscience professionnelle remarquable. Rassuré par l'ordre et l'encadrement, il recherche rarement les postes de premier plan. Son organisation est pratique et, dans le court terme, il n'anticipe pas, préférant s'en tenir à ce qui est. Il peut manquer de sens des opportunités, car il lui faut du temps pour réagir face à l'imprévu. Mais il a le sens de ses intérêts et cherchera à accumuler des biens, par sécurité et par besoin de construire. En revanche, il n'apprécie pas les choses voyantes ou bien un peu trop à la mode.

Fidélité et stabilité

Traditionaliste et attaché à ses origines, il est conservateur, plutôt matérialiste et garant des traditions et des principes. Il est patient avec autrui, sait expliquer ; il peut être un bon pédagogue, mais ne recherche pas le pouvoir en tant que tel. Il est toutefois un peu emprunté, assez rude et très direct. Il peut aussi manquer de fantaisie et de spiritualité.

Une carence en Terre

Une écriture carencée en Terre manque de poids sur la ligne de base, elle est irrégulière et légère. Cela traduira un manque de sens pratique, voire une difficulté à être en prise avec la réalité. La persévérance et la concentration sont difficiles et l'adaptation aléatoire.

Comment reconnaître une écriture de type Mercure ?

Mercure, fils de Zeus et de Maïa, est le messager des dieux. Rapide et habile, c'est un médiateur de talent.

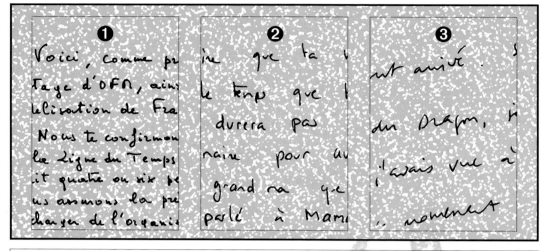

❶ ... **❷** ... **❸** ...

Interprétation

❶ Mercure cette écriture vibrante et très petite. La ligne est bien tenue, ce qui indique une grande réceptivité, de la sensibilité intellectuelle, mais aussi du réalisme et une bonne organisation au quotidien.

❷ Mercure, aussi, cette écriture hachée très déstructurée. De la curiosité intellectuelle, de la vivacité, mais aussi beaucoup d'inquiétude compensée par un effort personnel important (la ligne est très montante).

❸ Très Mercure, aussi, cette écriture inégale dansante sur la ligne et vibrante. Beaucoup de sensibilité, de remises en question, ainsi qu'un sentiment de solitude assez masqué.

La forme de l'écriture Mercure est inégale dans tous ses genres. Elle est en général simplifiée et combinée pour accroître la rapidité du tracé.

Une écriture vibrante et inégale

Les formes sont peu structurées et portées par un mouvement souvent vibrant. On retrouve des pointes acérées, surtout sur les barres de « t » et les finales. Souvent petite, elle est en outre gladiolée et possède des petites antennes qui semblent capter l'air du temps.

Rapide et acérée, l'écriture est plutôt à tendance nette et légère. La conduite est nerveuse, s'interrompant en de multiples suspensions pour repartir vivement. Le rythme est discontinu et inégal. En général, la mise en page est très personnelle et peut parfois être classique, ce qui compense et permet de clarifier le texte qui, en lui-même, n'est pas nécessairement lisible.

Un cérébral et un ironiste

Mercure est avant tout un cérébral, le trait net ne laisse pas prise aux émotions. Il est sensible, mais n'en laisse rien paraître. Peu affectif, car il se sent vulnérable sur ce terrain, il préfère les joutes intellectuelles, les bons mots et ne craint pas de se remettre en question, souvent avec humour et à-propos. Son esprit peut être caustique vis-à-vis des autres comme envers lui-même. Il n'a pas vraiment confiance en lui et, de ce fait, cherche toujours de nouvelles idées, autant pour se fuir que pour trouver des réponses à ses questions. Il est rapide, brillant et garde toujours un côté un peu adolescent qui lui permet d'être à l'aise avec les jeunes. Il est souvent cultivé et recherche d'abord à se faire plaisir. Il vit dans l'instant et peut avoir tendance à se disperser sur tous les plans.

Le renouvellement

Dans sa vie professionnelle, il a besoin de renouvellement et de motivations importantes, l'argent pouvant en être une. Il a tendance à se décourager, est impatient et irrégulier dans son rythme de travail. Il prévoit à court terme et est plus tactique que stratégique. Il s'adapte rapidement à la nouveauté qui le stimule. Il peut être un bon enseignant, car il aime et plaît à la jeunesse. De plus, sa curiosité intellectuelle lui donne beaucoup d'ouverture d'esprit.

Individualiste, il a du mal à supporter la hiérarchie, mais est un peu « jeune » pour envisager une carrière totalement autonome. Il peut être doué pour l'animation, la publicité et possède un bon sens du commerce direct. Il est adroit, rusé, diplomate et possède des petites antennes intuitives qui lui permettent de se mettre en sympathie avec beaucoup de monde. Il a souvent peur de faire des choix et peut être dilettante. Suivant le contexte graphique, il peut y avoir négligence, laisser-aller et aussi, quelquefois, malhonnêteté, autant par facilité que par opportunisme.

Une écriture carencée en Mercure entraîne un manque de sens critique et de capacité à se remettre en question. L'adaptation est plus difficile et le savoir-faire est diminué. Cependant, Jupiter peut donner les capacités relationnelles et Vénus le tact et le savoir-faire.

Quelles sont les caractéristiques de l'écriture Mars ?

Mars est le dieu de la Guerre. Il symbolise la force brutale, mais c'est aussi le protecteur des moissons.

THÉORIE

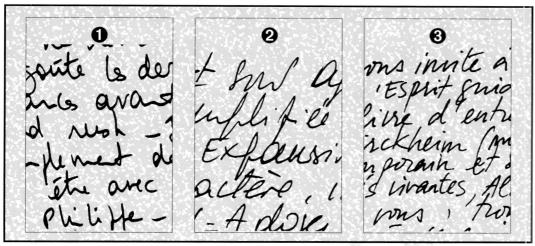

❶ ❷ ❸

Interprétation

❶ Le trait appuyé avec des angles et des écrasements dans la zone médiane indiquent que la personne se bat contre des difficultés, tant intérieures qu'extérieures. Du courage et une volonté de s'en sortir.

❷ La grande dimension, l'inclinaison régulière et l'angle révèlent le besoin de se dépasser et de réussir au mieux ce qu'entreprend le scripteur.

❸ Beaucoup de Mars dans cette écriture anguleuse, compacte et appuyée, le désir de vaincre va de pair avec une certaine agressivité.

Mars est en relation avec le combat, la force et la volonté de gagner. Il correspond au tempérament bilieux dans la typologie d'Hippocrate. L'écriture Mars est appuyée, droite, anguleuse, rapide, parfois inclinée. Le trait est net, le mouvement est ferme et dynamique. La forme est structurée et l'écriture est souvent inclinée. Le mouvement est intense et l'écriture se dirige vers la droite. Il peut comporter des éléments de raideur et on peut retrouver du cabré ou du barré.

Courage et volonté de gagner

Ces caractéristiques graphiques correspondent à des qualités de courage, d'engagement, de ténacité et de combativité. Guidé par son affectivité, le scripteur est passionné et intense. Un espace très compact et une absence de marge à droite signalent une difficulté à abandonner une action commencée, le caractère peut être trop impérieux.

Défi et innovation

Avec un mouvement cabré et une bonne tenue de ligne, on aura une revendication d'indépendance et d'affirmation combative. Dans la vie professionnelle, Mars est un battant qui a le goût de l'action et le sens des réalisations concrètes. Il faut, pour que Mars reste réfléchi, que l'élément Terre soit présent dans le graphisme, ce qui apportera du réalisme et du sens concret. Le tempérament martien est assez entier et manque de finesse et de sens psychologique.

L'écriture de nombreux militaires ou hommes politiques, ainsi que celle de certains commerciaux, présente des caractéristiques martiennes. Mars aime l'aventure et le sens du défi. Il recherche l'innovation, il est révolutionnaire, au risque d'être parfois fanatique s'il manque de recul et de sens de l'humain. Son intelligence est concrète, mais il peut avoir des idées arrêtées qui le rendent subjectif. Le graphisme doit présenter des signes de réflexion, des blancs, afin que l'objectivité soit présente.

Violence et sadisme

Mars en excès est violent et destructeur. Dans ce cas, le mouvement est cabré dans un milieu fermé et inhibé. L'écriture est immature et revendicatrice. Si on ne trouve aucun contrepoids allant dans le sens de la détente, l'agressi-vité est importante, il peut y avoir du sadisme et de la cruauté. Le milieu graphique est, dans ce cas, heurté, lancé, saccadé. Le trait est sec et tranchant avec des formes acérées. Comme toujours en graphologie, il est important de voir les autres éléments qui vont venir compenser, enrichir ou nuancer un graphisme. La Terre apportera du réalisme, Vénus ou Jupiter renforceront le sens de la communauté. Le Soleil apportera de l'exigence et Mercure une capacité à se remettre en question.

Une carence en Mars dans l'écriture indique une difficulté à s'affirmer et un manque de confiance en soi. Cette carence peut toutefois être compensée par du Jupiter ou du Soleil, qui donneront la volonté de correspondre à un certain idéal.

Quelles sont les caractéristiques de l'écriture Vénus ?

Vénus symbolise la beauté et l'amour. Elle est considérée comme la déesse de la Fertilité et de la Fécondité.

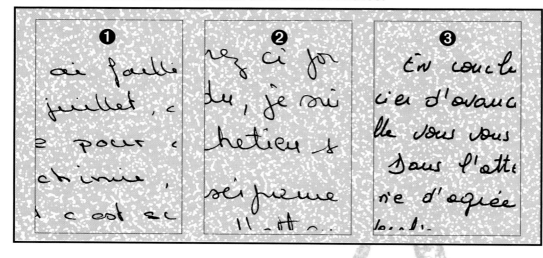

❶ ❷ ❸

Interprétation

❶ Le trait nourri et légèrement pâteux, la forme conventionnelle et la mise en page sont Vénus, mais aussi Terre. Bon sens, caractère chaleureux qui reste conventionnel.

❷ Le trait nourri, la guirlande étalée et souple, le mouvement coulant et la mise en page simple et classique sont Vénus. Affectivité développée et bien vécue, réel sens de la communication et de l'accueil.

❸ Un beau trait velouté dans une mise en page simple et aérée sont Vénus et révèlent une personnalité qui aime communiquer et plaire. Du recul et de l'objectivité tempèrent ce besoin de séduction.

L'écriture Vénus est plutôt légère et nourrie avec peu de différenciation d'appui. Elle se reconnaît surtout à son trait qui est velouté et chaleureux. La tension est souple, tout en conservant de l'élasticité. La zone médiane, de dimensions moyenne à grande, souvent étalée. La courbe domine, ainsi que la guirlande, avec quelques enroulements, mais le graphisme est plutôt simple et parfois conventionnel ou légèrement stylisé. C'est une écriture posée qui possède un rythme assez régulier. La présentation est classique avec une ligne tenue.

Une affectivité dominante

Le trait dominant de Vénus est l'affectivité. C'est un trait qui dégage de la sensualité et qui témoigne du goût des plaisirs de la vie. Vénus est gourmande et amoureuse, elle aime et sait recevoir avec chaleur, mais reste assez conventionnelle. Vénus se caractérise souvent par une excellente femme d'intérieur.

Bon sens et instinct

Sur le plan intellectuel, la ligne tenue et la zone médiane prépondérante témoignent du sens des réalités et du quotidien. Elle a du bon sens, son intelligence est instinctive et tournée vers le concret. Elle a du flair et est très organisée.

Dévouement et réceptivité

Elle peut aussi être dévouée et courageuse si on retrouve un peu de Mars dans le graphisme, ce qui donnera de la combativité en plus. Un homme dont l'écriture a des caractéristiques vénusiennes a du charme et de la réceptivité si l'écriture conserve, par ailleurs, des traces de Mars ou de Saturne qui donneront l'activité et la combativité. Plus l'écriture comporte de caractéristiques de différentes planètes, plus la personne est riche de qualités et de traits qui se complètent et s'enrichissent.

Dans la vie professionnelle, Vénus peut manquer de sens de la compétition, mais cela est à nuancer en fonction de la synthèse graphique. La sociabilité est déterminante et leur adaptation est facile car il leur importe de se sentir en accord avec l'entourage. Naturelle et spontanée, Vénus est pleine de charme, de tact et de délicatesse, elle a besoin des autres et de leur confiance. Ce sont des personnes qui ne cherchent pas à se mettre en avant et elles privilégient davantage l'esprit de coopération. Les métiers de la communication et de la vente leur conviennent bien.

Une coquette

Avec des composantes enfantines, l'écriture est marquée par la Lune également et des formes en ballon dans un contexte plus flottant. Dans ce cas, la personne a besoin de plaire et d'être aimée plus qu'elle n'est capable elle-même d'aimer et de donner. Dans un contexte graphique peu harmonieux, c'est-à-dire orné, enroulé, excessif dans tous ses genres, on aura de la coquetterie, du mensonge, de l'avidité et même de l'égocentrisme.

Si l'écriture manque de Vénus, on aura peu de réceptivité et une difficulté à établir des contacs, surtout dans le domaine affectif.

Qu'appelle-t-on l'écriture Neptune ?

Neptune, ou Poséidon, est le dieu des Mers et des Océans. Il est à l'origine des séismes et des tempêtes. C'est une force brute qui est difficilement canalisée.

THÉORIE

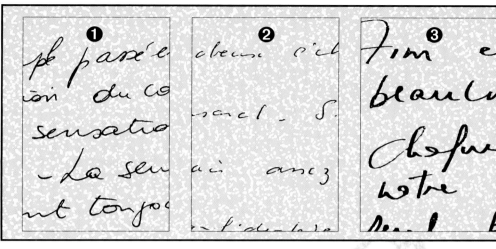

Interprétation

❶ Écriture très spontanée, inégale et aquatique. Personnalité imaginative et peu rationnelle. Très réceptive, son identité est peu affirmée et elle a tendance à se conformer aux exigences d'autrui, en étant un peu caméléon.

❷ Du Neptune dans cette écriture inégale, flottante et assez aquatique. Imagination, mais manque d'assise dans le quotidien. Une certaine immaturité qui donne du charme.

❸ Neptunienne, aussi, cette écriture avec de grandes volutes. Mais Jupiter et Mars sont présents car la ligne est tenue et le mouvement assez résolu. De l'imagination, mais également des capacités de réalisation grâce à la tenue de ligne.

'écriture Neptune est proche de l'écriture Lune, elle est aquatique et lymphatique. La dilatation du graphisme est très caractéristique, ainsi qu'un envahissement de la page avec beaucoup de blancs. Grande et mouvementée, la forme est peu structurée. Mollesse et inachèvement dominent. Gonflements, guirlandes et enroulements correspondent à un graphisme tout en courbes.**

L'écriture varie beaucoup d'un document à l'autre. La mise en page est peu soignée, envahie et spontanée. Les blancs dominent de façon arythmique. Les lignes sont sinueuses et flottantes. Le mouvement n'est pas vraiment canalisé dans une direction, une certaine anarchie domine. Le trait est inégal mais, dans l'ensemble, il est pâteux et léger.

Irrationnel et imagination

L'intelligence neptunienne est concrète, mais peu logique ou rationnelle. L'imagination est importante et l'originalité est marquante. C'est la vision globale et l'intuition qui permettent au Neptunien d'appréhender le monde au détriment de la rigueur et de la capacité d'analyse. En revanche, l'originalité d'esprit peut être féconde et créatrice. C'est l'alliance avec d'autres planètes qui permettra de vérifier l'adaptation au quotidien et la possibilité d'obtenir des résultats concrets. Un peu de Terre ou de Mars donneront le sens pratique et la combativité nécessaires pour mener à bien des projets.

Réceptivité et créativité

La personnalité est très réceptive et malléable, ce qui peut donner un caractère influençable. La fantaisie importante et l'instinct priment sur la raison. Ce qui compte et ce qui motive ces caractères, c'est l'impulsion du moment et le besoin d'être au diapason de leur entourage. De ce fait, la personne s'adapte rapidement, mais peut être instable. Le comportement est peu conséquent et les responsabilités pas vraiment assumées. Recherchant la satisfaction immédiate, les projets à long terme ne sont pas leur fort. L'organisation manque de sens prévisionnel, en contrepartie d'une remarquable capacité d'improvisation.

Immaturité et rêverie

Sur le plan affectif, ce sont des personnes un peu immatures qui n'ont pas vraiment trouvé leur identité. Souvent dépendantes de leur entourage, elles ont tendance à idéaliser l'objet aimé. Sociables, ces personnes, pourtant, sont difficilement compréhensibles par ceux qui les rencontrent, du fait des contradictions intérieures non résolues qui les animent. Très rêveurs, ces types sont souvent doués d'une aisance relationnelle qui leur permet d'être présents, tout en restant dans leur monde imaginaire et peu impliqués dans la réalité. Les types neptuniens sont rarement purs et, suivant les planètes que l'on retrouve dans les graphismes, Neptune apportera l'originalité, mais sera compensée par d'autres caractéristiques. Puis, avec le temps, l'évolution se fera dans le sens d'une générosité et d'un besoin de dévouement ou dans le sens de la facilité et de la nonchalance.

Qu'est-ce que l'écriture Saturne ?

Saturne, dans l'Antiquité, symbolisait le droit et la justice. Elle représente aussi le noir, la fonction séparatrice du deuil et de la fin d'un cycle, et le renouveau.

THÉORIE

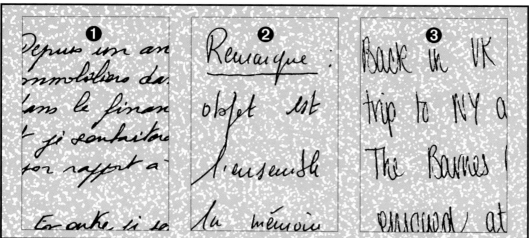

Interprétation

❶ Typiquement Saturne ce graphisme étréci, un peu raide et assez lent. Beaucoup de réflexion et de persévérance. Une sensibilité très vive qui ne se montre pas, d'où une certaine souffrance.

❷ Mars, mais aussi Saturne dans cette écriture étrécie, avec des traits couvrants. Réflexion et implication se remarquent dans la forme et le trait appuyé. De l'idéalisme aussi avec ces prolongements qui indiquent l'insatisfaction.

❸ Saturne cette écriture très étrécie, grande et acquise. Beaucoup de rigueur dans la vie professionnelle, accentuée par le côté perfectionniste et le besoin de donner une bonne image. Sentiment de solitude et élitisme.

Rigueur et sobriété caractérisent l'écriture saturnienne, qui est souvent petite, voire rapetissée. Assez désincarnée, étrécie et noire, elle semble réduite au substrat.

Sobriété
L'angle et la droite dominent, les formes sont souvent abîmées ou tourmentées. Saccades, torsions et retouches noircissent et alourdissent le graphisme. Le trait est noir, le mouvement limité, car l'élan est bridé par la contention de l'écriture. On trouve plutôt une écriture liée, mais qui peut être fragmentée. L'écriture est verticale. La mise en page est classique, les lignes sont tenues, mais on retrouve souvent des lignes descendantes avec une compacité dominante.

Maturité
Saturne correspond à la vieillesse, au retrait vis-à-vis du monde et à la réflexion. Une écriture peut évoluer au long de la vie, et il n'est pas rare de trouver des caractéristiques saturniennes à la maturité. Cela indique que le travail de la réflexion a pris le pas sur l'élan et l'activité pure, qui correspondent à la jeunesse. Si l'on retrouve trop de composantes saturniennes dans une écriture de jeune, cela correspond à de l'anxiété et à une difficulté à communiquer. Suivant les cas, ces personnes évoluent vers une forme de sagesse et de recul ou bien vers une tristesse ou une mélancolie qui les dessèchent. La personnalité de type Saturne est très intériorisée. Leur émotivité est vive mais ne s'exprime pas. Hypersensibles mais introvertis, il leur est très difficile de sortir d'eux-mêmes. De ce fait, ils auront tendance à intellectualiser au détriment d'un épanouissement plus affectif. Leurs principes sont souvent rigoureux et sans concessions. La réflexion est intense, sérieuse, mais cela peut amener un repli sur soi et, dans les cas plus difficiles, une tendance à ruminer. Le pessimisme est souvent de rigueur et correspond à la noirceur du graphisme.

L'intelligence est abstraite, logique et rationnelle. Volonté de lucidité, concentration et ordre caractérisent ces personnes. Leur sens critique est important mais s'exerce plutôt sur les autres, car le Saturnien risque d'avoir des idées systématiques et arrêtées. Peu d'intuition et de sens des nuances.

Consciencieux et animés d'un perfectionnisme qui les pousse à persévérer dans leur tâche, ils sont réguliers et appliqués. Ils peuvent toutefois se décourager et sont sensibles à l'échec, d'où la nécessité pour eux de bien calculer les risques avant de s'engager plus avant. Ces scrupules à s'engager peuvent quelquefois rendre difficiles la prise de décision et le passage à l'acte.

Idéalisme
Idéalistes, ces personnes recherchent l'essentiel et détestent s'embarrasser de frivolités. L'éthique, le droit, la morale sont leurs préoccupations premières. L'honnêteté est souvent rigoureuse et scrupuleuse. Cultivant l'indépendance, elles sont sélectives dans leurs contacts. Elles sont toujours un peu à distance des autres pour différentes raisons selon les cas : timidité, égoïsme, sentiment d'infériorité ou susceptibilité. Leurs difficultés à exprimer leurs sentiments accentuent leur isolement et leur impression d'être incompris.

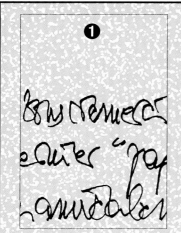
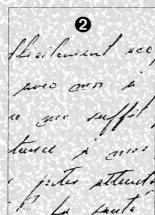
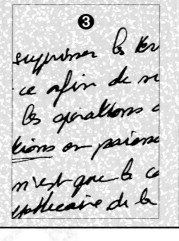

Qu'est-ce que l'écriture Pluton ?

L'écriture Pluton correspond aux esprits créatifs qui recherchent au fond d'eux-mêmes les réponses aux questions cruciales de l'être humain. C'est celle de Pascal ou de Freud.

THÉORIE

❶

❷

❸

Interprétation

❶ L'écriture est très saturnienne, mais Pluton est présent aussi dans l'extrême compacité, l'étrécissement et l'importance du trait couvrant. Personnalité qui se cherche et qui a fait un travail personnel lui permettant de découvrir ses ressources inconscientes.

❷ Du Pluton dans cette écriture à dominante saturnienne. L'inclinaison très rigide et les grandes majuscules associées à l'étrécissement, la compacité et l'appui excessif indiquent une personnalité qui a du mal à pactiser avec ses conflits intérieurs.

❸ Ce qui est plutonien ici, c'est l'intensité et le côté excessif du tracé qui se cherche, retourne en arrière et avance toutefois en se contournant bizarrement. L'espace est cependant présent entre les lignes, ce qui indique une capacité de recul.

Pluton, dieu des Enfers et des Ténèbres, symbolise la puissance des forces obscures et celle de l'inconscient. Elles peuvent paraître menaçantes mais sont aussi sources de richesses cachées pour qui cherche à les découvrir en lui-même.

Un graphisme noir
L'écriture plutonienne rappelle l'écriture Saturne, mais en plus tourmentée et intense. Elle est étrécie, noire et anguleuse. Les rebours et les gestes sinistrogyres sont fréquents ainsi que de grands jambages qui provoquent des enchevêtrements. Le noir domine aussi bien dans le trait que dans l'espace qui manque d'air dans l'ensemble. Les mots sont serrés entre eux et parfois entre les lignes. Le mouvement semble entravé, difficile et il indique toujours des conflits profonds et douloureux. Le trait est engorgé, sale et spasmodique, il a du mal à se dégager.

Cruauté ou créativité
Si la composante Mars est forte, le personnage peut être dur et cruel. Avec une dominante Saturne, l'angoisse est importante, ainsi que le pessimisme. Si des éléments terriens ou vénusiens interviennent, ils équilibrent et pacifient le caractère en lui permettant de canaliser ses pulsions dans une activité réalisatrice ou dans des contacts et une communication satisfaisants. C'est la capacité plus ou moins importante de socialisation qui fera de ces individus des tyrans ou des penseurs profonds. L'agressivité peut aussi se retourner contre la propre personne dont l'équilibre psychique sera gravement compromis.

Pascal et Freud
La personnalité plutonienne est forte, violente et pleine de contradictions et de conflits intérieurs. L'ambivalence est importante et l'esprit peut être créateur ou destructeur. Le Plutonien aime gagner et défier les puissances du monde. Il peut être animé d'un fort désir de vengeance et de pulsions meurtrières. Mais il peut aussi être créatif comme Pascal ou Freud, deux Plutoniens par l'écriture. L'intelligence est toujours tourmentée et en proie à des interrogations cruciales. L'intelligence du Plutonien lui permet de creuser toujours plus profondément et de découvrir des terres inconnues parfois inquiétantes. Freud découvrit l'inconscient et ses pulsions fortes, contradictoires et inquiétantes. Lutte, angoisse et sensibilité tour-mentée caractérisent l'intelligence de Pascal et de Freud. Les tendances plutoniennes permettent à l'intelligence de puiser dans les ressources inconscientes, ce qui permet d'être révolutionnaire dans le domaine des idées.

Solitude
Très volontaire et persévérant, le Plutonien ne craint pas l'effort ni la compétition, qui renforce son opiniâtreté. Peu objectif, il manque de tolérance et d'ouverture d'esprit.
Très critique, il a beaucoup de mal à écouter un autre point de vue que le sien. La profondeur de pensée des Plutoniens est souvent peu communicable et les amène à avancer en solitaires, motivés par leur idée directrice qui leur permet d'élaborer un système de pensée souvent novateur ou une doctrine nouvelle.

Comment reconnaître une écriture Uranus ?

THÉORIE

Uranus est le fils du dieu des Ténèbres et de la Terre, il symbolise la passion, la démesure et le dépassement.

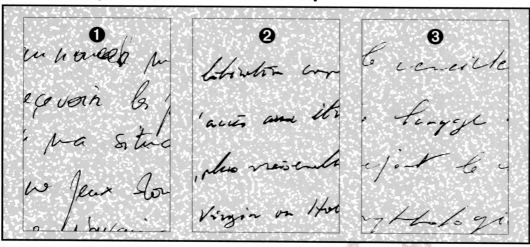

❶ ❷ ❸

Interprétation

❶ Les écritures Uranus pures sont rares, mais on peut trouver des éléments de cette planète dans ce graphisme très inégal, crépitant et saccadé. Personnalité individualiste toujours à la recherche de nouvelles connaissances.

❷ Uranus aussi dans l'intensité de ce graphisme très étréci, saccadé et spasmodique avec un mouvement barré. Besoin constant de se renouveler, de prouver sa valeur et fort individualisme.

❸ Uranus aussi dans les inégalités, les acérations et les discordances. Individualisme, caractère entier et parfois excessif qui a du mal à s'adapter aux réalités.

Uranus représente l'archétype de l'individualisation de l'homme qui recherche à unifier sa personnalité. C'est la quête et l'ambition jamais assouvies d'un idéal à réaliser.

Intensité de l'écriture

L'écriture Uranus est intense et présente des caractéristiques solaire, martienne, mercurienne et saturnienne mais poussées à l'extrême. Un graphisme uranien est rare et frappe toujours par son intensité. La forme est personnelle et originale, elle est souvent stylisée (solaire), simplifiée et combinée, ce qui indique la vivacité intellectuelle et l'ingéniosité. Les inégalités sont nombreuses (Mercure) et l'axe vertical domine, les prolongements et les surélévations sont présents. On constate plutôt l'angle, ce qui souligne la combativité et le besoin de se dépasser. Le mouvement est fort, souvent barré ou cabré, on retrouve toujours le sens du défi et des contradictions à dépasser.

Les lancements sont nombreux ainsi que les acérations et les saccades, tout cela révèle une agressivité et une insatisfaction de fond. Le trait est en général appuyé, mais spasmodique. L'harmonie est souvent mauvaise, mais le formniveau élevé, car le rythme est personnel et intense.

Originalité et individualisme

La personnalité Uranus est forte et originale. Son imagination créatrice ainsi qu'une intuition pleine d'anticipation donnent un esprit visionnaire doué pour les inventions et l'avant-garde. Indépendance et esprit de révolte caractérisent ces personnages très individualistes qui ne supportent aucun embrigadement. Ils peuvent être provocants, acerbes et critiques. Souvent peu tolérants, ils refusent le confort intellectuel et recherchent toujours la complexité sans se soucier de plaire. Ils sont souvent mordants et solitaires car ils ont assez peu le souci d'autrui.

Un esprit novateur

Essentiellement tourné vers l'avenir, Uranus peut être créatif et réalisateur si des composantes Mars sont présentes, qui indiquent une capacité à se plier aux contraintes de la réalité. Dans ce cas, il cherche à anticiper et à bousculer les certitudes du jour. Il a tendance à l'abstraction et à la théorie. Très rigoureux, il tend à l'objectivité, mais peut aussi devenir systématique et catégorique. S'il n'est pas trop détaché des réalités, son activité est dynamique et stimulante, quoique épuisante pour l'entourage. Il a besoin d'agir et de se dépasser en permanence, il aime diriger mais ne sait pas toujours se faire comprendre car il manque de patience. Très impliqué dans ce qu'il fait, il suscite la conviction de ceux qui l'entourent grâce à son énergie psychique.

Destructeur

Si Uranus s'éloigne trop des réalités, il devient contestataire et extrémiste, il peut être destructeur.

Sa combativité devient pure agressivité et ses capacités intellectuelles l'amènent à préférer les systèmes d'idées et les utopies sans lien aucun avec le quotidien. Son adaptation est dans ce cas toute relative et son caractère dominateur, rigide et orgueilleux, peut tourner à la paranoïa.

L'imagination transparaît-elle dans l'écriture ?

L'imagination est la faculté de créer de nouvelles idées. Celle de l'artiste diffère de celle du publicitaire ou de l'inventeur.

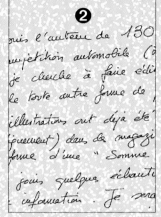

❶ ❷ ❸

Interprétation

❶ De l'imagination et de la créativité dans l'écriture de cette femme, qui aime séduire et captiver son entourage. L'écriture semble danser sur le papier alternant courbes et volutes.

❷ De la créativité dans le domaine esthétique dans une écriture aux boucles gonflées, plutôt légère. Des combinaisons compliquent la forme. De la séduction et des capacités de réalisation.

❸ Les l en ballons suspendus au-dessus de la ligne de base indiquent que le scripteur, assez jeune, a des idées, des projets, mais que pour le moment leur réalisation est difficile.

On distingue généralement les gens qui ont une imagination créatrice de ceux qui sont perdus dans leurs rêveries. L'imagination c'est, dans un premier temps, la capacité de s'abstraire du monde ambiant pour élaborer des images et les concrétiser ensuite.

Comme toujours en graphologie, c'est l'ambiance générale du graphisme qui donnera une tonalité plus ou moins positive aux signes graphiques. Une imagination créatrice se remarquera dans un graphisme alliant la courbe, l'appui, un trait suffisamment encré, l'ensemble étant porté par un mouvement progressif.

La courbe
Dans l'écriture, c'est d'abord la courbe qui signale l'imagination. Les formes courbes sont accentuées, surtout celles englobant des blancs, c'est-à-dire les boucles des l, b, h, f. La courbe symbolise la création d'un espace dans l'espace. Le trait droit, à l'inverse, s'inscrit simplement dans l'espace de la page blanche, sans création de forme supplémentaire. Les boucles, elles, peuvent se développer à l'infini et témoignent du plaisir que le scripteur prend à dessiner ses lettres ; il aime la forme pour elle-même. A l'inverse, le scripteur au trait droit recherche l'efficacité dans l'action en allant à l'essentiel.

Des ballons suspendus
Pour que l'imagination soit réalisatrice, il faut que ces courbes soient reliées à la ligne de base, qui symbolise la réalité. Les boucles redescendent sur cette ligne pour enchaîner avec la lettre suivante. Des ballons suspendus au-dessus de la ligne indiquent que l'imagination est plus stérile. Les adolescents présentent souvent cette particularité, témoignant du fait que cet âge est riche en rêves et en projets mais pas encore réalisables.

Implication et réalisation
Le trait doit être suffisamment appuyé pour signaler qu'il y a une énergie pour réaliser les projets. L'idéal est le trait en relief, alternant l'appui et la légèreté surtout dans la différenciation des pleins et des déliés, car cela montre que le scripteur utilise à bon escient son énergie, qu'il sait s'abstraire avec le trait léger et s'impliquer dans la réalisation avec l'appui.

Les contours du trait
Un trait lisse signifie que le sujet s'isole des impressions de la réalité extérieure. Un trait pâteux à bords légèrement effrangés prend en compte les sensations et les sentiments. Un trait courbe et pâteux indique que l'imagination est guidée par les sens et les sentiments. Un trait courbe et net signale une imagination guidée par des idées, des principes moraux ou religieux. Il peut y avoir dans ce cas de l'utopie, la personne est alors enfermée dans son monde intérieur.

L'écriture ornée
Tout comme une écriture compliquée, l'écriture ornée révèle de l'imagination, car la forme est valorisée à l'extrême. Il s'agira dans ce cas d'une personne qui accorde beaucoup d'importance à l'image qu'elle donne d'elle-même, tout en s'affirmant de façon un peu factice.

L'écriture révèle-t-elle les différentes formes d'intelligence ?

La graphologie ne détermine pas le degré d'intelligence, mais son domaine d'application et son fonctionnement.

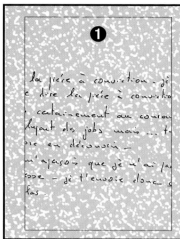

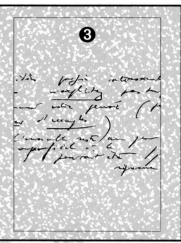

Interprétation

❶ Intuition et spontanéité chez cette femme qui perçoit vite et globalement les choses. Les blancs dominent entre les mots, les lignes et les lettres. Le trait est rapide et léger.

❷ Intelligence concrète pour cet homme réalisateur. L'écriture est harmonieuse, le trait nourri, la forme ronde, la ligne très tenue, les jambages remontent sur la ligne de base.

❸ L'intelligence abstraite de ce professeur de philosophie se remarque dans la petite écriture, la rapidité du tracé, le trait fin et léger. L'écriture est simplifiée et combinée.

La graphologie permet de déterminer trois grands types d'intelligence. Cette faculté de l'esprit peut être concrète, abstraite ou intuitive.

L'intelligence concrète

C'est celle du réalisateur, de celui qui recherche l'application pratique. L'écriture est nourrie, assez épaisse. Les formes sont plutôt courbes sur la ligne de base.

La ligne de base est la ligne sur laquelle repose la partie inférieure de la zone médiane. Elle symbolise la réalité, le monde extérieur, le quotidien. Une intelligence concrète est réaliste, les lignes sont souplement tenues, horizontales. Les jambages sont reliés à la zone médiane.

L'écriture est liée ou groupée, c'est-à-dire que dans un mot toutes les lettres sont reliées les unes aux autres ou groupées par deux ou trois. Cela indique que la personne a de la suite dans les idées et de la logique.

Il faut également tenir compte de la mise en page et de la signature. Celle-ci est conforme au texte si le scripteur a une vue objective et réaliste de lui-même. L'aération du graphisme indique que la personne se laisse le temps de la réflexion et du recul.

L'intelligence abstraite

C'est celle du théoricien, du concepteur. Il élabore les projets, les visualise, mais ne s'intéresse pas à leur réalisation. L'application concrète n'est pas son domaine. Il est plus stratégique et son sens prévisionnel vise le long terme. Il peut être inventeur, joueur d'échecs ou encore philosophe. Il manifeste peu d'intérêt pour les choses du

quotidien et peut parfois manquer de sens pratique. Le trait est fin, sec, cérébral. L'écriture est petite et plus ou moins précise selon les cas. On remarque dans l'écriture de nombreuses simplifications et combinaisons ingénieuses. Les barres de T sont reliées à la lettre suivante, par exemple. Les lettres sont reliées les unes aux autres de façon personnelle et éloignée de la calligraphie. L'appui est plus léger chez l'abstrait que chez le concret, car ce n'est pas dans la réalité quotidienne qu'il s'investit. Si le trait est trop léger et sec, avec de grands prolongements des hampes vers le haut, la personne est très idéaliste, voire utopique.

L'intelligence intuitive

L'intuitif perçoit avant de raisonner. Il est rapide, flaire et évalue globalement une si-

tuation. Il peut manquer de sens logique s'il ne vérifie pas ses intuitions.

L'intuitif est à l'écoute de sa vie intérieure et des messages de son inconscient. Sa présence est discrète, son attention flottante.

Le trait de l'intuitif est léger, les réalités matérielles ne l'intéressent pas. Dans la répartition des noirs et des blancs, le blanc, qui est le symbole de l'inconscient, l'emporte largement. Il y a de grands espaces entre les mots, entre les lignes et aussi entre les lettres. L'air circule, l'écriture est souple.

Pour que cette intuition soit efficace, le contact avec la réalité doit être maintenu, le désir de communiquer également. Cela se vérifiera si l'écriture reste claire et lisible, avec une forme structurée.

Quelles sont les caractéristiques du lymphatique ?

Son graphisme est fluide et peu mouvant, l'eau calme est l'élément dominant et donne de la stabilité et de l'apaisement.

THÉORIE

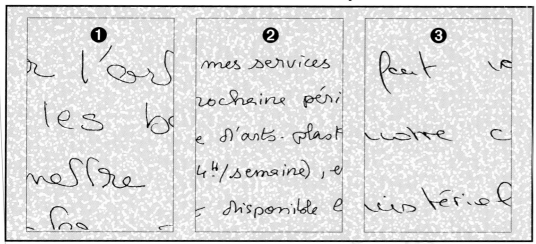

❶ ❷ ❸

Interprétation

❶ Cette écriture à dominante lunaire est lymphatique par le mouvement flottant et mou du tracé. Personnalité un peu immature, mais qui s'exprime dans un domaine artistique.

❷ Le tracé est léger et peu ferme. La tenue de ligne est sinueuse. Beaucoup de lymphatisme dans cette écriture, qui est toutefois personnelle. Des dons artistiques possibles.

❸ Du lymphatisme dans l'aspect un peu flottant et étalé du graphisme, mais, compte tenu de l'appui et du renversement qui viennent en compensation, il y a une volonté de s'investir sur le plan professionnel.

L'élément dominant du tempérament lymphatique, c'est l'eau calme d'un lac. Le lymphatique est assez lent, plutôt passif, en ce sens que son activité sera déclenchée par une sérieuse motivation. En excès, la personne sera maladroite, lente et paresseuse. S'il est associé à d'autres tempéraments, le lymphatique donne du liant dans les contacts et la capacité à se détendre.

L'écriture du lymphatique se caractérise tout d'abord par la prédominance de la zone médiane et inférieure. Le graphisme est plutôt conventionnel, la continuité est liée, la pression peu appuyée et, en général, pâteuse. On peut trouver du filiforme et une mollesse du tracé.

Persévérance et rondeur
Il ne faut pas dévaloriser les lymphatiques : en effet, leur calme et leur persévérance leur confèrent une efficacité dans certains types d'activité. Ils sont d'excellents collaborateurs, car ils n'attisent pas les conflits. Ils prennent peu d'initiatives et cherchent plutôt à se couler dans le moule. Ils seront déroutés dans un secteur demandant une diversification d'intérêts. Ils font de bons assistants et leur propension à la bienveillance et à la tranquillité pourra apporter du calme à leur entourage professionnel ou personnel. L'écriture est conventionnelle et assez lente, ce qui signale l'application et la régularité.

Intelligence concrète ou inspiration
Leur intelligence est concrète, ce sont des gens qui collent à la réalité, sauf les lymphatiques plus créatifs qui donnent des poètes ou des artistes. Ils ont de bonnes capacités d'assimilation et de mémorisation. Si le lymphatique est artiste, c'est un contemplatif qui se laisse guider par son imagination mais ne cherche pas vraiment à imprimer sa marque sur le monde, il préfère glisser et se laisser porter par les événements et les circonstances. Dans ce cas, l'écriture sera plutôt filiforme et lâchée, avec des gonflements, ce qui indique que la personne a tendance à se réfugier dans un monde de rêves qui lui permet de se ressourcer.
Sur le plan social, il a plutôt bon caractère et est assez malléable, il aura tendance à se laisser porter par les autres et compte sur autrui pour assumer les difficultés quotidiennes. Les choses glissent sur lui et il peut paraître assez égoïste. Il a tendance à être immature dans le domaine affectif, car il est peu autonome et aime se reposer sur quelqu'un.
En excès, le tempérament lymphatique manque de volonté et est trop matérialiste. Il peut être lâche, car il refuse d'assumer ses responsabilités.

Un élément apaisant
Lorsqu'il est associé à d'autres tempéraments, le lymphatique apporte de la stabilité et de la constance, ainsi qu'une régularité dans la poursuite des objectifs. C'est un caractère intéressant s'il est associé à du bilieux ou a du nerveux, car il va donner du liant et de la rondeur au bilieux, qui peut être excessif et intolérant et il va amoindrir l'émotivité du nerveux en lui donnant plus de stabilité et de confiance.

25

Quelles sont les caractéristiques du tempérament sanguin ?

L'élément dominant du tempérament sanguin est l'Air. Il a de l'entrain, de la joie de vivre et du rayonnement.

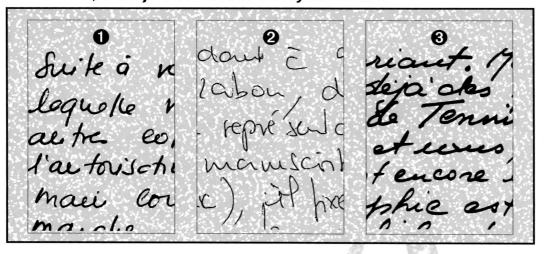

Interprétation

❶ Sanguin par le trait très encré et la dimension. Personne qui prend la vie du bon côté et aime les contacts humains.

❷ Des formes arrondies et des lettres agrandies, associées à un trait appuyé, indiquent du sanguin chez cette personne accueillante qui adore recevoir.

❸ La forme arrondie, la grande dimension, le trait au feutre et une signature importante révèlent une personnalité qui adore être en scène et se montre très conviviale.

Le sanguin est un tempérament actif qui n'a pas besoin d'une forte motivation pour agir. Le moment et les circonstances le déterminent plus qu'un objectif fixé longtemps à l'avance. Il est plus tactique que stratégique et vit dans le présent.

L'écriture du sanguin est appuyée, le trait est chaud avec de la pâte, avec des bords plus ou moins nets. Le mouvement est dynamique et peut être effervescent avec de grandes dilatations. Le mouvement prédomine sur la forme, souvent grande et ample. Les blancs circulent bien et donnent un aspect aéré. Il peut y avoir des grossissements. L'inclinaison témoigne du besoin de contacts avec autrui. L'écriture est spontanée, naturelle et rapide. Il peut y avoir de la vanité. Dans ce cas, les formes sont ornées et la signature est agrandie.

Un optimiste

Le sanguin a besoin de se dépenser, il aime les voyages et les contacts avec autrui. Il est souvent impulsif et peu prévoyant. Dynamique, il recherche le résultat concret et a le sens de la rentabilité. Il peut manquer de contrôle et s'emballer avec trop d'enthousiasme. Il est émotif, affectif et très expressif. Plutôt optimiste, il va de l'avant sans se laisser décourager par les obstacles.

Il exprime ses émotions, ses colères sont violentes mais ne laissent pas de traces, il vit dans l'instant, sans rancune. Il aime également charmer et adore être mis en valeur dans un groupe. Sa confiance en lui est bonne, comme en témoigne manifestement la dimension de son écriture.

Sympathique et volage

Il sympathise facilement avec autrui, sa bonne humeur est communicative et son amabilité chaleureuse. Il peut être envahissant et trop familier, car il manque de finesse et de tact.

La fidélité n'est pas tellement son fort. Il n'est pas un homme de principes, mais plutôt un épicurien.

Son intelligence est sensorielle et instinctive (le trait est nourri). Il est pratique, concret et a beaucoup de savoir-faire et d'inventivité. Il s'adapte rapidement et est capable d'improviser. Il juge rapidement et sans pondération. Il est subjectif, car son intelligence est très affective : il juge avant tout en fonction de ce qu'il aime ou de ce qu'il n'aime pas. L'imagination est quelquefois présente : les hampes sont alors très arrondies.

De l'imagination à la mythomanie

Si les hampes sont très arrondies et si l'écriture est exagérément montante avec une ligne de base non tenue, mensonge et mythomanie peuvent se manifester. Le moi s'en retrouve gonflé, comme chez la grenouille de la fable, et la personne s'illusionne elle-même en racontant ses histoires.

A l'excès, le sanguin est vaniteux, soucieux des honneurs et totalement superficiel.

Si l'écriture est carencée en sanguin, elle est petite, étrécie, anguleuse, le caractère est morose et peu sociable. La personne manque de joie de vivre et ne sait pas apprécier le moment présent.

A quoi reconnaît-on un tempérament bilieux ?

Le tempérament bilieux est le plus passionné. L'élément dominant de ce caractère, selon la tradition, est le Feu.

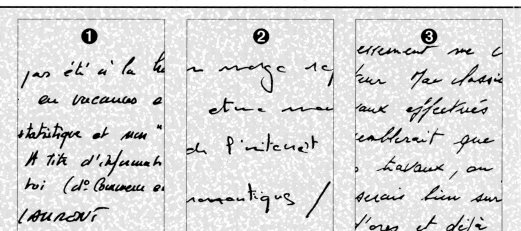

Interprétation

❶ L'inclinaison, l'appui et la rapidité révèlent un tempérament bilieux, c'est-à-dire combatif et engagé dans son activité professionnelle.

❷ L'appui, les jambages bâtonnés et les simplifications indiquent un tempérament bilieux chez cette femme très motivée et désireuse de réussir sur le plan professionnel, dans un milieu traditionnellement masculin.

❸ L'inclinaison, l'appui et l'angle révèlent la combativité et l'engagement, bien que la grande marge de droite indique une certaine appréhension.

Selon la tradition hippocratique, le terrain biologique résulte de la répartition proportionnée des quatre éléments fondamentaux : le Feu, la Terre, l'Air et l'Eau. On déterminera ainsi une écriture de bilieux, de sanguin, de lymphatique et de nerveux.

L'écriture du bilieux est intense, rapide, appuyée, souvent inclinée. Le mouvement est dynamique, avec une conduite ferme. Le graphisme peut être acéré, en relief. On retrouve des gestes en croix sur les barres des « t », par exemple, ou dans la signature. Le trait est net, parfois perforant.

Idéaliste et combatif

Idéaliste, il agit en fonction d'une éthique, il aime la justice mais est peu tolérant envers autrui, car il exige autant des autres que de lui-même. Courageux et volontaire, il est ambitieux et ne ménage pas ses efforts pour arriver à son but. Le bilieux pur aime l'autorité et le combat, c'est un chef et un meneur d'hommes. Il a un but qui oriente son action et le motive.

Souvent passionné par une idée ou un idéal à accomplir, il peut être systématique, rigide et manquer de réalisme. Il est peu objectif, car il préfère façonner le monde selon son désir plutôt que de s'y adapter. C'est un méthodique, capable d'organiser des stratégies à long terme. C'est dans l'activité qu'il s'affirme le mieux, son énergie est puissante, et il a besoin de se dépenser.

Fidèle engagé

Il déteste les épanchements affectifs, il est fidèle et exigeant. Préservant son indépendance, il aime soumettre les autres, faisant preuve d'une autorité qui peut parfois paraître excessive. Souvent digne et fier, il peut paraître orgueilleux et froid, mais est fidèle et très entier dans ses engagements d'une façon générale. Responsable, on peut compter sur lui.

Dans un contexte professionnel, c'est un battant et un homme capable d'assumer de hautes responsabilités impliquant l'exercice d'une autorité de compétence. Son ambition et sa fierté peuvent être très appréciées par une entreprise.

Un dangereux tyran

En excès, le bilieux peut devenir fanatique et tyrannique, persuadé d'avoir pour lui la Vérité et la Justice. Il peut devenir persécuteur s'il estime que son objectif est le meilleur. Tout son esprit sera alors polarisé sur cet accomplissement, sans considération aucune pour d'autres aspects. Pour lui, la fin justifie les moyens. Dans ce cas, l'écriture sera très inclinée et systématique dans son déroulement, avec des prolongements spectaculaires et discordants.

On retrouve des bilieux parmi les chefs militaires, les directeurs d'entreprise et les hommes d'action en général. S'il manque du bilieux dans le caractère, on aura un manque d'ambition réalisatrice et une moindre résistance à l'effort. La vitalité et la combativité sont diminuées. L'écriture sera plus lâchée, à tendance légère avec un trait pâteux. Le mouvement sera lui aussi moins tonique et plus souple.

Comment reconnaître
un tempérament nerveux ?

Le nerveux est marqué par la Terre, le minéral. L'intelligence et le brio dominent ce type de caractère.

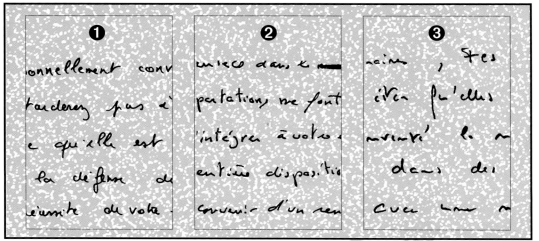

Interprétation

❶ Petit graphisme inégal, nuancé dans tous ses genres, qui révèle le tempérament nerveux. Les blancs importants indiquent une certaine inquiétude typique de ce caractère, mais aussi les capacités de remise en question et de réceptivité aux idées nouvelles.

❷ Petite écriture nuancée au mouvement vibrant, juxtaposée de façon dynamique, qui révèle la sensibilité, les remises en question un peu déstabilisantes, mais aussi la vivacité intellectuelle.

❸ Typique du nerveux aussi, cette écriture presque fragmentée, vibrante, mais qui tient bien la ligne. Besoin de bouger et de renouveler ses intérêts. Le manque de confiance en soi est compensé par un mouvement incessant qui l'étourdit un peu.

Le nerveux pur, s'il lui manque la présence d'autres éléments, peut se disperser et ne pas avoir la cohérence qui lui permettrait de construire quelque chose. Le nerveux a besoin de se distraire et de renouveler ses intérêts.

Inégale et vibrante

L'écriture du nerveux est petite, inégale, la pression est moyenne. La plume semble voler sur le papier et emplit l'espace de façon personnelle. Le mouvement est vibrant et semble avancer par petites touches sensibles. Les blancs sont souvent importants et l'écriture peut être juxtaposée. Le mouvement domine la forme et l'écriture est combinée avec des agencements habiles. Le trait est net ou pâteux, selon le cas, et le débit est saccadé et sautillant.

Un être doué
sur le plan intellectuel

Le nerveux est intellectuellement doué, il est vif et s'intéresse à tout. Son esprit est fin, rapide et curieux.
Il est souvent intuitif et ses capacités d'improvisation et de persuasion sont remarquables. Il a le sens des négociations. Sur le plan de l'activité, le nerveux a un rythme en dents de scie, il a besoin de motivation et de nouveauté pour stimuler son enthousiasme. Il travaille irrégulièrement selon ses envies, mais si ce qu'il fait lui plaît, il est capable de beaucoup d'investissement. Il a, en revanche, de bonnes capacités de récupération et peut surprendre par ses « coups de collier ».

Un hyper-émotif

Socialement, il est d'humeur changeante. C'est un hypersensible qui se cache sous une apparence assez lymphatique, s'il s'agit d'un nerveux sensitif. Dans ce cas, le trait sera pâteux et léger. Le nerveux sensitif cache sa sensibilité sous une apparente froideur et un calme étonnant, mais il peut somatiser et son émotivité se manifestera par un cortège de malaises physiologiques.
Le nerveux cérébral, dont le trait est net et fin, dérivera sa sensibilité vers une tendance à l'intellectualisation exagérée. Il peut, à force de se défendre contre ses émotions, devenir sec et froid.
La sensibilité extrême du nerveux, qu'il soit sensitif ou cérébral, le pousse à l'inquiétude. Ce peut être quelqu'un de très inhibé.

La chèvre de M. Seguin

Sur le plan affectif, il n'a pas la palme de la fidélité, il est émotif et instable, tourmenté et pessimiste et telle la chèvre de monsieur Seguin, il pense que l'herbe est toujours plus verte ailleurs. Il est toujours insatisfait, parfois capricieux, vulnérable et impressionnable.
En excès, c'est-à-dire en tempérament pur – ce qui est très rare – le nerveux est sujet aux névroses et aux complexes. Beaucoup d'intellectuels, de savants et d'inventeurs sont des tempéraments à dominante de nerveux.
Les types mixtes, c'est-à-dire mêlant deux ou trois tempéraments, seront stimulés intellectuellement par la présence du nerveux, qui leur donnera vivacité, curiosité et jeunesse d'esprit.

Comment s'exprime l'ambivalence ?

L'ambivalence des êtres est fondamentale mais s'exprime suivant une infinité de nuances qui font toute la richesse ou l'appauvrissement d'une personnalité.

THÉORIE

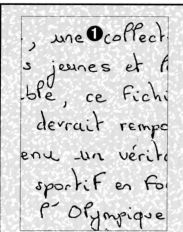

❶ ..., une collect...
s jeunes et f...
ble, ce fichi...
devrait remp...
enu un vérit...
sportif en fo...
p° Olympique

❷ que nous
...pour gasp
ceux qui u
leurs colla
j'étais per...
...ous deriè...
ni auraux

❸ ...lation, l'act
E, les clien
E ASSEZ LAR
EUX DE M'i
HE QUI NE...
...S QU'UN EM...
ORMIDABLE...

Interprétation

❶ L'ambivalence est ici marquée par l'écriture script, les hampes cabossées et aspirées vers la gauche. Difficultés de s'affirmer en raison d'un conflit œdipien et donc d'une identification masculine malaisée.

❷ L'ambivalence est marquée ici par la rigidité du graphisme monotone. De plus, si l'on regarde attentivement, la régularité n'est, en fait, qu'apparente, notamment dans la continuité qui passe de la juxtaposition à la liaison.

❸ Ambivalence marquée par l'adoption d'un graphisme artificiel, d'une écriture masque. Le conflit est intérieur, mais qu'en est-il de l'insertion dans une équipe de travail ? Cela est assez imprévisible.

L'ambivalence caractérise à des degrés divers tout être humain. Elle se manifeste par les contradictions que l'on éprouve et peut affecter divers plans de la personnalité. Il peut s'agir d'une ambivalence sexologique, affective ou spirituelle. Le graphologue Max Pulver a longuement étudié ce phénomène.

Indécision

L'ambivalence sexologique est la plus élémentaire et caractérise la personne qui se trouve dans la situation œdipienne, écartelée entre passivité et activité, entre identification au père ou à la mère. L'individu est alors inachevé, indécis entre deux tendances de directions contraires. Cette ambivalence se remarque dans le graphisme par les oppositions d'inclinaison et de direction. On retrouve aussi des variations de direction et d'inclinaison dans les jambages et les hampes. Plus précisément encore, lorsqu'il y a peu de différenciation entre les lettres basses et les hampes, il s'agit d'une situation œdipienne non résolue.

Pulver considère également que les formes étayées, le tracé Sacré-Cœur, les mouvements cassés sont des signes d'ambivalence dans la mesure où ces indices graphiques impliquent un changement de direction.

Origine et développement

Pulver a aussi beaucoup étudié la symbolique spatiale de l'écriture et il considère que le développement vertical exprime la virilité tandis que la tendance horizontale traduit la féminité, la fécondation et la stabilité. La tendance vers la droite exprime ce qui a trait au père tandis que la gauche relève de l'attachement à la mère. Il est vrai que dans l'écriture occidentale, en tout cas, le geste part de la gauche pour aller vers la droite. Cela se caractérise par le développement personnel et dynamique de l'existence, qui part de l'origine pour aller vers l'avenir en passant par le présent. L'ambivalence sexologique se traduit dans le comportement par une opposition au niveau des impulsions et des instincts. Il s'agit également de conflit entre homosexualité et hétérosexualité.

Cela se traduira dans la vie quotidienne par une féminité ou une masculinité plus ou moins accentuée, en accord ou non avec le sexe biologique de l'individu.

Processus créateur

Le phénomène de l'ambivalence est problématique, voire pathologique, lorsque l'individu n'arrive pas à établir un jeu de compensations entre ses tendances opposées. Inversement, l'ambivalence est positive s'il est possible de l'employer à la construction de sa personnalité. Un conflit trop violent se traduira soit par une affection mentale caractérisée, soit par l'adoption d'une personnalité construite et rigide révélée par une écriture artificielle. Une telle écriture passe pour belle et élégante, de même que la personne est en général très contrôlée et donc peu suspecte de troubles intérieurs. Mais cette personnalité artificielle est très coûteuse en énergie et court sans cesse le risque de se fissurer ou, au mieux, de se figer dans une personnalité sans vie.

La symbolique
des lettres

Que symbolise la lettre « a » ?

Le symbolisme des lettres correspond à la graphologie des petits signes, qui intervient en fin d'analyse afin d'affiner le portrait graphologique.

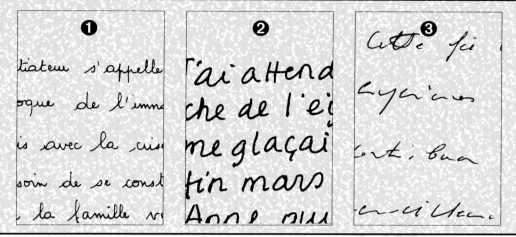

Interprétation

❶ Les « a » sont assez grands et scolaires, mais ils présentent tous un léger cabossage et sont assez fermés et souvent anguleux sur la ligne de base. La personne affiche une certaine confiance, mais la communication n'est pas facile.

❷ Les « a » scolaires dans la lignée de l'écriture sont cependant plus grands que les autres lettres et fermés. La demande affective est manifestée avec force mais ne correspond pas nécessairement à la capacité d'échange réelle.

❸ Les « a » sont ouverts en haut et à droite et plutôt bien dessinés en rapport avec le graphisme assez déstructuré. La vie affective est importante pour cette personne très curieuse de tout.

Le « a » exprime la vie du cœur et l'affectivité dans son rapport avec autrui. C'est la demande affective exprimée. Il peut s'agir de la dimension amoureuse, mais aussi de la sphère relationnelle. Le « a » exprime la profondeur amoureuse, mais également l'aisance relationnelle.

Le « a » scolaire

Un « a » conforme au modèle scolaire, simple arrondi et de même dimension que les autres lettres, correspond à une confiance en soi suffisante qui permet d'établir des relations aux autres franches et droites.

La confiance en soi est nécessaire puisqu'il faut commencer par s'aimer soi-même avant d'aimer autrui.

L'ouverture à gauche indique que la vie affective de la personne est très influen-cée par le passé et qu'elle a des difficultés à s'affranchir de cet attachement.

Les ouvertures

Ouvert vers la droite, il indique une confiance en soi et en l'avenir qui permet de nouer de nouvelles relations sans appréhension.

L'ouverture vers le haut révèle que la relation affective est mêlée d'idéal. Vers le bas, il indique que la personne aime le côté sensoriel de la vie.

Toujours jointoyé, il révèle un caractère qui se surveille beaucoup et qui peut manquer de franchise. La confiance en soi est moindre.

La dimension et la forme

Si le « a » est plus grand que le reste du graphisme, cela indique que la personne en question manifeste beaucoup son affectivité, mais il peut s'agir de mondanités.

Le « a » rétréci indique que la vie affective est assez réduite. Le « a » ovale est sensible et évolué. Le « a » large et étalé est plus bavard et sans-gêne. Le « a » étréci et noirci indique de la souffrance et une difficulté à exprimer ses sentiments, d'où une menace d'étouffement.

Les « a » ouverts comme des « u » indiquent la crédulité et l'impressionnabilité. Les « a » en « e » ou en « o » relèvent de l'écriture confuse et indiquent l'habileté si l'écriture est construite, le laisser-aller si le graphisme est relâché. Les « a » dessinés comme des caractères d'imprimerie indiquent une certaine culture mais qui manque d'originalité, puisqu'il s'agit de la simple reproduction d'une typographie. La personne a besoin d'être admirée et de briller dans un cercle de relations. Dans certains cas, le « a »

commence à droite dans un mouvement assez ample vers la droite et se termine en s'abritant sous la courbe du « a ». Dans ce cas, la confiance en soi est assez fragile, les élans sont contenus et l'engagement dans l'action ou dans une relation est souvent timoré. La personne ne se sent pas en sécurité et a tendance à se refermer.

Les initiales

Si on retrouve un trait initial sur le « a » alors que celui-ci est absent des autres lettres, cela correspond à un intense besoin de soutien sur le plan affectif qui peut témoigner d'une affectivité immature.

Si le trait initial est raide et tranchant, la personne se refuse à tout épanchement ou débordement sentimental.

Quelles sont les caractéristiques de la lettre « b » ?

Relié à la terre par sa base et attiré vers le ciel par sa hampe, le « b » symbolise la réflexion et les moyens mis en œuvre pour réaliser un objectif.

THÉORIE

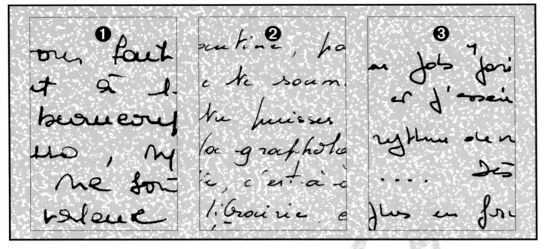

Interprétation

❶ Le « b » est à rebours et particulièrement étréci à sa base. Cela indique une souffrance probablement ressentie dans le passé vis-à-vis de laquelle la personne a voulu prendre une distance marquée par le rebours.

❷ Ici aussi, des « b » qui indiquent une souffrance. La boucle est largement ouverte en forme de 6 ou de fœtus. Des difficultés dans la petite enfance avec, là encore, le besoin de se construire afin de se distancer.

❸ Des « b » à rebours et très ouverts vers le bas indiquent le désir d'indépendance, mais aussi une tendance à se laisser envahir par des ruminations intérieures. Les bâtonnements signalent l'exigence intellectuelle.

Plus la hampe du « b » est élevée, plus importante est la part d'idéal qui entre dans l'organisation pratique de la vie. La panse du « b » correspond aux acquisitions matérielles, aux nourritures. De la moralité et des principes de la personne dépendront les moyens mis en œuvre pour ces acquisitions.

Idéaliste ou jouisseur

Si la panse est plus importante en hauteur et en largeur que la hampe, cela signifie que la personne accorde la prépondérance aux besoins matériels. Le désir d'avoir est important. Inversement, si la hampe est proportionnellement beaucoup plus développée, cela indique l'importance des idées et des projets, qui n'arrivent pas toujours à se ma-

térialiser. Comme dans l'écriture prolongée, d'une manière générale, il y a discordance entre les désirs et les capacités de réalisations, mais avec le « b » il s'agit plutôt d'un besoin de posséder. Le « b » proportionné traduit une bonne répartition entre les capacités intellectuelles et les possibilités de concrétiser.

Les « b » bâtonnés sont le fait de personnes qui désirent pour des raisons intellectuelles et idéales se détacher des nourritures terrestres. Un « b » étréci et prolongé révélera un tempérament ascétique, à l'inverse du « b » dont la panse est gonflée qui indique, lui, le besoin de jouissance immédiate et abondante.

Les « b » de la souffrance

Certains « b » sont le signe de la souffrance et de la priva-

tion parfois ressentis dans l'enfance. Les « b » dont les hampes sont tordues et se terminent par une petite boucle indiquent une souffrance liée à des difficultés économiques graves dans l'enfance qui ont pu conduire à des problèmes liés au manque de nourriture. Dans ce cas, le « b » peut être le seul indice de cette souffrance passée au sein d'une écriture, par ailleurs dynamique et épanouie.

Le « b » schizoïde

Le « b » schizoïde est comme roulé en boule dans un cocon. Il signifie toujours une immaturité, souvent dans le domaine affectif ou bien dans la capacité à assumer sa féminité pour la fille et sa masculinité pour le garçon. Ainsi, dans une écriture par ailleurs personnalisée et progressive, il arrive que le « b » soit comme « en retard » par rap-

port aux autres lettres, ou même que sa dynamique soit différente, c'est le cas lorsque le graphisme est plutôt dextrogyre : le « b » peut sembler tracé plus lentement et tourné vers la gauche. Cette démarche indique toujours des difficultés par rapport à l'image maternelle que l'on conserve, ainsi que dans son propre développement. Ces « b » schizoïdes révèlent pratiquement toujours une souffrance psychique qui n'est pas nécessairement visible dans le comportement quotidien. Le « b » à rebours signifie le désir d'affirmer son indépendance vis-à-vis des images parentales et surtout celle de la mère. Si les hampes sont anormalement gonflées, ou bien si la panse est largement ouverte vers le bas, l'inconscient et les possibilités de rumination négative dominent la personnalité.

Quelles sont les caractéristiques de la lettre « c » ?

Le « c » est lié à l'égoïsme en ce sens où il concerne le Moi profond et ses moyens de subvenir à ses besoins.

❶ ❷ ❸

Interprétation

❶ Un « c » légèrement agrandi et arrondi qui est homogène au contexte graphique. Un égoïsme bien placé permet à cette jeune femme de savoir recevoir et donner tout en se protégeant.

❷ Petits « c » précédés d'un tiret. Ceci est conforme à cette écriture acquise et conventionnelle qui dénote des qualités de précision et de minutie parfois excessives. Sens esthétique et besoin que les choses soient à leur place.

❸ Un « c » qui présente un crochet dans le haut de la lettre. Dans ce contexte acquis et stylisé avec un trait nourri, on suppose une personnalité complexe, fragile, qui a besoin qu'on lui témoigne des marques de reconnaissance, mais qui s'adapte bien.

L e « c » est bien souvent, et surtout dans les écritures féminines, l'occasion d'enroulements ou de coquetteries qui signalent un besoin de séduction certain.

La main qui prend ou qui offre

La lettre « c » est tournée vers la droite c'est-à-dire vers l'avenir, la construction et autrui. Le « c » est une main qui prend, retient et échange. Des nourritures terrestres aux nourritures spirituelles, il s'agit de prendre et d'incorporer. Suivant la force de ce besoin, l'individu sera avide, égocentrique ou capable d'échanger et de donner son amitié en serrant la main de l'autre. Un « c » proche du modèle scolaire, simple et modéré dans sa dimension, signale l'absence d'égoïsme ainsi que la capacité à donner. Un joli « c »

peut signifier la bonté et la générosité quand il se fait à peine remarquer mais ne se laisse pas oublier non plus. Le « c » reste lisible mais sans affectation ou ornement particulier. Un « c » précédé d'un tiret indique un esprit pointilleux qui a besoin que les choses soient à leur place, sans toutefois que cela signale un égoïsme pathologique.

De l'optimisme à l'avidité

Un grand « c » indique un besoin de mordre à belles dents dans la vie et le besoin d'acquérir des richesses. Les nourritures de l'enfant sont devenues celles de l'adulte qui tente d'accumuler les richesses matérielles ou intellectuelles. Ce « c » montre l'élan et le dynamisme, ainsi qu'un certain optimisme si le reste du graphisme le confirme. Bien sûr, si la di-

mension est vraiment discordante par rapport aux autres lettres, il y a là un signal d'alarme indiquant un narcissisme exacerbé qui pousse la personne à jouer un rôle qui ne la satisfait jamais vraiment. Une certaine coquetterie et le besoin d'exister en fonction du regard d'autrui donnent du charme à la personnalité mais aussi de la superficialité. Les échanges ne sont jamais profonds. Un « c » bâclé, dont la forme relâchée ressemble à une courbe en vasque largement ouverte et informe, indique une personnalité nonchalante et dilettante. La capacité à se laisser imprégner de l'ambiance permet des contacts faciles mais peu engagés sur le fond.

Égoïsme et appréhension

Les « c » en coquille qui s'enroulent sur eux-même tra-

duisent l'égoïsme envahissant de personnes qui ne se laissent jamais oublier. Ces personnes prennent mais ont du mal à donner, elles n'ont pas réellement atteint le stade de développement qui leur permet d'échanger et d'être autonome. En effet, la personnalité qui ne sait que prendre est dépendante d'autrui de la même façon que l'enfant est dépendant des parents pour sa subsistance. Si le « c » est totalement enroulé comme un escargot, le scripteur est terrifié par le monde extérieur et se cloître chez lui. Les « c » qui comportent des angles et des crochets indiquent une profonde insatisfaction qui débouche sur une agressivité revendicatrice. Le « c » aplati et massué signale aussi une agressivité et un égoïsme importants.

Quelles sont les caractéristiques de la lettre « d » ?

Le « d » est riche en formes car sa qualité existentielle est importante. Il représente l'orientation morale.

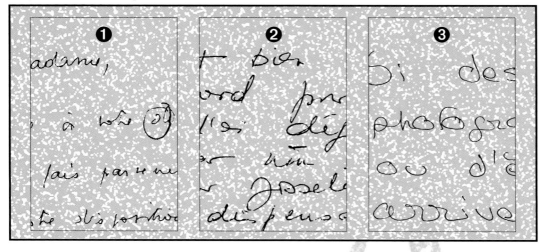

Interprétation

❶ Des « d » en deux morceaux avec un trait léger et des laps de cohésion. Des difficultés à s'affirmer et à prendre position à cause d'une grande sensibilité qui provoque de l'angoisse.

❷ « d » dont la boule est agrandie et arrondie avec une hampe raccourcie. Personnalité assez coquette et qui juge en fonction de ses sentiments sans toujours faire appel à sa raison.

❸ « d » aspirés vers le haut dans ce contexte lunaire de l'imagination et de la rêverie. Difficulté à se concentrer sur la réalité et les impératifs du quotidien.

Lorsqu'il apprend à écrire, l'enfant trace d'abord ses « d » en deux morceaux, puis il unifie son geste. On retrouve cette caractéristique chez certains adultes pour qui cela constitue une trace infantile dont on peut retrouver des traits dans leur comportement.

Le pouvoir de décision

Un « d » simple, clair et dont la hampe est fermement tracée indique un esprit capable de prendre ses décisions avec parfois un peu d'intransigeance, mais de la clarté dans le jugement. Si la hampe est bouclée, cela indique que la personne sait adoucir l'expression de son jugement. Il compose avec autrui et a le sens du compromis. Il peut en contrepartie manquer de force morale.

La coquette et le rebelle

Le « d » est composé d'une boule qui se lit comme un « a » et d'une hampe qui est sujette à des variations de hauteur, d'inclinaison et de pression. Si la boule du bas est ovalisée dans le sens de la hauteur, la personne est efficace, tournée vers la réalisation, la décision et a dépassé un certain égoïsme infantile et captateur. Si au contraire le bas du « d » est grossi et très arrondi, cela traduit de la coquetterie et une forte affectivité qui prend le pas sur la raison.

Si le « d » est tracé de haut en bas en commençant par le haut de la hampe et se termine par une boucle en rebours, l'esprit de rébellion est fort et la personne entrera en conflit avec les institutions d'ordre spirituel afin de ne pas s'opposer directement au père comme représentant de l'autorité, qui le premier symbolise l'interdit et la distinction entre le bien et le mal.

Si la boule du « d » est séparée de sa hampe, cela traduit de l'indécision et de la dissimulation. La personne ne parvient pas à trancher ou ne le souhaite pas pour ne pas affirmer ses positions trop ouvertement. Les projets sont généralement inachevés car le sujet ne prend jamais position et ne s'implique pas jusqu'au bout dans ce qu'il fait. Si le bas est très ouvert, on a du mensonge par omission.

Hauteur de vue et aspiration spirituelle

Si la hampe du « d » est très courte et fait ressembler la lettre à un « a », on a une limitation dans la hauteur de vue. La personne ne dépasse pas le niveau des contingences quotidiennes. C'est aussi une lettre confondue avec le « a » et cela indique un sens moral peu exigeant. Au contraire, si la hampe est prolongée, cela traduit une aspiration intellectuelle ou spirituelle qui élève l'esprit mais qui peut aussi noter un manque de proportion généralisé, signifier un esprit chimérique.

Souffrance

Si la hampe est tordue, cela marque la souffrance. Il peut s'agir d'une souffrance ressentie dans l'enfance et ayant traumatisé la personne. On retrouve souvent ce « d » à l'adolescence et, dans ce cas, il disparaît le plus souvent dès que la personne a pu acquérir une certaine confiance en elle. Si la hampe est couchée vers la droite, cela révèle que la personne courbe l'échine et qu'elle se plie avec un certain opportunisme aux contingences du moment.

Quelle est la symbolique du « e » ?

Le « e » concerne les rapports sociaux. Dans sa forme, c'est un lien qui relie ou sépare par deux traits la lettre précédente à la lettre suivante, en passant par ce petit nœud qui le dessine.

THÉORIE

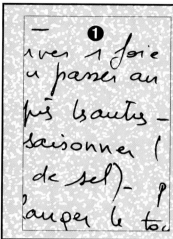

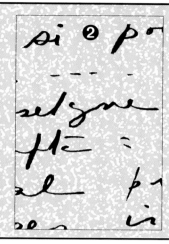

Interprétation

❶ Les « e » dans cette écriture sont souvent noircis et rétrécis. Les finales sont parfois longues et parfois courtes. Difficulté à se situer dans les contacts, qui sont inégaux et parfois déconcertants ; cela tient à une certaine anxiété.

❷ Ici aussi les « e » sont particulièrement noircis et rétrécis, surtout si on les compare aux « a », qui sont, eux, arrondis, voire agrandis. La demande affective manifestée est importante, mais il existe un profond sentiment d'inquiétude et d'insatisfaction dans ce domaine.

❸ Les « e » en finale sont plus petits et plus noirs que les « e » à l'intérieur avec une finale longue, parfois très longue ; on en déduit une capacité à écouter l'autre même si, dans un deuxième temps, on n'hésite pas à affirmer son indépendance.

Le « e » concerne les rapports sociaux, mais aussi l'estime de soi qui permet ou non d'avoir des relations avec autrui plus ou moins harmonieuses. La difficulté dans les contacts va souvent de pair avec une mauvaise image de soi.

Simplicité et adaptation

Si le « e » est simple et de dimension conforme au reste de l'écriture, il indique une sociabilité aisée et coulante. C'est un indice important d'adaptation et d'équilibre. Le « e » est aussi à considérer en tant que trait final puisque, en français, il termine souvent un mot ; on regardera alors plus particulièrement la façon dont le trait final se place par rapport au mot suivant.

Difficulté dans les contacts

La dimension est à considérer autant pour le « e » placé dans le corps du mot que pour celui de la fin. Un « e » grossi dans le corps du mot traduit un besoin de contact exagéré, du bavardage et du sans-gêne. Inversement, les « e » rapetissés ou pochés, dans le corps du mot, correspondent à une difficulté à établir des contacts.

Le noircissement signale une inquiétude, une tristesse ou bien une anxiété.

Si le « e », en fin de mot et relié au corps du mot, est nettement plus petit avec une forme lisible, cela indique de la finesse et un sens psychologique. Si le « e » final est bien formé et légèrement plus petit, cela révèle la capacité à laisser parler l'autre : la personne est capable de s'effacer afin de laisser s'exprimer autrui. Inversement, le « e » final, relié au mot mais grossi, indique une part de sans-gêne et une naïveté inadaptée. Cela peut signaler également un certain manque de maturité.

Indépendance et contrôle

Le « e » final non relié, c'est-à-dire juxtaposé quand l'écriture est par ailleurs groupée et liée, indique une revendication d'indépendance assez maladroite et probablement immature. Si le « e » non relié est petit et noirci, cela indique des contacts difficiles ou tout au moins réduits aux nécessités pratiques. Par contre, si le « e » non relié est grossi et rond, il indique un savoir-faire et un désir de charmer tout en restant toujours à distance. Les contacts sont superficiels ou parfois profonds, mais dépendent toujours du scripteur qui tient à garder les rênes. C'est lui qui décide quand rompre le contact, il craint de se laisser manipuler dans la relation et préfère en garder le contrôle, même au prix d'un manque évident de spontanéité.

Les « e » sont à considérer aussi dans leur trait final et, dans ce cas, on les traite comme des finales acérées, massuées courtes ou suspendues selon les cas, et en fonction des caractéristiques psychologiques des écritures de même type déjà étudiées dans des fiches précédentes. L'accent sera mis sur l'incidence de ces traits de caractère pour les contacts sociaux.

Ainsi, une finale acérée traduira un caractère volontiers acerbe et critique. Une finale massuée révélera un personnage qui contrôle une certaine agressivité intérieure et reste courtois si on ne le pousse pas à bout. La finale courte traduira la réserve et la suspension, la difficulté et la réticence à établir des contacts.

Quelles sont les caractéristiques de la lettre « f » ?

Le « f » est une lettre particulièrement intéressante par sa forme assez complexe qui occupe tous les points de l'espace graphique.

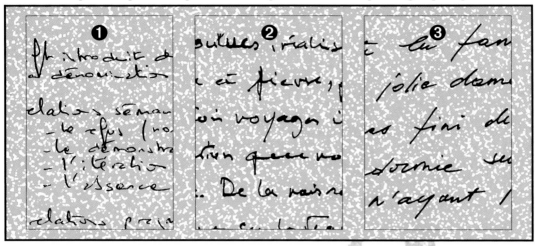

Interprétation

❶ Des « f » avec un jambage qui remonte en angle sur la ligne. Deux « f » différents qui traduisent simultanément un attachement au passé et un désir de s'en détacher.

❷ Les « f » ici sont bâtonnés dans la hampe et bouclés dans les jambages, mais ils sont assez confus et difficiles à différencier du « p ». Problème d'identification entre l'image maternelle féminine et l'image paternelle masculine.

❸ Les « f » sont bâtonnés, ce qui signifie chez cette femme une problématique concernant la féminité, mais la barre qui les traverse indique aussi le combat et la victoire sur quelque chose d'assez douloureux. On trouve l'idée de sacrifice et de souffrance.

Le « f » est une lettre **assez difficile à tracer, c'est pourquoi elle est en général rapidement simplifiée pour accélérer la vitesse du graphisme. On retrouve aussi souvent des « f » assez immatures dans des écritures évoluées qui signalent toujours des réminiscences du monde de l'enfant.**

Le « f » scolaire est celui de l'enfance, il est assez compliqué à tracer : il commence par un trait qui rattache à la lettre précédente, se poursuit par une boucle qui monte et redescend vers la zone inférieure pour amorcer une boucle qui remonte sur la ligne de base et se termine en reliant à la lettre suivante.
Le « f » scolaire dans une écriture adulte indique que le cordon ombilical n'est pas rompu, la personne restant attachée au passé, à sa mère

et à son enfance. Peu individualisée, l'écriture est, en général, conventionnelle et peu personnalisée. La peur du changement l'emporte sur le désir d'évoluer et de sortir du giron maternel.
On trouve une amorce de changement et d'évolution quand la boucle inférieure forme une hélice parce que la boucle se trouve à gauche du trait descendant et repart vers la droite en remontant et en coupant le trait descendant. Le désir d'autonomie est conscient, mais encore peu réalisé dans les faits. Les adolescents peuvent dessiner leurs « f » de cette façon.
Avec des « f » dont le jambage est bâtonné quand la hampe est bouclée, on peut considérer que la séparation d'avec l'enfance est faite. La personnalisation du graphisme correspond à l'individualisation de la personne

qui trouve ses repères. Le « f » totalement bâtonné est assez intellectualisé et hypersensible. Du point de vue de l'activité, si la boucle supérieure du « f » est nettement plus grande que celle de la zone inférieure, on peut dire que la personne rêve plus qu'elle ne réalise. Inversement une boucle supérieure rapetissée et un jambage prédominant révèle l'importance de la réalisation pratique et un certain matérialisme.

La féminité

Pour une femme, les « f » bâtonnés signifient souvent un désir de réalisation qui passe par une certaine virilisation du caractère au détriment parfois de la vie affective et de la maternité. Cela peut être le « f » d'une femme dont la réussite professionnelle et intellectuelle est remarquable, mais il vaut mieux pour l'épanouisse-

ment personnel que la hampe reste bouclée, même si cela indique une difficulté à équilibrer les différents aspects de la vie.
Le « f » est aussi une lettre qui indique le rapport à la féminité et à la maternité. Des « f » en huit, tordus et compliqués, révèlent une difficulté par rapport à l'image féminine. Pour une femme, il y aura difficulté à assumer sa féminité du fait de rapports difficiles avec sa mère d'où, une souffrance au niveau de l'affirmation de son identité. Pour un homme, il s'agira de difficulté relationnelle avec l'image féminine, soit qu'il idéalise les femmes, soit qu'il craigne d'engager des relations avec elles.
Là encore, l'image de la mère du scripteur a joué un rôle déterminant.

Que symbolise la lettre « g » ?

Le « g » représente la gentillesse et l'aptitude à la séduction, l'affectivité, mais aussi la façon dont le sujet s'affirme et se reconnaît vis-à-vis des autres.

❶ auta ets avec
m'est habitu
laugues étrangèr
le deux autre
téresser.
à l'un des
v mei une réé

❷ vout que
en Avigu
o bien
Cvestre
Pos deue

❸ l'art ji souhai
qu' iconographe.
vances esseutiolle
goût pou la fe

Interprétation

❶ Les « g » sont ici curieusement étranglés. L'écriture dans son ensemble est assez contournée et enroulée. Gentillesse en surface et dans les relations professionnelles. Au fond, difficultés probables dans la sphère affective, quelque chose est coincé qui rend l'échange difficile.

❷ Gros « g » bien ventru comme le reste de l'écriture. Contacts aisés et chaleureux, sens de l'accueil, les contacts restent toutefois en surface. Quelque chose du passé n'a pas été digéré, est « resté sur l'estomac ».

❸ Les « g » sont prolongés vers le bas et assez mous, comme happés vers la gauche, ce qui ralentit le graphisme. Progressivité et désir de réussir, mais la rupture avec le passé est plus volontariste qu'harmonieuse.

Gentillesse de commande ou capacité innée à mordre la vie à belles dents. Le « g », c'est aussi la façon dont nous digérons les choses sur le plan sentimental et relationnel. Selon que l'on considère la rencontre avec autrui comme un enrichissement ou une menace, nous serons plutôt ouverts ou fermés. Certains sont boulimiques devant la vie, quand d'autres refusent d'incorporer en eux toutes nourritures réelles ou d'ordre affectif ou spirituel.

Simplicité
Le « g » modéré dans sa dimension, avec un rapport entre le « a » et le « j » proportionné, indique une capacité de relation simple et authentique. Pas d'amabilité superflue ni d'agressivité particulière. La gentillesse s'exprime dans des actes de la vie quotidienne.

Assimilation difficile
Un « g » dont la panse sera trop ventrue révèle une personnalité pléthorique, lente à digérer et à assimiler la nouveauté. Il y a aussi une certaine autosatisfaction dans cette attitude qui ne se remet pas en question par paresse. D'une manière générale, ces personnes sont peu actives, surtout si le contexte général du graphisme est à dominante lymphatique. Si ce n'est pas le cas, il peut s'agir de réserves intérieures d'une gentillesse qui ne trouvent pas à s'exprimer. Il arrive aussi que la tête du « g » soit plus petite que la panse, dans ce cas la gentillesse ne sait pas s'exprimer du fait d'un manque de confiance en soi. Dans les deux cas, on voudrait mais on ne peut pas. D'une façon plus générale, l'attitude face à la vie est assez méfiante et l'assimilation des expériences ne se fait que lentement.

Un sevrage difficile
Le « g » dont la panse est interrompue et reste dirigée vers la gauche, comme un cordon ombilical qui cherche à se relier, indique une difficulté à trouver son autonomie. Le désir de régression est important, et la personne est passive face à la vie car elle cherche à conserver une position infantile avec une prise en charge de ses difficultés par d'autres personnes. Le « g » dont la boucle inférieure revient vers la gauche en dessinant une sorte de huit indique un blocage intérieur. La personne est coincée par quelque chose qu'elle n'a pu supporter. Il y a là une fermeture vis-à-vis de l'avenir et une tendance à ruminer le passé.

Activité et efficacité
Les « g » dont la panse est triangulaire sont à analyser dans la même optique que les jambages triangulaires en général. Il y a toujours de l'autoritarisme et une certaine agressivité dans les rapports avec autrui. Le caractère n'est pas facile et l'individu ne cherche pas à paraître aimable, ce qui n'indique rien sur les qualités de cœur réelles, mais non exprimées par pudeur ou par réserve.
Le « g » bâtonné en forme de « q » est le fait d'une personne active qui ne perd pas son temps en amabilités inutiles et est efficace au détriment parfois d'une capacité à mettre plus de formes dans les rapports humains.

Que représente le « h » ?

Le « h » se compose d'une hampe qui s'élance vers le haut, zone de la réflexion, et qui se termine en petite arcade reposant sur la ligne médiane, zone de la réalisation.

THÉORIE

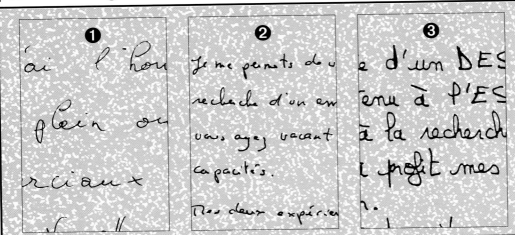

Interprétation

❶ Les « h » sont ici comme les « l » ; en petit ballons, cela traduit un certain infantilisme et une difficulté à avoir les pieds sur terre. Tendance à l'illusion, plus de velléité que de vraies capacités réalisatrices.

❷ Dans ce petit graphisme inégal, les « h » sont très prolongés. Aspiration, désir de se dépasser et de marcher la tête haute. Des difficultés de réalisation, mais de bonnes compensations aussi.

❸ Ici les « h » sont raides et cabossés, ce qui représente une survivance enfantine du graphisme. Le développement intellectuel est important, mais l'affectivité est restée immature. D'où une difficulté à se réaliser pleinement.

Pour certains auteurs, le « h » représente la façon dont le scripteur marche dans la rue.

Équilibre

Le « h » ferme et bien dessiné, avec une pression assez forte qui tend à ouvrir l'arcade en petite vasque qui s'éloigne un peu de la hampe du fait de la rapidité du graphisme, témoigne d'un équilibre trouvé entre la pensée et l'action. La personne a les pieds sur terre et marche d'un bon pas. C'est le « h » de l'adulte qui a simplifié et personnalisé le modèle scolaire sans toutefois inventer une forme extravagante. Le « h » reste simple et adapté, il est posé tout comme son scripteur.

De l'efficacité...

Une autre simplification possible consiste à supprimer le trait initial de la hampe, cela correspond à une évolution du graphisme dans le sens de la rapidité et les autres lettres sont simplifiées de la même façon. Le « h » bâtonné est dans le même esprit : il représente une façon d'aller à l'essentiel en vue d'une plus grande efficacité. La personne ne s'encombre pas de détails inutiles. Elle ne passe pas plus de temps que nécessaire dans les préliminaires et se lance dans l'action le plus rapidement possible. Avec une arcade vive et s'éloignant en vasque de la hampe, il y a une forme très progressive qui correspond à un tempérament sociable et actif. Comme le dit Roseline Crépy dans son livre sur l'interprétation des lettres : « La démarche du scripteur est la même, vive et nette, celle de quelqu'un qui sait ce qu'il fait, où il va, et qui est content. »

... A la désinvolture

Un pas de plus et l'arcade s'étale vers la droite jusqu'à la filiformité parfois. Là, il convient de vérifier la fermeté générale du graphisme car cela peut signifier la capacité à travailler de façon non conventionnelle, en « envoyant balader » les contingences et les détails inutiles ; mais cela peut indiquer aussi une trop grande désinvolture et un manque de responsabilité. Le savoir-faire se transforme en négligence ou en opportunisme.

Un esprit chimérique

Le « h » dont la hampe est exagérément prolongée dans la zone du haut signifie que la personne se berce d'illusions quant à ses capacités de réalisation et d'activité. La rêverie prend le pas sur les réalités. Beaucoup de projets dont la personne parle en général beaucoup mais qui ne sont que verbiage. Inversement, celui qui trace une toute petite hampe dépassant à peine la zone médiane, ne laissant ainsi exister que l'arcade finale, traduit son manque de hauteur de vue. Toute l'attention est concentrée sur l'activité quotidienne et les points de détail. En général, la personne est plutôt sédentaire et se démène assez peu.

Manque de savoir-faire

Les « h » au trait couvrant dans la hampe indiquent un sentiment de gêne et d'insuffisance ressenti dans le domaine professionnel. Il peut s'agir d'une personne qui, à tort ou à raison, ne se sent pas à la hauteur dans le cadre de son métier. Sur le plan professionnel aussi, certains « h », dont l'arcade est détachée du corps de la lettre, révèlent un manque de savoir-faire et d'habileté.

Que révèle la lettre « i » ?

Mettre les points sur les « i » indique la précision, la décision et l'affirmation sûre d'elle-même. C'est en effet le point qui, pour cette lettre, est le plus révélateur.

THÉORIE

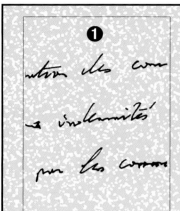

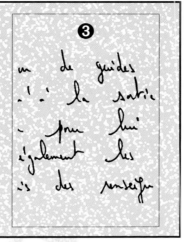

❶   ❷   ❸

Interprétation

❶ Dans ce contexte spasmodique, saccadé, nerveux et très rapide, les points sur les « i » constituent une très bonne compensation avec la tenue de ligne qui est régulière. La personne se contrôle et s'organise plutôt bien malgré les apparences.

❷ Dans ce graphisme également nerveux, apparemment fragile, les points sur les « i » dénotent la capacité d'organisation et la précision. La mise en page est bien organisée aussi, ce qui confirme cet aspect de la personnalité.

❸ Finesse du trait, petitesse et précision des points et des accents. Tout cela se renforce dans le sens d'un souci d'exactitude et de précision. Exigence personnelle qui vient accentuer ce trait de caractère.

Un mot d'abord pour la forme générale de la lettre : si elle reste très scolaire, c'est-à-dire avec un trait initial et un trait final avec un point marqué, c'est surtout le caractère infantile qui domine. L'esprit de décision et d'affirmation est peu marqué dans la mesure où l'écriture est peu personnalisée. La personne n'a pas pris ses distances par rapport aux modèles de son enfance et reproduit fidèlement ce qu'elle a appris et assimilé.

Le point en ballon est typique des adolescents et surtout des jeunes filles. Il est assez narcissique mais, d'autre part, si courant qu'il devient peu parlant. Il indique toutefois un retour sur soi et un besoin de se rassurer sur sa propre image.

Esprit scientifique ou tatillon

Le pointage du « i » peut se faire au moment où l'on trace la lettre ou bien à la fin du mot ou d'un groupe de mots par un retour en arrière rapide. Si les « i » sont pointés immédiatement, leur précision est remarquable et cela indique une rigueur et un souci de correction.

Suivant la vitesse générale de l'écriture, cette précision sera maniaque et finalement peu efficace ou signalera des qualités scientifiques.

C'est en regardant le reste du graphisme que l'on optera pour l'une ou l'autre de ces significations.

Dans le cas d'un esprit tatillon, l'écriture sera lente avec des traits initiaux et une conformité au modèle scolaire et peu personnalisée.

On aura alors des qualités d'ordre et de discipline, encore que ces personnes puissent faire preuve également d'une exagération dans la précision qui frise la grève du zèle et qui a aussi une signification plus sournoise d'opposition quasi systématique à toute forme d'autorité et de hiérarchie.

La précision de type scientifique ira de pair avec une écriture simple, sobre, souvent verticale ou légèrement inclinée, petite et claire.

Le « i » peut même dans ce cas être isolé du mot, juxtaposé dans le corps d'un mot par ailleurs groupé.

Le savoir-faire au quotidien

Inversement, le pointage à retardement est moins précis mais correspond à une efficacité et un savoir-faire au quotidien qui ne requiert pas une attention excessive. Si le point se trouve en avant du « i » cela signifie qu'il a été tracé après et cela indique de la vivacité d'esprit et du dynamisme. Cela révèle aussi de la curiosité d'esprit et un goût pour la nouveauté et la communication avec autrui. Si le point est placé après le « i », il s'agit aussi d'un pointage à retardement mais qui révèle une certaine inhibition dans la vie quotidienne avec une difficulté à s'affirmer et à prendre des décisions concrètes. Dans le cas où le « i » n'est marqué que par le point, cela révèle une personne pressée et en général débrouillarde dans la vie quotidienne, quelqu'un qui va droit à l'essentiel.

Les points placés haut indiquent l'ambition intellectuelle ou le désir de réussite si le reste du graphisme le confirme. Les points en accents révèlent beaucoup de nervosité et une certaine anxiété.

Que symbolise la lettre « j » ?

Le « j », dans la langue française, est une des lettres les plus importantes car c'est celle du « je » et de l'identité. En anglais, c'est le « i » (« je » s'écrivant I).

THÉORIE

[Trois échantillons d'écriture manuscrite numérotés ❶, ❷, ❸]

Interprétation

❶ Les « j » sont maigres et ne remontent pas sur la ligne de base. Ils s'enfoncent comme des pieux dans cette ligne. Difficultés personnelles qui proviennent essentiellement de la féminité chez cette femme.

❷ Tous les « j » sont renversés vers la gauche quand le graphisme est incliné. Immaturité et difficulté à trouver son autonomie pour cette adolescente qui flotte un peu dans sa vie scolaire et affective.

❸ Le « j » n'a pas son point, mais il est simple et remonte sur la ligne de base. Affirmation suffisante pour la vie courante, mais, si l'on compare avec la petitesse des « p », on se dit que tout n'est pas si simple. Difficultés avec le père probablement.

C'est le « j » du « je » qu'il faut particulièrement regarder bien que la bonne éducation fasse que le plus souvent, dans une lettre administrative, on réduise l'emploi des « je » pour ne pas donner l'impression de tout ramener à soi.

L'adaptation et l'activité
Le « j » scolaire comportait un trait initial que l'adulte, en général, supprime pour écrire plus rapidement. La boucle inférieure descend largement dans la zone instinctive et remonte vers la zone médiane en coupant la hampe verticale. Ce « j » typique est adapté, autonome et souvent généreux en tendresse si la boucle est bien rebondie. Si la panse du « j » est trop gonflée, il y a un risque de laisser-aller. Il s'agit là d'une question de dosage qui peut

s'interpréter comme un goût pour les plaisirs de la table et du corps, ou comme une tendance excessive à se laisser aller à la paresse.

L'efficacité
Si la boucle ne remonte pas vers la ligne médiane, cela signifie une difficulté par rapport à la réalisation au quotidien. Si toutes les boucles des jambages restent dans la zone inférieure, il y a un manque d'efficacité, mais si seuls quelques jambages restent suspendus, cela indique une difficulté relative aux problèmes rencontrés dans la vie. Le « j » bâtonné traduit l'activité et la recherche d'efficacité au détriment d'un épanouissement sur le plan affectif, ou tout au moins la priorité accordée au monde professionnel par rapport au domaine privé. Si le jambage est en pince ou en vasque,

cela traduit un dynamisme remarquable et efficace. Les « j » bâtonnés mais aux jambages courts révèlent quant à eux une souffrance sur le plan de l'affectivité.

Soi et autrui
Les « j » rabougris, rapetissés, indiquent toujours une souffrance qui s'est exprimée dans l'enfance. Des petits « j » révèlent un manque de confiance en soi et une dévaluation de ses actions qui n'a rien à voir avec la modestie. Inversement : des « j » agrandis révèlent un manque de réserve et un envahissement des autres sans égard aucun pour eux. Il peut toutefois s'agir de la compensation d'un véritable sentiment d'infériorité.
Les jambages en triangle indiquent une certaine agressivité revendicatrice et un caractère autoritaire. Les réactions d'opposition sont nombreu-

ses, et la personne a du mal à travailler en équipe ou à se soumettre à un ordre hiérarchique. Le « j » surélevé révèle aussi un caractère difficile, souvent orgueilleux.

Soi et le passé
Il arrive que la boucle reste ouverte, béante vers la gauche ou dirigée en courbe horizontale vers la gauche. Cela indique une difficulté par rapport au passé avec une impossibilité à se dégager de l'influence maternelle. Le sevrage ne s'est jamais fait vraiment et la personne reste très dépendante. Le « j » peut aussi être happé vers la gauche, renversé quand le reste du graphisme est vertical ou incliné, signe d'une opposition aux parents et d'un esprit de révolte qui correspond à la difficulté pour un être jeune ou immature à trouver son indépendance.

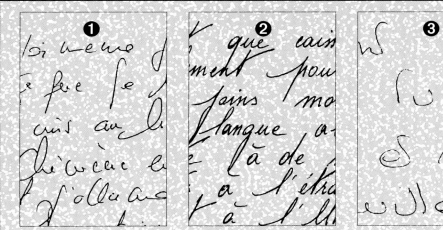

Que symbolise la lettre « l » ?

Le « l » indique si l'on a rompu avec son enfance en ce qui concerne l'indépendance d'esprit et de pensée. L'imagination aussi se remarque, ainsi que le goût pour les études.

THÉORIE

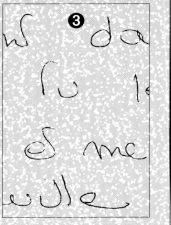

❶

❷

❸

Interprétation

❶ Les « l » sont arrondis, gonflés et surtout précédés d'une longue initiale partant de la gauche. Cela indique de l'imagination, de la créativité, mais aussi un rapport important au passé et aux traditions qui peut poser problème si le cordon n'est pas coupé.

❷ Des « l » surélevés dans un contexte incliné, raide et systématique. Des aspirations d'ordre intellectuel et de l'ambition, mais démesurée et peu réalisée. Ce décalage favorise la frustration et la colère rentrée.

❸ Les « l » bâtonnés constituent une intéressante compensation au graphisme, par ailleurs lunaire et flottant. Les « m » aussi sont bien dessinés, ce qui indique une capacité de réalisation et de mise en forme des idées.

Le « l » nous renseigne sur l'imagination et sur l'intelligence d'une personne. Toutefois, il convient de ne jamais oublier que l'analyse des lettres et de leur symbolique entre dans celle des petits signes et que ceux-ci ne viennent que confirmer ensuite des interprétations dégagées par l'étude préalable des espèces principales du graphisme.

Le trait initial
Le trait initial donne des indications intéressantes. Le « l », pour Roselyne Crépy, qui étudia particulièrement l'interprétation des lettres dans l'écriture, relie les idées entre elles. Le trait initial du « l » part de la gauche, il est donc en rapport avec le passé et l'héritage culturel. Si le trait initial est très long, on aura affaire à quel-

qu'un qui s'appuie sur son éducation pour penser. Inversement, des initiales brèves indiquent une personnalité qui a rompu les ponts ou qui, tout au moins, cherche à penser de façon plus autonome.
Si le trait initial est en courbe, il indique l'amabilité commerçante ; au contraire, le trait initial raide correspond à une attitude morale héritée assez rigoureuse, voire rigide, suivant le contexte du graphisme dans son ensemble.

La hampe haute ou basse
La hampe s'élance plus ou moins vers le haut, qui représente la zone des idées, de l'éthique et de l'idéal. Une hampe haute et élancée représente une capacité d'imagination. Pour que cette imagination soit réalisatrice, il faut que les proportions des trois zones soient respectées sans

prolongements inutiles et discordants. Si le trait est nourri et la conduite du tracé plutôt ferme, on en déduit une capacité à mettre ses idées en pratique. Si ce n'est pas le cas, l'imagination est chimérique. Inversement, une hampe petite qui se différencie à peine de la zone médiane indique un esprit terre à terre qui est enfermé dans son quotidien. Si la hampe est légèrement plus haute et gonflée dans une écriture en guirlande, la personne est sensible à son environnement du point de vue du confort et de l'aménagement.

Torsions et bâtons
Les hampes tordues sont celles de l'adolescence, avec les angoisses et les surestimations ou les mésestimations sur ses possibilités intellectuelles. Les doutes, qui alternent avec une confiance en soi excessive, se remarquent

dans ces torsions pubertaires. Les hampes bâtonnées sont des simplifications et correspondent en général à des personnes qui ont un niveau d'études supérieures. La faculté de synthèse caractérise ces scripteurs, qui font preuve d'une originalité de pensée dégagée des principes hérités de leur éducation. Pour les femmes, les « l » bâtonnés indiquent le désir de prendre leur indépendance dans les domaines intellectuel et professionnel. Il est courant de rencontrer dans une écriture des « l » bâtonnés alternant avec des « l » en ballon, cela est un signe qui indique que les capacités intellectuelles sont relayées par un abord chaleureux. Si on ne trouve que des « l » bâtonnés, on peut craindre une certaine froideur intellectuelle et un goût exagéré de l'abstraction.

Que symbolise la lettre « m » ?

Le « m » s'analyse surtout comme forme de liaison, guirlande, fil ou arcade dans son rapport à l'activité quotidienne et par rapport à la force du Moi.

THÉORIE

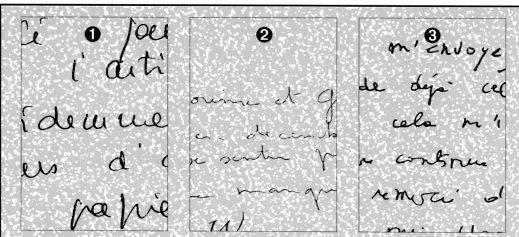

Interprétation

❶ Les « m » en guirlandes profondes et annelées dans un contexte appuyé et nourri indiquent un caractère entier, exigeant et persévérant. L'amitié est exclusive et fidèle. Personnalité individualiste et créative.

❷ Le trait appuyé, la ligne tenue et les « m » filiformes dans un contexte rapide progressif et étalé révèlent un tempérament tourné vers la réalisation. Un fort potentiel et une activité dynamique.

❸ On remarque dans cette écriture assez peu structurée et très inégale que les « m » sont en général mieux formés, en arcade et agrandis. Cela indique que la personne cherche à compenser ses doutes et ses difficultés dans son activité quotidienne.

Le « m » est une lettre importante, surtout dans la langue française où on la retrouve souvent. Elle concerne le Moi, le rapport aux autres et l'activité journalière qui se fait avec plus ou moins de persévérance. Enfin, c'est souvent sur le « m » que l'on remarque le choix de la guirlande ou de l'arcade comme forme de liaison privilégiée.

Le « m » en guirlande

Le « m » en guirlande indique un caractère agréable à vivre par son aisance générale. Si la guirlande est trop étalée et devient molle, on a de la paresse et un esprit velléitaire. L'activité est peu rentable, et le Moi est plutôt tourné vers le principe de plaisir que contrôlé par le principe de réalité. Si le « m » en guirlande forme de petits anneaux, on a un signe de tempérament lymphatique qui indique une certaine endurance mais peu de rapidité. Ces anneaux limitent beaucoup la progressivité de l'écriture, et on en déduit que la personne est plutôt lente dans son travail.

Le « m » filiforme

Le « m » filiforme est intéressant, car son interprétation diffère suivant le contexte général du graphisme, et surtout suivant la pression. Si la pression est forte, le « m » filiforme traduit la rapidité et l'intelligence évoluée. L'efficacité est remarquable avec, en plus de la souplesse, le sens diplomatique. N'oublions pas en effet que le filiforme s'adapte par-dessus tout. Par contre, le « m » filiforme avec une pression légère et un contexte labile et crénelé renforce l'idée de fuite en avant ou de fuite devant les responsabilités : il ne s'agit plus ici de se faufiler mais d'esquiver. L'indifférenciation sur le Moi révèle un problème d'identité et un goût pour une ambiguïté qui peut servir tous les opportunismes.

Le « m » anguleux

Il est combatif et courageux mais manque de souplesse et de sens de l'adaptation. Là encore, cela sera une question de degrés et éventuellement de formes mixtes. Les lettres peuvent en effet être différentes selon leur emplacement, ce qui est un signe de souplesse et d'adaptation. Il est bon que l'angle soit compensé par des lettres plus souples ou des boucles arrondies. La liaison étayée se remarque surtout sur les « m » : c'est une manière de repasser en partie sur le premier jambage avant d'attaquer le deuxième. C'est une forme qui était employée au temps de l'écriture dite « Sacré-Cœur ». Elle correspondait à une éducation rigide, courageuse et fondée sur des principes que l'on remettait difficilement en question. La liaison étayée, quand on la retrouve dans une écriture par ailleurs moderne, indique une certaine dose d'insincérité.

Le « m » en arcade

Il est toujours un peu infantile et ralentit le tracé. Il signifie le besoin de s'appuyer sur des principes solides et sur son passé, surtout quand le « m » possède quatre jambages. Plus souple, il indique le besoin de se construire et aussi le souci de conserver son jardin secret.

L'arcade protège toujours quelque chose, une fragilité secrète ou des pensées que l'on désire garder pour soi.

42

Quelles sont les caractéristiques de la lettre « n » ?

Le « n » ressemble beaucoup au « m », et il est intéressant de l'étudier en rapport avec cette lettre.

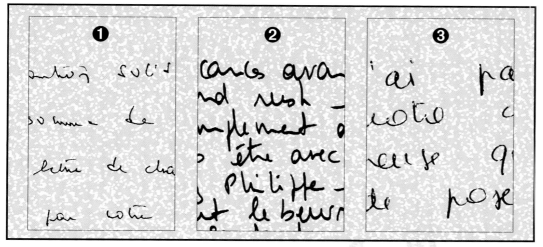

Interprétation

❶ Le « n » plonge en fin de mot vers le bas, ce qui indique un besoin d'affirmation et le goût d'avoir le dernier mot dans une négociation. Besoin de conforter son autorité.

❷ Le « n » s'effondre par moment, de même d'ailleurs que le « m ». Besoin de renforcer une fragilité de fond par une activité importante. Mais il y a risque de dépression du fait de ces effondrements brusques.

❸ Les « n » en guirlande profonde et annelée confirment la forme identique des « m ». La confusion entre le « u » et le « n » est un peu exagérée et manque un peu de franchise, surtout avec l'annelage. Ouverture en surface, mais assez secret dans le fond.

Le « n » est une forme mineure qui ressemble en général au « m ». Il arrive parfois que les « n » aient quelque chose de particulier que l'on ne retrouve pas sur le « m ». Cela indique qu'il y a une difficulté cachée. Les « n » sont intéressants à étudier quand ils diffèrent des « m ». Ils peuvent aussi venir confirmer une tendance que l'on retrouve dans le graphisme, à moins qu'ils ne viennent compenser de façon positive des indications un peu péjoratives.

Une affirmation en force

Le « n », dont le deuxième trait plonge sous la ligne avec fermeté, indique une affirmation en force mais quelque peu exagérée, comme si la personne avait besoin de conforter une autorité dont elle se sent un peu départie, surtout si on trouve cette caractérisque sur le « n » seulement. Dans le cadre professionnel, il y a des initiatives, mais aussi des risques d'opposition systématique, car ce type de scripteur ne peut agir que « contre ». Il peut y avoir surmenage si la personne en fait beaucoup pour arriver à se maintenir au niveau de poste auquel elle a réussi à parvenir.

Le risque de dépression

Quand le « n » se termine en chute, cela souligne toujours une grande difficulté. La chute du « n » est en quelque sorte la continuation du « n » plongeant. Cela indique, quand c'est réellement le cas, c'est-à-dire quand la personne au fil des années évolue vers ce « n » en chute, une usure sourde prolongée qui la mine petit à petit. Dans tous les cas, même s'il n'y a pas dépression, il y a insatisfaction et baisse du rendement. Il peut s'agir aussi de personnes qui se sentent dépassées dans leur milieu professionnel par l'évolution des techniques et des méthodes. Ce « n » peut être un signe ponctuel, c'est-à-dire qu'il n'apparaît que lorsque la personne affronte des difficultés particulières et qui disparaît quand les problèmes sont résolus. Inversement : un « n » bien dessiné dans un contexte par ailleurs troublé à tendance dépressive ou d'opposition est une compensation intéressante qui peut révéler un trouble le plus souvent passager.

L'accueil ou la réserve

Le « n » en forme de coupe ou en guirlande indique l'accueil et l'écoute. La personne est plutôt passive et a parfois du mal à passer à l'action, surtout quand le reste de l'écriture est relâché et peu appuyé. Cela peut indiquer aussi de l'indifférence dans un contexte peu affirmé ou personnalisé. Le « n » en arcade révèle le besoin de construction, et il va dans le même sens que le « m » en arcade qui marque la discrétion, le goût du secret, le besoin de se protéger.

La possessivité

Le « n » qui se termine par un crochet rentrant sous l'arcade en revenant vers la gauche signale l'avidité sur le plan matériel ou sur le plan affectif. Sur le plan matériel, on aura de la cupidité qui ne se montre pas au grand jour, surtout si les « m » ne sont pas rentrants. Sur le plan affectif, la personne a tendance à accaparer son conjoint et le comportement est en général narcissique et possessif.

Quelle est la signification du « o » ?

Le « o » représente la bouche ouverte ou la bourse. Symbole de l'organisation concrète et matérielle, cette lettre témoigne d'un esprit conservateur, dépensier ou généreux.

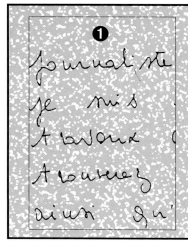

❶ ... **❷** ... **❸**

Interprétation

❶ Le « o » est largement ouvert vers la gauche ou même parfois cabossé dans cette zone. Avec des « a » très ouverts vers la gauche aussi et agrandis, on peut évoquer une certaine souffrance sur le plan affectif et un besoin de sécurité.

❷ Les « a » et les « o » sont parfois difficiles à distinguer, ce qui indique que les besoins affectifs et matériels sont confondus. Réassurance par les cadeaux et les preuves matérielles d'affection.

❸ Des petits « o » biens fermés sur la gauche et un peu rapetissés par rapport aux autres lettres. Cela révèle une peur de la privation du fait d'un sentiment, objectif ou non, d'avoir manqué de quelque chose. D'où difficulté à donner aux autres.

Le « o », comme le « a », est une lettre très importante. Le « a » représente les besoins affectifs, le « o » correspond aux besoins matériels et vitaux. Les différentes formes de « o » vont donc indiquer des comportements plus ou moins avides, réalistes ou infantiles vis-à-vis de la nourriture, de l'argent et des biens matériels. La dépendance ou l'autonomie vont se remarquer avec cette lettre. Si le trait final du « o » traîne sur la ligne de base, c'est le signe que les besoins affectifs et matériels sont confondus.

Le « o » scolaire et le « o » débrouillé

Le « o » est une lettre de la zone médiane : il est donc réaliste et concret ; pour marquer l'adaptabilité, il est bon que le « o » varie au cours du même document, qu'il puisse parfois être lié, ou isolé, ou plus ou moins ouvert. Le systématisme signale une certaine rigidité psychologique ou caractérielle. Un « o » scolaire fermé en haut à droite par une très petite boucle est un peu parcimonieux et timide ; le « o » plus ouvert et plus « débrouillé » (R. Crépy) indique une meilleure adaptation et une individualisation plus poussée. Le « o » « débrouillé » est un « o » dont la boucle est agrandie et souplement tendue vers la droite en forme de guirlande pour former une combinaison réussie avec la lettre suivante. Cette lettre indique le savoir-faire manuel et la dextérité. La gestion du budget est bonne, car cette boucle révèle aussi le sens du commerce.

Détachement ou snobisme

Les « o » dont le trait final se prolonge par un trait droit et parallèle à la zone médiane indique un esprit détaché des biens matériels. Si le trait final se prolonge en arcade surplombante, cela indique un certain dédain vis-à-vis des tâches matérielles. L'attitude de base peut être détachée, mais elle peut aussi être paresseuse ou snob. L'arcade surplombante est une caractéristique solaire et révèle un certain orgueil. Si ces arcades sont systématiques, le caractère est difficile, voire aigri, et toujours insatisfait. Le « o » ouvert en haut à droite indique la générosité ou tout au moins la capacité à donner ou à dépenser de l'argent. Plus l'ouverture est grande, plus la tendance est à la prodigalité.
Les « o » en « u » sont sans freins et sont le signe d'une incapacité à bien tenir les cordons de la bourse. Les « o » fermés et à rebours indiquent une certaine difficulté à s'ouvrir et à donner aux autres.

La souffrance

Certains « o » sont rejetés en arrière vers la gauche quand le sens de l'écriture est plutôt incliné : cela indique une difficulté vécue dans l'enfance, une souffrance qui a marqué l'individu, lequel a toujours « peur de manquer » par la suite. Les achats sont toujours difficiles à effectuer. Quand les « o » sont plus petits que le reste de l'écriture, on peut en déduire une privation sur le plan matériel. Ce sentiment de privation n'est pourtant que subjectif et il n'est pas en rapport avec le degré réel de richesse d'une personne.

Que symbolise la lettre « p » ? (1)

Le « p » est une lettre très riche dont les formes sont très diversifiées et, surtout, nuancées quand elles diffèrent sur un même document.

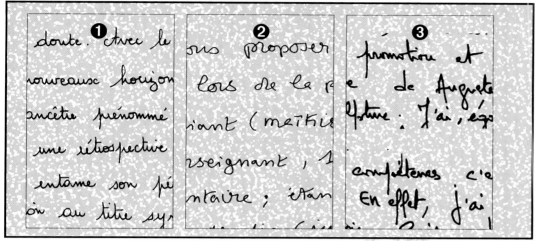

Interprétation

❶ Le « p », comme l'ensemble de l'écriture, est scolaire. Toutefois, la légère surélévation du « p » indique un orgueil, peut-être celui du travail bien fait. Quelques bâtonnements traduisent un inconfort du fait de leur maigreur.

❷ Les « p » sont très surélevés et prolongés jusqu'à se mêler à la ligne suivante, ce qui est étonnant dans une écriture assez petite. De l'orgueil et de la susceptibilité.

❸ L'ensemble est lent, tremblé et presque contourné. Les « p » sont très rabougris et les jambages ne dépassent pratiquement pas la zone médiane.

Le « p » représente l'activité du scripteur dans son quotidien. Il représente aussi en français la lettre du père, et ses formes tronquées ou affirmées mettent en relief une relation au père plus ou moins épanouissante. On regardera le trait initial du « p », son jambage puis l'arcade finale.

L'initiale préservée ou supprimée

Le trait initial du « p » disparaît en général avec la personnalisation de l'écriture. Sa persistance à l'âge adulte signale une personne attachée à son passé d'une manière parfois exagérée.

Dans une écriture par ailleurs évoluée et progressive, cela signifie que l'individu reste attaché à des principes qui sont volontairement acceptés et non plus subis. L'initiale en angle signale la combativité et les principes forts et librement choisis qui mènent et forgent le caractère d'une personne.

Si le trait initial est en forme de coupe ou de guirlande lancée, on retrouve l'amabilité du hâbleur que l'on a étudiée dans toutes les initiales. Cette forme ne doit pas tromper, car elle donne souvent l'impression de plus de dynamisme qu'il n'y en a en réalité. Il s'agit souvent plus d'une capacité à parler qu'à agir. Cela peut toutefois être une qualité intéressante pour une profession commerciale, à condition que l'on retrouve du dynamisme par ailleurs, car cela indique l'amabilité et le goût des contacts aisés.

Si la guirlande est lente et courbe, cela indique un esprit scolaire et assez lent qui veut bien faire.

Les « p » surélevés en forme de 1 sont très courants. Ils indiquent l'ambition, mais aussi une certaine exaltation.

Les jambages

Les jambages sont intéressants du point de vue de leur dimension et de leur pression. Si les jambages sont très courts et à pression molle, cela indique une difficulté à agir et à s'affirmer. Un conflit avec le père est souvent sous-jacent et se répète à l'âge adulte dans des difficultés avec la hiérarchie et la réussite professionnelle d'une manière générale. Si le jambage est de longueur moyenne, mais avec une bonne pression, on parlera d'écriture à tendance basse et, dans ce cas, l'activité est bonne, surtout si le « p » est ouvert en vasque dans un contexte en guirlande. Si les jambages sont longs et appuyés, c'est le fait d'un homme – ou d'une femme – d'action qui a besoin de se dépenser et de voyager. Si le jambage vient empiéter sur la ligne du bas, le contexte est plus négatif, il s'agit d'envahissement et de manque de recul.

Dans ce cas, la qualité de l'activité s'en trouve amoindrie du fait du manque d'objectivité et de l'exaltation souvent chimérique comme pour les « p » en 1.

Les « p » bâtonnés sont très indépendants, ils sont le fait de personnalités libres et autonomes mais témoignent aussi d'une difficulté d'adaptation. Ce « p » est un peu brouillon, il peut manquer de rigueur et de patience, il peut être le fait de personnalités surmenées ou agitées. Si on le retrouve exclusivement et sans mélange d'autres formes, il peut signifier une conscience peu regardante ou « à gros poil » (R. Crépy).

Que symbolise la lettre « p » ? (2)

C'est aussi en tant que lettre du père que l'on regardera son dessin, selon qu'il exprime l'affirmation tranquille et confiante de soi ou la revendication et l'insatisfaction.

THÉORIE

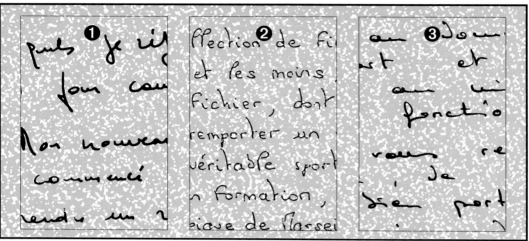

Interprétation

❶ Les « p » sont étonnants, car ils ressemblent à des « f » ou à des « j ». Si l'on s'en tient à la symbolique des lettres, il y a conflit d'identité entre la féminité et l'image du père. Besoin de jouer un rôle aussi du fait de la surélévation.

❷ C'est le « p » administratif si courant qui émerge du « p » scolaire. Son rebours indique le début d'indépendance par rapport aux principes de l'éducation. Mais ici le trait couvrant qui ne remonte pas sur la ligne de base est encore bien inhibé.

❸ Mélange de « p » à rebours et de « p » bâtonnés. Besoin d'indépendance et désir d'efficacité dans le cadre d'une activité professionnelle. Une énergie qui a du mal à s'écouler.

Les formes du « p » sont variées, et cela au sein d'un même document. Cela n'est pas mauvais et révèle une capacité d'adaptation. Certains « p », si on les retrouve de temps en temps, valorisent des graphismes qui au premier abord paraissent un peu ternes et trop appliqués.

La lettre du père

Le « p » est souvent la lettre d'expression du type de relation que l'on a eu avec son père et que l'on répète dans la vie adulte avec ses substituts symboliques tels que l'autorité en général et, dans la vie affective, le partenaire. Si les « p » forment un geste type qui se distingue du reste de l'écriture, on peut en déduire qu'un conflit ancien, mais toujours opérant, est à l'œuvre dans l'inconscient du scripteur. Comment s'exprimera ce conflit ? Des jambages en forme de pieux traduisent une affirmation plutôt revendicatrice et maladroite du fait de son autoritarisme. Si les jambages sont rabougris, l'inhibition est importante et empêche l'individu de s'exprimer, d'où une insatisfaction chronique et des sentiments d'infériorité et d'anxiété. Des « p » en 1 traduisent une affirmation en compensation qui est excessive et souvent chimérique. La diversité d'expression est telle que chaque cas demande la mise en parallèle du reste de l'écriture, ce que l'on ne doit jamais oublier.

L'arcade finale du « p »

L'arcade finale peut, de même que l'initiale, être supprimée comme dans le « p » bâtonné, mais sa persistance signale un effort de précision, de conscience. Ce que l'on observera, c'est la diversité des formes de l'arcade. Le « p » scolaire est celui du débutant qui veut bien faire, l'arcade est telle qu'elle a été enseignée. Dans une écriture personnalisée, cela signifie un surcroît de conscience professionnelle et le goût du travail bien fait au quotidien. Si l'arcade est étrécie, cela indique de la timidité, mais aussi un sentiment d'impuissance. L'arcade anguleuse indique un caractère sérieux et rigoureux parfois à l'extrême.

Le « p » administratif

Selon R. Crépy, ce « p » est très courant, il est comme un « p » à rebours et représente une personnalisation par rapport au « p » scolaire. La boule que forme le rebours traduit toujours une tendance conservatrice mais, selon la forme du jambage, ce « p » traduira une plus ou moins grande autonomie. Ce « p » se prête aux gonflements plus ou moins exagérés et paresseux dans un contexte mou ou lunaire. Mais s'il remonte en V, il indique l'efficacité et la rapidité d'exécution.

Le « p » en V

Ce « p » est très dynamique. On le retrouve dans un contexte progressif et indépendant. C'est un signe de rapidité et d'esprit d'entreprise. Il est en général de pression moyenne, ce qui en accroît la vitesse. Sa plus ou moins grande ouverture indiquera la capacité de contrôle et la possibilité de contrebalancer un besoin d'activité par une analyse raisonnable et objective. Sans cela on a plus d'activisme que d'efficacité réelle.

Que symbolise la lettre « r » ?

Le « r » est une lettre en rapport avec l'amour-propre ; liée à l'exécution technique et manuelle, elle requiert en effet un savoir-faire qui ne s'acquiert que progressivement.

THÉORIE

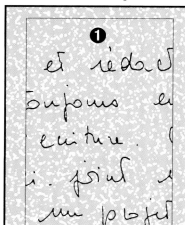

❶ *et réda... oujours é... écriture. (... point ... un projet*

❷ *l'art du di... erience d'ho... n pendant ... e et apprec... j'espère le*

❸ *iaine rentrée candidature è étudiante. Vous voudr*

Interprétation

❶ Dans un contexte d'écriture assez personnalisé et stylisé, on peut être surpris du peu d'attention accordée au « r », qui est la lettre de la réalisation technique. Manque d'application ou besoin de se dégager des tâches matérielles ?

❷ Ici aussi les « r » sont étranglés. Manque de suivi dans la réalisation, peu d'attention accordée au suivi d'un projet ? En tout cas, le savoir-faire dans le domaine manuel n'est pas la qualité première.

❸ Bel exemple du « r » du petit roi, qui signale l'orgueil ou plutôt la vanité. Personne susceptible qui a du mal à se situer à sa juste place, d'où des possibilités de conflits.

Par son appartenance à la zone médiane, le « r » indique son champ d'action : les contingences journalières. L'enfant qui apprend cette nouvelle forme tire longtemps la langue avant de réussir la petite boucle et l'arcade qui s'ensuit. Cette particularité indique que, bien souvent, la fierté est liée à sa bonne exécution.

Savoir-faire
Le « r » scolaire comporte un trait initial, une boucle, une arcade et un trait final, qui le lie à la lettre suivante. Ce « r » scolaire indique le plaisir d'œuvrer de ses propres mains.
Un « r » bien tracé traduit chez l'adulte des aptitudes techniques, manuelles, mais aussi scientifiques dans la mesure où cette lettre requiert minutie et application.

Un « r » lisible dans une écriture par ailleurs rapide et informe apporte une bonne compensation par l'effort qu'il suppose du point de vue des capacités de réalisation et de sérieux. Inversement, des écritures très appliquées qui comportent un « r » informe amènent à douter de la conscience professionnelle de la personne.

Passé
Il arrive fréquemment que le « r » soit renversé vers la gauche quand le reste de l'écriture ne l'est pas. Cela indique que l'éducation dans son ensemble a beaucoup marqué l'individu. Il s'agit en général d'un manque de confiance lié à un sentiment de ne pas être à la hauteur des exigences parentales ou, plus tard, du milieu professionnel. Si le « r » est très appuyé, cela dénote une application exagérée avec une peur excessive et inhibante de ne pas savoir faire. Cela révèle de l'anxiété et une difficulté de réalisation du fait de scrupules exagérés.

Vivacité
Le « r » fait à toute vitesse perd sa belle forme calligraphique, il est le fait d'un scripteur rapide, souvent impatient, qui n'aime pas s'occuper des choses matérielles. Il préfère initier les projets mais n'aime pas la mise en œuvre pratique. Cela ne veut pas dire que ce type de scripteur ne puisse être précis, simplement il s'organise au mieux pour ne pas avoir à s'occuper des choses pratiques.
Si le « r » est bâclé et petit, cela révèle une exagération du trait de caractère précédent, là il y a une trop grande tendance à se décharger sur autrui des tâches matérielles.

Fierté
L'enfant est fier, susceptible, facilement blessé. Le « r » sera porteur d'une charge affective appartenant à la sphère de l'amour-propre et de la conscience professionnelle. Dans ce cas de « r » surélevé, la susceptibilité cache souvent un manque de conscience professionnelle que le scripteur s'efforce de masquer. Il clame avec ce « r » son professionnalisme mais, en général, cet excès le dément. Plus il est surélevé, plus il pose problème. Le « r » du petit roi est le « r » tracé majuscule au milieu des mots. Cela révèle de l'orgueil et le désir d'être reconnu le meilleur de façon un peu infantile et plutôt naïve. Il s'agit souvent d'une personne qui manque de confiance en elle.

Que symbolise la lettre « s » ? (1)

THÉORIE

La grande fréquence du « s » en français en fait une lettre majeure. Elle témoigne du rapport du scripteur à l'argent ainsi que de sa conscience morale à ce sujet.

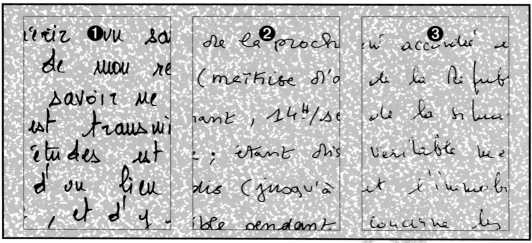

Interprétation

❶ On retrouve deux sortes de « s » : en script ou scolaires en triangle. Le script marque la révolte dans le domaine des idées en corollaire avec l'écriture acquise ; les « s » en triangle le goût pour l'argent et la combativité pour l'obtenir.

❷ Les « s » sont scolaires et conservent leur petite boucle dans un contexte lent. Personne méticuleuse, peut-être trop dans certains domaines, notamment pour un emploi dans un secteur commercial.

❸ Les « s » sont surélevés et scolaires, tout en étant étrécis. Pointilleuse et méticuleuse, cette personne est attachée à l'argent. Amour-propre excessif et besoin de thésauriser.

Le « s », le plus souvent, indique le rapport à l'argent. Sa forme en crochet prend ou retient suivant les contextes. Un même scripteur trace en général différemment cette lettre suivant sa place dans le mot.

L'argent

Le rapport à l'argent est souvent un bon indice général de l'équilibre et des possibilités d'adaptation d'une personne. Il arrive souvent que l'argent soit en réalité un succédané d'autres choses et l'on pourrait croire une personne intéressée alors que, pour elle, l'argent représente un témoignage d'amour. Il y a alors confusion entre les cadeaux et les sentiments réels. L'affirmation virile passe aussi par une symbolisation par l'argent et les produits qu'il permet de se procurer et de montrer comme témoignage

de sa réussite. Là aussi il y a confusion entre être et avoir. Certaines personnes n'osent pas se permettre une réussite sur le plan financier du fait d'une honte qui se fixe sur cet argent « qui n'a pas d'odeur ». Inversement, l'ambition excessive traduit une compensation d'une angoisse de perdre, de manquer et de n'être rien.

Le « s » modèle

Le « s » modèle s'est dégagé de la forme calligraphique qui comprend un trait initial faisant partie de la lettre, une boucle et un trait final, plus ou moins fermé sur lui-même. Si le « s » scolaire est conservé, cela va toujours de pair avec une lenteur générale du tracé et une trop grande application.

L'amour-propre est chatouilleux, surtout sur le plan de l'honnêteté. Ses scrupules sont exagérés, il perd du

temps à prouver son efficacité et sa bonne foi en tout. L'entourage doit en général s'armer de la plus grande patience vis-à-vis de ce maniaque pointilleux et tatillon. Plus évolué, le « s » modèle est triangulaire, il a perdu sa boucle et a gagné un angle. La combativité est indiquée par l'angle et l'efficacité par la simplification de la forme ainsi que sa personnalisation. Vis-à-vis de l'argent, la conduite est saine, c'est-à-dire que l'on ne nie pas le besoin d'argent mais il n'est pas une fin en soi, seulement un moyen.

Avarice

Le « s » vertical et pointu avec une finale très rentrée indique un besoin de thésauriser et un amour-propre excessif qui veut masquer le caractère avare et conservateur. Suivant l'importance de la rentrée du crochet sous la lettre, on aura un sens de

l'économie, de l'avarice ou des tendances possessives maladives. Il s'agit souvent de calculateurs cherchant à amasser le plus d'argent possible. Les complications diverses que l'on peut trouver sur le trait final en boucle, en lasso, indiquent toujours des relations avec l'argent particulièrement conflictuelles et ambiguës. Il s'agit souvent de personnes ayant des problèmes d'héritage. Inversement, le « s » sans finale traduit un comportement ouvert et plus généreux. Si la forme est ferme dans un contexte appuyé, cela indique une personne entreprenante qui utilise l'argent pour progresser dans l'existence. Sa vitalité est grande, surtout si l'angle est marqué. Un « s » très ouvert indique de la générosité, mais aussi de la prodigalité si l'ensemble graphique est ouvert et relâché.

Que symbolise la lettre « s » ? (2)

L'argent n'est pas toujours la seule signification du « s », mais l'orgueil dans le domaine intellectuel est parfois révélé par cette lettre.

THÉORIE

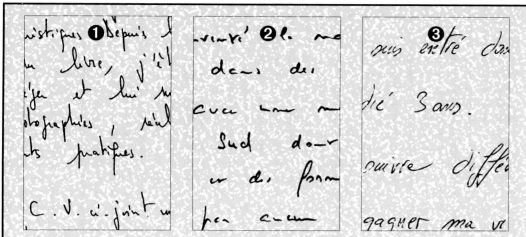

Interprétation

❶ Les petits « s » en caractères d'imprimerie sont surélevés et agrandis par rapport aux autres lettres basses. Comme le confirme le reste de l'écriture, on en déduit une personnalité intellectuelle à cheval sur ses principes et assez fière.

❷ Ici aussi des « s » en script bien détachés du reste du mot en finale. Expression d'une révolte et aussi d'une imagination créatrice. Problème dans les rapports à la hiérarchie.

❸ Les « s » sont assez différents les uns des autres, mais cela va dans le contexte graphique assez protéiforme. Des « s » surélevés même s'ils sont peu précis : personne qui attache de l'importance à l'argent, mais qui s'en défend par des raisonnements.

Il arrive que le « s » ne concerne pas l'argent mais les idées et l'importance que la personne accorde à l'intellect en général. La forme du « s » est alors celle du « s » d'imprimerie ou bien du script. Il s'agit d'une personnalisation et d'une simplification témoignant d'une originalité dans le domaine des idées.

Toute-puissance des idées
Comme toute personnalisation, celle-ci correspond à un besoin de s'appuyer sur ses propres principes, choisis et repensés de façon dégagée par rapport aux normes et à l'éducation reçue. Il y a tout de même un certain orgueil dans cette forme, sauf si le « s » est sobre et s'intègre harmonieusement dans un contexte simple et équilibré. Le « s » plus classique est plus simple et moins attaché au

paraître, même si cela se joue dans le domaine des idées. On peut être peu attaché à l'argent en tant que tel mais fort désireux d'être reconnu dans le domaine des idées et être un maître à penser, par exemple. La toute-puissance ne passe pas alors par la possession d'argent, mais plutôt par la main-mise sur la pensée des autres.

Révolte
Il est courant, à l'adolescence, d'adopter cette forme qui indique une certaine révolte non dénuée d'orgueil à cet âge où l'on croit pouvoir tout vaincre, même la mort. Des « s » en « s » chez un adulte indiquent toujours des séquelles de conflits plus ou moins bien digérés. On retrouve parfois des « s » en « s » qui sont développés comme des ailes de paon et révèlent ainsi la vanité qui les anime. Si le « s » est déve-

loppé dans sa partie supérieure, il y a recherche de la perfection de façon un peu naïve. Toujours, le conflit se joue dans la quête d'une perfection idéale ou d'un désir de renverser l'ordre établi pour imposer son ordre à soi.

La Lune
On retrouve aussi, dans ce cadre, des « s » gonflés dans un contexte lunaire et imaginatif. La petite volute que forme le « s » est dessinée avec plaisir, non sans un côté ludique et un peu enfantin. Le « s » est un petit serpent que l'enfant s'amuse à tracer et il indique aussi cet aspect souvent peu exprimé de l'adulte qui a dû renoncer à jouer pour vivre sérieusement. L'imagination et le côté artiste sont alors conservés et ne permettent pas toujours à la personne de s'impliquer et de s'adapter dans le monde du travail et

du rendement compétitif. Toutefois, dans un cadre suffisamment structuré, la personne peut parfaitement se réaliser dans un domaine artistique ou créatif, à condition de ne pas être gestionnaire de son affaire.

Saturne
Inversement, on retrouve des « s » réduits à un trait le plus souvent couvrant. Avec une écriture moins intellectuelle mais nerveuse, le « s » bâtonné traduit la violence cachée des réactions affectives qui sont masquées par l'adoption d'idées assez rigides. La personne, en fait, refoule son affectivité au profit d'une cérébralité exacerbée. Il y a toutefois un manque d'épanouissement sur le plan affectif qui peut conduire ensuite à une rigidité intellectuelle.

Que symbolise la lettre « t » ? (1)

Le « t » est la lettre de la volonté et de la réalisation qui en découle. Cette volonté est quelque chose de spécifiquement humain qui implique courage et intelligence.

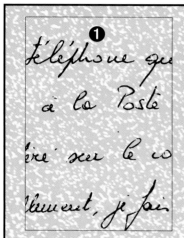

❶

❷

❸

Interprétation

❶ Les « t » sont prolongés avec une petite barre. Contradiction entre la volonté de puissance et la capacité d'affirmation. Manque de souplesse dans la façon de se faire reconnaître, inégalités d'humeur et de comportement.

❷ L'écriture est grande et ramassée dans la zone médiane. Les « t » sont logiquement bas et liés à la lettre suivante, ce qui indique que les forces sont concentrées dans un souci d'efficacité concrète avec de l'habileté et de l'intelligence dans la réalisation.

❸ Les « t » sont liés à la lettre suivante, ce qui indique de la rapidité d'exécution et de l'intelligence dans la réalisation. Certaines barres sont descendantes, ce qui révèle des moments de découragement avec un sentiment de frustration.

Le « t » est une lettre qui s'élève dans la zone supérieure de l'écriture mais qui ne doit pas atteindre la hauteur des hampes des lettres bouclées. La barre demande à être tracée aux deux tiers de la hauteur et nécessite une rupture de la continuité, ce qui correspond à un effort plus important que si on lie le tout.

La dignité

L'appartenance de cette lettre à la zone supérieure la rattache au domaine intellectuel, celui de la pensée, du projet et de l'abstraction. Le fait qu'elle ne doive pas être trop prolongée est intéressant, symboliquement parlant, car cela indique que le désir ne doit pas être chimérique : à ce moment, la volonté n'existe plus que dans les rêves puisque la volonté en tant que telle implique une capacité de réalisation. La volonté indique une participation consciente, une décision, en ce sens il ne s'agit pas d'une force constitutionnelle ou instinctive, mais d'un choix qui fait participer les éléments les plus élevés de l'être humain. Le courage, le sens de sa vie, son projet et bien sûr sa capacité de mise en œuvre et de réalisation sont des données qui participent à la volonté et l'alimentent. Il y a bien une sorte de dignité dans la barre du « t ».

La hampe

On l'a vu, en principe la hampe ne doit pas être trop haute. Si elle se trouve être de la même hauteur que les autres hampes, cela indique une personne qui prend les choses trop ou très à cœur,

tout dépendra du contexte. Dans un contexte saturnien, les hampes élevées, la pression noire et forte dans un contexte étréci indiquent un sentiment de culpabilité et un certain masochisme. La volonté est liée au courage et souvent à une éthique exigeante et douloureuse. La hampe courte, inversement, indique une vision un peu courte des choses qui implique un manque d'ambition et, partant, de volonté. Les hampes qui s'élèvent légères et sinueuses sont velléitaires et chimériques.

L'agilité

Bien souvent la barre du « t » sert de lien avec la lettre suivante, ou bien se lie avec les points et les accents des lettres précédentes ou suivantes. Cela indique toujours de l'agilité intellectuelle, il s'agit là d'une combinaison habile qui éco-

nomise de l'effort et retombe toujours « sur ses pattes ».

Le « t » scolaire

Il est aussi courant que l'on abandonne le trait initial du « t » scolaire. Lorsqu'il est conservé, cela indique une dépendance au cadre qui ne nuit pas nécessairement à une bonne activité mais qui est incompatible avec un poste de décideur. On peut penser aux militaires ou aux fonctionnaires ou assimilés. L'abandon du trait initial implique de trouver un moyen pour lier le « t » à la lettre qui le précède ; le plus souvent une liaison est trouvée, si n'est pas le cas il convient de vérifier si seul le « t » est isolé dans le cours du mot ou si dans son ensemble l'écriture est plus juxtaposée que liée. Si seul le « t » est discontinu, cela indique une difficulté d'adaptation et de réalisation.

Que symbolise la lettre « t » ? (2)

Le « t », et sa barre, est à mettre en rapport avec la volonté mais aussi avec le degré d'autonomie qui l'accompagne. Symboliquement, c'est le retour vers la gauche.

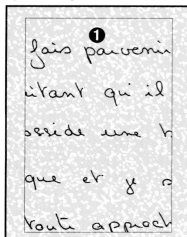

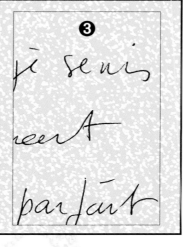

Interprétation

❶ Les « t » sont différents les uns des autres, ce qui signale une personnalité qui se cherche, en rapport d'ailleurs avec l'écriture peu personnalisée. Des « t » en V, des barres de « t » séparées de la hampe indiquent un sentiment d'insatisfaction qui n'est pas encore de l'amertume.

❷ Les barres de « t » sont surplombantes mais restent attachées à la hampe. Cela indique un caractère autoritaire qui a besoin de renforcer son image, ce qui est aussi marqué par l'usage du feutre.

❸ Grande écriture effervescente, les « t » sont différents les uns des autres mais on remarque des « t » en V avec une barre tombante. Insatisfaction et découragement qui sont compensés par un comportement extraverti et théâtral.

Le plus souvent le scripteur hésite à faire l'effort nécessaire pour tracer la barre de façon libre et non liée. Le « t » lié trace d'abord la hampe puis revient en arrière pour repartir en avant et tracer la barre. Cela donnera lieu à toutes les combinaisons possibles pour échapper à ce saut difficile, ressenti comme dangereux.

Le « t » lié

Le « t » lié est un geste combiné qui signale l'intelligence, la capacité de mettre ses idées et les gens en rapport les uns avec les autres. Il signale aussi la persévérance et le courage. La prudence aussi est évidente puisque le scripteur ne se jette pas à l'eau sans filet. Le « t » barré bas et lié de façon molle indique un manque de volonté et un faible sens de l'effort

personnel. Barré bas mais avec une petite boucle bien faite et systématique, on a une volonté efficace qui ne recherche pas les responsabilités outre mesure. Barré bas et en angle, on a le sens général de l'écriture anguleuse qui signale le courage et la détermination ainsi qu'une force de caractère importante. Les « t » en coups de fouet, dont la finale est lancée et longue, ne signalent pas une volonté authentique mais un besoin de montrer que l'on en a.

Intransigeance et rébellion

Le « t » lié dont la barre surplombe le haut de la hampe sans s'en détacher, puisqu'il est lié, indique un caractère intransigeant et combatif. L'autorité est forte et la personnalité difficile et ombrageuse. Si les barres sont tordues et contournées, et

également situées en haut de la hampe, cela indique un problème adolescent qui ne se résout pas nécessairement à l'âge adulte. Rébellion, mais aussi souffrance et sensibilité, c'est souvent un mauvais indice du point de vue d'un employeur et, pourtant, on peut parfois avoir des surprises car cet aspect adolescent peut aussi, dans un bon contexte, se révéler créatif. Il conviendra alors de regarder l'appui, la mise en page pour voir si des éléments d'insertion viennent contrebalancer cet aspect plus problématique de la personnalité.

Amertume

Les « t » en grand V jetés signalent l'insatisfaction et l'amertume. Il peut s'agir d'une blessure profonde et souvent cachée, quelquefois à l'origine d'une réaction de combativité. Ce type de « t »

n'est pas intransigeant avec autrui mais il a tendance à l'être avec lui-même, ce qui lui donne un engagement maximal. On trouve parfois ce « t » associé à un grand geste initial qui l'apparente alors à un « n » ; cela révèle que l'amertume provient d'un conflit biographique ancien. L'affectivité est importante et envahit tous les domaines de la vie, ce qui rend parfois l'adaptation difficile sur le plan professionnel, car ce sont des gens susceptibles et facilement blessés qui ont du mal à prendre le recul nécessaire pour ne pas être atteints par des critiques justifiées, strictement professionnelles. Leur identité est alors mise en cause dans son ensemble si on les critique très vivement sur un point précis.

Que symbolise la lettre « t » ? (3)

THÉORIE

Le « t » indique le degré d'autonomie et, partant, sa volonté de mettre en œuvre un projet de vie mature et réaliste. La volonté n'existe pas sans ce projet.

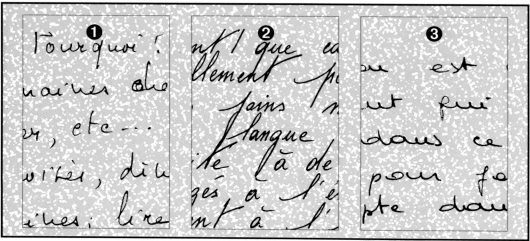

Interprétation

❶ Le trait est léger et inégal, le mouvement est raide, les barres de « t » sont descendantes et parfois liées à la lettre suivante. Fragilité importante qui est difficilement compensée. L'humeur est inégale avec des accès de tristesse.

❷ L'écriture est systématique, inclinée, très prolongée, et les « t » foisonnent, ce qui n'est pas anodin. Le choix des mots comportant autant de « t » est probablement inconsciemment motivé par le besoin d'affirmer une volonté autoritaire, susceptible et difficile pour l'entourage.

❸ L'écriture est tranquille, les barres de « t » sont placées aux deux tiers de la hampe, ce qui indique un bon équilibre entre vouloir et pouvoir dans un souci d'efficacité. Goût du confort et souci du quotidien.

Le « t » modèle est celui qui est tracé sans trait initial, avec la barre située aux deux tiers de la hampe et tracée librement par rapport à la hampe. Ce « t » s'est affranchi et a acquis un certain sens des responsabilités, il a lâché la rampe et a osé prendre son envol dans un geste décidé et contrôlé. Il est moins affectif que le « t » lié, il résulte d'un choix adulte. Ce « t » se retrouve dans toutes les catégories socioculturelles puisqu'il indique un degré d'autonomie intérieur.

Maturité
La barre idéalement placée est aux deux tiers de la hauteur, elle indique alors l'autorité bien dosée sans autoritarisme ; légèrement orientée en diagonale vers la droite elle révèle l'initiative, la combativité et l'esprit d'entreprise. Ce « t » est ferme et il correspond à la fermeté et à la maturité du caractère. Il peut être un élément très intéressant de compensation dans une écriture par ailleurs un peu trop souple. Il y a du réalisme et du sérieux, ce qui n'exclut pas de la souplesse et de la disponibilité si le reste de l'écriture le confirme.

Autoritarisme
Il existe toutefois des formes de « t » non liées qui ne sont pas pour autant toutes aussi positives. La barre peut être un peu trop basse ou trop haute, ce qui signifiera un excès d'autorité ou une soumission. La barre située au-dessus de la hampe dépasse l'autoritarisme et devient tyrannique. Le contrôle et le sens de la mesure est absent, ce qui domine est un esprit imbu de sa propre puissance qui n'agit que pour sa propre gloire. Il peut aussi devenir paranoïaque. Dans ce cas, on retrouvera des traits typiques dans un graphisme raide, monotone avec des barres de « t » surélevées et allongées en pointes systématiques.

Anxiété
Il arrive aussi que la barre retombe ; cela indique une volonté et une humeur variables. Rarement la barre reste en arrière de la hampe mais cela signifie une grave inhibition ; plus qu'un manque de volonté il y a une anxiété qui domine et une difficulté à se réaliser d'une manière générale. La barre discontinue mais en avant est velléitaire, elle peut faire illusion car elle représente aussi ce que le scripteur veut faire croire quant à sa volonté. Il peut arriver que, dans un texte, il y ait quelques barres discontinues et cela ne porte pas à conséquence.

Tristesse
La barre discontinue et plongeante signale un grand découragement qui est un peu inquiétant car ce découragement est systématique et précède l'effort. Cela peut aussi provenir d'un sentiment dépressif plus grave qui colore toute la personnalité. La barre située presque parallèllement à la hampe et discontinue est inquiétante : elle peut correspondre à une conscience morale très réduite. La barre en croix exprime la souffrance, le sentiment de culpabilité et de solitude. Ces « t » signalent aussi le besoin de se racheter en prenant à cœur beaucoup de problèmes qui ne les concernent pas toujours.

Quelle est
la signification de la lettre « u » ?

Le « u » n'est pas une lettre majeure mais sa fréquence dans l'alphabet français la rend intéressante.

THÉORIE

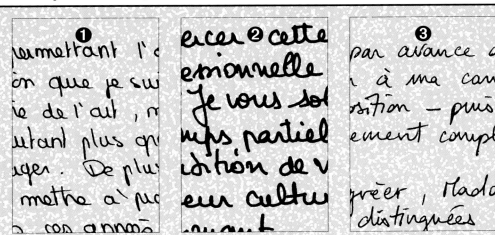

❶ permettant l'é / on que je su / e de l'au , m / utant plus qu / ger . De plus / mettre a' pu / s ces annés

❷ ercer cette / essionnelle / Je vous so / mps partiel / dition de v / eur culture / quant

❸ par avance à / n à ma can / osition — puis / ement comple / gréer , Mada / distinguées

Interprétation

❶ L'écriture est étrécie, raide, en arcade et assez lente. Les « u » dans ce contexte viennent renforcer l'interprétation générale de réflexion, mais aussi d'hésitation devant les décisions du fait d'une appréhension exagérée.

❷ L'écriture est grande, avec un trait épais au feutre qui le noircit. Besoin de faire impression pour renforcer un sentiment d'insatisfaction.

❸ Les « u » sont anguleux sur la ligne de base, ce qui traduit un contact avec la réalité un peu piquant, comme le reste du graphisme d'ailleurs. La ligne tenue, la forme claire mais animée expriment une bonne adaptation efficace et réalisatrice.

Pour certains auteurs le « u » représente le sens des réalités quand pour d'autres il signifie plutôt la réflexion qui prélude à la décision. Il est peut-être possible de combiner ces interprétations en considérant que toute décision nécessite de prendre en considération la réalité et de réfléchir en fonction des données circonstantielles.

Le « u » scolaire

Le « u » scolaire qui comporte une initiale est en général rapidement abandonné ; si ce trait initial est conservé, il indique un esprit peu dégagé des modèles autoritaires de son enfance. Les possibilités d'affirmation et de décision en seront de ce fait réduite et l'activité restera assez routinière. Si ce trait est conservé et que l'on sait que la per-

sonne a par ailleurs une vie professionnelle assez satisfaisante, on pourra en déduire que c'est dans le domaine affectif que se joue la difficulté à être adulte. Cela est d'ailleurs finalement assez courant, même si l'on ne retrouve pas toujours de « u » scolaire !

Le contact avec la réalité

On trouve assez fréquemment des « u » anguleux sur la ligne de base et plus ou moins étrécis. Cela indique que le contact avec la réalité est douloureux et difficile, une souffrance intérieure est présente mais n'empêche pas nécessairement la personne de s'adapter. Si l'écriture est plutôt liée, par exemple, on aura du courage et de la détermination à dépasser cette souffrance. Il arrive que le « u » soit la seule lettre un peu étrécie, comme pour rappeler que

même si l'individu se montre plus à l'aise qu'il ne l'est réellement, cela peut être au prix d'un effort sur soi-même qui n'est pas toujours perceptible mais qui est assez digne. Les « u » troués ou discontinus sont révélateurs d'une difficulté parfois grave. Cela peut être dû à une dépression, à une maladie ou au grand âge. Dans une écriture surveillée, un « u » discontinu renforce plutôt l'idée de manque de franchise, voire d'honnêteté.

Auto-surveillance

Les « u » bouclés ou étayés indiquent beaucoup d'auto-surveillance et une difficulté à prendre des décisions, soit parce que l'émotivité est trop forte, soit parce que des ruminations intérieures permanentes empêchent de prendre des décisions. Les « u » inversés en arcade sont rares mais

ils témoignent d'une fermeture et d'un manque de franchise qui cachent un intérêt majeur pour les choses matérielles. Le manque de sincérité et le sens exclusif de ses propres intérêts peuvent aussi faire douter de l'honnêteté. Ce sont des gens difficiles à intégrer dans une équipe car ils n'ont aucun sens du partage et de la communication.

Les rêveurs

Les « u » étalés en guirlande traduisent un besoin de jouissances matérielles. Le réalisme est teinté d'optimisme et de plaisir de vivre.
S'il est très étalé, il est rêveur et imaginatif, le reste de l'alphabet confirmera ou infirmera une tendance chimérique. Si seuls les « u » sont étalés, on peut supposer que la personne possède des dons artistiques ou imaginatifs importants.

Que signifie la lettre « v » ?

Le « v » indique la générosité et le don de soi. Il révèle aussi par là l'acceptation ou non par l'individu du lien social et de son appartenance à un tissu familial et social.

THÉORIE

❶ | ❷ | ❸

Interprétation

❶ Le « v » avec un trait vertical surélevé indique que le dévouement et la générosité commencent par soi-même. La surélévation étant moyenne, cela traduit un instinct de conservation bien développé.

❷ Le « v » est très présent dans tout le texte, ce qui laisse supposer une problématique importante en ce qui concerne la notion de dévouement, peut-être due à une éducation contraignante. Le dévouement est en tout cas une valeur importante ici.

❸ Petits « v » en forme d'ailes et de bras ouverts. Il y a quelque chose de ludique dans ce tracé par ailleurs lié. Le dévouement est plutôt lié à la notion d'accueil et de plaisir partagé dans la convivialité.

Le « v », lettre mineure dans l'alphabet français, exprime les qualités de générosité et de dévouement de son scripteur. Sur un plan social, le « v » traduira la capacité de dépendance à autrui ou, inversement, le refus net de s'impliquer envers les autres par peur de perdre son indépendance.

Le « v » modèle
Le forme du « v » est complexe, elle commence par un trait initial en arcade, ensuite une coupe en guirlande puis une terminaison bouclée en trait final. La conservation de ces trois éléments est rare dans une écriture rapide et personnalisée, mais elle signifie la bonne éducation et la dépendance aux autres, c'est-à-dire l'acceptation du lien social, l'accueil par la coupe et la capacité de concrétiser l'élan généreux en liant à la lettre suivante ou en amorçant la liaison.

Don de soi
En supprimant le trait initial, il arrive que le scripteur surélève le trait vertical. Cela signifie que « charité bien ordonnée commence par soi-même ». Ce n'est pas une mauvaise chose puisque cela indique un bon équilibre et un égoïsme vital et instinctif qui correspond à la conservation de soi. Inversement, il se peut que ce trait soit raccourci. Dans ce cas, il faut que le contexte soit bon pour en déduire un grand dévouement efficace et réellement généreux. Certains aussi tracent des finales exagérées et discordantes qui signalent l'esprit paranoïaque, susceptible, qui n'est jamais à ses yeux reconnu vraiment à sa juste valeur.

Éducation
Certaines formes de générosité proviennent de l'éducation reçue. Un « v » qui est étroit signifie une éducation puritaine et une façon de donner pesante pour autrui car il témoigne d'une souffrance à donner du fait d'une limitation de l'épanouissement personnel, le don est forcé. Inversement, un « v » très large est désinvolte, l'idée de donner lui est sympathique mais le passage à l'acte plus aléatoire. Si le « v » se confond avec un « u » cela indique de la débrouillardise, mais aussi une ouverture à autrui qui annule la différence et le respect des autres ; ces gens sont à « tu et à toi » et espèrent finalement recevoir des autres ce qu'ils font semblant de donner.

Un élan
On trouve souvent dans des écritures rapides des « v » juxtaposés et en forme de bras ouverts ou d'ailes. Cela signifie un élan affectif et une générosité sans faille. Il s'agit de gens très affectifs et rassurants qui ne se préoccupent pas des problèmes matériels. Si on trouve ce « v » dans une écriture lente, la velléité est plus probable et la mise en acte des promesses peu sûre. Si ce « v » est relié à la lettre suivante, on aura une capacité à se dévouer, c'est-à-dire à accepter un minimum de dépendance, ce qui ne contredit pas une capacité d'autonomie. Inversement, la révolte et la rébellion poussent à rejeter tout lien pour prouver son indépendance ; il est vrai qu'aider une vieille dame à traverser la rue implique de se soumettre à son rythme, au moins le temps de traverser cette rue.

Que signifie la lettre « x » ?

Le « x » est une lettre mineure qui témoigne d'une souf-france ou de son dépassement par rapport à la désunion du couple parental ou de ceux qui en tiennent lieu.

THÉORIE

❶ de la tradu cours de me aux de ter la presse ... ronnement, stage à l'

❷ inel A et actuel des S sur rue de le chose enh s des interets

❸ formation, appuyé leure , s'ay laquelle m'a , des responsab vraie par avance

---

Interprétation

❶ La personne a mis une croix sur cette question, ce qui témoigne d'une capacité à aller de l'avant et à dépasser les situations de crise. Cela dit, l'écriture assez raide suggère tout de même un peu trop de refoulement.

❷ Le « x » tourne résolument le dos au passé, à la mère, pour s'ouvrir vers l'avenir. Tout « x » qui se projette vers la droite est une solution économique pour le psychisme puisqu'une voie est trouvée pour sortir de la difficulté.

❸ Ce « x » se traîne comme un cordon ombilical, ce qui laisse supposer que le conflit n'est pas résolu mais peut être compensé par une attitude un peu théâtrale qui permet d'attirer l'attention et de se sentir entouré.

Le « x » est une lettre rare et difficile à former car elle ne s'inscrit pas dans un tracé dextrogyre. La forme en deux coquilles inversées ralentit le tracé qui est rarement adroit. Symboliquement, il représente un couple en opposition, comme l'est de temps en temps le couple parental. Suivant l'importance de cette opposition, et surtout la manière dont elle a été intégrée avec plus ou moins de réalisme par l'enfant, on aura un vécu douloureux et plus ou moins dépassé dans ce domaine très précis de l'affectivité.

Le « x » scolaire
Ce « x » est conservé par des personnes peu matures. Si les deux coquilles sont séparées, cela indique que la désunion du couple parental a fortement perturbé le scripteur et continue de le faire. Le laps que constitue cette disjonction correspond à une anxiété assez importante qui se marque dans le domaine affectif puisque le couple parental représente toujours un modèle, rejeté ou recherché, en tout cas une référence qui, si elle est douloureuse, rend difficile la construction de son propre couple. Il est bon de conserver en mémoire le fait que l'image du couple parental ne correspond pas forcément à la réalité.

Crise
Le « x » en « x » qui replonge en arrière est plus évolué mais son retour vers la gauche indique que la crise n'est pas passée et qu'il existe toujours une souffrance qui demande à être prise en compte. Il s'agit souvent de gens qui ont des griefs d'origine infantile qu'ils n'ont jamais digérés ni racontés. Ces frustrations sont souvent lourdes et d'autant plus agissantes qu'elles ne sont pas exprimées. Là encore les difficultés se feront sentir dans la sphère affective et familiale, et la façon dont chaque personne y réagira sera très individuelle et dépendra de circonstances singulières. Cette lettre n'est qu'un témoin de cette souffrance et n'indique pas le comportement adopté par la personne en réponse à ce type de difficultés.

Dépasser la crise
En fait, chacun de nous doit gérer cette crise et l'expérience de la désunion quel que soit le couple modèle qui nous guide. C'est pourquoi, si on regarde les « x » qui ne sont pas scolaires, les formes en seront très variées, et les meilleures, si l'on peut dire, seront progressives, c'est-à-dire dextrogyres, allant dans le sens de la continuité avec la lettre suivante. Cela n'est pas évident puisque rien dans la calligraphie de ce « x » ne nous y conduit. La personnalisation sera d'autant plus un signe de créativité et de ressources permettant de se dépasser afin de construire sa propre existence en se dégageant des figures répétitives des chaînes parentales. Rentrer dans son cycle de vie, c'est briser les liens bien souvent imaginaires du passé. On peut trouver des « x » en triangle inversé comme un « v » qui débouchent sur la droite ou vers le haut. On peut trouver aussi des constructions compliquées, dont le but est d'aller vers la droite, vers l'avenir.

Que symbolise la lettre « y » ?

Le « y » est une lettre qui donne des indications concernant le domaine de l'activité professionnelle. C'est une lettre affective car elle touche au sentiment de soi et de sa valeur.

THÉORIE

❶ ❷ ❸

Interprétation

❶ Les « y » sont bien dessinés, comme d'ailleurs toutes les lettres du texte. La hampe est longue plus que celle du « p », ce qui laisse présager un rendement efficace dans le travail.

❷ « y » bâtonnés et se terminant par un coup de pied un peu agressif. C'est typique du nerveux, l'écriture est ferme et traduit l'engagement et la volonté. Le travail est bien fait, le scripteur y accorde beaucoup de valeur.

❸ Les « y » sont fermes, légèrement agrandis et très ouverts. Le bâtonnement traduit l'engagement dans le travail et l'action. Cette ouverture montre un certain optimisme et le goût d'un travail de qualité.

Il est intéressant de comparer le « y » au « p ». Rappelons que le « p » représente l'activité journalière dans son ensemble, le « y » ajoute la touche d'estime de soi qu'en retire la personne. Dans sa forme, le « y » est un « u » qui se prolonge par un « j », il participe du réalisme du « u » et du sentiment d'identité du « j ».

Le « y » modèle est un « y » qui a perdu son trait initial et dont la dimension correspond à celle du « p » pour la longueur du jambage.

Si ces deux lettres sont de dimensions à peu près identiques et de formes simples et homogènes, cela indique une activité réelle qui correspond à l'activité revendiquée. Il n'y aura pas de décalage entre les promesses et la réalité du rendement au quotidien.

Perfectionnisme

Un « y » exagérément orné indiquera que le scripteur possède trop d'amour-propre en ce qui concerne la perfection de son travail. La lenteur du tracé correspond à la lenteur de la progression du travail accompli. Le perfectionnisme représente la valeur que la personne se donne et ne saurait être remis en cause sous peine de sentiment d'échec très douloureux. Ce sont des personnes qui ne peuvent accepter des critiques puisque, pour elles, celles-ci ne concernent pas le travail accompli, mais leur être le plus intime. La moindre observation les remet en cause dans leur ensemble, il est donc difficile de travailler avec elles.

Dépassement

Le « y » surélevé, s'il n'est pas agrandi, révèle un besoin de se dépasser parfois un peu fiévreux, mais qui peut être efficace. Si la lettre dans son ensemble est agrandie, la susceptibilité est grande et les critiques rejetées sur autrui. Le travail dans une équipe est difficile et la position par rapport à la hiérarchie, délicate, que ce soit par rapport aux supérieurs ou aux subordonnés. Si le « p » est très petit et le « y » agrandi, il y a un hiatus entre ce que promet la personne lors de son entretien d'embauche et la réalité du travail accompli. Un petit « p » accompagné d'un « y » plus grand signifie la modestie et laisse présager une efficacité qui ne cherche pas à se montrer.

Efficacité

Le « y » bâtonné s'inscrit, en général, dans une écriture rapide et simplifiée. Cette écriture signifie habituellement la recherche d'efficacité dans l'action, le délestage des choses inutiles pour aller droit à l'essentiel. Le « y » ne viendra que confirmer la signification du graphisme. Si le « y » bascule vers la gauche, il y a une effervescence qui n'est pas loin du surmenage mais qui signale aussi le courage et la capacité d'en « mettre un bon coup », au moment où cela est nécessaire. Inversement, un « y » bâclé indique une inactivité foncière rendue possible par une assurance matérielle. Un « y » dont la boucle ne remonte pas mais dont le jambage se termine par un trait vers la gauche horizontale révèle une peur de prendre des décisions et de faire des démarches seul. Cela peut impliquer une dépendance à un personnage parental ou à un conjoint si celui-ci accepte d'en tenir lieu.

Que symbolise la lettre « z » ?

Le « z » concerne l'accomplissement de la vie sexuelle. C'est une lettre difficile à dessiner, qui souvent témoigne de la difficulté à réussir cette partie de sa vie.

THÉORIE

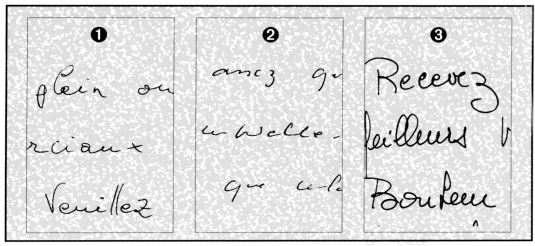

Interprétation

❶ Ce « z » indique un certain désintérêt pour le domaine sexuel, qui est motivé par des défenses d'ordres intellectuel et rationnel. Le graphisme est, par ailleurs, peu assuré et le plus souvent flottant.

❷ Les « z » sont bâclés, des inhibitions probables, ce que confirme par ailleurs le graphisme flottant et peu assuré. Une identité difficile à trouver, malgré un élan certain vers l'autre.

❸ Ici aussi le « z » est inachevé, mais il est mieux fini que le précédent. Gonflé comme le reste de l'écriture mais assez agrandi, il suggère, dans la plupart des cas, un problème d'ordre affectif lié à la sexualité.

« **C**ette activité *(la sexualité)* est facile à faire et beaucoup moins facile à réussir** » (R. Crépy, *l'Interprétation des lettres de l'alphabet dans l'écriture*). On retrouve souvent des formes travaillées qui indiquent plus ce que l'on souhaite faire présager ou présumer à l'autre sur ses capacités dans ce domaine. R. Crépy note que les « z » sont souvent plus réussis sur l'enveloppe, qui se soucie des apparences, que dans le texte, plus intime.

Immaturité

Sa forme commence par un « r » et se continue par un jambage bouclé, plus ou moins ventru, qui, pour le « z » modèle et accompli, remonte sur la ligne de base. Toutefois, le passage à l'acte que cette lettre finie laisse supposer n'indique pas nécessai-

rement un épanouissement sur le plan affectif. Il peut aussi s'agir d'une facilité de comportement qui n'implique pas une maturité affective et sexuelle conjointement développée. Il arrive souvent que des femmes dites « faciles » soient en réalité très inhibées et dans l'incapacité de vivre pleinement une relation sur le plan affectif et sexuel. Cela est un signe d'attachement excessif à l'un des parents, qui empêche de vivre une relation adulte pleine et entière. Ce sont des personnes (hommes ou femmes) qui pourront avoir des relations sexuelles satisfaisantes avec des gens qu'elles n'aiment pas ou qu'elles méprisent, et qui seront impuissantes ou frigides avec la personne aimée.

Contrôle et sublimation

En effet, contrôle ne signifie pas inhibition, et tout un chacun peut être alimenté

en désirs et en fantasmes sans pour cela passer à l'acte à tout propos. Dans ce cas, la boucle du « z » ne remonte pas jusqu'à la ligne de base, mais s'arrête avant de traverser le jambage. Cela indique une capacité de contrôle, mais aussi de sublimation. A la différence d'une lettre inachevée et ratée dans sa forme, on aura dans le cas de sublimation une lettre contrôlée, avec une pression ferme et un trait nourri. On est plutôt du côté de la simplification voulue que de la confusion ou l'inachèvement subis. Le contexte général de l'écriture renseigne dans ce cas pour savoir s'il s'agit de refoulement, c'est-à-dire de quelque chose de subi qui empêche l'épanouissement , ou bien s'il s'agit d'une attitude volontaire et consentie en vue d'un but culturel, religieux ou bien philosophique et moral. Le contexte est

alors ferme, contrôlé, appuyé, rythmé et personnalisé.

Défenses

Dans le cas du refoulement subi, on retrouve un contexte graphique plus pauvre, ralenti, tordu, avec de nombreux signes d'inhibitions, de retours sur soi, d'anxiété. On trouve des « z » dessinés en lettres d'imprimerie avec une barre au milieu : cela peut indiquer une séparation entre le corps et l'esprit qui est de l'ordre du refoulement, avec rationalisations diverses.

Les « z » dont la forme est ratée, bâclée, tordue ou inachevée indiquent des difficultés et des inhibitions dans le domaine sexuel. Certaines personnes tracent leurs « z » comme des 2 : ce qui signale une inquiétude dans la sexualité.

Mise en forme
de l'écriture

Que symbolisent les marges ?

L'organisation de la page obéit aux conventions sociales et culturelles, ainsi qu'à la projection inconsciente de l'image intérieure du scripteur.

THÉORIE

❶	❷	❸
La maison que nous habitons se trouve dans une rue propre mais pentue, du haut de laquelle on embrasse tout le pays. Aucune voiture ne passe et nous sommes très au calme.	La maison que nous habitons se trouve dans une rue propre mais pentue, du haut de laquelle on embrasse tout le pays. Aucune voiture ne passe et nous sommes très au calme.	La maison que nous habitons se trouve dans une rue propre mais pentue, du haut de laquelle on embrasse tout le pays. Aucune voiture ne passe et nous sommes très au calme.

Interprétation

❶ **Marge progressive :** la personne s'implique de plus en plus dans ce qu'elle entreprend. Réservée au début, elle devient plus ouverte et plus chaleureuse.

❷ **Marge régressive :** la personne est plus réservée et plus réticente qu'il n'y paraît au premier abord.

❸ **Marge de gauche :** légèrement sinueuse, la personne s'adapte aux circonstances et aux réalités. Très sinueuse : opportunisme et sens moral fluctuant.

De la répartition des masses graphiques du document dépend l'impression générale qui se dégage du texte.

Aspect aéré ou impression d'étouffement, clarté ou compacité, tous ces signes s'interprètent en repérant différentes « espèces graphologiques ». Lorsqu'on étudie l'espace du document à analyser, on regarde les espacements entre les mots, entre les lignes et entre les marges.

Les marges sont le résultat d'un acquis socioculturel. Les enfants ne laissent pas de marge quand ils apprennent à écrire. Leur repère est la marge du cahier ou le bord de la feuille. La notion de marge et d'alinéa s'acquiert rapidement. Elle diffère selon les cultures. Les Français laissent une marge de gauche représentant environ un cinquième de la page et une petite marge de droite. Les Italiens ne laissent pratiquement pas de marge.

La marge du haut
Elle symbolise le rapport à l'autorité. Si cette marge est trop importante, cela indique que la personne a ressenti une autorité trop forte, qui l'écrase. Si elle est trop petite, la personne recherche la protection, voire la soumission. Dans une analyse à caractère professionnel, cet élément a une grande importance : il serait difficile pour un homme impressionné par l'autorité d'exercer la sienne et de prendre des responsabilités importantes.

La marge du bas
Symboliquement, elle représente le rapport à la terre, aux instincts, à l'action. Si elle est trop petite ou inexistante, la personne ne sait pas s'arrêter pour prendre du recul, il peut y avoir de l'activisme, une fuite en avant. Cela peut aussi être un signe d'économie, voire d'avarice si d'autres signes le confirment. Si elle est trop grande, la personne est détachée du monde matériel, ne peut s'impliquer dans la réalité et l'action.

La marge de gauche
Elle symbolise le passé, la famille, les traditions et l'expérience acquise. Trop petite : la personne n'arrive pas à se détacher de son passé, de sa famille, elle ne trouve pas son indépendance. Trop grande : il y a plus revendication d'indépendance que réelle autonomie, la bonne distance n'est pas encore trouvée. Moyenne : la personne se sert de son expérience pour progresser.

La marge de droite
Elle symbolise l'avenir, l'autre et l'action. Trop grande : elle signifie que la personne a peur des contacts ou fuit la réalisation. Elle ne va pas jusqu'au bout de ce qu'elle entreprend. Trop petite ou butant sur le bord de la feuille : elle traduit de l'imprévoyance, un manque de contrôle, une mauvaise gestion du temps et de l'argent. Une marge de droite moyenne est dite « de prudence » ; on a alors un contrôle et une sélectivité adéquats.

L'absence de marge
La personne est envahissante ou envahie par ses problèmes. Il arrive que les marges soient différentes sur la première et la deuxième page. La première correspond au comportement de la personne dans une situation nouvelle, la deuxième à son comportement dans son cadre quotidien et avec ses intimes.

Quel est le rôle des majuscules ?

Les lettres majuscules révèlent la manière dont nous nous présentons. Entre-t-on dans une pièce en rêvant de discrétion ou, au contraire, de façon ostensible et marquante ?

THÉORIE

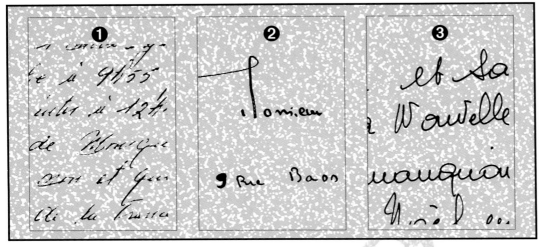

Interprétation

❶ Les majuscules disproportionnées et ornées, dans une écriture inclinée, barrée, étrécie indiquent un caractère très susceptible et orgueilleux avec un manque de sens logique et de discernement.

❷ Très grande majuscule, discordante par rapport à la très petite zone médiane, qui indique un sentiment d'infériorité compensé par un besoin de prouver sa valeur en s'affirmant de façon très forte.

❸ Grandes majuscules ornées et nombreuses, mais qui sont dans la logique de cette grande écriture peu personnalisée. Beaucoup d'amabilité et de gentillesse, même si l'on reste dans un type de relation assez superficiel.

La manière de tracer une lettre majuscule dépend beaucoup du caractère du scripteur. C'est une sorte de carte de visite.

Estime de soi : le Je et le Moi

La grandeur et l'importance de la lettre capitale sont en rapport avec le sentiment d'estime de soi, spécialement sur les lettres J et M en français. En anglais, on regardera particulièrement le *I* du Je ou Moi. La façon dont une personne écrira la première lettre du nom ou du prénom de quelqu'un indiquera l'importance qu'elle lui accorde. Bien sûr, cela est à regarder en rapport avec la dimension générale du texte. Il est important de noter que nous sommes là dans les petits signes de la graphologie et qu'ils n'interviennent qu'après avoir convenablement observé les signes graphiques plus importants que nous avons vus jusqu'ici. Ces petits signes viennent renforcer ou compenser les interprétations qui concernent les espèces graphologiques.

Quand les majuscules sont beaucoup plus importantes en hauteur et en largeur que le reste du texte, cela révèle que le scripteur recherche un statut social et qu'il a besoin de se sentir reconnu et admiré. La personne peut faire preuve d'autoritarisme et d'orgueil si ses lettres sont discordantes par rapport aux autres. Inversement, si le reste du graphisme peut supporter une telle importance, cela indique que la personne a les moyens de son ambition.

Des majuscules ornées indiquent en général un petit niveau d'étude, car ce type de décorations n'a plus cours aujourd'hui et serait une perte de temps pour une personne qui écrit beaucoup. Si le niveau d'étude est plus élevé et si les majuscules sont ornées, la personne possède une amabilité commerciale et une certaine obséquiosité.

Petites majuscules : timidité ou sens de la relativité

Si les majuscules sont petites et étroites, la personne a une confiance en elle moindre, soit parce qu'elle en manque, soit parce que la réflexion et l'expérience lui ont permis de relativiser sa propre importance. Ainsi l'ambition de certains intellectuels peut être importante, mais retenue par un sens critique. Leur écriture sera petite et simplifiée, ne voulant pas s'encombrer d'ornements inutiles. Il peut aussi s'agir de personnes timides et effacées qui ont besoin d'être entourées et rassurées. Dans ce cas, le reste du graphisme montrera les indices d'un sentiment d'infériorité et de crainte.

Des majuscules inopinées

Des lettres capitales placées de façon inadéquate, trop souvent ou bien au milieu des mots, indiquent une personne qui a un mauvais jugement. Elle se perdra dans les détails, au détriment de choses plus importantes ou bien accordera une importance démesurée à des événements qui ne le justifient pas.

L'illogisme et la subjectivité dominent et l'individu est plutôt imprévisible.

Le R du petit roi

Une mention spéciale pour le « R » majuscule ou R du petit roi que l'on retrouve fréquemment à l'adolescence, mais qui devrait disparaître à l'âge adulte. Il indique l'ambition et le désir de se faire valoir. S'il persiste à l'âge adulte, cela indique une ambition non réalisée et une insatisfaction certaine.

Quelle est l'importance de l'accentuation ?

L'accentuation et la ponctuation correspondent à ce que l'on appelle en graphologie des signes libres.

THÉORIE

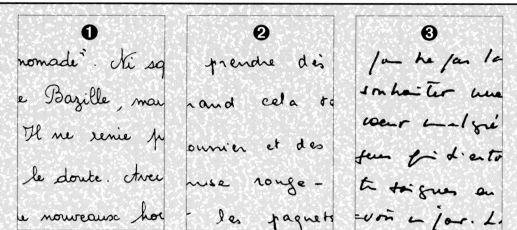

❶ nomade. Si sq e Bazille, mai Il ne renie p le doute. Avec e nouveaux hos

❷ prendre des rand cela t oumer et des use rouge - - les paquet

❸ Jar ne jar la souhaiter une coeur malgré feu ji dientr ti toignes au -voir un jour. L

Interprétation

❶ L'accentuation est ici précise et dans la logique de l'écriture conventionnelle. Elle est haute et indique une certaine ambition ou une aspiration dans le domaine intellectuel.

❷ Petit graphisme vibrant, souple mais très contrôlé. La ponctuation est précise et souvent en tiret, ce qui, associé aux blancs entre les mots, indique une certaine réserve.

❸ Le graphisme est rapide, le trait intense. La ponctuation précise témoigne d'un souci de clarté dans la communication qui vient compenser l'imprécision de la forme.

L'attention que porte le graphologue sur les petits signes de l'écriture est importante, mais ne doit intervenir qu'après une analyse technique approfondie de l'ensemble. Ces petits signes viennent donc confirmer, compenser, valoriser ou nuancer la signification des espèces plus importantes.

La précision ou l'imprécision

Quand l'accentuation est précise dans le contexte d'une écriture, elle-même claire et précise, cela renforce l'idée de clarté d'esprit et de rigueur. Si l'écriture est monotone et conventionnelle, elle gagnerait en souplesse et ouverture d'esprit avec un peu de liberté au niveau de l'accentuation. Dans le cas contraire, la personne manque d'originalité et d'envergure. Le souci de correspondre à la norme ne permet pas à l'individu de s'épanouir et de s'affirmer en tant que tel. Le sérieux et la fiabilité sont importants, mais l'individu est tatillon.

Valorisation ou renforcement négatif

Dans une écriture rapide, combinée, souple et correspondant à une intelligence abstraite ou créative, une ponctuation précise est positive car elle vient calmer le jeu et indique un sens des réalités, le souci d'efficacité et de communication du scripteur. Il est courant que, dans une écriture rapide, quelques accent soient parfois omis, ce qui n'est pas un indice important.

Une accentuation précise valorisera aussi un graphisme peu structuré, flottant et tiraillé, car il souligne le fait que, malgré ses difficultés personnelles d'affirmation et de choix d'identité, le scripteur tient à se faire comprendre par les autres et à s'investir dans son activité. En revanche, si le graphisme est lent et imprécis, le manque d'accentuation n'a pas lieu d'être et vient renforcer l'idée de malaise ou de négligence du scripteur.

La forme de l'accentuation

Si l'accentuation est trop lourde et noire, cela fait ressortir l'idée de tristesse et de pessimisme que l'on retrouve en général déjà dans le trait. Les accents « en oiseau » sont des signes de nervosité ou d'anxiété. Les accents massués, acérés ou lancés ont la même signification que les écritures du même nom ; il y a toujours une décharge d'agressivité ou une violence contenue, mais cela peut être dans le graphisme le seul indice d'une violence intérieure. C'est pourquoi il est utile de voir si l'accentuation, d'une manière générale, est homogène avec le reste du graphisme.

Dans certaines écritures, on remarque parfois des accents très grands par rapport à la dimension générale du graphisme. Cela signifie un souci d'ornementation un peu naïf, mais aussi un orgueil et des sentiments intérieurs complexes et peu extériorisés de la part du scripteur. Il peut y avoir de l'insatisfaction et, comme pour les prolongements et les surélévations, un désir de correspondre à un idéal, en même temps que la conscience douloureuse de ne pas être à la hauteur.

61

Qu'est-ce que le rythme dans l'écriture ?

Le rythme, c'est le retour périodique de temps forts et de temps faibles dans un mouvement. Le rythme donne son allure caractéristique à une écriture.

THÉORIE

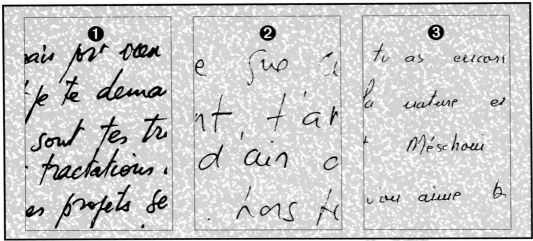

❶ ❷ ❸

Interprétation

❶ Plus cadencée que rythmée, cette écriture correspond à une personne qui se lance toujours de nouveaux défis, mais qui est assez insatisfaite (les prolongements). Son rythme n'est pas très bon.

❷ L'écriture est rythmée ici, les blancs et les noirs sont répartis selon une dominante de blancs qui est dans la logique de cette écriture légère, intuitive et aérée. Marque d'originalité et de sens artistique.

❸ Écriture plutôt arythmique. Les mots sont posés les uns à côté des autres sans mouvement porteur. Beaucoup de flottements, de prolongements et de raideur. Caractère peu facile, assez passif et insatisfait.

Le rythme indique la ligne de force d'un individu, ainsi que ses variations par rapport à ce temps fondamental en fonction de son humeur et également des événements.

Répétition périodique de petites différences

Régularité, mais aussi petites différences qui reviennent toujours, de même que des vagues sont toutes différentes, mais donnent un mouvement d'ensemble régulier et caractéristique. Une écriture rythmée réalise un bon équilibre entre la tension et la souplesse, ainsi qu'entre l'appui et l'allégement. Un tempo est trouvé qui réalise et exprime le rythme de l'individu. La répartition des noirs et des blancs est très importante pour repérer le rythme ou le manque de rythme d'une écriture. Pour mieux apprécier cet indice, il faut regarder l'écriture de loin ou à l'envers, et même parfois dans un miroir pour ne pas être troublé par le texte. Le fait de regarder au miroir permet de voir la répartition des masses graphiques et les trous éventuels, c'est-à-dire des blancs inopinés qui viennent rompre le mouvement d'ensemble.

Authenticité et renouvellement

Un bon rythme signale l'équilibre d'une personne qui n'est pas limitée par des inhibitions ou des conflits névrotiques. Les formes seront authentiques, simples et assez spontanées, dans une organisation intelligente et lisible. La personne a su harmoniser ses différentes tendances afin d'exprimer au mieux son potentiel. Les émotions et impulsions sont contrôlées et liquidées. L'individu est capable d'apprendre et de se renouveler, car il n'est pas figé dans un scénario immuable et répétitif. Une écriture rythmée n'est ni monotone ni automatique, ce qui indiquerait une activité stéréotypée et une incapacité à se renouveler. Une écriture illisible et peu ordonnée peut très bien être compensée par un rythme de répartition des blancs et des noirs. La personnalité est alors originale, spontanée, avec une intelligence qui se caractérise souvent par de l'intuition et de la rapidité. Ce rythme satisfaisant indique aussi que la personne est à même de supporter des tensions et des frustrations, sans que cela provoque une agressivité ou une impatience exagérée. Les relations avec autrui sont souples, ouvertes et adaptées.

Écriture arythmique

Un bon rythme est le résultat d'un esprit organisé et contrôlé. Inversement, un rythme pauvre provient d'une difficulté à supporter la frustration et le manque de contrôle. Le sentiment d'insécurité est profond et la personne trop instable, anxieuse ou irritable, a du mal à établir avec son entourage des relations harmonieuses. L'activité est irrégulière et la personne est trop sensible au stress et aux événements extérieurs. Un mauvais rythme se remarque surtout quand la maladresse est présente et que les mots semblent se télescoper ou s'écarter de façons brutale et inappropriée. L'irrégularité et le manque de maîtrise dominent. Si les formes sont authentiques et originales, malgré cette maladresse, la personne est anticonformiste et très individualiste. Dans ce cas, on parlera plutôt d'une écriture arythmique.

Qu'est-ce que l'occupation de l'espace ?

L'occupation de l'espace concerne la manière dont le scripteur choisit son papier et son instrument, ainsi que la façon dont il domine ou non la page blanche.

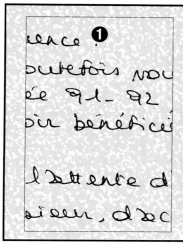

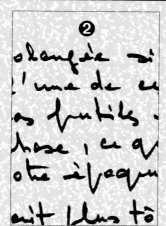

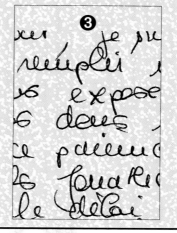

Interprétation

❶ La mise en page en plate-bande semble se dérouler de façon implacable. L'espace est investi avec rigueur et monotonie. Le scripteur fait barrage à ce qui pourrait le troubler tant à l'intérieur de lui-même qu'à l'extérieur dans le domaine affectif.

❷ L'écriture très noire avec le choix d'un feutre épais, un espace maîtrisé de façon raide, indiquent une personne qui veut faire impression sur autrui et qui a besoin de se façonner une carapace protectrice et intimidante.

❸ Très peu d'espace entre les mots et les lignes, de grands alinéas et un papier ligné ; tout cela indique une difficulté à gérer son temps et son espace vital. Beaucoup de désordre, malgré une apparence de rangement.

Certains écrivent sur des papiers colorés, quadrillés ou lignés. Aucune de ces caractéristiques n'est en soi bonne ou mauvaise, mais il est certain que pour répondre à une annonce concernant une offre d'emploi de comptable ou de gestionnaire, le choix d'un papier rose ou à motif indique un manque de discernement et de bon sens qui ne semble pas approprié.

Le choix de l'espace

Le grain du papier a son importance, les personnes qui préfèrent les papiers rugueux aiment la matière et le contact. Ce choix peut aussi indiquer un sens esthétique si le papier est beau ou recherché. Inversement, les papiers lisses qui permettent à la plume de glisser sur le papier sans accroc révèlent un mode de pensée plus intellectuel, rapide, qui n'aime pas les préoccupations trop terre à terre. La personne va à l'essentiel et se préoccupe moins des impressions sensorielles, bien que le facteur de glissement soit souvent ressenti comme agréable par ces scripteurs.

L'instrument et la couleur

L'instrument choisi a aussi son importance. Le stylo à encre laisse s'exprimer les émotions, car la traînée d'encre toujours plus sensible indique par ses moirages, ses allégements et ses appuis les sentiments et émotions du scripteur. Un stylo à bille est plus net en général, plus régulier et ne laisse pas s'écouler le flux émotionnel. Des personnes très émotives peuvent choisir le stylo à bille car il permet justement de mieux canaliser les différences de pression. Des intellectuels ou des scientifiques peuvent préférer cet instrument à cause précisément de sa sobriété émotionnelle.

Le noir intellectualise le graphisme alors que le bleu, plus vénusien, l'adoucit. Le feutre, épais, donne du corps et indique que la personne aime le contact sensoriel, mais aussi, quelquefois, veut donner l'impression de plus de force qu'elle n'en a.

L'espace est-il dominé ou non ?

Le scripteur dynamique et actif domine et emplit son espace. L'écriture est ferme, appuyée et progressive. Les noirs dominent les blancs tout en préservant une bonne répartition des masses graphiques. L'individu plus passif semble dominé par l'espace, l'écriture est plus légère et semble perdue ou mal répartie dans la page. Le texte peut sembler déporté à droite, à gauche, vers le bas ou vers le haut. Les espaces entre les mots et les lignes sont trop grands ou trop petits. Cette mauvaise répartition indique un problème au niveau des capacités de réalisation. La personne est enfermée en elle-même, ou tiraillée, ou craintive par rapport à l'action, l'avenir ou l'autorité. Il faut bien se souvenir du symbolisme de l'espace pour interpréter ces caractéristiques.

Le haut est en rapport avec l'autorité, le bas avec l'implication dans l'action et le matérialisme. La gauche avec le passé, la famille et les traditions, la droite avec l'avenir, la réalisation et les autres.

Qu'indique la régularité des lignes ?

La trajectoire des lignes reflète notre mode de réaction à l'environnement. La tenue de ligne est très dépendante de notre état de santé, de fatigue ou de nos humeurs.

THÉORIE

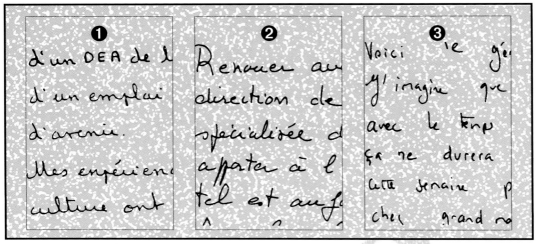

❶

d'un DEA de l
d'un emploi
d'avenir.
Mes expérien
culture ont

❷

Renouer au
direction de
spécialisée d
a parter à l
tel est au f

❸

Voici   le gé
y' imagin que
avec le tenp
ça re durera
cette senaine p
chez grand ro

Interprétation

❶ La mise en page est raide. Les lignes très tenues sur l'horizontale font supposer que la personne a utilisé un papier ligné sous sa feuille. C'est une jeune femme qui recherche un premier emploi. Elle a besoin de se sentir soutenue et veut se présenter correctement.

❷ Lignes horizontales ici aussi, mais beaucoup plus souplement tenues. La mise en page est rigoureuse et élégante. Une personne qui a du sens pratique et le goût de la réalisation.

❸ Lignes sinueuses dans une mise en page assez rigoureuse. Le scripteur est réceptif et motivé par l'environnement, mais il sait aussi se protéger et mener sa vie avec volonté.

La tenue de ligne indique notre façon de réagir à ce qui nous entoure et notre tendance à être plus ou moins touché ou influencé par les événements. Elle reflète aussi nos humeurs, plus ou moins variables. La tenue de ligne peut varier considérablement d'un moment à l'autre.

Les lignes horizontales : la détermination

Une ligne horizontale tenue sans être rigide indique que le scripteur sait où il va. Il est déterminé, s'est fixé des objectifs en vue desquels il s'organise efficacement. Cela si la mise en page est bonne, c'est-à-dire si les espacements entre les mots et les lignes sont réguliers et mesurés. Sa détermination est relativement indépendante des gens et des circonstances. Peu influencé par l'opinion des autres, il ne se préoccupe pas trop de ce que l'on pense de lui. Cela lui permet d'être autonome et responsable.

Mais, si le graphisme est un peu raide, il peut parfois y avoir un manque de capacité d'adaptation aux autres ou aux situations imprévues. Ce sont des gens d'humeur égale qui savent contrôler leurs émotions. Ils sont réalistes, car l'horizontalité les maintient sur la ligne de base, celle de la réalité.

Rigidité

Si la ligne est rigide, on a du formalisme et une rigidité de caractère excessive. L'attitude est défensive, les contacts avec les autres ne sont pas spontanés, le contrôle des émotions est très important.

Le respect des lois

L'utilisation d'un papier ligné sous la feuille indique le besoin de se sécuriser, mais aussi le souci d'une bonne présentation. Ces personnes ont le goût de la loi, des structures et des règlements.

Les lignes sinueuses : l'adaptation

Une ligne sinueuse s'interprète en fonction du contexte. D'une manière générale, elle traduit une plus grande réceptivité à l'environnement, mais aussi plus de dépendance. Ces personnes sont motivées par les circonstances, les rencontres et s'adaptent facilement. Moins déterminées, elles sont réceptives aux idées nouvelles et aux opinions des autres.

Elles s'adaptent facilement aux événements, d'autant plus qu'elles n'ont pas de véritable projet. Leur présence est moins affirmée mais plus sensible, leur caractère est sociable et agréable.

Vulnérabilité ou opportunisme ?

Si le contexte est relâché, flottant, avec une mauvaise mise en page, la ligne sinueuse renforcera l'idée de vulnérabilité, de difficulté à s'affirmer et à prendre position. La personnalité est immature, a peu de sens pratique ou de réalisme. Si le contexte est peu spontané, assez lent et habile, on a de l'opportunisme.

Un bon équilibre

Avec un graphisme clair, structuré et homogène, la sinuosité des lignes indique une bonne capacité d'adaptation. La personne a su trouver un juste équilibre entre une motivation, une détermination et une disponibilité à l'environnement qui lui permet d'être flexible et probablement plus efficace.

Que signifient dans l'écriture un trait net ou un trait pâteux ?

THÉORIE

Les bords du trait symbolisent la frontière que l'on met entre soi et le monde extérieur. On peut s'en protéger ou s'en imprégner.

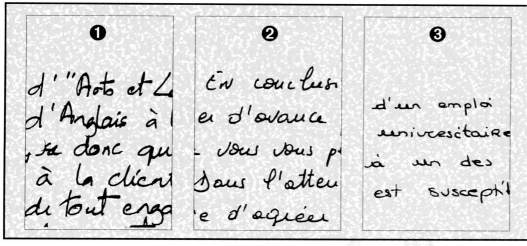

Interprétation

❶ Le trait est pâteux, presque sale. Capacité de communication, mais aussi vulnérabilité associée à la crainte de l'avenir. La compacité compense et donne du sérieux et de la réflexion.

❷ Le trait est velouté, ses bords sont défendus, quoique légèrement pâteux. Une écriture arrondie et ouverte révèle des qualités de communication. Bon élément dans une équipe de travail, car il cherchera à arrondir les angles.

❸ Le trait est nourri, plutôt net. L'écriture est juxtaposée et claire. Désir d'être bien compris. Du contrôle et de la discipline protègent d'une grande sensibilité.

Pour observer la qualité du trait, il faut regarder son épaisseur et ses bords. Si ceux-ci sont précis et sans bavures, avec une écriture fine, le trait est net. Il est pâteux si l'écriture est plus épaisse, avec des bords imprécis qui laissent apparaître des petites franges. On peut regarder le trait à la loupe pour observer les bords.

Le trait net

Le trait aux bords défendus est un trait net, ses bords sont bien délimités, il provient d'une conduite du geste assez ferme. On parle de bords défendus pour souligner le fait que le scripteur est plutôt introverti et se protège du milieu ambiant. Il y gagne en autonomie mais peut perdre en réceptivité. La personne se positionne dans la vie de façon volontaire en séparant la vie professionnelle et la vie personnelle ou intérieure. Le trait net est un trait d'actif, et l'on retrouve en général d'autres composantes d'activité dans le graphisme, comme l'appui et un mouvement progressif fermement conduit. Ce type de trait laisse supposer que la personne est peu influençable, qu'elle s'organise bien, prend position de façon claire et sait se discipliner en vue de la réalisation d'un objectif de vie. Ce sont des gens qui privilégient la sphère intellectuelle plus que la sphère affective. Bien entendu, il faut avec ce type de trait que l'écriture conserve une certaine souplesse, sinon il peut y avoir de la dureté de cœur.

Le trait pâteux

A l'inverse, le trait pâteux est un trait assez large dont les bords sont légèrement baveux et imprécis. Le scripteur est extraverti et son appréhension du monde est plus affective et sensorielle. Il se laisse imprégner par le milieu ambiant et y trouve son inspiration. Ce sont des gens qui s'adaptent vite et bien à ceux qui les entourent, car ils ressentent facilement les autres de façon immédiate et intuitive. Cela leur donne une capacité de communication et d'écoute qui rend leur présence chaleureuse.

Le danger de ce type de trait est la vulnérabilité et la moindre capacité de résistance aux influences. Il faut donc que le trait pâteux soit associé à une conduite assez ferme et à des espacements suffisants afin de signaler une recherche d'objectivité. Un trait exagérément pâteux est dit poreux. Associé à une conduite molle et à un appui insuffisant, il signale une impressionnabilité exagérée.

Le trait nourri

Le trait nourri est un bon intermédiaire. Il est le fait d'un bon équilibre, la distance est trouvée entre soi et les autres. Il n'est ni trop fin ni trop large et le milieu graphique est souple. C'est un trait qui a de la pâte mais dont les bords sont défendus.

Le trait velouté

Le trait velouté est également positif, il est plus léger que le trait nourri et témoigne d'une sensibilité orientée vers des relations affectives chaleureuses et naturelles. Le scripteur gagne facilement la sympathie d'autrui. Les bords sont défendus mais un peu épais.

Qu'indiquent la souplesse ou la fermeté de l'écriture ?

La fermeté ou la souplesse indiquent la façon dont l'individu utilise son énergie et son tonus.

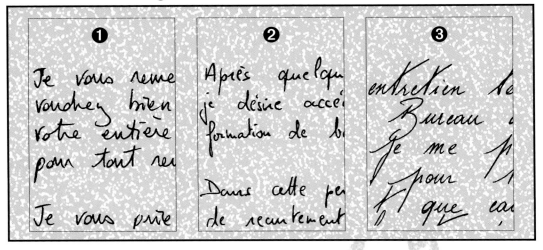

Interprétation

❶ Plutôt ferme mais ne manquant pas de souplesse, ce qui réalise un bon équilibre entre l'adaptation et la disponibilité associées à l'engagement, à la détermination.

❷ Les petites guirlandes, le trait nourri, l'inclinaison nuancée donnent de la souplesse au graphisme. Adaptation et qualités de communication.

❸ L'inclinaison rigide, le mouvement barré, la prépondérance de l'angle indiquent de la raideur. Personne susceptible et très subjective.

La tension concerne la conduite du graphisme sous l'angle de la contraction et de la détente. L'écriture procède de gestes de flexion et d'extension, d'appui et de détente. Une écriture raide provient d'un geste d'appui permanent, sans détente possible.

L'écriture souple est aisée

L'écriture souple est élastique, ce qui suppose une mise en tension suffisante et une coordination satisfaisante des gestes d'appui et de détente. On trouve dans l'écriture des petites guirlandes, des courbes légères, des formes fines pas trop structurées, et dans l'ensemble une écriture nuancée dans la dimension et l'inclinaison. Les lettres peuvent

être différentes suivant leur emplacement. Ce trait réalise un bon aménagement du point de vue de l'énergie, il est le fait d'une personne qui sait faire des efforts quand il le faut mais qui se détend quand elle le peut. Elle a confiance en elle, elle agit naturellement, avec aisance.

L'écriture molle est indécise

L'écriture molle n'a plus la tension suffisante pour engendrer un tracé progressif. Le mouvement est le plus souvent lâche dans un contexte peu rythmé. Le tonus est insuffisant et la pression légère. La forme est peu structurée, ce qui rend l'écriture imprécise.

La personne est souvent indécise, versatile et il est difficile de compter sur elle car elle ne prend pas ses responsabilités et se décourage facilement.

L'écriture ferme est résolue

L'écriture ferme est tonique avec une mise en tension équilibrée, mais assez forte. Il y a plus de contrôle que dans l'écriture souple. La personne utilise bien son potentiel et dirige sa vie de façon responsable et volontaire. Le caractère est autonome et résolu, discipliné et réalisateur. La personne prend position, sait se décider et résiste à la fatigue. Dans l'écriture ferme, on trouve un appui plutôt fort, un trait net et sans retouche, du relief, ce qui indique que la personne fait l'effort au bon moment, mais sait aussi se détendre. De ce fait, son potentiel énergétique est bien utilisé. La page est bien organisée, avec un rapport des noirs et des blancs qui engendre un rythme d'espacement.

L'écriture raide traduit un manque d'adaptation

On ne parle plus de contrôle mais de contrainte intérieure. Les formes sont anguleuses, étrécies, il peut y avoir du trait couvrant qui repasse sur la lettre, le mouvement est barré ou cabré. La ligne peut être cassée, c'est-à-dire que si l'on dessine la ligne on aura des dents de scie. La direction est fixe et l'écriture, dans son ensemble, est systématique et rigide.

L'écriture raide traduit une autosurveillance excessive qui peut nuire à l'adaptation et aux capacités de communication. En revanche, ce type de graphisme exprime des qualités de discipline et de vigilance qui peuvent être utiles dans certaines circonstances ou encore dans certains types de postes.

Quelles sont les caractéristiques de la pression déplacée ?

Courage, volonté et désir de se dépasser ressortent chez des personnalités plutôt fragiles qui n'en laissent rien paraître.

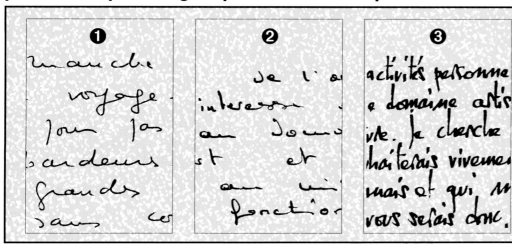

Interprétation

❶ La combinaison du trait appuyé et de la pression déplacée signalent une personne qui s'investit beaucoup dans son activité et qui cherche toujours à se dépasser pour se prouver à elle-même sa propre valeur.

❷ Pression déplacée et étalement associés à une inclinaison renversée. Sens de l'effort et désir d'une bonne intégration sociale, avec un besoin de réalisation professionnelle.

❸ Ici, la pression est inversée sur les verticales, elle s'effile sur les jambages. L'affirmation n'est pas si facile malgré la construction de l'écriture qui sert de soutien à la personne.

La pression est dite déplacée quand l'appui ne se fait pas sur l'axe vertical, mais plutôt sur l'axe horizontal ou sur les déliés. L'appui se fait logiquement en affirmation sur les verticales, c'est-à-dire sur les hampes et les jambages. Le scripteur met l'accent sur l'effort et la réalisation dans l'action. Le domaine concret et matériel est privilégié par rapport au domaine des idées. L'énergie est utilisée en forçaç qui signale toujours le sens de l'effort, le courage, mais aussi la tension.

Éthique

La pression déplacée indique toujours le contrôle. La personne ne laisse pas librement circuler son énergie. L'intensité intérieure est forte, mais la personne choisit de ne pas l'extérioriser, ce qui nécessite de sa part beaucoup d'auto-surveillance. L'investissement dans l'activité est important et, sur le plan professionnel, cela est souvent intéressant. L'origine de cette tension est différente selon les individus : elle peut provenir de la crainte de ne jamais être à la hauteur ou du désir de vivre selon des principes fermes, quitte à brider une partie de son énergie.
Une éthique forte peut être à l'origine de ce type de comportement.

Dépassement de soi ou exaltation

C'est souvent le désir d'une insertion sociale réussie qui motive ce domptage intérieur, associé à une morale exigeante. Ce sont toujours des écritures de courage et de dépassement de soi sur un fond de souffrance. Si cette morale fait défaut, la pression déplacée indique plutôt des risques de comportements impulsifs et parfois agressifs.
Avec la pression inversée, tous les pleins sont légers quand les déliés sont appuyés. Dans ce cas, le sujet s'épuise et ses efforts risquent d'être peu productifs. Il y a quelque chose d'illogique dans un tel comportement, une mauvaise adaptation ou une difficulté à agir. Si, par ailleurs, le mouvement est inhibé et la conduite du trait peu harmonieuse, avec une zone médiane perturbée, il y a de l'exaltation et une illusion sur soi et sur ses propres forces.

Évanescente et effilée

Lorsque seuls les jambages sont légers, la pression est dite « évanescente », l'affirmation est difficile, le sujet peut être velléitaire. La lettre « p » est la lettre du père, et une difficulté à tracer cette lettre indique un conflit passé ou présent avec celui-ci ou avec l'autorité en général. La personne a du mal à s'affirmer face à l'autorité, par crainte de rivaliser avec son père ou par crainte d'une punition.
La pression qui file à l'extrémité fine se joue sur les finales des mots, les hampes ou les jambages. Ces parties de lettres s'effilent comme un fil de verre. Ce type de pression indique une sorte d'inachèvement dans l'action s'il s'agit des finales ; dans l'affirmation s'il s'agit des jambages ; ou dans le domaine des idées s'il s'agit des hampes. Dans ce dernier cas, cela peut indiquer une intuition et une sensibilité aux phénomènes paranormaux.

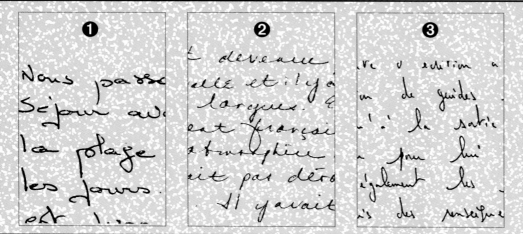

Qu'est-ce qu'un mouvement contrôlé ?

Déterminées, impliquées et souvent efficaces, les personnes qui contrôlent l'élan naturel de leur graphisme le font pour canaliser et mieux diriger leur potentiel.

THÉORIE

❶

❷

❸

Interprétation

❶ Le contrôle est rigide, car il est associé à une forme monotone, avec une inclinaison renversée. Le systématisme du tracé ne permet pas une souplesse d'adaptation, le contrôle est trop important.

❷ La forme structurée et inclinée est portée par un mouvement cadencé. De la rigueur et de la détermination, mais aussi un manque de souplesse relationnelle.

❸ L'écriture verticale, solaire et personnalisée, avec un rythme des noirs et des blancs qui se remarque et un mouvement contrôlé indiquent une personne qui n'aime pas le laisser-aller, refuse de se laisser influencer et qui se concentre sur ses objectifs.

Le mouvement contrôlé correspond à une écriture résolue, cadencée, posée ou retenue, suivant l'importance du contrôle que s'impose le scripteur, mais également suivant le dynamisme et la progressivité générale de l'écriture. L'écriture est souvent verticale avec un appui marqué. La forme est structurée sans excès, mais n'est jamais dissoute par le mouvement.

Le rythme des noirs et des blancs est marqué et régulier. L'avancée vers la droite est évidente, mais elle est freinée par le contrôle.

Et dans certains cas, une intensité peut se dégager du graphisme, ce qui correspond en l'occurrence à l'indépendance du caractère.

La discipline d'un tel mouvement est évidente, ainsi que l'auto-surveillance de la volonté consciente. La spontanéité est réduite au profit d'une adaptation un peu volontaire, mais qui se révèle efficace.

Au moment de l'adolescence, il est fréquent, et même souhaitable, de trouver du contrôle dans l'écriture, ce qui correspond à la capacité de maîtriser des impulsions qui sont souvent fortes à cet âge. Une personne qui a peu l'habitude d'écrire aura elle aussi, tout à fait logiquement, un mouvement contrôlé.

Une détermination efficace

La détermination de ce type de scripteur est souvent importante, ainsi que son désir de s'imposer des limites. Le quotidien est assumé avec responsabilité, la prudence domine et l'avenir est envisagé sans méfiance excessive, mais sans témérité particulière non plus. L'individu a une conscience de lui-même assez réaliste et il n'est jamais excessif dans ses élans ou ses ambitions. Il a en général un bon jugement et tend à l'objectivité.

Le mouvement contrôlé, associé à une écriture posée, indique la maîtrise de soi ainsi que la prudence dans l'expression de ses élans. La conscience professionnelle est, en général, importante et peut quelquefois agacer l'entourage.

La réalisation de ses objectifs

L'écriture résolue est sur la base du mouvement contrôlé, plus dynamique, plus appuyée et plus progressive. La vitesse est rapide et l'écriture peut être légèrement inclinée avec une conduite ferme. Elle correspond à un caractère déterminé, responsable et entier dans ses engagements.

L'écriture cadencée allie force et régularité du tracé. Le mouvement est toujours contrôlé, mais on retrouve, en plus, une fermeté et une régularité dans les formes, l'inclinaison et la pression. Cela implique une grande régularité dans le comportement et un sens du devoir poussé à l'extrême.

La constance dans les objectifs et la détermination dans l'action sont remarquables. La personne est entièrement tournée vers la réalisation de ses objectifs, qui sont toujours clairement définis. Le rapport des noirs et des blancs est bon et implique une capacité relationnelle, même si la personne ne se laisse pas vraiment aller à exprimer ses sentiments. Ce n'est d'ailleurs pas, en général, l'aspect le plus important, tout au moins à ses yeux, de la vie.

Que révèle le mouvement vibrant ?

Nuancé et sensible, ce mouvement indique une personnalité émotive et en recherche, qui ne se contente jamais de ses acquis.

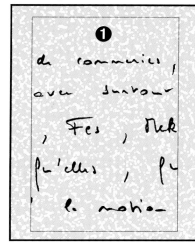

❶

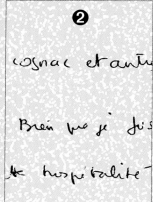

❷

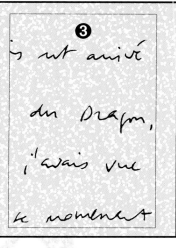

❸

Interprétation

❶ Petite écriture nuancée et vibrante. Beaucoup de sensibilité et de réceptivité. Une certaine inquiétude aussi, mais compensée par un bon ancrage dans la réalité.

❷ Le trait léger, le mouvement vibrant, la forme déstructurée révèlent une personne hypersensible et émotive. De la délicatesse, mais de la fragilité aussi.

❸ L'écriture rapide, le mouvement vibrant, la ligne tenue et montante, le trait net révèlent une personnalité sensible, curieuse, qui s'organise efficacement.

Avec le mouvement vibrant, l'écriture est nuancée par de multiples inégalités et se propulse en avant par touches successives. **Le graphisme avance sans en avoir l'air. C'est un mouvement qui marque l'importance de la sensibilité intellectuelle et personnelle.**

Ce sont des personnes qui sont animées par des doutes et des remises en question enrichissantes ou perturbatrices suivant la force de leur personnalité. Si le trait est solide et la forme structurée, ce sont les doutes enrichissants d'une personne qui ne se satisfait pas des évidences et qui veut toujours aller plus loin. L'enrichissement intellectuel est stimulant et favorise l'approfondissement dans le domaine des idées. Ce sont des personnes qui se remettent en question dans le but d'ap-profondir leur connaissance d'elles-mêmes ou des autres. Leur esprit fin et nuancé ne peut se satisfaire des compromis nécessaires à la réalisation d'une ambition.

Ils peuvent être actifs par nécessité, mais pas par goût. Plus introspectifs ils sont à l'aise dans les domaines intellectuel et psychologique.

Ces personnes s'ennuient dans une activité routinière, ce sont des esprits curieux, à l'affût de toutes les nouveautés. Elles sont excellentes dans des postes d'animation et d'enseignement, où leur esprit critique et leur sensibilité, alliés à une certaine disponibilité, les rapprochent des jeunes. Elles sont vigilantes et excellentes à des postes de second plan, car elles ne recherchent pas à affirmer leur propre individualité. Leurs incertitudes ne leur permettent pas de se trouver à des postes de direction, à moins qu'un graphisme particulièrement ferme ne canalise leurs doutes et ces mêmes incertitudes.

Doutes et incertitudes

Ce que ces sujets gagnent en disponibilité et en capacité d'écoute, ils peuvent le perdre en détermination et en affirmation personnelles. Si le trait est fragile et la structure de l'écriture abîmée, les doutes et les incertitudes entravent et déstabilisent la personne, qui se trouve inhibée.

C'est un mouvement que l'on retrouve souvent à l'adolescence et qui marque les interrogations typiques de cet âge. Ce tracé indique une certaine difficulté à agir, car cela requiert une confiance suffisante en ses capacités. Dans le vibrant, l'émotivité est grande, mais reste canalisée et plutôt introvertie.

Des réactions imprévisibles

Si l'écriture est plus grande et plus animée, on a une écriture au mouvement agité ou effervescent. Dans ce cas, les réactions sont moins contrôlées et la forte affectivité engendre des réactions imprévisibles et exagérées.

L'anxiété est plus importante et la personne peut avoir des difficultés à s'intégrer dans une équipe de travail. En profondeur, le sujet oscille en permanence entre une revendication d'indépendance fortement exprimée et un besoin d'encadrement qui structure et canalise une personnalité fragilisée par ses incertitudes.

Peu satisfaite d'elle-même, la personne est agitée par des aspirations contradictoires.

A quoi se reconnaît un mouvement coulant ?

Le mouvement coulant est assez rare. Il révèle un confort intérieur et une maturité très positifs.

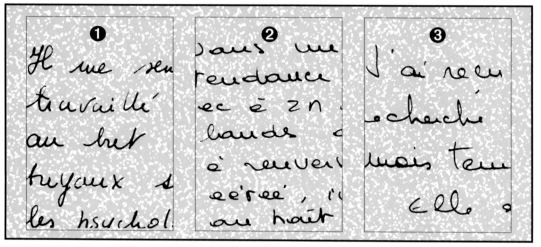

❶ ❷ ❸

Interprétation

❶ Le mouvement est coulant, souple et dynamique. La personne a su trouver son rythme et faire coexister harmonieusement ses tendances. Son contact est chaleureux.

❷ Écriture simple et sobre, au mouvement coulant. Beaucoup de souplesse dans les rapports avec autrui du fait d'une sérénité intérieure. Apprécie le confort et la détente.

❸ Le mouvement est coulant, mais l'écriture est plus ferme que les deux précédentes. Personne qui travaille à son rythme, sachant alterner effort et détente. Il dénote également contrôle et auto-surveillance.

Le mouvement coulant va de pair avec une écriture aisée, qui avance souplement. Le contrôle se remarque, mais la progression n'est jamais entravée. La souplesse du geste alterne avec une fermeté adaptée à la progression.

Harmonie
L'aisance graphique traduit l'aisance intérieure d'un adulte équilibré et en accord avec ses différentes tendances. Le trait est souvent nourri, vivant, à dominante de courbes. La forme est structurée, sans rigidité. Les espacements entre les mots et les lignes sont aérés, ce qui révèle une capacité de communication et un goût pour les échanges avec autrui.
La rondeur, tout particulièrement sur la ligne de base, marque une relation avec la réalité qui se déroule facilement et sans heurt particulier.

Disponibilité
Du point de vue intellectuel, le scripteur a peu d'*a priori*, il est disponible aux idées nouvelles et plutôt tolérant. La zone privilégiée est la zone médiane, qui est celle de la réalisation au quotidien. L'adaptation est bonne car c'est le bon sens et la logique qui dominent dans un souci de réalisation concrète. Le potentiel est bien utilisé en vue d'un résultat tangible. La personne a confiance en elle et ne cherche pas à faire impression sur les autres afin de se prouver quelque chose. On rencontre rarement ce type de mouvement chez les jeunes, qui n'ont pas encore trouvé leur voie et qui sont tiraillés entre des aspirations contradictoires et parfois trop exigeantes. Les forces sont recentrées et ne se dispersent pas avec des prolongements hauts ou bas.

Communication
Sur le plan professionnel, avec ce type de mouvement, il convient de rechercher des postes où la communication et la collaboration sont importantes. La personne se présente avec spontanéité et naturel, sans revendiquer la première place.
L'écriture traduit un esprit assez conventionnel qui ne serait pas à son aise dans un poste nécessitant des qualités de compétitivité ou de prises de risques importantes. Il ne s'agit pas non plus d'une écriture de battant ou de leader.

Opportunisme
A l'excès, le mouvement se révèle trop léger, trop étalé et trop mou. Dans ce cas, l'adaptabilité devient facilité et refus de s'impliquer ou de s'affirmer. Il convient d'observer si la fermeté demeure suffisante. Dans ce cas, il y aura implication et capacité de s'opposer, si nécessaire. Dans le cas contraire, le mouvement flottant peut aussi bien traduire l'opportunisme que l'indécision.

Simplicité
Le mouvement coulant se retrouve associé à différentes formes, ce qui indique que la personne, quels que soient sa fonction ou son milieu social, est en accord avec elle-même. On peut trouver l'aspect coulant dans une écriture calligraphique aussi bien que dans une écriture personnalisée, mais toujours simple et sobre. Il y a, en effet, une antinomie entre le coulant et l'artificiel.

Que révèle une écriture au mouvement dynamique ?

Les personnes qui ont ce type d'écriture sont actives et stimulantes pour les autres.

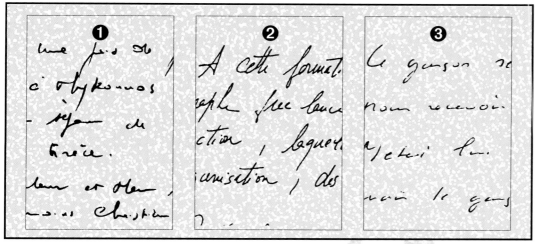

Interprétation

❶ Le trait appuyé, incliné, avec une tendance filiforme et une bonne répartition spatiale dénote un scripteur dynamique, stimulant et impliqué dans son activité professionnelle.

❷ La mise en page structurée, la répartition des noirs et des blancs, l'inclinaison, le trait fin et nuancé indiquent une personnalité qui sait s'impliquer quand cela est nécessaire. Elle est prudente, curieuse et motivée par le renouvellement d'intérêts.

❸ Le graphisme est rapide, simplifié et incliné, la ligne assez tenue et les espacements entre les lignes importants. Esprit mobile, rapide et tendu vers une réalisation personnelle.

Le mouvement dynamique permet une progression efficace et rapide du tracé vers la droite. Il suppose que le tracé soit ferme, la tenue de ligne souple et tenue, l'espace bien maîtrisé. Le trait est nourri, assez appuyé, et l'écriture est souvent inclinée vers la droite. L'écriture est rapide, simplifiée et combinée.

Ce mouvement est le résultat d'un bon équilibre entre la rapidité de la progression et le respect de la forme de la lettre. Le texte reste lisible, ce qui suppose que le scripteur, bien que fortement motivé, sait canaliser ses forces pour ne pas détruire la forme, qui permet de communiquer clairement.

Une image directrice

Ce type de mouvement est le fait de personnes ayant un projet qu'elles sont capables de réaliser et de mener jusqu'à son terme. Elles s'impliquent beaucoup et savent tenir le cap avec réalisme malgré les inévitables difficultés. L'espace bien maîtrisé signifie que le scripteur sait prendre du recul, qu'il est capable de communiquer avec les autres et qu'il s'organise efficacement dans le temps et dans l'espace. La rapidité et les simplifications de l'écriture sont soutenues par un esprit vif qui sait aller droit à l'essentiel, en hiérarchisant les problèmes. Les combinaisons habiles signalent un esprit créatif qui n'est jamais à court d'idées. La personne est capable d'évaluer rapidement une situation et de décider d'une action adéquate.

Enthousiasme et confiance

Une impression d'enthousiasme se dégage de ce type de graphisme, qui appartient à des gens confiants dans leur potentiel et dans l'avenir. Ces personnes sont en général convaincantes, car très déterminées.

C'est une écriture de sujets actifs, ayant un esprit d'entreprise et de conquête et sachant motiver leur entourage, car ils inspirent confiance et stimulent par leur forte détermination. Leur conviction et leur ardeur peuvent parfois les amener à être interventionnistes et à ne pas tenir suffisamment compte du rythme d'autrui. Ils n'ont pas nécessairement la patience d'expliquer ce qu'ils attendent des autres, qui doivent comprendre rapidement et suivre le rythme.

Un manque d'écoute

Leur personnalité est forte et leur présence très affirmée, mais pas toujours très fine en ce qui concerne les autres. Ces sujets ne comprennent pas nécessairement en quoi leur comportement peut paraître un peu excessif.

Ils ont souvent du mal à se mettre à la place de l'autre, qu'ils préfèrent entraîner dans leur sillage. C'est le contrôle général du graphisme, et en particulier la mise en page et le respect de la forme, qui permettra de dire si la personne canalise son énergie ou si elle est débordée et fuit dans l'activité. Dans ce cas, le mouvement est plus effervescent. Le caractère est impatient et activiste. La personnalité est débordée par une énergie qui est difficile à canaliser, et les comportements sont plus excessifs.

Que traduit le mouvement barré ?

Ce type de graphisme correspond en général à des battants, à des personnes animées par un besoin constant de se dépasser, qui considèrent la vie comme un défi permanent.

THÉORIE

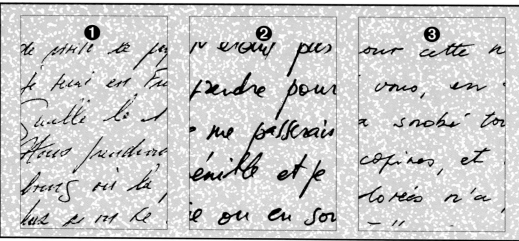

❶ ❷ ❸

Interprétation

❶ Le mouvement barré au trait appuyé, l'inclinaison rigide, l'étrécissement, les majuscules développées et ornées indiquent une personnalité toujours sur le qui-vive, ambitieuse et vivant sous tension.

❷ Le mouvement barré, le feutre noir, les enchevêtrements indiquent une personne qui cherche à se réaliser. L'activité se fait en forçant, et il y a beaucoup de méfiance à l'égard des autres. Peu de confort intérieur.

❸ Le mouvement est barré, l'écriture aérée, le trait différencié, l'écriture claire et simple. Courage, besoin de se dépasser, bonnes capacités relationnelles.

Le mouvement barré se remarque dans un graphisme qui semble avancer en « luttant contre le vent ». Les traits verticaux sont accentués, l'inclinaison est régulière, voire rigide, et la forme plutôt étrécie. Le barré résulte de la coïncidence de deux mouvements opposés : l'élan et la retenue, la force et la contrainte.

Souvent courageux, volontaires et tenaces, ces scripteurs sont impliqués dans leur réalisation et vont jusqu'au bout de ce qu'ils entreprennent. Animés par un objectif, ils mettent tout en œuvre pour le réaliser. Il peut s'agir d'une ambition professionnelle, mais aussi de la conduite d'une existence choisie selon des valeurs et des principes élevés.

L'axe vertical

L'axe privilégié est celui de la verticale, c'est-à-dire celui de l'affirmation et de l'être. Pour que cette affirmation soit réalisatrice, il faut que l'axe horizontal soit suffisamment développé, la zone médiane structurée et le trait nourri. Dans ce cas, l'échange avec autrui est possible et les convictions profondes n'aveuglent pas au point de faire perdre tout réalisme.

Les espacements

Ne laissant jamais indifférent, ces scripteurs suscitent le rejet ou l'admiration. Ils peuvent être meneurs, mais leur manque de souplesse peut rendre les rapports conflictuels. Exigeants vis-à-vis d'eux-mêmes, ils le sont aussi vis-à-vis des autres et sont assez peu tolérants. C'est pourquoi il est intéressant de vérifier si d'autres signes graphiques compen-

sent ce mouvement. Une bonne répartition des masses graphiques, des interlignes suffisants indiqueront que la personne se contrôle et fait l'effort d'écouter ses interlocuteurs. Cela est à prendre en compte dans le cadre d'un travail d'équipe ou pour un poste de direction qui requiert de la fermeté, mais aussi une souplesse d'adaptation. Si, en revanche, la forme de l'écriture est très étrécie, avec une mise en page serrée et compacte, l'intolérance est proche et la personne campe sur ses positions sans volonté d'en changer.

Ce type de mouvement résulte d'un sentiment d'insatisfaction et d'une crainte de montrer ses faiblesses ou ses sentiments, avec la volonté de les dépasser, d'où les significations de courage et de discipline qui le caractérisent. Ces scripteurs trouvent dans l'action et la réalisation

concrète un bon dérivatif à leur force intérieure. Dans ce cas, le mouvement est aussi dynamique et le trait nourri, indiquant que les capacités de réalisation et d'affirmation sont intactes. Avec un graphisme plus fragile, des prolongements hauts et bas excessifs, un trait léger, le sentiment des obstacles est au premier plan sans la capacité de se réaliser.

Ces personnes sont toujours sur le qui-vive, à l'affût des moindres tensions et elles s'en défendent en permanence, d'où une difficulté à vivre spontanément leurs émotions et sentiments. Leur existence est guidée par une discipline qui ne leur permet pas toujours de profiter pleinement de la vie.

Que révèle votre signature ?

Elle représente la façade sociale : elle peut être artificielle ou affectée. Mais elle correspond aussi à l'image que vous avez de vous-même, à ce que vous voulez être ou paraître.

THÉORIE

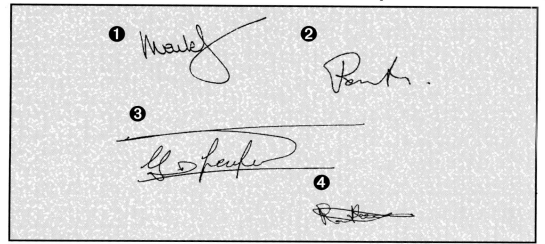

Interprétation

❶ Seul le prénom est visible, le Moi intime et le monde de l'enfance sont très importants pour cet homme.

❷ La signature suivie d'un point marque la réserve, une légère méfiance du scripteur vis-à-vis de son entourage.

❸ La signature « entre deux rails » révèle une personne qui avance de façon assez inflexible sans dévier de sa route. Cette signature traduit aussi le besoin d'être encadré.

❹ Petite signature très inhibée. Le nom est « embroché » par le trait qui revient sur lui-même : c'est la marque d'une opposition au milieu familial.

Comme l'écriture, la signature évolue au cours de la vie. Sa personnalisation est progressive et suit le développement de chaque individu.

Elle s'analyse comme l'écriture. On étudie sa dimension, sa vitesse, son inclinaison et tous les autres signes graphiques permettant de la décrire par rapport au texte, puis on l'interprète.

Conforme au texte

La signature est dite « conforme » lorsqu'elle est homogène dans sa dynamique et dans ses principaux signes graphiques par rapport au reste de la page. Si le texte est incliné, elle le sera aussi. Elle apporte alors une confirmation à l'interprétation graphologique du texte. En règle générale, une signature conforme révèle que la personne se présente avec naturel et spontanéité.

Un équilibre a été trouvé entre le Moi intime et le Moi social : c'est un signe d'authenticité. Si l'écriture est restée proche du modèle calligraphique, qu'elle n'a subi aucune personnalisation, alors une signature se présentant dans les mêmes dispositions traduira une personnalité appliquée et consciencieuse, un peu figée sur ce qu'on lui a enseigné au niveau scolaire et ayant donc peu d'originalité.

Différente du texte

Elle peut être différente du texte dans sa forme, son mouvement, ses dimensions ou sa direction. Cette différence révèle un conflit intérieur. Il s'agit alors d'une personne qui se cache pour des motifs très divers, pouvant aller de la simple réserve au désir de bien séparer vie sociale et vie privée, jusqu'à la dissimulation et la malhonnêteté. Seul le

contexte général du graphisme peut renseigner sur l'origine du choix de ce type de signature.

Les caractères

Ses caractères peuvent être plus grands que ceux du texte : la personne se présente avec plus d'assurance qu'elle n'en a en réalité. Une toute petite signature tombante indique des doutes, de la tristesse. La signature peut être renversée vers la gauche alors que le texte est vertical ou incliné : le scripteur se méfie, il est plus sélectif qu'il n'y paraît.

Sa position

Située à droite dans la page, en conformité avec la norme en vigueur en France, la signature renforce la notion d'ambition, d'activité. A gauche, elle indique un attachement excessif au passé, à la famille, une peur de l'ave-

nir. Il est d'usage, aux États-Unis, de signer à gauche, et, aujourd'hui, certains cadres de grandes entreprises ont adopté cette norme. D'où l'importance de connaître l'origine et la profession du scripteur. Une personne qui doute et hésite à s'engager aura une signature placée plutôt vers le milieu. Celui qui s'implique dans son activité tracera sa signature relativement près du texte. Dans ce cas, l'observation doit être fine et rigoureuse, car une signature trop proche du texte est synonyme d'un besoin de protection et de timidité.

Les différents types d'écriture

Que révèle une écriture personnalisée ?

Simplifiée ou compliquée, cette écriture, qui se dégage des normes de l'apprentissage calligraphique, révèle l'image que l'on veut donner de soi.

THÉORIE

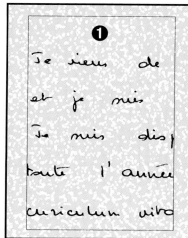

❶

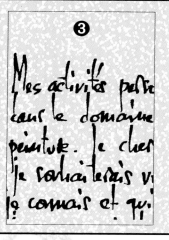

❷

❸

Interprétation

❶ Petite écriture simple et sobre. Personnalisée par simplification, quelques combinaisons. L'écriture est harmonieuse et homogène dans la forme, ce qui traduit une cohérence de la personnalité.

❷ Écriture dite *personna* ou masque. Écrite en caractères typographiques pour masquer l'expressivité naturelle de l'écriture. Trop de dissimulation, surtout dans le cadre d'un recrutement professionnel.

❸ Écriture stylisée, mise en page typographique, choix du feutre. Une certaine élégance se dégage de ces formes étrécies. Difficulté à s'affirmer réellement du fait de l'allègement dans les verticales et de leurs prolongations.

L'écriture peut se personnaliser selon divers modes, soit du fait de simplifications, soit par des complications ou par la création de formes originales. La personnalisation provient de l'aptitude de chacun à affirmer son individualité et sa différence par rapport à autrui. La personnalisation est le fruit d'une maturation.

L'écriture conventionnelle

Certaines personnes, tout en se dégageant de la calligraphie enseignée, vont adopter une écriture à la mode – un peu « bouboule » aujourd'hui –, qui est relativement conventionnelle car elle reste dans la norme d'une socialisation sans recherche d'originalité. L'individu choisit ce type d'écriture parce qu'il la juge élégante et parce qu'elle correspond au milieu auquel il veut appartenir. Ce choix implique une certaine discipline puisque la spontanéité est jugulée et contrôlée en vue d'une recherche d'efficacité.

L'écriture stylisée : une forme originale et authentique

L'écriture stylisée est une écriture acquise à dominante de forme. Le choix préalable est celui de l'esthétique et de l'élégance. Il importe à la personne de donner une bonne image d'elle-même aux autres, mais aussi de correspondre intérieurement à un certain idéal. Les formes sont élégantes, simplifiées, l'axe vertical est dominant et la mise en page soignée est personnelle. Ce type de scripteur aime se distinguer, il est conscient de sa différence et souhaite l'affirmer. Il est souvent fier et aime exercer un pouvoir de séduction.

L'écriture simplifiée : efficacité et esprit critique

Dans l'écriture simplifiée, le scripteur recherche l'efficacité, les formes sont souvent bâtonnées, les p, les l par exemple sont formés d'un trait. Simplifier en restant clair signifie que la personne sait hiérarchiser les problèmes. Face à une situation complexe, elle saura dégager les priorités. Si les simplifications facilitent la rapidité, cela signifie que le scripteur possède une bonne agilité mentale, qu'il sait faire des choix judicieux et prendre des initiatives. Si la lisibilité est compromise et si le trait est sec, les simplifications engendrent un appauvrissement du graphisme et un hermétisme qui rend difficile la communication avec autrui.

L'écriture compliquée et bizarre : qui suis-je ?

La personnalisation se fait par l'ajout de traits supplémentaires et d'ornements plus ou moins utiles. Si l'écriture est trop compliquée, elle devient bizarre et l'on suppose que la personne ne voit pas clair en elle-même. Le sujet est subjectif et ne peut s'adapter à l'environnement. Par sa recherche de forme, l'individu traduit sa difficulté à trouver son identité. Il revendique plus qu'il n'affirme sa personnalité. L'écriture ornée est le fait d'une personne qui accorde une grande importance à l'image qu'elle véhicule. Chez les gens qui écrivent peu, cela traduit une politesse un peu excessive et parfois naïve.

75

Que traduit une écriture acquise ?

L'écriture acquise est une forme personnalisée que l'on choisit d'adopter. Elle n'est pas spontanée. Le choix peut être fonction d'une mode ou d'une recherche esthétique.

THÉORIE

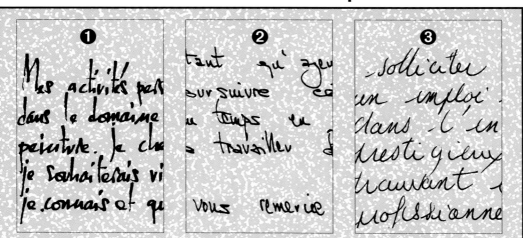

❶ ❷ ❸

Interprétation

❶ L'écriture est stylisée, le feutre est utilisé de façon très habile. Sentiment d'être à part et désir de réaliser une œuvre marquante.

❷ L'écriture est acquise dans le but de donner une bonne image de soi. Un sentiment d'insuffisance motive ce choix. La construction aide cette personne.

❸ L'écriture est acquise et calligraphiée. Le choix de la forme s'est porté sur un modèle ancien. Personne qui se cherche et qui a besoin de se protéger derrière une image qui lui semble valorisante.

La personne a choisi de faire impression sur le lecteur par la forme de l'écriture. **La communication se fait sur un mode qui manque de naturel, mais qui représente l'image que la personne veut donner d'elle-même. Cela indique une certaine insatisfaction de ce que l'on est et le désir de modifier quelque chose en soi ou dans la relation que l'on établit avec les autres. Le faciès choisi représente une construction qui peut aider l'individu à se structurer. Il indique toujours un sens de l'effort, de la volonté, voire du courage.**

Une écriture acquise se reconnaît à une application générale dans le tracé qui est, de ce fait, un peu raidi. La forme est dominante et le mouvement est contrôlé, puisque la personne bride son élan naturel. Cette canalisation des forces intérieures peut se faire en vue d'une concentration des énergies, qui permet une meilleure utilisation du potentiel.

La pression est souvent forte, et on remarque couramment l'utilisation du feutre, qui permet de masquer davantage l'émotivité du trait.

Les valeurs dominantes d'une époque

L'écriture conventionnelle emprunte une forme à la mode (forme assez ronde, surtout pour les femmes, jointoyée et assez grande). Ce choix révèle le désir de s'intégrer socialement selon des conventions et des normes. La personne est prête, pour cela, à sacrifier une part de sa spontanéité et à faire les efforts nécessaires pour cette réussite. Une attention particulière est accordée à l'image que l'on donne de soi. Il s'agit de montrer que l'on partage les idéaux et les valeurs de la société, qui diffèrent selon les époques. Ainsi, du temps de nos grand-mères, l'écriture Sacré-Cœur était enseignée et conservée tout au long de l'existence, avec des personnalisations minimes.

Cette écriture anguleuse, liée et étrécie, traduisait le courage, l'adhésion aux principes et un relatif effacement de l'individu au profit de la collectivité.

Aujourd'hui, une importance plus grande est accordée à l'individu et à sa reconnaissance propre. Le plaisir de vivre est valorisé au détriment de notions telles que celle de discipline. L'écriture s'est arrondie et agrandie, c'est-à-dire narcissisée. La séduction est importante, et beaucoup d'adolescentes adoptent temporairement ce type d'écriture.

Esthétisme

Dans l'écriture stylisée, c'est le choix esthétique qui prime. La présentation est recherchée et le choix de la stylisation est souvent plus personnel que dans l'écriture conventionnelle.

Les éléments de stylisation sont différents selon chaque personne et doivent être analysés en fonction des critères graphologiques classiques. La simplification est souvent dominante et indique l'idée d'un dépouillement, d'un désir d'aller droit à l'essentiel. La sobriété du graphisme est toujours un élément qui positive l'ensemble de l'écriture. Les complications sont, en général, un signe de snobisme.

Que révèle l'écriture calligraphique ?

L'écriture calligraphique est celle qui est restée proche du modèle scolaire, sans personnalisation particulière. Elle privilégie la forme plutôt que le mouvement.

THÉORIE

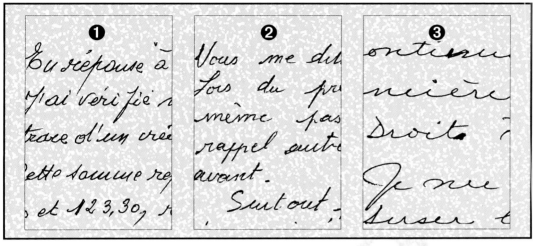

Interprétation

❶ L'écriture calligraphique est appuyée, retouchée avec une ponctuation en tirets. Personne qui a peu l'habitude d'écrire, assez conformiste et méfiante.

❷ Écriture calligraphique simple, ferme, avec une signature homogène. Personne de bon sens, qui aime donner une image favorable d'elle-même par l'adoption d'un graphisme conventionnel.

❸ Calligraphie d'origine anglo-saxonne. De l'implication dans le trait et la liaison, une mise en page classique et souple indiquent un esprit pragmatique et persévérant.

L'écriture calligraphique est toujours l'indice d'un désir de conformité et de respect des normes sociales. Les écritures de ce type sont difficiles à analyser, car elles sont peu révélatrices de la personnalité profonde du scripteur, qui ne montre qu'une surface un peu trop lisse. Cela peut répondre à un besoin de structuration intérieure, la personne trouvant une sécurité dans un encadrement connu et stable.

Il ne faut pourtant pas sous-estimer ces graphismes. Les personnes qui ont peu l'habitude d'écrire et qui n'ont pas fait d'études supérieures ont tendance à garder l'écriture qu'elles ont acquise lors de leur apprentissage. Au contraire, un étudiant qui prend beaucoup de notes personnalise son écriture, la simplifie et la combine pour accroître sa vitesse. Dans le cas de personnes écrivant peu, l'écriture calligraphique indique la simplicité, le bon sens et la modestie. Si la forme est peu parlante, il convient toutefois d'observer la pression, toujours plus personnelle, le trait et ses bords, ainsi que l'ordonnance. La pression ferme et le trait nourri garderont leurs qualités connues d'implication et de capacité d'échange. Pour l'ordonnance, c'est surtout l'ordonnance interne qu'il faut considérer. En effet, si la mise en page est souvent conforme, la répartition des espaces entre les mots et les lignes est plus personnelle. On sera alors attentif à l'aération, signe d'ouverture, ou à la compacité, signe de réflexion et de concentration. Les intervalles entre les lignes signaleront, suivant leur importance, l'objectivité ou le manque de recul. La signature, enfin, est importante : une signature simple et homogène par rapport au texte est un bon indice d'authenticité.

Une sphère affective oubliée

Certains scripteurs ayant un haut niveau d'études, de type scientifique ou grandes écoles, ont parfois conservé l'écriture calligraphique. Elle révèle l'esprit sérieux, clair, analytique et logique. Le besoin de se conformer au cadre est une nécessité pour ce type d'études, mais il y a un certain décalage entre ce faciès un peu infantile et le haut niveau culturel. C'est souvent le côté affectif qui est un peu laissé de côté, rien ne doit transparaître des conflits et des émotions. Enfin, le choix d'une forme classique révèle une dépendance vis-à-vis du cadre, voire du passé et de la famille. Ces personnes ne sont jamais autonomes et restent toujours un peu timorées.

Écritures professionnelles

Les instituteurs ou institutrices ont souvent ce type de graphisme pour des raisons professionnelles.

Les Anglo-Saxons, plus pragmatiques que les Latins, personnalisent moins leur écriture. La rédaction d'une lettre est pour eux un moyen de communiquer des informations, la forme est valorisée dans le sens de la clarté, et la spontanéité ou l'originalité ne sont pas recherchées.

Comment reconnaître une écriture organisée ?

L'organisation d'une écriture est essentiellement fonction de l'âge et du niveau d'instruction d'une personne.

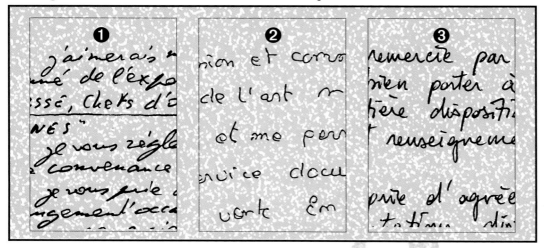

Interprétation

❶ L'âge commence à désorganiser cette écriture, qui possédait un degré d'organisation plus élevé et en rapport avec le niveau socio-culturel du scripteur.

❷ L'écriture ne correspond pas au niveau socio-culturel de cette femme, qui a fait des études supérieures. Elle est maladroite, en surface, tordue et à rebours. Ces difficultés graphomotrices correspondent peut-être à un problème affectif.

❸ Le degré d'organisation correspond au niveau culturel (études supérieures) de cette personne : combinaisons, personnalisation et simplifications du graphisme.

L'organisation ne doit pas se confondre avec l'ordonnance de l'écriture. L'organisation est en rapport avec l'âge et le niveau socio-culturel du scripteur, informations que l'on doit toujours demander avant de procéder à une analyse.

Le graphisme inorganisé de l'enfant

Un graphisme peut être inorganisé, c'est le cas chez les enfants, et cela est normal. Le graphisme est maladroit, car l'apprentissage n'est pas terminé, et les difficultés graphomotrices ne sont pas résolues. Il existe une échelle qui permet de déterminer l'âge graphomoteur d'un enfant et de voir s'il correspond à son âge réel. Cette échelle ne devrait être utilisée que par des spécialistes en graphologie et en psychologie en cas de difficultés majeures lors de la scolarité.

La désorganisation due à l'âge ou à la maladie

Un vieillard ou un malade peut présenter une écriture désorganisée du fait d'une déficience physique. Des tremblements peuvent désorganiser une écriture. Des tremblements à vingt ans n'auront pas la même signification qu'à quatre-vingts ans.

Une personne malade ou intoxiquée peut produire une écriture désorganisée momentanément. Face à des écritures désorganisées chez des adultes, il faut demander des documents antérieurs pour comparer les niveaux d'organisation. Après une maladie, la personne peut retrouver son graphisme habituel. Certains médicaments ou substances peuvent également désorganiser le graphisme.

Organisation et personnalisation : immaturité ou autonomie

Chez un adulte, il est important de connaître son niveau d'instruction : en effet, quelqu'un qui a fait de longues études a pris l'habitude de simplifier, de combiner et d'écrire vite. Inversement, une personne qui a arrêté ses études très jeune pour exercer un métier qui ne lui demande pas d'écrire n'aura pas cette aisance graphique. Il est donc essentiel, pour ne pas faire d'erreur d'interprétation, de connaître le parcours du sujet.

On observe la personnalisation de l'écriture pour en déterminer l'organisation : une simplification et des combinaisons aisées chez une personne qui a un faible niveau culturel sont un facteur très favorable, alors qu'il est normal pour une personne qui a de nombreux diplômes. On peut remarquer des composantes enfantines qui signalent une immaturité affective. Un mouvement immobile, des mots qui semblent posés les uns à côté des autres sans rythme, des lettres en deux morceaux, les « d » ou les « a » tracés en deux fois comme le font les enfants, tous ces signes révèlent une difficulté affective dans la mesure où le niveau culturel est élevé et où ces caractéristiques sont surprenantes. Les initiatives et la combativité seront moins développées et moins efficaces chez un scripteur dont l'écriture est plus personnalisée et signale de l'autonomie.

Que révèle une grande écriture ?

Ce type de graphisme révèle le plus souvent des personnes affectives. Dynamiques et actives, elles sont expansives et manifestent du goût pour les contacts humains.

THÉORIE

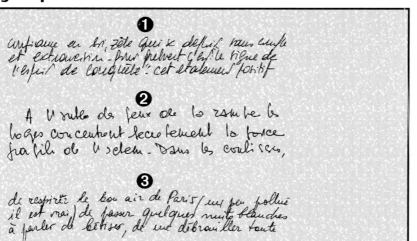

❶

❷

❸

Interprétation

❶ Personnalité très affective qui se présente de façon spontanée et aimable. La communication avec autrui est toutefois plus sélective qu'il n'y paraît.

❷ Chaleur, expansion dans le graphisme de cet homme dont le caractère est généreux. Il reste dans le fond très secret et n'évoque pas facilement ses incertitudes.

❸ Énergique, enthousiaste et impulsive, cette personne a besoin d'un grand champ d'action. Elle n'est pas toujours objective.

La dimension de l'écriture est un critère que les graphologues considèrent avec beaucoup d'attention. Elle se mesure par rapport à la norme calligraphique enseignée à l'école. Agrandir ou réduire son écriture est révélateur d'une attitude personnelle que l'on adopte en fonction de la réalité extérieure, de ceux qui nous entourent : ces variations symbolisent en partie la place que l'on pense tenir dans la vie.

Les atouts d'une grande écriture

Ce type de graphie se rencontre chez des personnes possédant une bonne assurance et des qualités de chaleur humaine, de communication et de joie de vivre. Ces aptitudes sont précieuses lorsque ces personnes se tournent vers les mé-

tiers de la communication, du commerce, de la publicité et, même, vers la politique. Aimant le dialogue, elles donnent le meilleur d'elles-mêmes dans le travail en équipe, où elles sont généralement appréciées. La solitude n'est pas leur fort. Confiant, le scripteur à grande écriture s'impose dans la vie comme il s'impose dans la page. C'est un affectif : il aime ou rejette et ne prend pas toujours le temps de réfléchir. Cela peut aussi nuire à son objectivité, car ses jugements sont le plus souvent à l'emporte-pièce. Une écriture à la fois grande et anguleuse indique qu'il s'agit d'une personne aux valeurs et principes très affirmés, et dont le tempérament conquérant ne laisse pas indifférent. Le danger réside dans l'excès : trop grande, trop raide, l'écriture révèle que le scripteur n'est pas capable de relativiser, qu'il est aveuglé par ses convictions.

Qu'est-ce qu'une grande écriture ?

Une écriture est considérée comme « grande » quand elle dépasse les normes moyennes de la calligraphie enseignée, soit 3,5 mm de hauteur. Elle est considérée comme exagérément grande quand elle dépasse 6 mm.

• *Dynamisme.* Du point de vue de l'activité, une grande écriture signale un fort dynamisme. Ce type de scripteur à le privilège de l'action. Il a un grand besoin d'expansion et il lui faut un espace à sa mesure. Il aime agir et parler. Son goût des contacts lui sert dans des types de profession nécessitant des capacités de communication : relations publiques, spectacle, politique… Mais, pour conserver toutes ces qualités, il faut que l'écriture soit portée par un mouvement dynamique et que les espaces entre les mots et entre les

lignes soient suffisants. Généreux, cordial, il aime les contacts. Il est plutôt chaleureux et peut posséder des dons d'orateur.

• *Égocentrisme.* Si l'écriture est très ronde et très grande, elle traduit un caractère égocentrique et avide : la tendance n'est plus à la générosité mais davantage à la cupidité et au narcissisme.

• *Doutes.* Si l'écriture est grande et inégale dans sa dimension, elle révèle beaucoup de doutes. Dans ce cas, la grandeur peut compenser un sentiment d'infériorité, comme dans la fable *La grenouille qui voulait se faire aussi grosse que le bœuf !*

Quelles sont les caractéristiques de l'écriture grossissante ?

L'écriture grossissante révèle la naïveté et l'enthousiasme, ou bien le manque de tact et le sans-gêne.

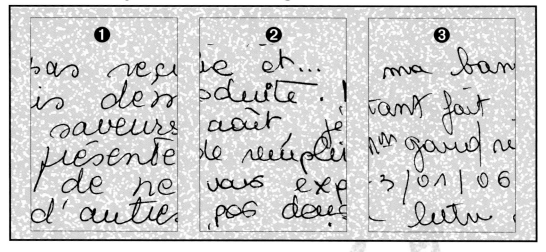

❶ ❷ ❸

Interprétation

❶ Le grossissement est assez homogène par rapport au reste du graphisme, qui est lui-même assez rond et agrandi. Un certain naturel, non exempt de naïveté, mais aussi le goût du travail bien fait.

❷ Le graphisme est un peu effervescent dans l'ensemble. Les grossissements correspondent au désir de se faire entendre, d'avoir le dernier mot, de la naïveté aussi et du bavardage.

❸ Besoin de se faire entendre et de comprendre chez cette personne qui n'a pas l'habitude d'écrire. Des gladiolements aussi : cette alternance avec des grossissements indique de brusques changements d'humeur.

L'écriture grossissante est fréquente chez les enfants ou chez les personnes qui écrivent peu. Les dernières lettres deviennent progressivement ou subitement plus grandes ou plus larges. Cela provient de l'application extrême et d'un relâchement subit de tension.

Cette espèce graphique marque la candeur, la liberté d'expression et la spontanéité si le graphisme reste harmonieux. En cas d'exagération, cela traduira plutôt le sans-gêne, le manque de tact et de sens critique. La personne s'écoute parler et s'impose. Cela peut signifier aussi le désir d'emporter l'adhésion, ce qui peut être valorisant dans une écriture de commercial. Suivant la nature du graphisme et, surtout, la façon dont les lettres s'ac-

croissent progressivement ou brutalement, on aura des significations plus ou moins nuancées. En effet, si le désir de gagner est moteur, il peut aussi, avec insuffisamment de contrôle, générer de l'imprudence et des prises de position téméraires.

Sens de l'effort
Le grossissement provoque un effet de surprise et indique une contradiction dans le graphisme s'il est, par ailleurs, contenu et régulier. Le grossissement abaisse le niveau de sobriété du graphisme : il indique une tension difficilement contenue, mais aussi la capacité à se discipliner afin d'obtenir un résultat. En effet, dans un bon niveau graphique, les finales grossissantes marquent la volonté de bien terminer ce qui est entrepris. Si par ailleurs le graphisme est

très inégal et peu rythmé, cela révèle de l'agressivité et un caractère difficile et susceptible, qui a des partis pris ou des antipathies violentes et souvent subjectives. Dans un bon contexte, cela peut laisser supposer que la personne dispose d'un potentiel de réserve qu'elle n'utilise qu'à bon escient et quand cela lui est nécessaire. Dans ce cas, on aura des signes d'esprit prévisionnel et de contrôle comme des marges avant et arrière bien marquées. Le grossissement sera alors progressif et nuancé, ce qui indique la faculté de poursuivre un effort malgré la fatigue et la longueur de la tâche.

Interventionnisme
Si, au contraire, le grossissement ne porte que sur la dernière lettre, et cela de façon brutale et discordante,

l'interprétation est moins favorable. Certaines personnalités interventionnistes et peu attentives aux besoins des autres cherchent ainsi à s'imposer. En portant sur la finale du mot, le grossissement intervient aussi en amorçant la relation au mot suivant. Symboliquement, cela donne des indications sur le rapport que la personne entretient avec les autres, ainsi que sur la façon dont elle agit. La personne réserve des surprises, agréables ou mauvaises : bonnes capacités d'endurance ou courage, ou bien méchanceté et égocentrisme. Si le graphisme est lent et très contrôlé par ailleurs, sans que le contexte socio-culturel soit en cause, on peut penser que l'agressivité est sous-jacente et est accompagnée d'un sentiment d'insatisfaction.

Que révèle l'écriture inclinée à droite ?

Impulsivité, dynamisme et besoin de contacts sont les caractéristiques de ce type de graphisme. L'inclinaison signifie aussi le désir d'aller de l'avant, d'atteindre ses objectifs.

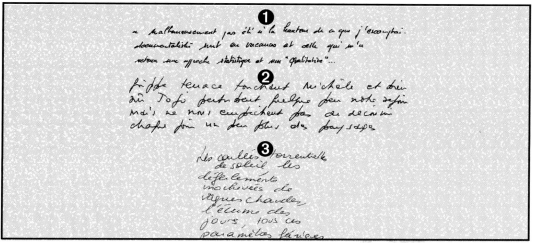

❶

❷

❸

Interprétation

❶ Inclinaison dynamique avec un trait chaleureux : implication dans le travail, goût des échanges et de la communication.

❷ Beaucoup d'ambition et de détermination dans le graphisme de ce battant, qui a réussi grâce à sa volonté et à sa ténacité.

❸ Grande demande affective, qui n'est pas très bien vécue. On note également un certain laisser-aller, associé à de l'impulsivité.

Naguère, en France, l'enseignement de l'écriture préconisait l'inclinaison à droite. La norme était alors l'écriture de type « Sacré-Cœur », grande, anguleuse et inclinée. Par réaction, certains adoptèrent une écriture verticale ou renversée, montrant ainsi des signes d'indépendance, d'originalité, sinon d'opposition. C'est pourquoi inclinaison est associée à sociabilité, car être sociable oblige à respecter les normes.

Communication
Aujourd'hui, il n'est plus si simple d'associer inclinaison et respect des conventions : si l'on veut réaliser une analyse fine d'un graphisme, il faut tenir compte de bien d'autres paramètres, comme le trait, le mouvement et la disposition générale de l'écriture. Ces critères viennent renforcer la notion de communication spontanée.

Dynamisme
L'inclinaison donne aussi au graphisme une impression de mouvement. Il semble progresser plus vite, d'où les significations de dynamisme, d'ambition, de concrétisation. Le graphisme semble animé par un projet, une idée qui mobilise l'énergie du scripteur. Les battants, les passionnés, les ambitieux ont ce type d'écriture.

Engagement
L'inclinaison à droite révèle une personnalité engagée et souvent dynamique qui s'implique totalement dans son activité. Elle progresse rapidement vers la réalisation de ses objectifs avec une idée directrice. Associée à mouvement dynamique, cela traduit l'esprit d'entreprise ainsi que le goût de l'initiative. Comme toujours en graphologie, l'inclinaison ne s'interprète qu'en fonction d'autres critères : avec une écriture anguleuse, on peut avoir affaire à une personne de conviction qui aime entraîner les autres dans son sillage.

Il faut toutefois que cette inclinaison reste souple, nuancée, car une trop grande rigidité ou une monotonie pourrait trahir une personnalité manquant de souplesse d'adaptation, routinière dans son activité, systématique dans ses opinions et dans son jugement.

Sociabilité
En s'inclinant vers la droite, on peut bien admettre que chaque mot tend à toucher le suivant : d'où la sociabilité et aussi la recherche de contacts évoquées précédemment. Ce type de personnalité est guidée par un allant spontané vers l'autre. Cette interprétation est renforcée si le trait est chaleureux, s'il a de la pâte.

Mais, comme toujours en graphologie, le trop est l'ennemi du bien : une écriture très inclinée, comme « couchée » sur la ligne, traduit des signes de dépendance, de laisser-aller et d'abandon. L'élan vers l'autre n'est plus maîtrisé : impulsivité et penchant sans limites s'exercent sans le contrôle de la raison.

Que révèle l'écriture en guirlande ?

La guirlande symbolise l'ouverture et la réceptivité. Pour conserver ces qualités, elle doit s'intégrer dans un contexte graphique souple, avec un mouvement coulant.

❶ [échantillon d'écriture manuscrite]

❷ [échantillon d'écriture manuscrite]

❸ [échantillon d'écriture manuscrite]

Interprétation

❶ Grande écriture arrondie en guirlande en coupe. Personne accueillante, ouverte aux idées nouvelles, mais restant sélective dans ses contacts.

❷ Écriture moyenne, inégale, en guirlande étalée, étrécie et double courbe. Personne sociable mais dont les rapports aux autres sont plus compliqués qu'il n'y paraît au premier abord.

❸ Grosse guirlande annelée dans une écriture assez centrée sur elle-même. De bonnes capacités d'assimilation et de la persévérance. La personne est cependant enfermée sur elle-même.

La guirlande illustre bien combien, en graphologie, il faut être prudent dans l'interprétation d'un signe. Elle renforce la signification générale du graphisme.

Rapidité
La guirlande concerne la forme des lettres « m » et « n », qui s'inversent en « u ». Elle est naturelle dans un graphisme rapide, car elle ne nécessite pas de lever de plume et permet de lier facilement les lettres. Elle constitue une personnalisation de l'écriture, dans la mesure où, lors de l'apprentissage, ces lettres sont enseignées en arcade.

Ouverture d'esprit et accueil
Une petite guirlande souple dans une écriture vivante et rapide signifie un sens des relations humaines, de la curiosité et de la vivacité d'esprit.

L'ouverture aux idées nouvelles ainsi que le sens de l'observation caractérisent ce type de graphisme.

Exclusivité ou défense
Une guirlande profonde et étrécie en flûte de champagne indique des capacités d'assimilation sur le plan intellectuel. Sur le plan relationnel, la personne a le sens de l'amitié et de la fidélité, elle apprécie les relations profondes et exclusives. Si le geste est retenu et raidi, on a la guirlande ensellée, dont la coupe est profonde et étrécie. Il n'y a plus ici de capacité d'accueil ou d'échange, ce qui domine, au contraire, c'est une sélectivité importante et défensive.

Influençabilité
Une guirlande très étalée dans un graphisme mou, avec un mouvement lâché et une mise en page désordon-

née, révèle de l'influençabilité et de la vulnérabilité. L'ouverture aux autres est trop importante et n'est pas compensée par une personnalité suffisamment ferme et structurée.

Persévérance
La guirlande annelée à base de petits anneaux permet un geste adroit et indique de la persévérance et de l'habileté intellectuelle. Il y a du savoir-faire et de l'efficacité si le reste du graphisme est souple et vivant. Si le contexte graphique est raide, avec un trait lourd, l'annelage renforce au contraire l'impression de contrainte. Il peut y avoir de l'entêtement ou une tendance naturelle à la rumination mentale.

A l'adolescence, il est fréquent de voir une alternance de guirlandes et d'arcades. Cela correspond à la personnalisation de l'écriture, signi-

ficative de la distance prise par rapport à la calligraphie enseignée, mais aussi aux variations d'humeur fréquentes à cet âge.

Opportunisme
La double courbe est une forme dont on ne peut décider s'il s'agit d'un « m » en arcade ou en guirlande, car le haut et le bas de la lettre ne sont pas différenciés. Cela signifie beaucoup d'agilité intellectuelle et une certaine adresse dans un bon contexte. Mais l'ambiguïté de forme qu'elle traduit signifie aussi que la personne est opportuniste, non définie clairement dans son identité. Si le reste de l'écriture le confirme, elle est velléitaire, indécise et partisan du moindre effort.

Que révèle l'écriture en arcade ?

L'arcade symbolise le goût de la forme, de la construction et du secret. Enseignée en calligraphie, elle est souvent abandonnée à l'âge adulte.

❶

*on, moi non plus. I
d'Avignon, à l'au
rient arrêté à l'e
raient fouillé mon
pantalon. Ils n'ava
graphies de De gau
es dans les pages r
de Crampon qui peu
ma mémoire recti
Bible m'avait acco
Hendu le lever du*

❷

*it de mettre à profit m
la traduction.
urs de mes études, j'ai
ix de terminologie et d
la presse traitant de ff
nement, informatique,
tage à l'OCDE m'a pe
de du travail et d'ac
nécessaires au métier de
e donc pouvoir être
d'une entremise.*

❸

*Monsieur,
Suite à votre annonce, paru
le 10 juin 1988.
j'ai l'honneur de postule
secrétaire et vous prie de
mon curriculum vitae.
Dans l'attente d'une répons
prie de croire, Monsieur,*

Interprétation

❶ L'arcade dans une grande écriture de forme signale la protection vis-à-vis des influences extérieures, le goût de la forme et du paraître. La construction se fait dans le domaine de la création.

❷ Arcade de protection. Ici, le « m » à 4 jambages montre le besoin d'appui et le manque d'assurance compensés par le respect de la norme et un fort contrôle personnel. Peu de spontanéité et de franchise.

❸ Petite arcade scolaire dans une écriture claire qui se veut avant tout lisible. Personne qui s'insère dans la vie professionnelle avec sérieux.

L'arcade est la forme enseignée pour tracer les « m », « n », « h ». Elle évoque l'image du pont ou de la voûte. La guirlande est le tracé inverse de l'arcade, les « m » et les « n » ressemblent à des « u ». Le plus souvent, la rapidité amène à remplacer l'arcade par la guirlande.

L'arcade scolaire est conservée dans les écritures restées proches du modèle calligraphique et révèle alors une personne qui préfère rester dans un cadre sécurisant dont les repères sont connus.

Construction

Dans un contexte graphique plus évolué, animé d'une écriture dynamique avec une bonne mise en page et des proportions harmonieuses, l'arcade révèle un désir de construction personnelle dans le sens d'une recherche intérieure ou le désir de réaliser quelque chose de constructif. Avec l'arcade, une importance est accordée à la forme. On retrouve souvent ce choix graphique chez les architectes, les décorateurs ou les hommes et femmes de lettres.

Volonté

Les écritures en arcade indiquent de la volonté. En effet, il faut plus d'efforts pour tracer une arcade qu'une guirlande. L'arcade peut être conservée même dans une écriture rapide pour en accroître la lisibilité. Des qualités de communication, de respect de l'autre, d'éthique et de discipline sont alors dominantes.

Protection

L'arcade symbolise aussi la protection, le secret, la distance maintenue entre soi et les autres. Dans un tracé rapide, l'arcade implique une rupture, un lever de plume, et cela montre que le scripteur a besoin de conserver une certaine distance entre lui et les autres, distance qui est aussi respect de l'autonomie de l'autre. Le secret, l'intimité préservée indiquent que la personne a besoin de solitude pour se ressourcer, pour puiser en elle-même ses motivations et ses valeurs. L'arcade protège des influences extérieures.

La raideur induite par cette écriture révèle une volonté de ne pas s'extérioriser.

Désir de paraître

Dans des écritures moins harmonieuses, c'est-à-dire présentant des exagérations d'une zone de l'écriture (celle des jambages, des hampes ou de la zone médiane) au détriment des autres, l'arcade indique le désir de paraître. La personne a alors besoin d'un statut social valorisant et aussi de signes extérieurs de richesse.

Méfiance

Dans un moins bon contexte, si l'écriture est très appuyée et l'arcade très marquée, la protection devient fermeture, ou dissimulation. La confiance est refusée aux autres, la méfiance domine et l'égoïsme est important.

Besoin d'appui

Certaines personnes font des « m » et des « n » à 4 ou 3 jambages. Cela indique qu'elles ont besoin d'appuis supplémentaires car elles ne se sentent pas assurées.

Que révèle l'écriture arrondie ?

La rondeur est en relation avec l'affectivité et le monde des sentiments. Les personnes à écriture ronde privilégient la sphère affective et cultivent l'amitié.

THÉORIE

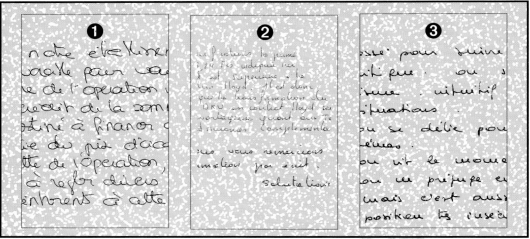

❶   ❷   ❸

Interprétation

❶ Grande écriture arrondie qui révèle une bonne assurance et un engagement confortable, mais ferme et déterminé dans la vie.

❷ Petite écriture ronde. Personne spontanée qui aime les contacts et qui est réceptive et ouverte aux idées des autres.

❸ Écriture ronde avec un mouvement coulant. Le graphisme est souple. La rondeur signale ici l'accueil, le goût des relations et la souplesse d'adaptation. Personne qui a trouvé son rythme de croisière.

L'écriture arrondie est composée de traits à dominante courbe. Les courbes normales de l'écriture (« a », « o », « d », « g », « q ») sont accentuées. Les bâtons peuvent être légèrement arrondis. Cette écriture est dite « curviligne », par opposition à l'écriture anguleuse qui est dite « linéaire ».

Forme
L'écriture arrondie est en relation avec le monde de l'enfance, de la féminité et de l'imagination. La forme ronde se retrouve plus souvent dans les écritures de femme.
Dans un bon contexte général, c'est-à-dire si l'écriture est ferme, progressive, avec des formes simples sans exagération et un trait suffisamment encré sans être lourd, l'écriture arrondie révèle une personne sociable. L'aisance intérieure, le plaisir de vivre, et une certaine plénitude sont dominants.

Adaptation
L'adaptation aux événements et aux gens est aisée, le contact avec la réalité se fait en souplesse. La réalité est perçue de façon agréable ; ce sont des personnes qui ont le goût de la vie et qui apprécient les bons moments de l'existence. Le quotidien est assumé de façon réaliste.

Sociabilité
Ce sont des gens sociables qui privilégient les rapports humains. Ils arrondissent les angles, recherchent la paix et l'harmonie. Dans une équipe de travail, ces personnes au comportement aimable sont précieuses, car elles apportent un élément de détente. Réceptives aux idées et aux sentiments des autres, elles sont douées pour les relations humaines.

L'affectivité est dominante, l'amitié est cultivée et l'écoute des autres est importante.

Enfance
La rondeur, c'est aussi l'enfance, et une certaine naïveté ou candeur caractérise ce type d'écriture. La candeur peut aussi être le résultat d'un choix : la personne refuse de grandir, surtout dans le domaine des sentiments. Elle préfère rester attachée à ses idéaux et à ses comportements d'enfant.
Dans ce cas, tout ce qui peut être agressif ou simplement affirmation de soi est gommé dans son caractère, comme dans son écriture. Celle-ci est alors plus molle, comme immobile ou ralentie.
Seule une image d'enfant sage et gentil s'en dégage, mais ce comportement entraîne aussi une adaptation passive au milieu, un certain manque d'initiative.

Narcissisme
Si l'écriture est très arrondie, enroulée sur elle-même en coquille et centrée sur la zone médiane, le narcissisme domine, la demande affective est insatiable, mais il n'y a pas d'échange. Ces personnes prennent plus qu'elles ne donnent.

Théâtral
Avec l'écriture gonflée, les courbes sont exagérément arrondies. L'écriture est disharmonieuse, elle révèle un certain snobisme, le besoin de se mettre en valeur et de séduire en permanence.

Que révèle l'écriture liée ?

L'écriture est enseignée liée dans les écoles françaises, mais peu d'adultes la conservent. La liaison indique un bon degré d'activité sur le plan tant intellectuel que pratique.

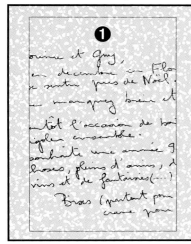
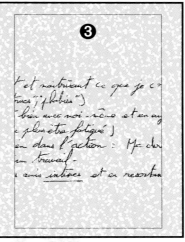

❶   ❷   ❸

Interprétation

❶ Liaison à tendance filiforme. L'écriture est claire, simple, rapide et aérée. C'est un exemple type d'écriture révélant un haut degré d'activité.

❷ La liaison dans un graphisme contrôlé, mais vivant, avec une mise en page stricte, indique ici de la persévérance, de la volonté et un bon esprit de synthèse.

❸ Liaison plus contrainte, le trait est très appuyé, les prolongements hauts, le peu d'espace entre les mots dénotent une personne enfermée dans une pensée systématique.

Si l'écriture est restée proche du modèle calligraphique, la liaison ne dénote aucune aisance particulière, mais plutôt une adaptation conformiste et routinière.

Dans un bon contexte, la liaison dénote de la ténacité intellectuelle, une certaine fidélité à ses idées et à ses objectifs, et la capacité à ne pas se laisser influencer.

Concentration et logique

Le fait de ne pas vouloir séparer les éléments d'un mot implique la volonté de se concentrer sur un objectif. Intellectuellement et dans un bon contexte graphique, la liaison indique que la personne a de la suite dans les idées et une capacité de raisonnement logique. La liaison favorise les qualités d'analyse. S'il y a de bons espacements entre les mots et entre les lignes, la liaison indique que la personne possède une pensée déductive, un esprit de synthèse capable de relier les éléments en ayant une vision claire de l'ensemble. La liaison dénote aussi un esprit pratique, mais une imagination modérée.

Adaptation moyenne

En contrepartie, cette capacité à se concentrer sur son objectif peut diminuer l'ouverture d'esprit et le potentiel d'écoute. L'adaptation peut être difficile, car le scripteur a du mal à se détourner de son mode de pensée et d'action habituel. Si l'écriture est rigide et monotone, la personne s'enferme dans une pensée systématique, voire fanatique ou paranoïaque. En face d'une écriture liée, il est facile de vérifier, par une fluidité entre les mots, les lignes ou les marges, si le dialogue avec le monde extérieur est préservé. Pour compenser la liaison, il est bon que le graphisme soit animé par de petites inégalités, introduisant un rythme dans l'écriture.

Activité et relationnel

Sur le plan de l'activité, la liaison indique que la personne est capable de suivi et de persévérance dans l'effort. Sur le plan relationnel, la liaison indique une fidélité dans les affections, une capacité à se lier aux autres. Si le reste du graphisme est souple et aéré, le rapport aux autres reste spontané mais réfléchi.

L'hyperliaison

L'écriture hyperliée est une caricature de l'écriture liée, la volonté de ne pas couper le mot est tenace. Il faut cependant distinguer deux types d'hyperliaison. L'hyperliaison peut être une forme de combinaison astucieuse et évoluée. Les points des « i » ainsi que les barres des « t » peuvent être reliés à la lettre suivante. Si l'écriture est rapide, cela indique une grande agilité intellectuelle et, si des lettres éloignées les unes des autres sont ainsi reliées, une capacité d'associer des idées très éloignées.

L'hyperliaison est toujours sous-tendue par une idée directrice forte. Cela peut donner, sur le plan intellectuel, un goût pour les systèmes et les paradoxes. Il peut y avoir une pensée de type obsessionnel. Sur le plan du comportement, elle peut signaler de la persévérance ou de l'obstination.

Nuances

Toutes ces interprétations sont à nuancer en fonction de la souplesse ou de l'ouverture que l'on peut retrouver dans une pression différenciée.

Comment reconnaît-on une écriture inégale ?

Les inégalités dans l'écriture concernent la dimension en hauteur et en largeur, la vitesse, la pression et la forme.

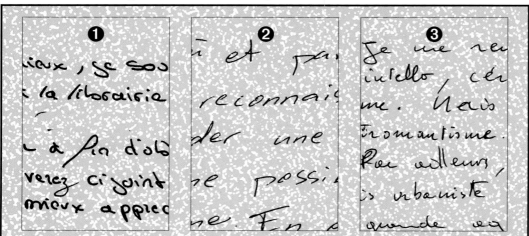

Interprétation

❶ L'écriture est inégale dans l'inclinaison, en dimension, avec parfois des majuscules inadéquates. La personne n'arrive pas à donner une direction à sa vie.

❷ Il s'agit d'inégalités dans la direction et dans la continuité puisqu'il y a du script, mais aussi des mots groupés. Difficultés pour trouver sa voie et dans le rythme de travail.

❸ L'écriture est franchement inégale dans tous ses genres. Inclinaison, forme, liaison, étalements suivis d'étrécissement. La signature non reproduite est assez vide. L'identité n'est pas trouvée, la personne compense par une certaine vivacité intellectuelle.

L'écriture en accordéon est alternativement étalée ou étrécie, elle est le fait d'un individu sensible aux situations et qui se trouve plus ou moins empêché de prendre sa place suivant les circonstances et les personnes en présence. C'est souvent le cas des adolescents.

Comportement inégal et confiance en soi fluctuante

Les inégalités dans la dimension traduisent plutôt la difficulté à se trouver et une confiance en soi variable. Une petite écriture de dimension inégale traduit une sensibilité et une mobilité intellectuelle servies par une remise en question permanente et enrichissante. En présence d'une grande écriture, ces inégalités indiquent plus de doutes et d'incertitude sur ses capacités.

Émotivité et délicatesse

Les inégalités dans la pression indiquent l'émotivité et la difficulté à gérer les sentiments et les sensations engendrées par les situations qui ont un enjeu relationnel et affectif. Les finales irrégulières, longues ou suspendues, correspondent à une attitude changeante dans les relations avec autrui. La personne est parfois ouverte et parfois se retire en elle-même, le comportement peut être déroutant. Cela est à prendre en compte dans un milieu professionnel si la personne est amenée à travailler en équipe ou à être en contact avec une clientèle.

Une écriture dite inégale ne l'est pas exagérément et indique que la personne, quoique sensible, a la maîtrise d'elle-même, cherche à canaliser dans l'activité son émotivité. L'écriture dite nuancée est plus fine et comporte des inégalités dans l'espacement et l'inclinaison, mais le tracé, dans son ensemble, reste régulier, sobre et un peu vibrant. Cela traduit alors la délicatesse des perceptions, la sensibilité et la vivacité.

Agressivité et impulsivité

L'écriture instable comporte des changements importants de dimension dans un même document. Cela indique des sautes d'humeur et une difficulté à se plier au cadre et à la discipline.

L'écriture discordante manque totalement de proportions et d'harmonie, elle traduit l'agressivité, l'impulsivité et l'instabilité.

La personne ne parvient pas à liquider toute son émotivité dans une activité, car elle n'a pas acquis la capacité de dominer son impatience.

Cadence systématique

A l'inverse, les écritures régulières peuvent l'être à des degrés divers.

L'écriture cadencée traduit un équilibre et une capacité de réalisation sur un rythme régulier calme et constant.

L'écriture régulière est plus raide dans son déroulement, l'attitude est plus systématique et indique peu de capacité d'adaptation au changement. Le caractère est stable, conservateur et peu ouvert aux idées nouvelles.

L'écriture automatique ou monotone possède une régularité caricaturale. La rigidité du caractère est très proche de la pathologie. Il peut s'agir en l'occurrence d'un caractère obsessionnel et névrosé. Certaines écritures de schizophrènes présentent ce faciès.

Que révèle l'écriture appuyée ?

Elle révèle des qualités d'implication et de courage. L'appui signale un tempérament actif qui éprouve le besoin de relever les défis qu'il se donne et de se dépasser.

THÉORIE

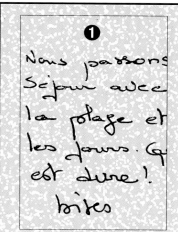

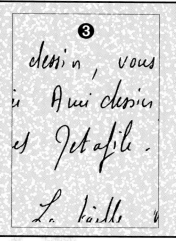

Interprétation

❶ L'écriture est très appuyée et cabrée. Personne qui s'engage à fond dans son activité professionnelle mais qui n'est pas toujours facile à vivre. Une certaine violence est jugulée dans cet appui.

❷ De l'appui dans une écriture conventionnelle chez cette jeune femme qui s'engage résolument dans la vie. Elle sait ce qu'elle veut et fait les choses avec sérieux.

❸ La pression est appuyée, le mouvement est barré, les prolongements hauts et bas signalent le désir de réussir mais aussi l'insatisfaction. La tension intérieure est importante.

La pression que l'on exerce sur le papier en écrivant permet de déterminer si l'écriture est appuyée ou légère. Dans l'écriture appuyée, on peut sentir l'empreinte du stylo sur l'envers de la feuille.

Cette pression représente la façon dont la personne s'impose à la réalité. L'appui symbolise le désir de vaincre les obstacles, de s'imposer en utilisant une certaine énergie. Ces personnes aiment le contact avec la réalité, ce sont des gens de terrain qui s'investissent au quotidien de façon concrète et pratique. Pour des motifs qui leur sont divers, ces caractères se sentent appelés à faire front dans leur relation au monde, ils ont un combat à mener. Cela peut être la réalisation d'une ambition, le goût du pouvoir ou une forte demande affective. Ce sont toujours des gens motivés, qui éprouvent le besoin d'approfondir les choses. L'appui traduit aussi la capacité de réagir à la fatigue. L'écriture appuyée est celle des battants, des engagés aux convictions fortes, qu'elles soient politiques ou professionnelles.

Bien sûr, l'appui doit être nuancé pour traduire l'efficacité, sinon la détermination devient obstination, sans égard pour les autres.

Tension intérieure

Pour que l'écriture appuyée se situe dans un bon contexte graphique, il faut considérer la conduite du trait. Trop d'appui, comme dans l'écriture dite « en sillon » dans laquelle le trait est uniformément enfoncé dans le papier, traduit une tension intérieure importante et une difficulté à relativiser. La personne est enfoncée dans sa problématique ou dans son activité, sans pouvoir en sortir. Aucun recul n'est possible et la communication est entravée. Ces personnes sont dans l'impossibilité de se remettre en question. Une trop grande dépense d'énergie est engagée pour un résultat souvent décevant. Il peut y avoir de l'agressivité et de la violence.

Individualisme

Dans l'écriture « en relief », au contraire, on observe une différenciation du trait au niveau des pleins, qui sont appuyés, et des déliés, qui sont allégés. C'est une pression qui traduit une forte personnalité. La personne utilise son énergie à bon escient. Son rapport au monde et aux gens est toujours très impliqué et intensif. Elle ne laisse pas indifférent car son individualisme et son autonomie sont remarquables.

Courage

L'écriture à « pression déplacée » fait porter l'appui à l'inverse de la logique des pleins et des déliés. L'appui se fait sur le délié ou sur l'horizontale. Au lieu d'utiliser ses forces quand cela est nécessaire, la personne avance un peu à contre-courant. Cette pression traduit l'effort et le contrôle, elle révèle des qualités de courage, de ténacité et de discipline. Ce sont des gens qui contrôlent leur énergie pour mieux la canaliser en vue d'une réalisation sociale, qu'elle soit professionnelle ou familiale. L'accent est mis sur la zone du quotidien et de la réalisation au détriment d'une expression plus libre de la richesse du monde intérieur.

Que révèle l'écriture aérée ?

Cette organisation de la page traduit une aisance psychique et graphologique. Le scripteur respire, il a trouvé son rythme.

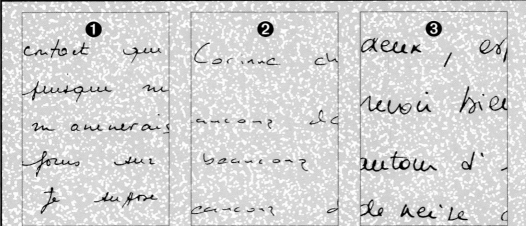

❶ **❷** **❸**

Interprétation

❶ Petite écriture simple, sobre, aérée. Le trait est léger et différencié. Personnalité sensible, fine. Les espaces, importants, sont irréguliers. De bonnes capacités relationnelles malgré une sensibilité douloureuse et un peu anxieuse.

❷ Aération et mouvement flottant. Le trait est net. Personne qui ne laisse rien paraître de ses émotions. A l'écoute de son inconscient, ce peintre est sociable mais secret.

❸ Un trait chaleureux, une écriture simple et des espacements marqués. Personne chaleureuse mais discrète, qui préserve sa vie intérieure tout en restant réceptive à autrui.

L'écriture aérée est celle dans laquelle la répartition des masses graphiques se fait selon un rythme d'espacements équilibré entre les mots et les lignes. La répartition noirs-blancs (mots et lignes ou espacements) est proportionnée, l'air circule, le mot est mis en valeur par l'espace qui l'entoure. Il n'est ni noyé dans le blanc, comme dans l'écriture lacunaire ou trouée, ni étouffé par la densité des mots et des lignes, comme dans l'écriture compacte.

L'identité du scripteur est bien définie, son rythme de travail, organisé, est efficace. La prise de possession de l'espace signale qu'il utilise bien son potentiel. Sur le plan intellectuel, l'aération traduit une pensée claire, un sujet qui sait discerner l'essentiel et faire passer ses idées. En effet, le mot est bien défini par l'espace, ce qui indique que la personne sait mettre son message en valeur de manière à être comprise. Les espacements entre les lignes indiquent une recherche d'objectivité, la personne faisant intervenir la raison et l'observation des faits là ou d'autres fonctionnent à l'instinct et à l'intuition. La vie affective n'est pas reniée, mais elle ne prend pas le dessus, et le raisonnement domine quand c'est nécessaire. Ce sont des gens qui séparent bien leur vie professionnelle et leur vie personnelle. Ils n'envahissent pas les autres avec leurs problèmes. Raisonnables, ils sont d'humeur stable.

Relativité et souplesse
La gestion de leur temps est efficace. Ce sont des gens qui voient loin et prennent du recul. Ils savent s'organiser pour adapter leur stratégie au résultat désiré. Capables de se remettre en question, car ils relativisent leurs jugements et écoutent l'avis d'autrui, ils font preuve d'une grande souplesse.

L'esprit de synthèse qui les caractérise leur permet d'avoir un esprit prévisionnel et de viser l'essentiel sans se perdre dans des détails inutiles. Sachant hiérarchiser les problèmes et dégager les priorités, ils voient vite, plutôt globalement et à long terme. Du point de vue de la personnalité, il s'agit d'une espèce graphique qui traduit la maturité et l'identité fermement établie. Non influençables, car confiants dans leur potentiel et leur être, ces sujets sont tolérants et doués pour les relations sociales. Leur capacité de communication les fait apprécier dans des activités qui requièrent un sens de l'écoute et une disponibilité sans complaisance ni vulnérabilité.

Ils ont trouvé la bonne distance par rapport aux autres : ni envahissants ni défensifs, ils écoutent, s'ouvrent à d'autres points de vue que le leur sans perdre leurs propres repères.

L'écriture aérée est une espèce graphique qui est toujours positive et qui valorise en compensant parfois des graphismes ayant des caractéristiques moins favorables. En particulier pour des personnes ayant des difficultés ou des conflits intérieurs, cela indiquera que l'adaptation et l'investissement professionnel sont possibles et que le potentiel est bien utilisé.

Qu'exprime l'écriture juxtaposée ?

Originalité et indépendance d'esprit transparaissent dans le refus de lier les lettres les unes aux autres. L'esprit d'analyse prime sur l'esprit de synthèse.

THÉORIE

❶

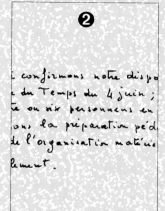

❷

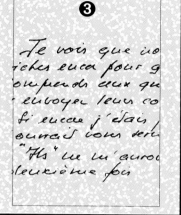

❸

Interprétation

❶ La juxtaposition est dynamique, le trait est léger, avec beaucoup de blancs entre les mots. Personne qui aime l'analyse et l'introspection. L'aisance et le savoir-faire relationnel masquent une grande réserve et une communication peu spontanée.

❷ Écriture juxtaposée, petite, avec un mouvement vibrant. Personne qui se cherche et se remet en question. Désir de clarté. Les contacts avec autrui sont aimables, mais réservés.

❸ Juxtaposition dynamique, mais dans un contexte raide. Personne qui se rassure avec un comportement assez rigide. Manque de souplesse et de liant dans les contacts. Les autres et les sentiments sont maintenus à distance.

L'écriture juxtaposée est celle dans laquelle les lettres sont séparées les unes des autres. La juxtaposition concerne le degré de liaison d'une écriture.

Indépendance et originalité

En France, l'écriture est enseignée liée. Le fait de rompre effectivement avec cette tradition indique que la personne désire remettre en question ce qui lui est transmis et préfère se faire sa propre opinion. La juxtaposition exprime toujours l'indépendance d'esprit ou de cœur et l'originalité.

Esprit d'analyse

Dessiner et isoler chaque lettre provient d'un goût pour le détail et l'observation. Le risque étant que ce souci du détail ne s'exerce au détriment d'une vue d'ensemble.

La juxtaposition peut s'avérer soit statique, soit dynamique.

Un masque

Dans une écriture juxtaposée statique, les lettres sont posées les unes à côté des autres de façon monotone. Le graphisme est régulier, posé ou immobile, et plus ou moins rigide.

Ce type de graphisme peut être un masque pour une personne qui ne désire rien révéler d'elle-même, offrant au monde une image un peu glacée et sans accroc. La communication avec autrui reste superficielle, souvent courtoise, mais sans engagement affectif. Il convient de regarder si la forme adoptée garde une certaine souplesse. Dans le premier cas, la personne est très centrée sur elle-même, enfermée dans son monde. L'adaptation aux autres et à la réalité est difficile. L'isolement des lettres correspond au désir de mainte-

nir à distance. Cela peut se traduire par la nécessité de ne pas laisser les émotions « contaminer » la raison.

Une construction

Si la forme choisie reste vivante et animée malgré le statisme général du graphisme, on se trouve face à une personne envahie par le doute, mais qui a trouvé dans un comportement un peu stéréotypé la rigueur qui compense son manque de certitude. Certaines professions techniques et très spécialisées conviennent parfaitement bien à ce type.

Intuition

Dans une écriture juxtaposée dynamique, la liaison inter-lettres est comme sous-entendue. On peut la retrouver si on suit le déroulement du graphisme avec une pointe sèche. Elle exprime alors l'originalité d'une pensée vive et

astucieuse, qui se laisse guider plus par son intuition que par la logique. Le raisonnement procède par bonds, la personne fait confiance à ce qu'elle ressent et pressent. Son style de pensée est original et elle peut faire preuve d'une grande finesse psychologique. La communication avec autrui est aisée, mais reste superficielle. L'originalité et l'indépendance dont font preuve ces scripteurs les maintiennent toujours dans un certain isolement.

La juxtaposition exprime toujours un besoin d'indépendance. Les personnes ayant à travailler en solitaire peuvent avoir ce type de graphisme. Dans une équipe de travail, il faut à ces personnes un champ d'autonomie suffisant.

Que révèle l'écriture filiforme ?

Elle signale une confiance en soi inégale, qui amène certains à se battre pour prouver leur valeur quand d'autres fuient leurs problèmes.

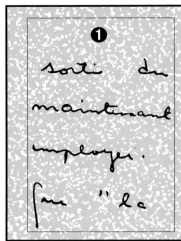 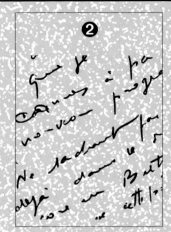 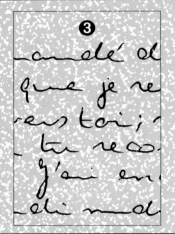

❶   ❷   ❸

Interprétation

❶ Le trait appuyé, la liaison et l'arcade associées au fil et aux espacements entre les mots indiquent une personne qui n'a pas une grande confiance en elle (les « e » et les « i » sont petits) mais qui compense par son activité et son engagement professionnel.

❷ Fil rapide dans une écriture simplifiée et combinée dans une mise en page personnelle révèlent une personne très efficace dans son activité (l'appui est fort). La confiance en soi est trouvée dans la réussite professionnelle.

❸ Écriture filiforme, liée et lente. Découragement et sentiment d'échec caractérisent ce graphisme assez mou malgré l'appui important.

On parle d'écriture fili-forme lorsque la forme tend à disparaître et à se réduire à un trait dans la zone médiane et le plus souvent sur les lettres « m » et « n ».

Cette zone de l'écriture correspond au Moi du scripteur, et le fait qu'elle soit informe indique que le sujet n'a pas au départ une grande estime pour lui-même. Il a des doutes et des inquiétudes, et il s'agit de rechercher comment il a dépassé cette incertitude de base. Face à ce type de graphisme, il convient de regarder attentivement le trait, le mouvement et la tension générale du tracé, ainsi que l'ordonnance et la répartition des noirs et des blancs. Lorsque c'est la rapidité et la recherche d'efficacité qui sont à l'origine du fil, on est en présence d'un trait assez appuyé, au mouvement dy-namique, et surtout avec un fil tendu et élastique. La fili-formité concerne alors les lettres finales, ce qui indique la rapidité d'esprit, l'esprit prospectif, qui voit plus le futur que le présent.
Il peut y avoir dans l'appré-ciation de la réalité un côté un peu hâtif qui nuit à la pré-cision de l'analyse.

Un suractif
Si le fil est tendu, avec un mouvement ferme et un trait appuyé, le sujet trouve dans son activité un moyen de se prouver sa valeur. Ja-mais satisfait, il recherche sans arrêt les nouveaux défis, ce qui peut être le moteur d'une très grande réussite. Il peut y avoir une fuite dans l'activité, qui permet à la personne de ne jamais faire face à son problème fonda-mental. C'est, avec ce trait appuyé et ce mouvement ferme, la répartition gra-phique et son rythme qui permettront de dire si elle a su dépasser ses inquiétudes.

Ouverture d'esprit
Une personne qui est peu sûre d'elle aura tendance à rechercher des réponses dans des domaines divers, ce qui lui donnera une cu-riosité intellectuelle enrichis-sante. N'ayant pas l'impres-sion de détenir la vérité, elle sera plus capable d'écouter et de comprendre les autres. Cela, bien sûr, si les doutes ne sont pas trop déstabili-sants, auquel cas le milieu graphique est moins positif. On trouve en effet du fil as-socié à un mouvement lâché et un trait léger : la person-ne se laisse porter par les événements, elle ne peut s'affirmer, les hampes et les jambages marquant l'affir-mation sont érodés. Le scrip-teur est sensible et ouvert, mais aussi influençable.

Fuite
Si la filiformité n'est pas com-pensée par un appui suffisant et un mouvement dyna-mique, la personne a du mal à faire des choix. Ce sont des gens fuyants, qui ne sont ja-mais ni tout à fait pour ni tout à fait contre.
La filiformité donne aussi une certaine ambiguïté à la forme, et cela peut traduire de l'insincérité.
Sur le plan affectif, les dou-tes sont aussi importants. La personne peut avoir du mal à s'engager et à laisser s'ex-primer le côté affectif de sa personnalité.
Elle peut sembler facile à vivre, mais il s'agit plus d'un désengagement que d'une indifférence réelle.

Que traduit l'écriture prolongée ?

L'écriture prolongée révèle tout à la fois des aspirations et de l'insatisfaction. La personne a besoin de se réaliser, mais en a-t-elle les capacités ?

THÉORIE

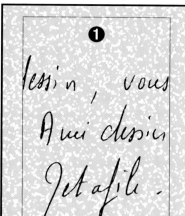

❶

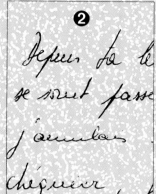

❷

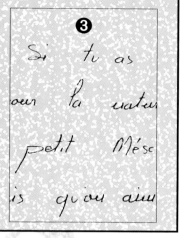

❸

Interprétation

❶ Désir d'être à la hauteur et implication caractérisent ce graphisme prolongé haut et bas. L'insatisfaction peut amener la personne à avoir des attitudes un peu irrationnelles et pas toujours réalistes.

❷ Prolongements haut et bas, mouvement barré et écriture posée indiquent une personnalité insatisfaite et en recherche. Désir de dépassement et courage permettent une adaptation et une implication professionnelles.

❸ Les grandes majuscules, les prolongements bas importants et légers dans un contexte lent et peu spontané révèlent une personne dont les comportements manquent de logique et de réalisme. L'équilibre n'est pas trouvé.

Cette écriture est à l'opposé de l'écriture basse, car ici les jambages seuls, les hampes seules ou les deux sont de dimensions supérieures aux proportions calligraphiques. Pour l'interprétation graphologique, tout va dépendre de la structure de la zone médiane. Est-elle suffisamment solide pour supporter ces prolongements ou, au contraire, est-elle déstabilisée par ces disproportions graphiques ?

Le prolongement haut indique un désir de faire mieux, ce qui peut être moteur si la zone médiane reste construite et ferme. Elle peut traduire l'insatisfaction d'une personne qui ne se contente pas de réalisations quotidiennes et purement matérielles, l'exigence est importante. La zone supérieure de l'écriture est aussi celle du domaine intellectuel ou spirituel. Un investissement dans cet espace marque la curiosité intellectuelle, la recherche spirituelle ou l'exigence morale. Si les lettres bouclées sont prolongées et rondes, cela traduit de l'imagination. Reliées à la zone médiane, ces boucles signalent la créativité d'une personne soit dans le domaine des idées, soit sur le plan artistique. Si ces boucles ne sont pas reliées à la ligne de base, on a plus de rêveries chimériques et d'illusions que de possibilités réalisatrices.

Hyperactivité

Le prolongement bas traduit l'hyperactivité et le besoin de bouger. Suivant la forme des jambages, cette activité sera en accord avec une affirmation personnelle marquée. Dans ce cas, les jambages sont fermes, prolongés et reliés à la ligne de base. Si les jambages sont très appuyés et enfoncés comme des pieux, il y a plus de revendication et d'autoritarisme que d'affirmation efficace et compétente. Le besoin d'affirmation n'est pas soutenu par des capacités réalisatrices, d'où il résulte une insatisfaction importante.

Ce qui compte dans les prolongements, c'est qu'ils soient reliés à la zone médiane, qui est celle de la réalité et de la réalisation. Ce que la personne va puiser soit dans les sphères intellectuelles et imaginaires, soit dans l'activité. Le désir d'affirmation doit pouvoir être utilisé en accord avec les possibilités réelles du scripteur, sinon les aspirations dépassent les capacités.

Prolongements haut et bas : une personnalité qui se cherche

L'écriture prolongée haut et bas traduit une personnalité qui se cherche, ce qui est souvent le cas à l'adolescence. Les prolongements indiquent l'exigence et la susceptibilité courantes à cette époque de la vie. Dans ce cas aussi, la structure de la zone médiane, sa solidité donneront la mesure des capacités évolutives de l'adolescent. Une écriture basse est rare à cet âge (sauf pour les grosses écritures narcissiques féminines), car elle traduit l'économie des forces jointe à l'efficacité. Plus les mouvements sont prolongés, plus la personne est loin des buts qu'elle recherche.

Chez un adulte, ces prolongements traduisent surtout l'insatisfaction, le manque d'affirmation et la dispersion.

Que révèle l'écriture anguleuse ?

Dans un contexte positif, l'écriture anguleuse indique des qualités de courage, de discipline, de volonté et de motivation.

THÉORIE

❶ ❷ ❸

Interprétation

❶ Angles et saccades dans l'écriture un peu abîmée par l'âge de cette femme de 70 ans environ. L'angle, conjugué à l'appui et à la liaison, indique le courage, le désir de tenir le coup, mais aussi une certaine souffrance personnelle.

❷ De la ténacité et de la persévérance chez cet homme précis et méthodique, prudent et réservé. Perfectionniste, il peut parfois avoir du mal à terminer ce qu'il entreprend.

❸ La verticalité, l'angulosité, associées à un trait pâteux et ouvert, indiquent un sujet très individualiste qui se méfie de ses émotions, d'autant que sa sensibilité est grande.

L'écriture anguleuse est une écriture linéaire, c'est-à-dire dans laquelle les courbes sont le plus souvent remplacées par des droites et des angles. Les lettres elles-mêmes sont anguleuses, par exemple les « m » et les « n ». La liaison entre les lettres peut également être anguleuse.

L'angle signifie la combativité et le courage d'une personne qui envisage sa vie comme un défi permanent. Si le tracé est dynamique, c'est-à-dire ferme mais non raide, l'angle est le fait d'un scripteur résolu et volontaire qui a un objectif et s'y tient. Il est en général motivé par une conduite de vie, un but professionnel ou une éthique. L'angle signifie aussi l'autodiscipline et la rigueur morale. Ce type d'écriture peut révéler un authentique don de soi, courageux et désintéressé, au nom d'une morale supérieure. Une certaine intensité se dégage de l'écriture anguleuse, mais aussi une insatisfaction, qui peut se révéler motrice. Ce sont des gens qui se battent pour des idées, ou contre eux-mêmes ou ce qu'ils pensent être trop faible en eux. Travailleurs acharnés, ils vont jusqu'au bout de ce qu'ils entreprennent. Contraints à l'inactivité, ils deviennent vite irritables ou nerveux. Leur contact est un peu rude, ils travaillent mieux en solitaire ou quand ils occupent des postes à responsabilité. Ils sont indépendants et peu touchés par l'opinion d'autrui. Ce sont de bons stratèges ou des chercheurs persévérants.

Logiques et catégoriques

Du point de vue intellectuel, c'est la logique qui domine, mais pas toujours l'objectivité, car ils se remettent peu en question. Les émotions sont réprimées et ne sont jamais le moteur des prises de décision. Leurs jugements sont abrupts. Ils sont souvent sceptiques et peu réceptifs aux idées nouvelles.

La vie sociale n'est pas leur fort. Peu enclins à livrer leurs sentiments, ils n'aiment pas les épanchements, ce n'est pas dans leur caractère. Cela ne veut pas dire qu'ils soient insensibles, mais plutôt qu'ils ne jugent pas nécessaire d'exprimer ce qu'ils ressentent. Aussi peu complaisants vis-à-vis des autres que vis-à-vis d'eux-mêmes, ils ne font en général pas de concessions.

Un esprit tyrannique

L'exagération de l'angle renforce les aspects les moins positifs de cette forme d'écriture. Le caractère peut être tyrannique, surtout avec des jambages en triangle. Dans un contexte raide et monotone, la volonté devient une forme d'activisme épuisant pour l'individu, mais aussi pour son entourage. La personne peut être entêtée et intransigeante.

Dans un contexte peu harmonieux, l'angle peut signifier l'agressivité, voire la violence. On peut retrouver ces signes dans des écritures à la fois raides dans leur déroulement et molles dans leur tenue de ligne ou leur mise en page. Il y a alors une contradiction entre la tension contenue dans l'angle et la mollesse du comportement. Certains délinquants peuvent avoir ce type de graphisme. On trouve toujours dans ce cas de la susceptibilité et de la partialité dans le jugement.

Que traduit l'écriture légère ?

La personne a une sensibilité plutôt cérébrale, de la finesse d'esprit et une présence discrète. Elle peut aussi montrer une certaine fragilité dans un contexte plus vulnérable.

THÉORIE

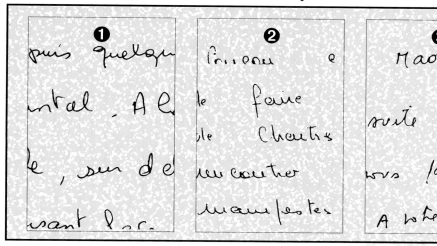

❶ ❷ ❸

Interprétation

❶ Le trait est léger et l'écriture ne tient pas la ligne. Beaucoup de souffrance, du courage aussi, car la personne lutte. Difficulté à se trouver et à faire face au quotidien.

❷ De la légèreté dans un contexte tenu. Ici, le renversement, la tenue de ligne ainsi que l'ordonnance compensent la légèreté du trait. Les grands blancs entre les mots signalent l'intuition.

❸ Sensibilité cérébrale. L'écriture est petite, très légère et rapide. Personne qui est nuancée et fine dans ses rapports avec autrui. Chez elle, la sphère intellectuelle domine la sphère affective.

L'écriture légère traduit une attitude de réceptivité au monde. Le sujet écoute, perçoit et agit en fonction des événements. Il est sensible, intuitif et ne s'impose pas en force.

Ce sont des personnes dont la présence discrète et réservée favorise une communication tout en nuances et en finesse. La légèreté favorise aussi la vivacité d'esprit. La personne écoute plusieurs points de vue. Elle prend en compte d'autres opinions que la sienne. Moins focalisée sur son activité ou ses pensées que la personne qui s'affirme par l'action, elle est plus mobile et prompte à réagir rapidement. L'action en tant que telle n'est pas un moyen systématique d'affirmation de soi. L'efficacité n'est pas mise en doute pour autant, mais l'action sera menée en souplesse et de façon moins péremptoire.

Savoir s'affirmer

Pour que l'écriture légère conserve ses qualités, il faut que la tension soit souple et le trait assez net. Sinon l'ouverture d'esprit devient vulnérabilité et impossibilité de se faire une opinion personnelle. L'activité est difficile, et la personne risque d'être velléitaire. Si l'écriture est plate, c'est-à-dire s'il n'y a pas de différenciation entre les pleins et les déliés, et si le trait est uniformément léger, la personne est assez passive et se défend contre ses émotions.

Sensibilité cérébrale

L'écriture fine est mince et légère, souvent tenue. Elle traduit une sensibilité plutôt cérébrale. Les capacités de communication sont bonnes, mais la personne reste prudente et surtout discrète. Elle est souvent très sensible et délicate. Le trait léger peut être le résultat d'une tendance à l'intellectualisation pour se défendre de ses émotions et désirs. Cela peut aller avec une certaine difficulté dans la vie affective.

Réalisation difficile

Certaines personnes marquent des allégements à des endroits qui ne vont pas dans la logique de la conduite du trait – dans les verticales, les jambages, par exemple. La pression semble s'effiler, devenir évanescente. Cela traduit une difficulté dans l'affirmation. Si l'allégement se remarque dans les finales sur la ligne horizontale, celle de la réalisation, et si d'autres signes le confirment, il peut y avoir difficulté à aller jusqu'au bout de ce que l'on entreprend.

Sincérité

Dans un graphisme lent et raide, l'allégement dans les boucles des jambages traduit une affirmation un peu équivoque. On ne peut être sûr de ce que la personne présente d'elle-même. Il peut y avoir de l'insincérité, et le scripteur peut cacher ses véritables intérêts. La zone du bas étant celle des instincts et du matériel, un trouble graphique dans cette zone peut traduire une tendance à dissimuler ses véritables intentions. Cependant, une grande prudence est nécessaire avant de conclure au manque de sincérité d'une personne.
Une observation minutieuse est indispensable et différents signes graphiques doivent être repérés.

Qu'exprime l'écriture verticale ?

L'écriture parfaitement verticale est rare et synonyme de rigidité mentale. L'inclinaison verticale mais nuancée est celle des personnes qui recherchent le juste milieu.

THÉORIE

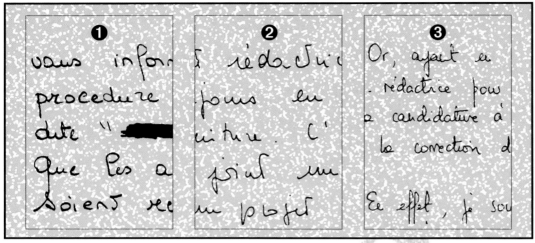

❶

❷

❸

Interprétation

❶ La verticalité, le mouvement immobile révèlent ici une personnalité qui recherche son identité. Elle a le désir de bien faire mais est assez instable.

❷ Indépendance et aspirations personnelles caractérisent ce graphisme élégant, fin et vibrant. La verticalité protège cette femme d'une vive sensibilité.

❸ La verticalité du graphisme, le trait fin et précis, la clarté et la liaison indiquent un scripteur perfectionniste et très contrôlé. Sur le plan personnel, il peut manquer d'épanouissement, mais professionnellement sa rigueur est très positive.

Cette écriture traduit une recherche d'indépendance vis-à-vis des influences extérieures. La personne veut se faire une opinion par elle-même. Elle écoute les opinions d'autrui et prend son temps avant de se faire son idée. Il y a chez elle une recherche de neutralité qui favorise l'objectivité.

Prudence

La verticalité freine légèrement le graphisme, ce qui indique que, avant de s'engager dans une action, la personne adopte une attitude de prudence. On peut donc en déduire qu'elle ne se laissera pas emporter par ses impulsions ou submerger par ses émotions. La verticalité favorise la capacité de concentration.

Contrôle émotionnel

Dans ce type d'écriture, la tête domine le cœur, et la personne cherche à agir raisonnablement et non en fonction de ses émotions. Ce sont des gens qui savent faire preuve de sang-froid, car ils analysent logiquement les situations, cherchant à évaluer les choses avant de s'engager dans l'action.

Relations

Les relations avec les autres seront courtoises et plus ou moins chaleureuses selon que l'entourage est familier ou ne l'est pas.
Ces personnes, qui ont plutôt confiance en elles-mêmes, ne cherchent pas à plaire à tout prix, et leur réserve peut sembler un peu froide. Ce ne sont pas des tempéraments démonstratifs. Recherchant surtout l'impartialité, elles ne prendront finalement parti dans un conflit ou dans une discussion qu'après avoir écouté les différents protagonistes.

Le contexte graphique

Toutes les personnes ayant une écriture verticale n'ont pas le même profil psychologique, car il faut envisager le contexte général du graphisme. Ainsi, une verticalité associée à une forme étrécie et à un trait sec renforcera la notion de non-réponse émotionnelle dans le sens d'une certaine indifférence ou d'une grande crainte à exprimer ses émotions. Si le mouvement est contraint et la conduite du tracé raide, la personne est rigide et peut avoir des difficultés de communication. La prudence et l'objectivité peuvent se muer en une peur de passer à l'action. A force de peser le pour et le contre, la personne ne peut plus prendre une décision. Inversement, un trait pâteux et un mouvement souple compenseront la réserve du caractère en donnant une participation plus spontanée et plus chaleureuse.

Dans un bon contexte, souple et aéré, les qualités de l'écriture verticale seront la rigueur, le sang-froid et l'objectivité. C'est l'écriture d'une personne adulte, ayant su trouver son indépendance. Son opinion est personnelle et son choix de vie autonome.
Dans un contexte plus contraint, on aura plutôt une recherche d'autonomie et d'indépendance par rapport au passé et aux valeurs transmises. Cela peut être l'écriture d'un scripteur jeune qui débute dans la vie professionnelle. Dans ce cas, c'est un bon indice d'évolution. Si le milieu est franchement raide, il peut y avoir de l'inactivité, de l'indifférence et un esprit critique peu constructif.

Que révèle l'écriture basse ?

Elle peut être le fait de personnes pleinement réalisées, qui n'ont plus besoin de paraître car elles ont su parvenir à l'harmonisation de toutes leurs tendances.

THÉORIE

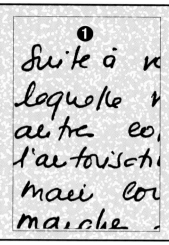
❶

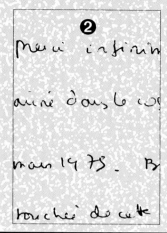
❷

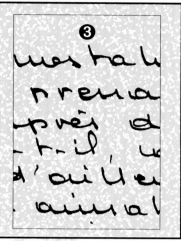
❸

Interprétation

❶ Les jambages sont bas, compte tenu de la taille plutôt grande de la zone médiane. L'énergie est concentrée en vue d'une réalisation au quotidien. L'écriture est affective, et il peut y avoir un manque de réalisme dans les jugements.

❷ L'écriture est peu structurée, trouée. Elle tient la ligne et l'ordonnance est bonne, mais les jambages atrophiés indiquent une réelle difficulté à s'affirmer et à s'implanter dans la réalité.

❸ Le systématisme de l'écriture, son renversement et les jambages très petits révèlent une personne qui tient le coup grâce à un système de fonctionnement psychologique rigide et peu adapté.

Dans l'écriture basse, les hampes et les jambages ont une dimension inférieure aux proportions calligraphiques, et ce quelle que soit la dimension de la zone médiane. Si l'écriture est très basse, il y a confusion de zones, et seule la zone médiane subsiste, sans distinction pour les lettres, qu'elles soient à hampe ou à jambage.

Dans ce type de graphisme, la zone médiane est donc prédominante, et le graphologue doit rechercher les motivations du scripteur. Le recentrement de l'écriture indique une concentration des forces, l'énergie de la personne est canalisée par des motivations diverses.

Concentration et efficacité

Dans une écriture petite, rapide, simplifiée et souple, le raccourcissement des jambages et des hampes indique la concentration dans le domaine des idées et la réflexion. Cela peut être l'écriture d'un intellectuel ou d'un chercheur. Il n'y a pas de dispersion des intérêts intellectuels et matériels.

Dans une écriture ferme et rythmée, progressive et dynamique, la concentration des forces se fait en fonction d'un objectif à réaliser. Le scripteur gère ses ressources afin d'utiliser au mieux son potentiel. Les forces sont ramassées pour éviter les déperditions d'énergie ainsi que la dispersion. Tout est centré sur l'efficacité.

L'écriture basse traduit aussi l'idée d'un refuge, voire d'une défense. Certaines personnes très efficaces dans leur vie professionnelle peuvent éprouver par ailleurs le besoin de se ressourcer en elles-mêmes et de protéger leur vie privée.

Limitation

Il y a toujours l'idée d'une limitation dans le choix de cette économie du geste. La question est de savoir si cette économie est volontaire, en vue d'une meilleure utilisation des capacités, ou plus ou moins volontaire, en vue d'une adaptation de surface.

Les personnes à écriture basse peuvent avoir du mal à s'extérioriser, comme si elles avaient peur de montrer qui elles sont. Elles se protègent derrière une normalité conventionnelle et peu expressive de leur personnalité réelle. Souvent efficaces dans leur activité professionnelle, elles peuvent être moins épanouies sur le plan personnel. Cela peut être l'écriture de femmes d'affaires qui ont jusque-là tout misé sur la réalisation et l'efficacité au jour le jour (zone médiane) au détriment du plein épanouissement de la zone instinctive

(zone inférieure) et affective. Dans ce cas, l'écriture est souvent stylisée, ce qui renforce l'idée que ces personnes ont besoin de montrer d'elles une image qui est socialement valorisante.

Manque d'affirmation et d'implantation

Avec une grande zone médiane, une écriture statique et fermée, l'investissement marqué de la zone du Moi traduira le narcissisme et la difficulté à communiquer. Le retour sur soi nuit à l'ouverture dans le domaine aussi bien des idées (zone des hampes) que de l'affirmation et de l'implantation dans la réalité et le concret (zone des jambages). La confusion des zones indique le manque de discernement et de réalisme.

Que révèle l'écriture tiraillée ?

L'écriture tiraillée révèle une attitude incertaine et des choix difficiles. C'est souvent l'écriture des adolescents. L'indépendance vis-à-vis du passé n'est pas acquise.

THÉORIE

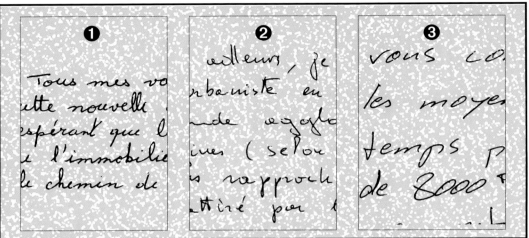

❶   ❷   ❸

Interprétation

❶ Graphisme tiraillé, indiquant que la personne n'est jamais très sûre de ses choix, mais s'implique très bien dans son métier. Le trait appuyé est très lié.

❷ Homme jeune, qui cultive l'originalité de l'éternel adolescent. Au fond, il est peu sûr de lui. S'emballe pour une idée, puis pour une autre, sans réel suivi.

❸ Jeune femme restée très adolescente, incertaine sur les plans professionnel et affectif. Elle recherche une indépendance qu'elle n'est pas à même d'assumer.

L'inclinaison d'une écriture est rarement parfaitement régulière. On constate souvent des oscillations nuancées autour de la verticale. Dans le cas d'écritures inclinées ou renversées, on voit des variations dans la direction. Ces nuances donnent de la vie à l'écriture et indiquent la souplesse et la capacité d'adaptation du scripteur. Ces mouvements montrent bien que l'individu est à même d'adapter son comportement en fonction des imprévus de l'existence.

Des inégalités trop importantes marquent l'hésitation générale, des doutes paralysants et des choix difficiles. Les oscillations marquées traduisent les revirements, parfois brusques, d'une personne inconstante et déconcertante.

Choisir son cap

Il est courant d'observer à l'adolescence une écriture « tiraillée », c'est-à-dire dont les variations d'inclinaison sont très importantes d'un groupe de mots à l'autre. Tantôt renversé à gauche, le graphisme s'incline brutalement à droite pour revenir un moment sur la verticale, puis repart dans un sens ou dans un autre. La personne a du mal à tenir le cap, c'est-à-dire à maintenir son effort en vue de la réalisation d'un objectif. C'est la détermination d'un objectif suffisamment motivant qui est difficile à obtenir.

Des initiatives difficiles

L'individu est littéralement tiraillé entre des désirs et des aspirations contradictoires. En conflit avec lui-même, il est insatisfait, et cela se ressent dans ses contacts sociaux, pour le moins luna-

tiques. Il peut se réfugier dans une agitation peu productive ou dans des conduites plus ou moins asociales, selon sa vulnérabilité. S'il s'agit d'un adulte, on peut en déduire qu'il a les plus grandes difficultés à prendre des responsabilités et des initiatives, ce qui, sur les plans professionnel et privé, est très préjudiciable. Dans l'écriture dite « à changements de train », on remarque des inégalités de direction par phrases ou par pages entières. Très souvent, on retrouve associés à ces grandes inégalités de direction d'autres types d'inégalités concernant la forme, la continuité et la pression. L'identité du sujet est particulièrement fragile et son comportement souvent peu logique. L'inconfort, voire la souffrance, sont toujours présents, car le conflit intérieur est violent.

S'il s'agit d'adolescents, ce passage peut vite se résorber. Dans le cas contraire, il faut être prudent quant à la fiabilité de la personne, qui se cherche et qui oscille constamment entre dépendance et indépendance, agressivité et sympathie.

Un problème d'affirmation

Dans tous les cas, ces inégalités traduisent des difficultés intérieures qui se manifestent par un problème dans l'affirmation de soi, excessive ou bloquée. Ces personnes sont susceptibles de réagir brutalement, car elles n'ont pas encore trouvé le moyen de canaliser leur énergie.

Comment s'explique une écriture dite « immobile » ?

Elle résulte d'un choix plus ou moins volontaire, mais elle est peu spontanée et nécessite une observation fine.

THÉORIE

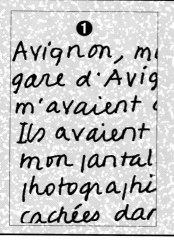

❶ *Avignon, m*
gare d'Avig
m'avaient
Ils avaient
mon jantal
photographi
cachées dar

❷ *Imaginez un immeu*
le faire vive, install
plus loin. Facile. L'
ultat : "une galeue
eu s'appelle Satu

❸ *d'un DEA de lettr*
d'un emploi déf
d'avenir.
Mes expériences
culture ont déf
ces domaines.

Interprétation

❶ Le mouvement dit « immobile » résulte ici d'un choix esthétique. Le scripteur est écrivain, peintre et éditeur de livres d'art. Il aime la forme pour elle-même et a choisi de vivre de façon assez solitaire.

❷ Immobilisme par désir de bien faire et manque de confiance. Cette jeune femme se réfugie dans une forme scolaire et peu personnalisée. Efficace et travailleuse, elle reste un peu immature.

❸ Des qualités de persévérance et un désir d'être à la hauteur. Cette personne ne se fait pas encore assez confiance pour laisser s'extérioriser ses idées est ses sentiments.

Le mouvement est l'élan plus ou moins marqué qui se dégage d'une écriture. Certaines écritures sont plus dynamiques que d'autres. En fonction de sa personnalité, chacun produit un graphisme animé d'un rythme qui lui est propre.

Certains vont privilégier la forme, le tracé des lettres, d'autres le mouvement et la progression générale du tracé. Il se dégage plus d'harmonie d'un tracé dans lequel forme et mouvement s'équilibrent. La forme est alors portée par un mouvement qui ne la détruit pas. L'expression du mouvement immobile souligne bien la contradiction qui existe dans le fait de donner un caractère statique à l'acte d'écrire, lequel suppose un déroulement dans le temps et dans l'espace et est le résultat d'un geste reposant sur une capacité motrice fine et élaborée.

L'apprentissage
Lors de l'apprentissage calligraphique, l'enfant commence par poser ses lettres les unes à côté des autres sans se soucier de leur enchaînement. Il est préoccupé par la reproduction aussi parfaite que possible des lettres et produit un texte statique, dit « en surface », c'est-à-dire maladroit et sans mouvement. L'aisance graphique se développe petit à petit en accord avec le développement psychomoteur de l'enfant.

Le niveau socioculturel
Face à ce type de graphisme, il convient tout d'abord de situer le niveau socioculturel du scripteur. En effet, quelqu'un qui n'a pas l'habitude d'écrire manquera d'aisance et peut produire ce type de mouvement. Dans ce cas, il signifie que la personne s'applique et désire être claire et précise.

L'adolescent
L'adolescent adopte souvent un graphisme statique et peu expressif. Il privilégie alors la forme, car elle le protège et lui permet de rester secret. Le mouvement est l'expression de la vie et de ce qui anime une personne. Certains ont peur de ce qu'ils ressentent et préfèrent n'en rien laisser paraître. Par la suite, certains étudiants ou intellectuels choisissent ce type de mouvement pour être plus lisibles. Cela correspond à un souci de précision et de concentration.

Esthétisme ou refus émotionnel
C'est parfois par souci d'esthétisme que l'on choisit d'écrire sur un mode imité de la typographie, voire de la calligraphie. Les lettres sont dessinées, l'écriture peut être belle, mais elle reste artificielle et peu expressive.
Il y a toujours un grand contrôle de soi dans ce type d'écriture. La personne ne montre d'elle que ce qu'elle veut bien laisser voir, c'est-à-dire une surface assez lisse et dégagée des émotions. Le mouvement immobile traduit toujours un frein à l'adaptation et un manque d'aisance relationnelle.
La monotonie est aussi absence de vie et de projets. Certains dépressifs ont cette particularité. Il peut s'agir de quelqu'un qui, tout en étant efficace dans son travail, manque de confiance en lui, a peur d'exister et de bouger.

97

Que révèle l'écriture lente ?

L'écriture lente révèle des qualités différentes de l'écriture rapide. Dans ce type de graphisme, la prudence et le calme dominent.

❶ | ❷ | ❸

Interprétation

❶ L'écriture est très appuyée, maladroite et filiforme. La lenteur traduit ici de réelles difficultés d'adaptation.

❷ L'écriture est posée, un peu ralentie par le renversement et par l'attention portée à la forme. Personne efficace dans son travail, mais un peu infantile sur le plan affectif.

❸ L'écriture est plutôt posée. La personne a peu l'habitude d'écrire, la lenteur traduit l'application et le désir d'être compris.

La vitesse est un des genres les plus intéressants pour le graphologue, mais aussi le plus difficile à apprécier car, en général, il ne voit pas le scripteur écrire.

On peut mesurer le degré de vitesse absolu d'une écriture en faisant passer un test de rapidité. Dans la plupart des cas, on évalue la vitesse en regardant un certain nombre d'indices qui ralentissent ou accélèrent le tracé.
Les signes de ralentissement sont : l'angle, qui nécessite un changement de direction, les mouvements sinistrogyres, les retouches, les ornements, un appui trop fort, une ponctuation très précise, une grande régularité, une importance accordée de préférence à la forme plutôt qu'au mouvement.
Les signes de rapidité sont : la liaison et les groupements,

une ponctuation placée en avant des lettres, une marge progressive, un appui moyen à léger, des simplifications, des combinaisons, de légères inégalités, un mouvement dynamique et progressif.
La rapidité requiert un long apprentissage. C'est pourquoi il est nécessaire de connaître le niveau socioculturel et l'âge du scripteur. Une écriture posée, pour quelqu'un qui a peu l'habitude d'écrire, est un très bon indice de réflexion, de sérieux et de bon sens. En revanche, une écriture lente chez un sujet possédant un haut niveau d'études peut signaler de graves inhibitions ou un esprit calculateur.

Des connotations affectives

Les retouches et les traits couvrants, qui repassent fidèlement sur ce qui vient d'être

écrit, trahissent de fortes inhibitions et de l'anxiété, ce qui peut être préjudiciable en milieu professionnel pour des postes nécessitant des prises de position rapides. L'écriture peut être ralentie sur certains mots ou lettres à fortes connotations affectives.
Les retouches sur ces mots indiquent la complexité des relations que le scripteur entretient avec le mot ou le nom en question (prénom, mère, père, frère ou sœur, lieu, mots comme je, moi, toi, etc.).

Manque de spontanéité

L'écriture est lente quand le scripteur trace environ 100 mots à la minute. C'est en général une écriture régressive ou calligraphique, avec une pression lourde et une trop grande régularité dans la forme, l'inclinaison et la liaison. L'impression de monotonie est dominante. S'il s'agit de quelqu'un qui

écrit peu, on en déduira la notion d'effort et d'application, avec la crainte de ne pas faire assez bien, un esprit assez conventionnel, routinier et peu entreprenant. Une écriture calligraphique peut être progressive. Dans ce cas, elle sera posée et non plus lente. Une trop grande importance accordée à la forme peut ralentir considérablement le tracé. On en déduira que la personne a des préoccupations esthétiques importantes avec un grand souci de l'image qu'elle donne d'elle-même, quitte à être peu efficace sur le plan de la réalisation et peu spontanée. L'écriture peut être ralentie occasionnellement en fonction de mauvaises conditions physiques ou en cas de grande émotivité.

Que traduit l'écriture rapide ?

Outre l'aisance graphomotrice qu'elle demande, elle est aussi en rapport avec la rapidité de réaction, le dynamisme ainsi que l'aisance intérieure.

THÉORIE

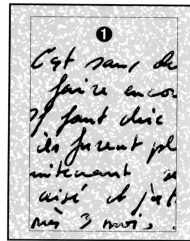

❶

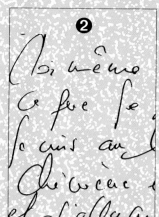

❷

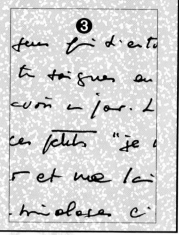

❸

Interprétation

❶ L'écriture posée et l'écriture rapide révèlent des qualités différentes, la prudence et le calme dominent dans la première, quand la deuxième est mobilisée par un projet et un but à atteindre.

❷ L'écriture est rapide, un peu effervescente. Cette jeune femme comprend tout très rapidement mais ne prend pas toujours le temps de réaliser à fond ce qu'elle entreprend.

❸ Petite écriture ferme et rapide. L'intelligence est brillante, peu de patience, malgré un certain contrôle qui freine l'emportement spontané.

Dans l'écriture posée, le scripteur trace environ 130 mots à la minute. Réalisée avec application et respect de la forme, elle est régulière en dimension et espacements.

L'écriture posée révèle une bonne gestion de l'énergie ainsi qu'une maîtrise des émotions. Dans un bon niveau graphique, c'est-à-dire ferme et bien espacé, on a la notion de réflexion et de sérieux. Si le milieu graphique est moins bon, inhibé, avec une mauvaise répartition spatiale et une conduite molle ou raide, on a de l'indolence, peu d'activité ou un autocontrôle excessif. D'une façon générale, l'écriture posée indique que la personne poursuit ses buts mais n'est pas tournée vers la compétitivité et évite le stress. Les personnes à écriture posée sont des éléments stabilisateurs dans une équipe, car ils sont peu émotifs.

Pensée vive et rapide

L'écriture accélérée (environ 150 mots à la minute) et l'écriture rapide (170, 180 mots à la minute) traduisent d'abord une aisance graphomotrice. La rapidité indique le niveau d'études et de culture. Elle correspond aussi à une pensée vive et rapide. L'investissement dans l'activité est souvent important. Il faut toutefois qu'il y ait certains signes de réflexion dans l'écriture, sinon elle devient précipitée (200 à 250 mots à la minute) et, dans ce cas, il y a plus d'agitation que d'activité efficace. Des signes de ralentissement dans une écriture rapide viennent compenser positivement ce qui, sinon, serait de la précipitation.

Impulsivité ou agressivité

L'écriture précipitée peut être le fait de gens qui fuient dans l'activisme pour éviter de réfléchir. Ils ne se voient pas agir et ne peuvent donc ajuster leur comportement en fonction des situations. L'impulsivité, voire dans certains cas l'agressivité, domine. La personne est irréfléchie et peut être imprudente, il est difficile de lui faire confiance pour de grandes responsabilités.

On peut facilement réaliser qu'un poste de surveillance dans une usine nucléaire, par exemple, nécessite d'avoir des qualités de sobriété, de calme, de sérieux et de prudence. L'écriture devra être plutôt posée à accélérée, jamais précipitée.

Confiance en soi

L'écriture rapide est progressive, ferme, dynamique, spontanée ; elle accorde plus d'importance au mouvement, à l'activité et à la réalisation qu'à la forme. Une certaine confiance en soi anime le scripteur qui écrit vite, il est réalisateur, dynamique et très engagé dans ce qu'il fait.

Il peut être compétitif, il est en tous cas motivé par un désir de réalisation personnelle. La vitesse est privilégiée dans les postes de haut niveau, car, indépendamment du niveau socioculturel qu'elle révèle, elle indique surtout une fermeté de la personne qui sait s'affirmer et faire des choix.

La rapidité indique un bon degré d'autonomie personnelle tournée vers la réalisation et vers l'avenir.

Que révèle l'écriture étalée ?

Elle traduit l'ouverture et le besoin de conquérir. Suivant le contexte, elle indique la curiosité intellectuelle et l'écoute, ou bien le bavardage et l'envahissement.

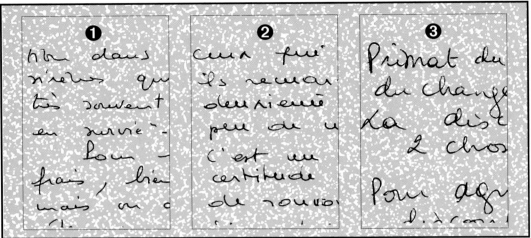

❶ **❷** **❸**

Interprétation

❶ On remarque dans cette écriture l'étalement primaire et l'étalement secondaire, qui révèlent de l'ouverture d'esprit, des capacités d'écoute et le désir de réussir. L'étalement secondaire marque le côté un peu « en forçage » de l'activité professionnelle.

❷ L'étalement, ici mesuré et associé à un mouvement coulant et contrôlé, montre la confiance en soi, le confort intérieur de cette femme qui a su trouver son rythme et la bonne distance vis-à-vis d'autrui.

❸ L'étalement montre la curiosité et le désir d'expansion de cette jeune femme. Associé à un mouvement lâché et à des formes dilatées, il indique aussi le bavardage et le risque de sans-gêne.

L'espèce graphologique « étalée » concerne la dimension de la lettre dans sa largeur. L'écriture étalée est celle dont les lettres sont **plus larges que hautes.**

On distingue l'étalement primaire, qui concerne la largeur de la lettre, et l'étalement secondaire qui concerne la liaison interlettres.

Esprit de conquête

La qualité de l'étalement dépend de la fermeté générale du graphisme. Si le trait est assez appuyé, la forme structurée dans un ensemble progressif, l'étalement primaire indique l'esprit de conquête. La droite symbolise l'avenir et le Toi. Le scripteur s'intéresse aux autres et à leurs idées, même si elles lui sont étrangères. Il s'agit d'une personne curieuse qui veut assimiler ce qui est nouveau. Elle aime entreprendre et ne craint pas l'avenir, car elle a confiance en elle-même. L'étalement est souvent associé à la guirlande et accroît l'impression de confort intérieur et d'ouverture aux autres.

Optimisme

Avec une grande écriture, l'étalement augmente la signification d'expansion inhérente à la grandeur du graphisme et révèle que la personne aime avoir un public et recevoir des témoignages d'estime ou de reconnaissance. Elle est optimiste et sociable, en général bavarde et joviale.

Dans une petite écriture, l'étalement compense l'impression de restriction. Il montre que la personne, tout en restant plus réservée, possède de bonnes capacités relationnelles et un désir d'entreprendre suffisant.

Bavardage et sans-gêne

Si le graphisme est mou, relâché, l'étalement indique de la paresse et de l'indifférence. Le scripteur est sans-gêne, bavard. L'influençabilité est grande, car la personnalité est peu solide.

Volontarisme

L'étalement secondaire va concerner l'espacement entre les lettres. Certaines personnes tracent un trait plus ou moins long et rigide entre chaque lettre. L'impression qui se dégage est alors celle d'une tension. Souvent, l'écriture est à dominante de forme et plutôt raide. Cette liaison secondaire révèle le courage, l'obstination, la discipline et le désir de se montrer à la hauteur au prix d'un volontarisme parfois douloureux. La relation aux autres n'est pas souple, car ce trait assez raide introduit plutôt une distance entre soi et l'autre. Ce sont des personnes qui s'investissent beaucoup dans le concret. Parti-culièrement motivées par le quotidien et le savoir-faire, leur opiniâtreté peut être efficace, d'autant qu'elles sont soucieuses de l'image qu'elles entendent donner d'elles-mêmes.

Contradictions

On peut parfois observer des contradictions à l'intérieur d'une même écriture. Elles sont toujours révélatrices d'un conflit entre deux tendances. Ainsi, l'écriture renversée vers la gauche et étalée contient une contradiction entre le retrait vers soi et l'expansion vers autrui. La personne, tout en restant sociable, veut rester à l'abri de toute influence.

Que révèle l'écriture jointoyée ?

L'écriture jointoyée verrouille et consolide l'écriture. Ce geste, qui protège et dissimule, signale le retour sur soi, la ténacité mais aussi le narcissisme et la séduction.

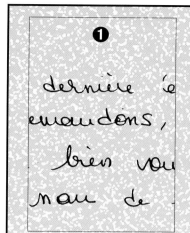

❶	❷	❸

Interprétation

❶ L'appui, la verticalité, la clarté et les jointoiements discrets indiquent le contrôle et la persévérance. Désir de bien faire et investissement dans la réalisation.

❷ Le trait pâteux, la compacité et le rythme de forme indiquent des capacités de réflexion. Les trous dans les mots et les jointoiements sur les lettres affectives (a) situées vers le bas révèlent une affectivité bridée et compliquée.

❸ L'écriture verticale, jointoyée en guirlande profonde, indique beaucoup de contrôle, de retour sur soi. L'engagement est prudent dans tous les domaines.

L'écriture jointoyée concerne la fermeture des formes des lettres rondes, qui se terminent par des petites boucles ou des enroulements. Ces oblitérations se situent à droite ou en bas des lettres. C'est un geste qui revient à gauche, il est sinistrogyre. On le retrouve souvent dans les écritures féminines à la mode actuellement, assez rondes et refermées sur elles-mêmes. Dans ce cas, il indique du narcissisme et un besoin de séduction plus ou moins avoué.

Protection

Le jointoiement se retrouve sur les lettres affectives – les « a » et les « o » principalement –, ce qui signale une intériorisation des sentiments. La demande affective est si importante qu'il est dif-ficile de l'exprimer, d'où un sentiment de frustration compensé par un retour sur soi. L'affectivité est très protégée, car le scripteur se sent vulnérable du fait même de l'intensité de son besoin. Il y a toujours l'idée de secret et de protection derrière ce geste, et il faut essayer de comprendre ce qui est à l'origine de ce mouvement de retrait sur soi. Si le tracé est par ailleurs compact et très lié, le jointoiement renforce la fermeture, qui est déjà manifeste. La personnalité est alors très centrée sur elle-même et a des difficultés à sortir de ses problèmes, elle rumine et se renferme sur elle-même, méfiante et souvent égoïste.

Ténacité

Ce geste peut aussi exprimer la ténacité. Il peut s'agir d'un frein salutaire, d'un moment de réflexion et de retour sur soi que s'accorde une per-sonne qui aurait tendance à s'emballer et à s'enthousias-mer trop rapidement. Dans ce cas, on l'interprétera com-me un élément de contrôle et de maîtrise de soi.

Habileté

Le geste en lasso participe de la même dynamique mais in-dique plus de captation dans les rapports humains. C'est un mouvement que l'on re-trouve souvent dans les si-gnatures qui s'élancent vers la droite et reviennent vers la gauche. Il y a une certaine habileté dans ce geste, qui signale que le scripteur aime plaire et séduire. Il exprime aussi la ténacité de quel-qu'un qui, face à l'obstacle, concentre ses forces, revient sur lui-même avant de repar-tir vers l'action.

Les formes fermées, dans leur ensemble, traduisent toutes un besoin de posséder et de garder pour soi. La personne peut faire preuve d'une téna-cité et d'une habileté assez calculatrice si ses intérêts per-sonnels sont en jeu.

Si dans l'écriture les gestes de fermeture sont nombreux (traits couvrants quand la personne repasse fidèlement sur ce qu'elle a écrit, nom-breuses formes retournant vers la gauche dans un contexte raide avec des jam-bages en triangle), l'égocen-trisme est important et il y a peu d'ouverture désin-téressée envers le monde extérieur.

Si les gestes de fermeture sont occasionnels ou viennent équilibrer les gestes d'ouver-ture, crénelages et formes dextrogyres, ils indiquent de la ténacité, de la réflexion et un désir de bien vivre.

Que traduit une écriture crénelée ?

Les crénelages sont des ouvertures dans les lettres rondes, qui ne sont pas fermées. Dans un contexte dynamique, cette ouverture marque une ouverture d'esprit.

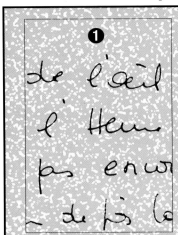

❶

❷

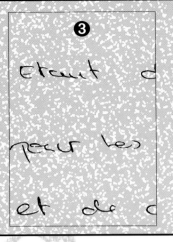

❸

Interprétation

❶ Les crénelages situés en haut, à gauche ou à droite, signalent une ouverture d'esprit, une curiosité intellectuelle ainsi qu'une référence à des principes hérités de l'éducation.

❷ Crénelages situés en haut à droite ou à gauche mais plus importants que dans l'écriture numéro 1. Mélange de fragilité et de sentiment de vulnérabilité, en même temps qu'implication (appui) et discipline (verticalité et forme construite).

❸ Les crénelages importants dans les lettres affectives, le mouvement renversé et les grands espacements indiquent une fragilité ressentie et un désir de n'en rien laisser paraître.

A l'inverse du jointoiement, le crénelage est un geste d'ouverture. La personne est curieuse et intéressée par les idées nouvelles et les domaines de recherche inconnus. On retrouve souvent les crénelages dans les écritures d'intellectuels qui ont une grande mobilité d'esprit.

Spontanéité

Sur le plan social et relationnel, ce geste signifie la spontanéité et la disponibilité. Une certaine naïveté et une certaine crédulité sont possibles si le milieu graphique est moins ferme et si le mouvement est lâché avec des formes imprécises. Dans ce cas, l'ouverture d'esprit devient crédulité et influençabilité. La personne est bavarde et manque de réserve. On peut s'en méfier en amitié ou professionnellement.

Fragilité

Le trait, s'il est léger, renforcera l'ouverture dans le sens d'une fragilité de la personne. Le crénelage touche la zone du Moi et de l'affectivité, c'est donc dans ce domaine que seront ressenties les difficultés. Il peut s'agir d'un manque de force d'affirmation ou d'une trop grande sensibilité face aux émotions et aux sentiments.

Curiosité et renouvellement

Les crénelages en haut et à droite des lettres signifient l'ouverture d'esprit et la capacité à s'investir dans de nouveaux domaines. Professionnellement, il peut être intéressant de regarder si une personne a la possibilité de faire un changement d'orientation ou d'appréhender des tâches nouvelles. Des petites ouvertures indiqueront cette capacité à se renouveler et à

s'intéresser à des champs d'investigation diversifiés. L'ouverture à droite signifie aussi l'aptitude à envisager l'avenir avec confiance, le désir de s'engager dans l'action et un certain optimisme, à condition bien sûr que ces crénelages soient associés à une fermeté générale du geste graphique et à un trait appuyé, signes d'investissement et de sens de l'effort.

Si les crénelages se situent dans le bas des lettres, sur la ligne médiane, cela signale vulnérabilité et difficulté à affronter la réalité.

L'influence du passé

Les ouvertures vers la gauche révèlent un attachement au passé et à la famille. Dans ce cas, il ne s'agit plus nécessairement d'ouverture d'esprit mais de difficulté à se dégager de sa propre histoire, et cela pour des raisons diverses. Soit que la personne n'ose

pas appréhender le présent et encore moins l'avenir, soit qu'elle a subi un choc. Cela est plus évident si l'écriture est renversée vers la gauche. Si le milieu graphique est tonique, ce crénelage indique un attachement à ses racines et à des principes.

Les crénelages s'intègrent souvent dans l'écriture progressive, qui est sobre, simplifiée et dénote un souci d'efficacité. C'est le tracé qui progresse le plus rapidement et avec le plus d'aisance vers la droite. Sa signification est positive, car elle est le fait de sujets adultes qui expriment et utilisent bien leur potentiel. Leur adaptation au monde est équilibrée et ils ont foi en l'avenir et en leurs capacités.

Qu'est-ce qu'une écriture gladiolée ?

L'écriture gladiolée est celle dont la dimension diminue progressivement en fin de mot. Dans une écriture rythmée, le gladiolement est un signe d'économie de mouvement.

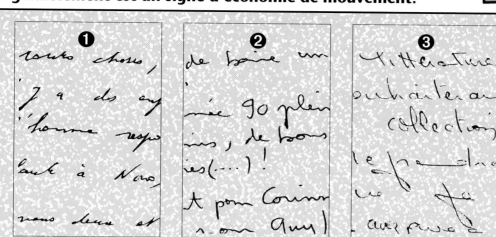

❶ ❷ ❸

Interprétation

❶ Le gladiolement est dû ici à un état dépressif ; on remarque les lignes descendantes et sinueuses, la grande marge de droite et la petitesse du graphisme.

❷ Écriture appuyée, rapide, verticale et à tendance filiforme ; le gladiolement correspond à la rapidité, à la finesse d'analyse et aux capacités de négociation de ce consultant en entreprise.

❸ L'écriture est compliquée, ornée, légère. Personne pour qui le regard des autres est très important, elle est capable de se faufiler partout par besoin de plaire. Son identité est un peu fragile.

Celui qui diminue les finales n'a pas le désir de s'affirmer face à l'autre. Sa tactique est autre, car le gladiolement indique la finesse psychologique, le sens de la diplomatie et la capacité à se remettre en question.

Bien sûr, ces caractéristiques positives doivent se trouver confirmées par le milieu graphique, qui doit être assez harmonieux, homogène, rythmé et rapide. Si l'on retrouve dans l'écriture des signes d'ambition, des surélévations ou une grande signature par exemple, on pourra supposer que la personne mettra beaucoup d'habileté et de tactique au service de son ambition.
De même que la fin du mot est petite, la personne se mettra en position d'infériorité afin d'insinuer son point de vue plutôt que d'essayer de l'imposer brutalement.

Vivacité et impatience

Le gladiolement peut être une forme de simplification qui tend à aller à l'essentiel, sans trop s'attarder sur les finitions. Cela dénote des qualités de vivacité intellectuelle ainsi qu'un esprit abstrait et intuitif. Les intellectuels ont souvent ce type de graphisme. Par ailleurs, ces personnes peuvent avoir du mal à prendre le temps d'expliquer leur point de vue et de transmettre leur savoir ou leurs consignes. Si les finales sont raides, cela indique qu'elles souhaitent mettre une distance entre elles-mêmes et les autres ou qu'une certaine agressivité est dirigée contre autrui, surtout si le trait est acéré.

Fatigue et difficulté d'affirmation

Le gladiolement indique aussi un relâchement en fin de mot et de la fatigue. Si l'écriture est rapide et traduit une forte activité, on peut supposer du surmenage et de l'activisme. Cela signale aussi une impatience et une difficulté à aller jusqu'au bout de ce que l'on entreprend. Il peut s'agir d'une personne amenée à concevoir des projets, mais qui peut s'impatienter lors de leur réalisation. D'une manière générale, l'effort est porté sur le court terme. Si le milieu graphique est moins positif et le gladiolement associé à un tracé arythmique, relâché, dans un ensemble peu structuré et labile, cette espèce graphique implique des difficultés d'affirmation ou de fatigue extrême, voire de dépression. Le vieillissement peut entraîner un gladiolement.
La personne souffre d'une difficulté d'adaptation à ce qui l'entoure, soit parce qu'elle affronte des obstacles réels, soit parce que ses difficultés sont plus intérieures.

Ruse et opportunisme

Le gladiolement peut marquer des signes d'insincérité, du fait de l'imprécision des formes qu'il implique. Il peut entrer beaucoup d'habileté et d'opportunisme dans cette façon un peu serpentine de s'avancer. Cela peut signaler de la désinvolture si l'écriture est peu ordonnée, ou de la ruse si l'écriture est lente.
Si le gladiolement est brutal et ne porte que sur la dernière lettre, comme pour le grossissement, cela provoque une surprise et indique la possibilité de réactions inadéquates et inattendues.

Que révèle l'écriture étrécie ?

Souvent exigeantes, les personnes qui ont ce type d'écriture ont un grand sens de la qualité. Leur mode de communication est assez sélectif.

❶

❷

❸

Interprétation

❶ Des capacités de concentration et d'assimilation chez ce scripteur, qui possède une bonne aisance pour les contacts mais se livre peu. De la méfiance et des comportements déroutants pour l'entourage proche.

❷ Cette personne est très exigeante vis-à-vis d'elle-même et des autres. Les contacts au sein d'une équipe de travail peuvent être rudes. Elle est précise, concentrée et aime la qualité.

❸ Prudente, cette personne est une bonne gestionnaire. Courageuse, elle mise sur sa réussite professionnelle. La sphère affective est peu exprimée.

Dans l'écriture étrécie, qui se définit par opposition à l'écriture étalée, les lettres sont plus étroites que larges et s'étirent en hauteur.

La personne préfère approfondir ses connaissances plutôt que de rechercher les expériences et les idées nouvelles. Prudente, elle ne prendra pas d'initiatives intempestives. L'avenir, chez elle, est envisagé avec une certaine défiance.
L'événement imprévu tend à la déstabiliser. Il peut y avoir de la crainte à aller de l'avant. Les valeurs sûres sont privilégiées, car la personnalité est plutôt conservatrice. C'est une écriture qui révèle des qualités de réflexion et de concentration. Si le trait est appuyé et la liaison anguleuse, le scripteur possède de l'énergie et du courage.

Indépendance
Du point de vue relationnel, ces personnes tendent à préserver leur indépendance de pensée et d'action, se gardant de toute influence extérieure. Elles se ressourcent en elles-mêmes par la réflexion.

Réserve ou méfiance
Peu expansif, l'étrécissement signale que l'autocontrôle prime sur la spontanéité. Le degré de contrainte dépendra de la souplesse du graphisme. S'il reste aéré et souple, la personne est adaptable et capable d'établir des relations satisfaisantes avec son entourage. Sinon, le comportement social est timide et craintif ou méfiant. Elle apprécie la dignité et une certaine austérité dans le comportement. Les « a » et les « o » sont des lettres dites « affectives » si elles sont étroites et maigres, ce qui indique toujours un man-

que d'épanouissement dans le domaine des sentiments. Les majuscules surélevées et serrées révèlent de l'insatisfaction et de l'orgueil. L'étrécissement, favorisant le développement en hauteur des lettres, donne une impression de fierté et indique un comportement digne et plutôt hautain et sélectif.

Autosurveillance
Si l'étrécissement est très important, on peut avoir un trait couvrant quand le scripteur repasse sur le trait qu'il vient d'écrire au lieu d'enchaîner vers la droite. Ce geste révèle une autosurveillance. Les raisons de cette surveillance peuvent provenir d'une grande appréhension vis-à-vis des autres, de l'avenir ou de soi-même. La personne se restreint, car elle a peur de montrer des signes de faiblesse ou, inversement, de

céder à certaines tendances qu'elle désire réprimer.
Si d'autres signes de fermeture sont présents dans l'écriture, cela peut indiquer de la dissimulation et une méfiance extrême. Le scripteur se surveille de façon exagérée. Certains graphologues voient dans cette caractéristique un signe d'insincérité.
L'alternance d'étrécissement et d'étalement est fréquente chez l'adolescent, qui oscille entre une attitude d'ouverture aux idées nouvelles et la crainte de l'avenir et le repli sur soi. Chez un adulte, cette alternance signalera que le comportement de la personne est changeant, soit qu'elle s'engage dans l'action puis se rétracte, soit que ses contacts avec les autres sont très instables et lunatiques.

Qu'indique l'écriture compacte ?

Resserrée entre les mots et les lignes, elle traduit la réflexion et la concentration. Dans un graphisme vivant, la pensée est originale et créative.

THÉORIE

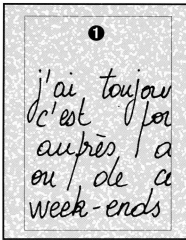

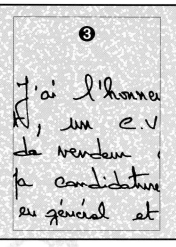

❶ ❷ ❸

Interprétation

❶ L'écriture est compacte du fait de la grande dimension et de l'enchevêtrement des lignes. Participation plutôt affective. La personne sera efficace dans un milieu qu'elle apprécie. Ses jugements sont liés aux sentiments, d'où une certaine subjectivité.

❷ Compacité entre les lignes et entre les mots. L'inclinaison est renversée, ce qui indique un désir de ne pas être influencé. Du sérieux, de la réflexion, mais un manque de recul.

❸ Compacité entre les lignes, l'air circule bien entre les mots. Bon contact avec autrui, du moins en surface. Concentration et sérieux dans le travail. Désir de bien faire et sélectivité un peu hautaine.

Dans l'écriture compacte, l'espacement entre deux mots est inférieur à la largeur de deux lettres, et cela tout au long du document observé. Il en découle un rythme personnel qui équilibre la répartition des masses graphiques (les noirs) et des espaces (les blancs). Ce rythme est le témoin de la respiration intérieure de la personne.

Un enfant a tendance à écrire serré, ce qui est normal et traduit l'application et le désir de bien faire. Cela indique aussi la concentration et la discipline. Si la compacité devient excessive et si les mots se touchent presque, on peut penser que l'enfant a peur du monde extérieur et ne peut s'éloigner des repères familiers. Inversement, l'adolescent, qui cherche à se dégager des modèles aussi bien paren-

taux que scolaires, adoptera plutôt une écriture espacée.

Réflexion et esprit de participation

Chez un adulte, l'écriture compacte traduit – si elle reste vivante et souple – la concentration, la discipline et l'implication. Il est concerné et recherche les responsabilités. Sa présence est affirmée et il est à l'aise dans la participation. Dans certains cas, cette compacité traduit la réflexion et la recherche intérieure, qui peut être novatrice. Le sujet recherche en lui-même ses propres motivations et ressources. Il est original, il ne souhaite pas la conformité aux normes. Pour que la compacité demeure un indice positif, il faut que le mouvement reste dynamique et que l'on trouve dans l'écriture suffisamment de signes d'ouverture, tels que des crénelages et une ligne assez souple, le tout dans un contexte nuancé.

Un bouclier qui protège

Si l'écriture compacte est raide, jointoyée, fermée sur elle-même, le scripteur a dressé un bouclier entre lui et le monde extérieur. Les émotions et les sensations engendrées par l'environnement sont jugées dangereuses et doivent être évitées. Le sujet peut fuir dans l'activisme et rester sourd aux besoins d'autrui. Sa pensée devient systématique, organisée en un système rationnel et rigide qui ne laisse aucune place au monde fluide des sensations et des émotions. Dans ce type d'écriture, la tension et l'auto-surveillance dominent, et l'adaptation, si elle se fait, reste superficielle.
Les espacements entre les mots concernent les relations avec les proches, les amis ou la famille. Une très grande compacité indique que la communication se fait mal et que les relations sont difficiles et craintes.

Recherche d'objectivité ou partialité

Si les espacements entre les lignes sont importants, la personne recherche l'objectivité, ses jugements sont réfléchis, réalistes, ses valeurs de référence sont la recherche de la vérité et l'observation des faits.
Si les lignes sont serrées, le jugement est plutôt subjectif et ne se fait pas en fonction de la réalité de ce que la personne aime ou non, car le scripteur place les valeurs affectives au premier plan.

Que traduit une écriture à rebours ou tordue ?

Du malaise de l'adolescence au désir d'indépendance, les torsions des boucles évoluent souvent en lettres à rebours.

THÉORIE

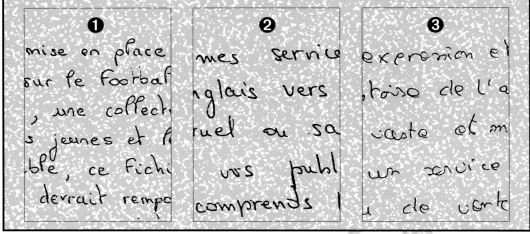

Interprétation

❶ Écriture tordue et à rebours. Jeune homme anxieux qui a du mal à trouver son autonomie. Il éprouve des difficultés à se dégager de l'image maternelle.

❷ L'écriture est proche du script. Cela correspond au désir de se faire clairement comprendre. Le rebours est conforme au script et signale un besoin d'autonomie.

❸ Écriture très maladroite pour un niveau d'études supérieures. Les rebours révèlent le besoin de trouver son indépendance et de se dégager de l'emprise familiale.

L'écriture à rebours et l'écriture tordue se reconnaissent à la direction des lettres. Dans l'écriture à rebours, le scripteur trace les lettres à l'envers du sens enseigné par la calligraphie. Il ne s'agit pas de transformations anodines, car, d'après le symbolisme des lettres, la forme ainsi modifiée acquiert un sens nouveau.

Certaines lettres se prêtent facilement à cette modification du geste. Certains « o » tracés rapidement deviennent des petites lettres bouclées par le bas. Cela traduit une habileté dans le geste, mais également une difficulté sur le plan affectif, dans la mesure où l'ove du « o » est très réduite. Le « a », autre lettre affective, peut aussi être tracée à rebours, comme l'alpha

grec. Cela peut révéler une recherche et un désir de se singulariser, mais l'épanouissement affectif n'est pas très spontané. Ces changements révèlent un malaise et une difficulté qui peuvent amener la personne à se fermer aux autres. Dans certains contextes, cela peut indiquer le mensonge ou, en tout cas, le goût du secret.

Recherche de l'indépendance
Le « d » est fréquemment tracé à rebours, ainsi que le « b » ou le « p ». Ces lettres sont en rapport avec les images du père et de la mère. Le « d » est en relation avec l'image du couple ; en deux morceaux, il signale une brisure du couple parental ou une difficulté relationnelle personnelle. Le « b » concerne les relations avec la mère ; tracé à rebours, il in-

dique un désir d'indépendance et d'autonomie. On retrouve fréquemment ce geste à l'adolescence. Le « p » est en rapport avec le père et l'autorité ; à rebours, il traduit le désir de s'affirmer et de trouver sa place.
Le « r » est souvent à rebours dans les écritures juxtaposées ; tracé en script, il exprime une insatisfaction et un geste d'attaque ou de défense.

Identité
Les jambages peuvent être bouclés vers l'arrière et se prêter à toutes sortes de complications. Cela indique des difficultés intérieures, des conflits en rapport avec la sexualité et l'affirmation de sa féminité ou de sa masculinité. Le « f », particulièrement, concerne l'image de la femme. Un « f » malmené chez une femme indiquera des difficultés et un question-

nement en relation avec sa féminité. Un « f » compliqué chez un homme pourra indiquer un rapport à la femme difficile ou un rapport ambigu avec sa propre féminité.

Individualisme
Le rebours indique toujours de l'individualisme et une recherche d'autonomie. Suivant le contexte graphique, l'interprétation se fera dans le sens d'un anticonformisme si l'écriture est, par ailleurs, très personnelle et stylisée. Si le graphisme est plus artificiel, on aura une difficulté à communiquer et un manque d'adaptation. Avec une écriture barrée ou cabrée, le rebours renforcera la notion de revendication et d'agressivité plus ou moins masquée. Dans un contexte dynamique et progressif, quelques rebours marqueront de l'autonomie.

Que révèlent les écritures fragmentées, dissociées ou à reprise ?

Doutes et inquiétudes ont tendance à envahir les personnes qui présentent ces difficultés graphiques.

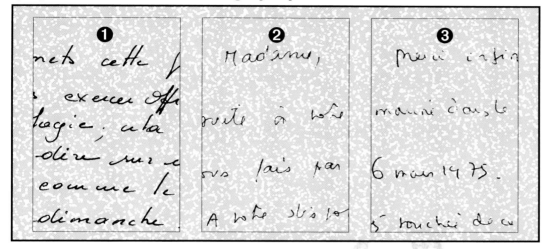

Interprétation

❶ Lettres dissociées sur les « d » dans un contexte un peu féminin pour un homme qui a des difficultés par rapport à l'image du couple parental et qui s'affirme en compensation.

❷ Lettres dissociées et trait extrêmement léger. On remarque aussi des trous et des crénelages importants. De l'intuition et de la sensibilité, mais aussi de l'inquiétude et une difficulté à trouver son identité.

❸ Écriture fragmentée et trouée avec un trait léger : beaucoup de fragilité et d'incertitudes.

Les écritures fragmentées, à lettres dissociées ou à reprise, présentent toutes des difficultés concernant la liaison des lettres entre elles.

Écriture artificielle ou souffrance

Dans l'écriture fragmentée, la discontinuité s'applique à la lettre elle-même. Les lettres sont, dans leur corps, divisées en fragments. C'est en général un signe de grande hésitation et de difficulté importante sur le plan psychologique. L'ordonnance est bonne et la tenue de ligne ferme : il peut s'agir d'un désir de se singulariser. Dans ce cas, on est face à une écriture artificielle. On trouve plus couramment des lettres dissociées qui sont exécutées en deux morceaux, les « a », les « d » et les « g » ou les « q », comme le font les enfants.

Suivant la lettre, on peut interpréter le symbolisme.

Les images parentales

Ainsi, le « d » en deux morceaux signale une difficulté au niveau de l'image du couple. Cela signale aussi l'éventuelle difficulté pour une personne à vivre une relation de couple. Le « p » en deux morceaux signale des problèmes concernant l'image du père et, d'une manière générale, de ce qui est en rapport avec l'autorité, la hiérarchie. Les « a » en deux morceaux concernent plus la demande affective et la difficulté à se sentir comblé. Cela n'empêche nullement ces scripteurs d'être très efficaces sur le plan professionnel. C'est plutôt dans le domaine personnel que les problèmes se remarquent. Il s'agit le plus souvent de conflit entre dépendance et

indépendance, et de difficulté à trouver la bonne distance avec l'autre. Du point de vue freudien, ces lettres en deux morceaux témoignent d'une fixation au stade œdipien. Un homme aura des difficultés à assumer sa masculinité, il sera trop viril ou pas assez ; une femme aura tendance à vouloir rivaliser avec l'homme et développera une tendance masculine.

Une survivance enfantine

L'écriture à reprise se reconnaît quand la personne n'enchaîne pas ses lettres de façon habile et souple, mais lorsque celle-ci, après une levée de plume, veut corriger cet arrêt en repartant du même point. Cela donne une soudure, comme c'est souvent le cas dans l'écriture enfantine. La personne n'ose pas interrompre son geste et passer à la lettre suivante.

Cela signale un certain manque de confiance en soi et une grande anxiété. Le sujet n'arrive pas à entrer en relation avec autrui ou à entreprendre une action. Elle s'interrompt toujours comme si elle craignait de mal faire ou s'effrayait de sa propre témérité à avancer. Son rythme de travail s'en trouve évidemment perturbé et son adaptation au monde est difficile, tant la crainte et l'effort sont importants.

Des scrupules et des remords torturent la personne, qui se demande toujours si elle a bien fait d'agir.

Cependant, si le milieu graphique reste vivant et souple, les reprises témoignent d'une anxiété qui n'est pas trop invalidante, pouvant même être stimulante dans le sens d'un désir de toujours faire mieux.

THÉORIE

Votre écriture est-elle acérée, massuée ou spasmodique ?

Ces caractéristiques sont fonction de la pression sur le papier, qui peut se faire selon différents modes.

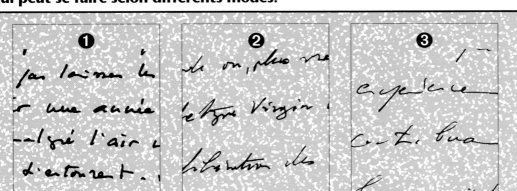

Interprétation

❶ L'écriture comporte des acérations et des massues en finales et sur les barres des « t ». Force de conviction, esprit critique et caustique chez cet homme très engagé dans son activité professionnelle.

❷ Le graphisme est spasmodique et saccadé, ce qui signale les réactions imprévisibles et parfois agressives d'un homme peu à l'aise dans les relations humaines. L'esprit est rapide et curieux, mais il existe une souffrance sur le plan affectif.

❸ Les acérations en fin de mot traduisent une certaine agressivité et une mise à distance de l'autre. Personne qui accorde une grande importance à l'image qu'elle présente.

L'écriture « spasmodique » est constituée d'appuis contrastés qui n'obéissent pas à la logique graphique. La pression se remarque à des endroits inattendus, parfois sur des mots révélateurs des difficultés de l'individu.

Le tracé est heurté comme si le sujet conduisait sa voiture de façon très nerveuse et imprévisible. Il en est de même de ses réactions, qui sont surprenantes et arbitraires. La personne est dominée par des émotions et des impulsions difficilement contrôlables. L'impatience et l'irritabilité dominent la personnalité, qui peut avoir des difficultés à s'intégrer dans une équipe professionnelle. Des éléments peuvent compenser cette relative anarchie du trait : la personne se sait émotive et

tente, avec plus ou moins de succès, de se contrôler.

Esprit critique
Dans l'écriture « acérée », les finales et les barres de traits se terminent en pointe aiguë. La finale d'un mot amorce la rencontre avec le suivant (symboliquement avec autrui), des décharges agressives sur les finales indiquent donc une relation aux autres non dénuée d'agressivité ou, dans le meilleur des cas, d'esprit caustique. Ces personnes ont l'esprit de contradiction et aiment se faire l'avocat du diable. Si l'écriture est habile, rapide et traduit une vivacité intellectuelle, l'esprit critique est percutant et souvent adapté mais amer. Des humoristes peuvent avoir ces finales témoignant de leur acuité intellectuelle et de leur sens de l'observation. Ce sont des

gens qui ne ratent rien ni personne. Il arrive que les acérations, parfois orientées vers la gauche, se remarquent dans la signature, quand un paraphe fait retour en arrière du nom. Dans ce cas, l'agressivité est plutôt dirigée contre un personnage du passé ou une situation infantile mal vécue. Si les acérations en fin de mot font retour sur celui-ci, il peut y avoir détournement de l'agressivité – d'abord dirigée contre autrui – sur soi-même, ce qui indique du masochisme et une dépréciation de soi. La personne donne l'impression de tisser son propre malheur d'autant plus violemment que ces acérations indiquent toujours un fort potentiel d'agressivité. Si l'écriture est lente et peu habile, il peut y avoir de la méchanceté et de la vengeance.

Force de conviction
Dans l'écriture « massuée » les finales se terminent par un épaississement du trait. Là aussi, la violence est présente, mais tout autant que le contrôle. A l'inverse de l'acération, la massue indique la contrainte et la bride imposées à l'impulsion. Ce sont des gens qui répriment leur ardeur du fait même de la force de leur élan. L'impétuosité est importante et les convictions fortes. Si les massues ne sont pas trop nombreuses et n'entravent pas le déroulement et l'organisation graphiques, le caractère est entier, fort. Si les massues sont excessives et très présentes, on peut supposer que la personne a des difficultés à se contrôler ou que la majeure partie de son énergie se consume dans la répression de ses propres élans.

108

Que traduisent les écritures suspendues, inachevées ou trouées ?

Timidité, discrétion ou dissimulation ? Ces particularités indiquent un manque de spontanéité dû à l'inquiétude.

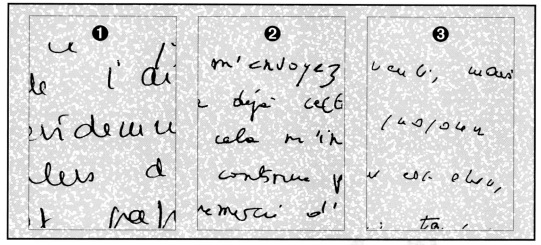

Interprétation

❶ L'écriture est suspendue sur les finales, les « e » particulièrement. On remarque dans le graphisme des trous et des cheminées qui indiquent une certaine anxiété, mais aussi une capacité de réalisation puisque l'appui est fort.

❷ Écriture très trouée et fragmentée qui traduit un problème affectif et relationnel important ainsi qu'un manque d'autonomie.

❸ L'écriture est très inégale, inachevée, trouée. Beaucoup d'inquiétude et un manque d'aisance dans le rapport avec les autres.

L'écriture suspendue est celle qui présente des arrêts dans la continuité du tracé des lettres. On retrouve ces suspensions dans le corps du mot ou en fin de mot.

Ces arrêts sont assez courants, surtout en finale. Ce geste peut signaler une simple timidité ou, surtout si les arrêts se remarquent dans le mot et sont nombreux, une plus grande inhibition devant le contact avec les autres, dans l'action et la décision. Les « t » suspendus qui ne rejoignent pas la ligne de base indiquent une difficulté à entreprendre. La personne a plus de projets et de velléités à agir que de possibilités de mettre en œuvre ses idées.

Nuancer vos interprétations

Il convient d'être prudent dans l'interprétation et de voir si, par ailleurs, d'autres indices graphiques viennent renforcer l'interprétation : un trait léger avec un mouvement lâché et une conduite peu ferme, par exemple. En effet, un trait appuyé et un mouvement dynamique indiquent la possibilité d'implication. Dans ce cas, ces interruptions correspondent à des moments de réflexion et de prise de recul.

Si les interruptions sont massives, le comportement de la personne est déroutant. Tantôt ouverte aux autres, elle peut se renfermer brutalement. Il peut y avoir un désir de taire quelque chose. Dans tous les cas, la spontanéité est réduite.

Les suspensions que l'on trouve sur les finales des mots, quant à elles, indiquent plutôt une difficulté à échanger avec autrui, alors que les suspensions en cours de mots vont davantage concerner le raisonnement ou le suivi dans l'action.

Négligence ou rapidité d'exécution

Dans l'écriture inachevée, le tracé est incomplet et la négligence en est souvent la cause. L'accentuation est très incomplète et des pans de mots entiers peuvent manquer ou être très mal formés. Il convient de vérifier si la vitesse n'est pas en cause et de voir si la nature du document est en jeu. S'il s'agit d'une lettre de candidature, cette imprécision sera plus ou moins cotée en fonction du poste recherché.

Pour certains postes de chercheurs ou de concepteurs, la précision est moins valorisée et l'imprécision peut être compensée par une mise en page rythmée et ordonnée, même de façon personnelle. Mais si le graphisme est vraiment relâché dans son ensemble, on peut parler de désinvolture, de négligence, ou à l'inverse d'activisme.

De l'inquiétude à l'anxiété

Dans l'écriture trouée, les espaces interlettres sont irréguliers et agrandis. La cohésion du mot est perturbée par ces laps qui séparent les lettres les unes des autres de manière exagérée et sans régularité, comme cela peut être le cas dans l'écriture juxtaposée, par exemple. Ces trous indiquent toujours de l'anxiété et une difficulté à se concentrer. On retrouve quelques laps dans presque toutes les écritures, car l'inquiétude est un sentiment très répandu.

Bien évidemment, les émotifs seront, plus que d'autres, soumis à ces flashs.

Graphologie
et inconscient

Graphologie et psychanalyse : quelles relations existe-t-il ?

Freud (1856-1939) est à l'origine de la découverte de la psychanalyse, science humaine controversée.

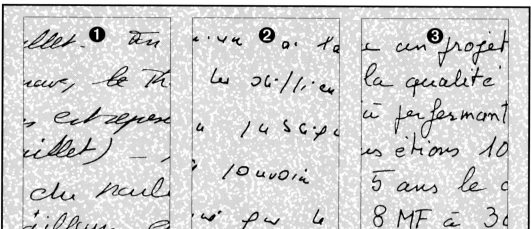

Interprétation

❶ L'inconscient est ici source de souffrance, les fantasmes, les inquiétudes tendent à submerger la personne qui est très anxieuse et n'arrive pas à s'adapter dans un environnement professionnel. L'écriture est contrainte, moirée, très inégale, illisible et très peu harmonieuse.

❷ Ici aussi, l'inconscient est déstabilisant. L'écriture est trouée, flottante et descendante. Difficulté à faire la part des choses entre le monde intérieur et la réalité extérieure.

❸ L'inconscient est ici bien canalisé, ni trop étouffé ni envahissant. Le rythme des noirs et des blancs est bon. La forme est structurée et le mouvement contrôlé et progressif.

---

a psychanalyse est à la fois une technique de guérison des souffrances d'origine psychologique et également une théorie du fonctionnement psychique de l'être humain. Elle a permis des découvertes importantes et utiles dans le domaine de la pathologie mentale, mais aussi dans la connaissance du développement psychologique de l'enfant avec la détermination des stades de développements psychosexuels.

Avant de nous concentrer sur l'intérêt de cette théorie pour la graphologie dans les fiches suivantes, il importe de fixer quelques notions de base.

L'inconscient
La grande découverte freudienne est celle de l'inconscient, c'est-à-dire de cette partie intérieure dont nous ne prenons pas conscience, mais qui est pourtant agissante. C'est le monde du rêve, des fantasmes et aussi des conflits rejetés ou refoulés hors de notre champ de conscience, parce qu'ils sont trop douloureux ou bien inacceptables.

Freud n'est pas le premier à postuler cette force inconnue qui nous pousse à agir de façon parfois incompréhensible pour les autres, mais il est le premier à avoir tenté d'élaborer cette notion dans le cadre d'une théorie ou d'un modèle scientifique en vue d'une application pratique, celle de la thérapeutique des maladies mentales.

Les lapsus et les actes manqués
C'est par l'étude des lapsus, des actes manqués et des rêves qu'il postula l'existence de l'inconscient. Il souligna notamment qu'il ne s'agit pas de hasard dans ces erreurs verbales ou comportementales, mais que l'on peut toujours y trouver un sens caché qui révèle en général un conflit dont on ne veut pas parler, mais qui peut néanmoins ressortir selon diverses circonstances.

L'oubli d'un objet chez quelqu'un, par exemple, peut signifier que l'on désire retourner chez cette personne, soit que l'on s'y soit senti bien, soit que l'on ait encore quelque chose à dire. Il n'existe pas véritablement d'explication universelle de ces actes manqués, mais en écoutant quelqu'un raconter, lors d'une séance, un oubli de ce genre, on retrouve la clef de l'acte manqué grâce aux associations d'idées qui s'ensuivent.

Les noirs et les blancs
Freud, dans sa première élaboration théorique, distingue trois instances dans le psychisme : le conscient, l'inconscient et le préconscient. Seuls les deux premiers termes nous intéressent pour la graphologie.

Dans l'écriture, le conscient sera représenté par les noirs, les divers signes de contrôle et la forme. L'inconscient représente, lui, la part pulsionnelle et fantasmatique du sujet, mais inconnue de lui. Elle est représentée par les blancs, les espaces entre les mots, les lignes et les lettres. Le mouvement traduit l'inconscient alors que la forme et l'épaisseur plus ou moins importante du trait sont révélatrices du contrôle conscient.

Qu'est-ce que le Ça ?

Le Ça constitue, d'après le grand psychanaliste Freud, une des trois instances de l'être humain, sans oublier le Moi et le Surmoi.

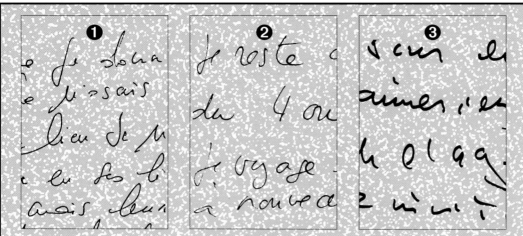

Interprétation

❶ Le Ça est ici enrichissant et peu étouffé par le principe de réalité. De grandes volutes, des blancs qui circulent : l'imagination et le rêve sont importants et parfois difficiles à discipliner.

❷ Le Ça est ici aussi marqué par les blancs, la spontanéité et l'ordonnance très personnelle. Ce réservoir pulsionnel ne détruit pas la forme, qui reste structurée. La personne, qui est artiste, vit plutôt bien cette part fantasmatique s'exprimant dans sa peinture.

❸ Des pulsions fortes dans cette écriture assez intense et destructurée. L'activité du scripteur est importante et efficace, on en déduit que cette force pulsionnelle est bien canalisée dans le domaine professionnel.

Le premier modèle freudien de l'organisation psychique distinguait l'inconscient, le conscient et le préconscient. Pour affiner son approche, il détermina trois instances à l'œuvre dans l'être humain : le Ça, le Moi et le Surmoi.

Le Ça

Le Ça est le réservoir pulsionnel de chacun d'entre nous, une sorte de chaudron infernal qui contient toutes nos pulsions sans qu'aucun ordre ne vienne organiser ou régenter ce fonctionnement. C'est en quelque sorte la matière brute de notre psychisme avant que celle-ci ne soit travaillée par les instances organisatrices que sont le Moi et le Surmoi. Le monde psychologique d'un nouveau-né est animé par le Ça, le Moi et le Surmoi ne s'ébauchant que par la suite quand l'enfant parviendra à distinguer la réalité extérieure de sa réalité intérieure, quand ses perceptions s'affineront et surtout, plus tard, quand il sera de plus en plus soumis aux différents apprentissages de l'éducation.

Principe de plaisir et principe de réalité

Chez l'adulte, cette part totalement inconsciente existe toujours et nourrit nos rêves. Chacun de nous va apprivoiser et dresser cette part totalement libre et rebelle à toute organisation afin de permettre l'adaptation au monde extérieur. Le Ça est soumis au principe de plaisir, c'est-à-dire qu'il ne recherche que la satisfaction immédiate de ses besoins. Le Moi et le Surmoi sont, eux, soumis au principe de réalité, c'est-à-dire que ce sont des parties qui tiennent compte de la réalité et des exigences de l'environnement en étant capables de supporter le délai dans la satisfaction.

Enrichissement

Dans l'écriture, le Ça sera comme l'inconscient marqué par le mouvement, les blancs et les inégalités. Afin d'évaluer la place du Ça dans l'organisation d'une personne, et surtout la façon dont il influence sa personnalité, on regardera si les blancs envahissent le graphisme et dissolvent la forme ou si, au contraire, ils viennent enrichir le graphisme.

La richesse du graphisme se constate par un épanouissement des formes et par un bon rythme des noirs et des blancs. Le blanc fait alors ressortir le noir, sans le noyer. Un trait légèrement pâteux, mais dont la conduite reste ferme, signale la réceptivité d'une personne sensible et communicative.

Appauvrissement

Une personne submergée par son monde intérieur aura un graphisme tourmenté et très peu ordonné. Si le désordre domine avec une impression d'effervescence et de spontanéité exagérée, la personne a du mal à canaliser son énergie psychique et son adaptation à l'environnement est difficile. Dans ce cas, on constate que le blanc appauvrit le graphisme car il abîme la forme par des crénelages trop nombreux, par exemple, ou des laps de cohésion qui trouent les mots. Un trait trop pâteux et poreux laisse du blanc dans sa coulée et signale la vulnérabilité et la fragilité. Inversement, un trait net insiste sur le noir et représente le pôle défensif de la personnalité.

Qu'est-ce que le Moi ?

Le Moi du sujet organise la vie de l'individu en tenant compte des exigences de la réalité et des instincts pulsionnels indomptés du Ça.

❶ ❷ ❸

Interprétation

❶ La zone médiane est malmenée, crénelée et trouée. L'appui marqué et les espacements entre les mots suffisants indiquent une capacité à s'adapter et à s'engager dans la vie malgré une fragilité de base et un manque de confiance en soi.

❷ La forme est très malmenée et le mot troué. Beaucoup d'anxiété et un Moi qui a du mal à endiguer les pulsions intérieures. L'appui et les espacements entre les mots et les lignes permettent une prise de recul et un engagement dans l'activité.

❸ La forme est ici portée par un mouvement progressif et contrôlé. Un Moi fort qui autorise une confiance en soi positive et constructive. Le Surmoi est fort sans être rigide.

Le Moi, dans la deuxième théorie freudienne de l'organisation psychique, représente la part la plus consciente de notre personnalité. Le Moi est soumis au principe de réalité et représente notre caractère. Au terme d'une psychanalyse, là où était le Ça doit advenir le Moi, c'est-à-dire le sujet capable de dire « je » en assumant son identité. Il est remarquable que certains soient incapables de prononcer « je » et préfèrent toujours évoquer un « on » évasif.

Un Moi enraciné dans le Ça

Le Moi plonge ses racines dans le Ça ; il a donc une part inconsciente fortement marquée par le monde imaginaire. La question est de savoir s'il y a là un enrichissement, un appauvrissement ou une recherche de défense contre ces besoins pulsionnels.

Souplesse

Un Moi harmonieux est souple, en contact avec ses besoins profonds, mais en adéquation avec la réalité extérieure et l'environnement affectif. Un Moi fort a trouvé l'équilibre entre ses différentes tendances et a su s'adapter. L'écriture sera alors plutôt structurée avec une forme construite, un mouvement plus ou moins marqué, mais jamais dissolvant par rapport à cette armature qu'est la forme de l'écriture dans son rapport au mouvement. Le trait est nourri, c'est-à-dire à mi-chemin entre la netteté plutôt défensive et la « pâtosité » plus vulnérable. L'ordonnance est claire et organisée même de façon personnelle, ce qui indique l'adaptation au cadre.

Vulnérable ou créatif

Au contraire, un Moi submergé par ses besoins inconscients et pulsionnels ne peut faire face ; il est affaibli par son monde intérieur et s'adapte difficilement. La forme sera abîmée, crénelée, avec un trait pâteux à poreux ou grêle. Le mouvement maltraite la forme qui peut être filiforme et en général peu structurée.

La personne est plus proche de l'enfance ou de l'adolescence que de l'âge adulte. Il peut s'agir aussi d'une personnalité artistique, créative ou très originale. Dans ce cas, l'écriture sera hors norme et dotée d'un rythme qui se remarque et d'une personnalisation qui impressionne au-delà des critères d'harmonie.

Rigide et poreux

Il existe aussi des caractères plus rigides qui cherchent à se défendre contre leur monde inconscient peuplé à leurs yeux de désirs inavouables et de conflits insolubles qu'il vaut mieux refouler dans une zone d'ombre. Pour maintenir ce refoulement, une grande énergie est utilisée afin de mettre en place des mécanismes de défense qui ont pour but de renforcer le Moi de façon défensive au point de fabriquer parfois une véritable armure. Le graphisme est alors rigide, monotone, systématique. La forme est hyperstructurée et le mouvement est peu perceptible, parfois barré mais jamais coulant. Le trait est net, voire coupant, ne laissant filtrer aucune émotion ou aucun sentiment qui pourrait venir trahir l'inconscient du sujet.

Qu'est-ce que le Surmoi ?

Notre Surmoi c'est Jiminy Criquet de Pinocchio, notre guide intérieur et aussi notre modèle. Une partie est chargée de censurer et de juger nos comportements et pensées.

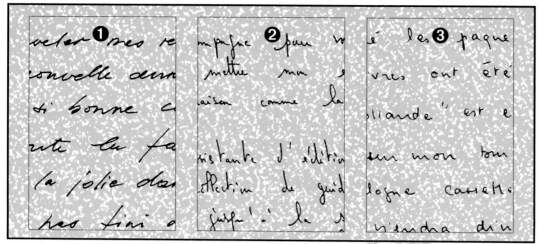

Interprétation

❶ Le mouvement barré, la liaison dominante et l'écriture bâtonnée révèlent du courage et un besoin de se dépasser. Le Surmoi est rigoureux et a quelque peu malmené un Moi toujours inquiet sur ses capacités.

❷ Écriture solaire à la mise en page rigoureuse. La toute petite zone médiane et les prolongements révèlent une grande exigence intérieure due à un Surmoi rigoureux et un peu sévère.

❸ Écriture solaire aussi, verticale et plus souple que la précédente. Le Surmoi est important aussi, le contrôle domine mais une certaine rébellion (les rebours) et du recul (les espacements) permettent à cette personne de s'exprimer et de s'affirmer dans un domaine artistique.

L e père ou la mère sont pour l'enfant des instances autoritaires mais aussi des modèles qui transmettent certaines valeurs vis-à-vis desquelles l'adulte cherche plus tard ses propres marques. Ce n'est pas toujours facile, et certains hésitent toujours entre la rébellion contre toute forme d'autorité et la soumission à une personnalité instituée comme modèle et juge.

Un Surmoi opérant

Un Surmoi fort peut donner des personnalités puissantes si le Moi reste également fort. Dans ce cas, on aura des individus perfectionnistes, volontaires et désireux d'être à la hauteur d'une image d'eux-mêmes qu'ils veulent proche d'un idéal qu'ils se sont choisi. Ils ne dérogent pas à leur ligne de conduite tracée avec rectitude. Ils sont fiers et s'investissent à fond dans leurs activités. L'écriture est ferme, contrôlée avec une forme structurée.

On trouve une marge de gauche fermement tenue et assez rectiligne. L'ensemble est sobre, et il peut y avoir du Soleil dans le graphisme, ce qui signale l'exigence intérieure ainsi que le goût de se distinguer.

Un Surmoi contraignant : de l'anxiété...

Un Surmoi trop fort est contraignant pour le Moi qui est alors écrasé et soumis, dans l'impossibilité qu'il est de trouver sa place face à une image intérieure trop sévère. Les désirs sont fortement réprimés et les principes sont subis et étouffants pour le sujet, qui se comporte vis-à-vis de ce Surmoi comme l'enfant soumis qu'il était autrefois. L'écriture est raide, elle peut être saccadée, voire spasmodique. Les pochages et autres signes d'anxiété sont nombreux si l'angoisse domine.

... A la soumission

Si les mécanismes de défense mis en place sont rigides, l'ensemble sera plutôt marqué par la monotonie et par la raideur avec une forme hyperstructurée, des marges rigides, surtout celle de gauche qui représente le passé et ses valeurs. Le graphisme sera plutôt conventionnel puisque la personne respecte les normes à l'extrême afin de ne jamais déroger à ses principes. Si la personne ainsi contrainte par son juge intérieur recherche la protection de l'autorité et de la hiérarchie, elle aura tendance à commencer ses lettres très haut dans la page, laissant ainsi une petite marge du haut. Cela symbolise le besoin de protection et de couverture. Dans ce cas, sur le plan professionnel, mieux vaut ne pas rechercher un poste nécessitant l'affirmation de sa propre autorité.

Rébellion

Inversement, certaines personnes se rebellent contre toute forme d'autorité soit que le Surmoi ait été trop contraignant, poussant la personne à faire exploser ses barrières, soit que les modèles parentaux n'aient pas constitué des repères suffisamment structurés pour permettre la construction d'un Surmoi modèle. La marge du haut sera au contraire très grande, ce qui indique le conflit avec l'autorité. La marge de gauche sera plutôt sinueuse, indiquant le manque de repère en ce qui concerne les principes et les valeurs.

L'oralité a-t-elle une trace positive ?

Le stade oral est le premier des trois stades de développement décrits par Freud. Bien vécu, il donne à la personne une confiance en elle qui lui permet de se réaliser.

❶

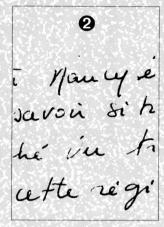

❷

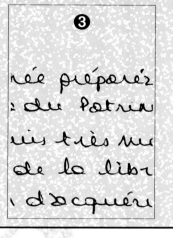

❸

Interprétation

❶ Le trait est appuyé, l'écriture est enchevêtrée, rapide et effervescente, et plutôt arrondie et agrandie ; oralité forte et confiance en soi malgré des difficultés à se positionner vraiment. Interprète qui utilise son oralité en parlant dans son métier.

❷ L'écriture est moyenne à grande, arrondie et souple en même temps que ferme. Trace d'oralité qui donne de la douceur, une confiance en soi et de l'optimisme. Métier de communication pour cette psychologue.

❸ Rondeur et raideur dans ce graphisme qui semble se tricoter de façon systématique. Oralité moins bien vécue mais compensée par la persévérance et la ténacité. Difficultés au niveau de la vie affective.

Selon Freud, le stade oral est le premier stade de développement psychosexuel, c'est-à-dire qu'il correspond à l'apprentissage d'un mode de relation à autrui, la mère à ce stade, et à la primauté de la bouche comme source de plaisir, s'appuyant sur la satisfaction de la faim.

Un ancrage positif
C'est à ce moment que l'enfant élabore une relation avec un autre qu'il perçoit comme différent de lui-même mais qu'il cherche à récupérer de façon à ne faire qu'un avec cet objet qui est sa propre mère. La nourriture satisfait un besoin vital mais aussi un besoin de s'agripper et de se réchauffer au corps de sa mère. L'enfant est sécurisé par la voix, l'odeur et la chaleur du corps maternel. Si tous ces besoins sont satisfaits de façon suffi-

sante, l'enfant évoluera avec un sentiment de confiance et de sécurité.

Narcissisme évolutif
Dans ce cas, le caractère gardera l'empreinte de ce moment et donnera, à différents degrés, de l'optimisme qui se caractérise par une facilité à parler et à rire en envisageant des projets d'avenir. Une soif de vivre anime la personne qui s'attaque avec efficacité à la réalisation de ses projets. L'oralité est dans ce cas positive et correspond à une personnalité construite sur des bases solides, adaptée et confiante en elle-même. Le narcissisme est évolutif et correspond à la confiance et à l'estime de soi nécessaires pour entreprendre et réussir dans la vie. Ouverture et protection s'équilibrent au sein de la personnalité qui s'épanouit sur les plans professionnel et affectif.

Un graphisme fort
Le graphisme est en général à dominante de forme, plutôt agrandie et arrondie. Verticale, l'écriture est souvent conventionnelle. On ne parlera pas d'écriture orale mais d'écriture comportant des traits oraux. L'écriture orale est plus marquée par le stade oral et correspond à un caractère plus immature. Dans le cas positif qui nous occupe ici, l'oralité a été bien vécue et a survécu à l'état de trace dans le caractère de l'individu, lui donnant toutes ces caractéristiques d'estime et de confiance en soi.
Il est souvent difficile de distinguer une écriture au narcissisme positif et une écriture plus régressive. C'est le mouvement et la fermeture des formes ainsi que la souplesse du tracé qui feront la différence. Dans le cas d'une fermeture sur soi, le graphisme est statique et les formes

enroulées sur elles-mêmes plus qu'arrondies, la conduite du trait est raide et monotone. Le tracé fait impression mais n'avance pas. Dans le cas d'une vraie confiance en soi, la souplesse et le mouvement progressif animent le graphisme qui reste nuancé malgré un aspect massif.

Métiers
Les oraux adorent parler et communiquer, n'oublions pas que la bouche est leur zone de référence. Ils seront avocats, enseignants, communicateurs, attachés de presse ou spécialistes en relations publiques. Tous les métiers de bouche, bien sûr, mais aussi ce qui concerne le confort et le bien-être du corps.

THÉORIE

Qu'est-ce que la fixation orale ?

Le stade oral peut être mal vécu soit par excès de satisfaction si la mère couve son enfant, soit par carence si le manque d'affectivité est important.

THÉORIE

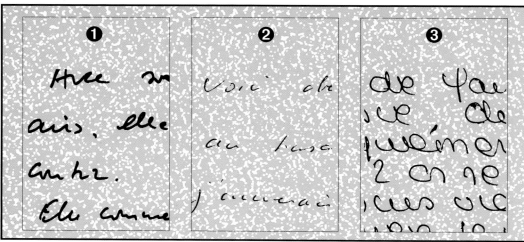

Interprétation

❶ La zone médiane est inégale et le graphisme est fuyant et troué. Fixation orale et difficulté dans la vie affective et relationnelle. Beaucoup de fragilité.

❷ Le graphisme coule comme un robinet ouvert. Il n'est pas assez contrôlé, de plus le trait est léger, les inter-mots trop grands. Le principe de plaisir domine et l'adaptation est difficile.

❸ Fixation orale importante. L'écriture est agrandie, enfoulée avec des « b » fœtaux. Le graphisme qui tente de se construire ne tient pas vraiment, en raison des trous et des inégalités.

A un stade oral mal vécu correspond une fixation à ce stade et une difficulté à évoluer vers les stades de développement ultérieurs. Cela veut dire aussi que même si la personne évolue bien en apparence, elle peut, en cas de coup dur, régresser à ce stade en utilisant des drogues ou de l'alcool, ou bien en sombrant dans un état dépressif.

On ne parle plus alors de caractère oral mais de personnalité orale, ce qui signifie qu'elle est immature. De même que l'enfant était dépendant de sa mère pour sa survie, l'adulte à structure orale est souvent dépressif, dépendant des autres, d'un système ou d'un produit toxique.

Principe de plaisir : avoir
Le nourrisson vit au rythme du plaisir et du déplaisir, et exige satisfaction immédiate dès qu'il ressent une tension interne de faim ou d'inconfort, il pleure et s'agite alors pour alerter sa mère ou son entourage nourricier. A l'âge adulte, les personnalités orales sont de même dans le principe de plaisir et ne tolèrent que très difficilement la frustration et le délai.
Difficilement adaptables, ces personnalités ont du mal à se stabiliser car leur identité manque de cohésion. Elles n'ont pas vraiment assumé la séparation d'avec leur mère et ne se sentent jamais autonomes.
N'ayant pas l'impression de constituer réellement une personne à part entière avec ses limites et ses frontières, leurs points de repères sont flous et incertains.

Un narcissisme régressif
L'insatisfaction domine et leur avidité n'est là que pour combler ce manque fondamental. La confiance fait défaut comme si l'estime de soi n'était jamais possible.
Le narcissisme qui peut se constituer est alors défensif et est marqué par la régression. La personne s'enferme en elle-même pour se protéger tant sa détresse est grande au contact du monde extérieur.
Deux profils d'écriture se dégagent et correspondent à deux types différents : le type narcissique et le type dépendant. Le narcissisme dans ce cas est régressif, l'écriture sera statique, grande ou très grande en compensation d'une estime de soi en réalité réduite. Les formes seront enroulées, ce qui traduit la fermeture, l'avidité et le retour sur soi avec préoccupations égocentriques. Et l'espace est en général envahi, puisque seule l'apparence tient lieu d'identité.

Les personnalités dépendantes
Les personnalités dépendantes vivent en courant après des objets qui ne les comblent jamais vraiment. Véritables tonneaux des Danaïdes, ce qu'elles absorbent en nourriture, drogue, alcool, sexualité ou marque d'affection ne les comble jamais puisque leur schéma corporel, base du sentiment de soi, ne s'est jamais fermé, cicatrisé après la séparation d'avec leur mère.
L'écriture est labile, petite, filiforme avec un mauvais rythme et une répartition spatiale inégale et maladroite. Les courbes sont molles et indécises, la pression lourde et pâteuse.

Qu'est-ce que la fixation anale ?

Une personnalité trop marquée par ce stade en possède les caractéristiques : manie de la propreté, de l'ordre et avarice en sont les critères.

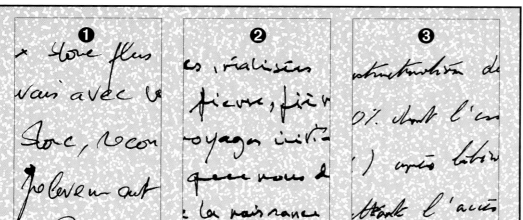

❶   ❷   ❸

Interprétation

❶ Le graphisme est destructuré et très sale. Avec les acérations que l'on trouve sur les « t », on a de l'agressivité. Ici, c'est le goût du désordre et de la saleté qui prévaut le plus souvent.

❷ Ici aussi le trait est sale, engorgé et pâteux. L'écriture adhère à la ligne de base. Beaucoup d'anxiété et de difficultés à s'organiser de façon efficace. Se rassure, bien que péniblement, avec le quotidien.

❸ Forte analité dans ce petit graphisme noir et griffu. A choisi de travailler dans le milieu bancaire, ce qui convient à l'analité, mais il y a sûrement de grosses difficultés dans la vie privée d'ordres affectif et amoureux.

Il arrive qu'une personne soit trop marquée par ce stade et que le caractère se forge en référence préférentielle à cette étape de développement. Les qualités acquises habituellement à ce stade sont alors fixées et rigidifiées de façon extrême. On aura ainsi des personnes obsédées littéralement par l'ordre et la propreté, chacun en connaît dans son entourage. Il peut s'agir dans les cas graves de personnalités dites obsessionnelles qui peuvent se laver les mains trente fois par jour et refaire le ménage en permanence, se torturant mais tourmentant aussi leur entourage.

Ambivalence

On se souvient que ce stade est celui de l'apprentissage de la propreté, mais aussi celui de la prise de conscience par l'enfant du choix qu'il pouvait faire d'obtempérer ou non aux désirs de sa mère ou de tout autre représentant de l'autorité. Les personnalités dites anales sont constamment dans la double contrainte intérieure d'obéir et de désobéir, d'aimer le propre et d'aimer le sale, de vouloir vivre dans l'ordre, mais aussi dans le désordre : ils sont ambivalents. D'où des scrupules permanents pour vérifier si les choses ont bien été faites ; il s'agit de personnes vérifiant cent fois si le gaz est éteint et la porte bien fermée. Dans l'écriture, on remarque de nombreux retours en arrière, des traits couvrants, une difficulté à progresser, l'écriture fait du surplace et semble enlisée. Ce sont des gens qui ont du mal à prendre des décisions et à aller de l'avant. En revanche, ils analysent beaucoup les situations sous tous leurs aspects mais sont pleins de scrupules au moment où il faut trancher.

Un caractère rigide

L'affirmation est difficile ou inadaptée. Incapables de donner leur opinion, car se décider leur est particulièrement difficile, ils peuvent aussi exagérer et piquer de véritables colères qui rappellent celles d'enfants boudeurs qu'ils étaient. Ce sont des caractères difficiles, rigides et déconcertants. Ils s'adaptent malaisément à la nouveauté et sont en général routiniers et conservateurs. Les jambages verticaux sont souvent arqués et en traits couvrants. Plus ordonnés que véritablement organisés, ils ont du mal à voir les choses en prenant du recul ; en revanche, ils adorent les classements. L'écriture est souvent petite, noire avec un trait assez sale et engorgé qui traduit l'angoisse et le sentiment de culpabilité.

Affirmation et rébellion

Les rapports avec la hiérarchie sont complexes car ils sont en permanence entre la rébellion et la soumission, ces personnalités étant incapables de trouver la voie adulte de l'affirmation de soi naturelle. Les marges du haut peuvent être ou trop grandes ou trop petites, traduisant ainsi le rapport conflictuel à l'autorité. Capables de bouder pendant des semaines, ils font de l'opposition passive quand ils ne se rebellent pas franchement, rendant difficile, par cette attitude, une adaptation réussie. Les adolescents sont en général tentés par cette voie, à un âge qui est souvent marqué par la rébellion et le goût affiché pour le désordre, voire la saleté.

Qu'est-ce que l'analité ?

Deuxième stade de développement. Chez l'enfant, l'analité correspond à l'acquisition de la propreté et à la première étape du développement de l'autonomie.

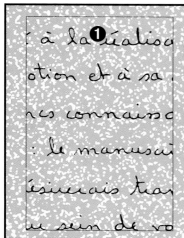

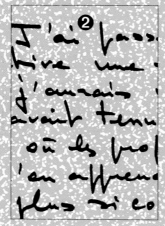

Interprétation

❶ Graphisme sage et ordonné qui indique une analité importante mais utilisée dans le sens de l'ordre, du sérieux et de la rigueur. Il existe un décalage entre le haut niveau d'études (DEA) et l'aspect lent et conventionnel. L'affectivité est encore infantile.

❷ La petitesse et la noirceur associées à l'ordonnance régulière confirment l'analité, qui a structuré le caractère de façon assez rigide. La personnalité est assez originale du fait de l'intensité du graphisme.

❸ La régularité, la douceur et l'ordonnance du graphisme confirment une analité bien intégrée, qui a donné sérieux, sens des réalités et désir de rentabiliser son effort. Simplicité et réalisme sont dominants.

Ce stade correspond au moment où l'enfant acquiert la notion de la propreté. Sa mère en général commence à lui apprendre l'usage du pot. L'enfant se rend compte alors qu'il doit se soumettre à certains impératifs qui sont les premières règles sociales.

Le cadeau

A ce moment, il se rend compte aussi que cela fait plaisir à sa maman s'il obéit et que, inversement, il peut à volonté la mettre en colère en lui désobéissant. Il décide alors de faire ou non ce cadeau à sa mère et surinvestit, à cette occasion, cette obligation naturelle d'une charge affective qui restera longtemps par la suite une monnaie d'échange. La rébellion plus ou moins prolongée d'un adulte reste toujours teintée de cette connotation.

Autonomie

A cette occasion, l'enfant apprend aussi qu'il peut choisir de faire ou de ne pas faire, c'est-à-dire qu'il a un choix et il se constitue ainsi comme un être indépendant de sa mère. Il devient un tout distinct, il n'est plus fusionné à sa mère. Il peut être d'accord ou non, et il tire une grande jouissance de ce fait. C'est l'âge jubilatoire, que tout parent peut constater, du « pipi-caca » clamé à tout bout de champ. C'est une étape cruciale du développement de l'identité et de la cohésion narcissique. L'enfant apprend qu'il est un individu à part entière, doté d'une autonomie et d'une capacité de choix.

Ordre

Cet apprentissage de la propreté lui permet aussi d'ins- taurer les notions de sale et de propre, d'ordre et de désordre et celles du temps et de la patience. Une certaine discipline se met en place et ainsi se fait l'acquisition du principe de réalité par opposition au principe de plaisir qui régnait au stade oral. L'enfant apprend qu'il peut et doit parfois attendre avant d'obtenir quelque chose, la règle du « tout-tout de suite » n'est en principe plus de mise. C'est un moment important durant lequel l'enfant apprend à tolérer la frustration de ne pas immédiatement être satisfait. Ce stade est très essentiel pour l'acquisition de la notion d'individualité, mais aussi en ce qui concerne les règles sociales. Dans l'écriture, tout ce qui relève de l'ordonnance de la page, de la soumission aux normes, ou bien inversement de la rébellion, pourra s'interpréter en fonction de ce stade. Ainsi, une écriture ferme, très ordonnée, avec une forme dominante et une dimension petite à moyenne, sera marquée par une analité normale, c'est-à-dire que l'on sera face à une personnalité adaptée qui a le souci de donner une bonne image, le goût de la rigueur, de l'ordre et de la discipline, avec une prédilection pour les domaines intellectuels.

Les métiers

Toutes les professions nécessitant ordre et rigueur seront choisies par les personnes marquées positivement par le stade anal. Comptables, banquiers, juristes, mais aussi teinturiers pour le goût de la propreté, et aussi peintres pour le goût sublimé pour les matières et les couleurs.

Qu'est-ce que le conflit œdipien ?

Le conflit œdipien s'élabore environ vers la cinquième année de l'existence. Il participe à la formation de la personnalité de l'être humain.

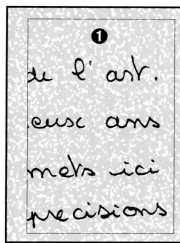

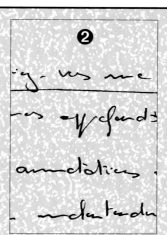

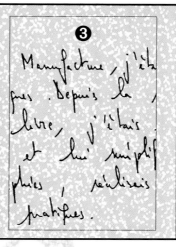

Interprétation

❶ Le graphisme est assez infantile par rapport au niveau d'études. Sur le plan affectif, difficultés à se séparer des images parentales et à envisager une vie amoureuse autonome.

❷ Écriture phallique et œdipienne d'une femme très autoritaire dans son activité professionnelle ; le trait appuyé, l'angulosité, les bâtonnements, les saccades indiquent une femme identifiée à une image plutôt masculine.

❸ La verticalité, la finesse et la petitesse sont assez masculines pour une écriture de femme, mais cette recherche de la masculinité se sublime dans une recherche d'efficacité et de réalisation professionnelle exigeante.

Vers cet âge, l'enfant va chercher à ressembler au parent du même sexe afin de « séduire » celui du sexe opposé. La petite fille va imiter sa maman, son maquillage et sa démarche, par exemple, en même temps qu'elle cherchera de préférence la compagnie de son père. Inversement, le petit garçon voudra être l'homme de la maison tout en attirant l'attention exclusive de sa mère.

Ambivalence

Une certaine jalousie peut même se manifester à l'égard du parent rival. En effet, il arrive que des conflits éclatent entre la petite fille et sa mère ou entre le petit garçon et son père. A cet âge, cela se passe en général sans difficulté apparente. En revanche, à l'adolescence, les conflits sont réactivés et se

révèlent dans toute leur acuité et leur éventuelle violence. Tout se passe comme si, à l'âge de la mise en place du complexe d'Œdipe, étaient engrangés les éléments qui ensuite auront de l'importance ou n'en n'auront plus.

Le complexe

Lorsque l'on parle d'une personne qui a un complexe d'Œdipe, il s'agit d'un cas où, à l'adolescence, au moment où l'individu devient autonome, des difficultés apparaissent qui sont des réactualisations du complexe non liquidé dans l'enfance. Il s'agit de personnes qui ont du mal à s'affirmer dans leur propre identité sexuée. La femme aura une forte tendance masculine, qui la fait s'identifier à son père plutôt qu'à sa mère et, inversement, pour le garçon, qui aura du mal à s'affirmer et à montrer son potentiel

dans la vie professionnelle. En même temps subsiste une agressivité plus ou moins inconsciente pour le parent du même sexe et ce conflit utilise une grande énergie psychique qui a tendance à épuiser l'individu dans une lutte intérieure que l'on appelle la névrose.

Chez la femme

Dans l'écriture, chez la femme marquée par le complexe œdipien, on aura le plus souvent une écriture assez masculine, petite, noire, bâtonnée et simplifiée avec une impression que les jambages sont autant de pieux fichés en terre. Ces pieux illustrent la revendication phallique qui anime fortement ces femmes.

Chez l'homme

Chez un homme, l'écriture sera soit féminoïde, ronde et agrandie, soit très inhibée

dans sa progression avec des lettres suspendues, des jambages rabougris, tordus ou arqués qui indiquent la difficulté à s'affirmer, la crainte de marquer sa puissance et le complexe de castration qui est le corollaire d'un œdipe mal vécu. L'écriture est tiraillée, hésitante, et souvent l'espace est mal réparti avec une marge de gauche rapetissée et une signature infantile et située à gauche. Il importe de se rappeler que tous les stades décrits précédemment laissent tous des marques profondes chez chacun d'entre nous et qu'ils sont structurants. Ce n'est que lorsqu'un déséquilibre intervient que l'on peut évoquer les traces laissées par ces stades et la manière dont ils ont marqué le caractère.

Qu'est-ce que le stade phallique ?

Un adulte marqué par le stade phallique en conserve des traces sous la forme de traits de caractère. Le plus marquant est une grande ambition.

Interprétation

❶ Les prolongements hauts et surtout bas sont typiques du phallique. Ambition et désir de réussir, mais avec un conflit entre pouvoir et vouloir lié à une difficulté à se séparer du passé.

❷ Phallique aussi cette écriture de femme, droite et assez raide avec des prolongements importants sur les jambages, qui forment des pieux. Besoin de prouver sa puissance non sans revendication un peu agressive.

❸ Écriture de femme avec des jambages prolongés mais mous. Apparence très féminine mais beaucoup d'insatisfaction et de revendication dans la vie affective. Théâtralité constante et besoin impérieux de se montrer en toutes circonstances.

Le stade phallique intervient au cours de la troisième année de la vie. Il est caractérisé par une polarisation de l'enfant sur la zone génitale. Découverte, premiers attouchements et révélation de la différence des sexes (absence ou présence du pénis).

Fierté ou honte

Cette période est marquée par une curiosité et par une valorisation qui s'exprime par de la fierté. La fierté est souvent à cet âge liée au plaisir d'exhiber son corps. C'est aussi à cette période que s'installe le corollaire de la fierté : la honte. La honte est aussi liée au corps, mais au besoin de le cacher. C'est également à cet âge que se joue l'apprentissage de la propreté urinaire. L'enfant apprend à être fier, ou honteux, de pouvoir, ou de ne pas avoir pu, se retenir. La honte est aussi inscrite dans ce que les psychanalystes appellent le complexe de castration, qui se joue au stade phallique. La découverte du pénis va en effet de pair avec celle de son absence et de la crainte de le voir disparaître.

L'ambition

Le stade phallique est lié à l'ambition. Les personnes marquées par ce stade sont très ambitieuses et ont besoin de réussir pour se prouver leur valeur. Leur comportement est très narcissique et les besoins sont importants en signes extérieurs de richesse. La possession de belles voitures qui éblouissent est notamment liée au stade phallique pour les hommes. C'est un reste infantile, puisqu'il confond l'être et l'avoir.

Dans l'écriture

Dans l'écriture, les traces du stade phallique se remarquent surtout dans les prolongements haut et bas et dans les écritures bâtonnées, assez rigides et inclinées. Ces prolongements révèlent bien un conflit entre pouvoir et vouloir dans la mesure où ces personnes sont comme des enfants qui veulent être aussi grands que le père mais n'en n'ont pas encore les moyens. Certains réussissent à donner le change socialement, car l'ambition est valorisée, mais c'est souvent au prix d'une fuite en avant.
Si c'est en revanche le pôle honteux de ce stade qui domine, l'écriture sera marquée plutôt par le complexe de castration, et les jambages, plus particulièrement, seront rognés ou bien tordus. La difficulté à s'imposer et à s'affirmer est liée à un sentiment d'échec. Le graphisme, dans ce cas, est souvent petit, inégal et vulnérable.

La revendication

Une femme marquée par le stade phallique aura une écriture assez masculine, bâtonnée, petite et cérébrale. Son caractère sera revendicatif et autoritaire. Elle peut réussir socialement et professionnellement, mais c'est parfois au prix d'une difficulté sur le plan affectif et personnel. La femme phallique revendique son statut d'égalité vis-à-vis de l'homme, quand l'homme marqué par le stade phallique revendique d'être aussi fort que son père. Dans les deux cas, il y a insatisfaction et sentiment d'être lésé ou d'avoir été lésé. Cette frustration subjective, à condition de ne pas la laisser vous dominer, est souvent un moteur puissant de réussite sociale.

Jung : la psychologie des profondeurs

Carl Gustav Jung (1875-1961), médecin, psychiatre et psychanalyste, est né en Suisse. Il nomma sa théorie psychanalytique « psychologie des profondeurs ».

THÉORIE

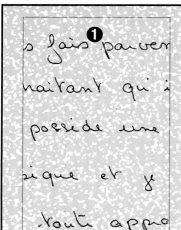 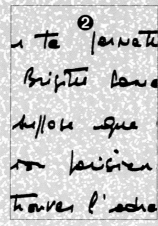 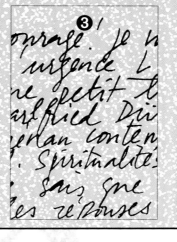

Interprétation

❶ Le trait est léger et l'ensemble cabré manque de sève. La finesse du trait et la « sagesse » de la forme indiquent une libido moyenne et un peu régressive, mais le mouvement pourrait s'inverser avec l'expérience acquise.

❷ Le trait est épais et appuyé, ce qui signale une libido forte, mais l'écrasement sur la ligne traduit aussi une certaine régression, voire un blocage, de cette énergie psychique que constitue la libido pour Jung.

❸ Le trait appuyé et l'angulosité traduisent l'impétuosité d'une énergie forte qui évoque une certaine agressivité et un manque de discernement du fait d'une subjectivité qui submerge la personnalité.

Jung, après de brillantes études universitaires, exerça comme psychanalyste et psychothérapeute. Au cours de nombreux voyages, en Afrique notamment, il observe les civilisations locales et recueille des observations importantes concernant l'inconscient collectif. Il fut tout d'abord élève et ami intime de Freud puis s'en sépara du fait de divergences théoriques importantes.

L'inconscient collectif

Tout comme Freud, Jung reprend la notion d'inconscient personnel qui correspond au vécu individuel de chacun. Cet inconscient personnel comporte des souvenirs refoulés, des complexes et des mécanismes de défense plus ou moins conscients. Il crée la notion d'inconscient collectif, qui correspond à ce que chaque homme a en commun quelle que soit son origine culturelle, sociale ou historique. En d'autres termes, l'enfant qui naît est déjà chargé d'un héritage non seulement biologique et génétique, mais aussi symbolique. Dans l'inconscient collectif, on retrouve des archétypes, qui sont des images apparaissant dans les mythes, les légendes, les rêves et les fantasmes.

La libido forte ou faible

La libido freudienne est essentiellement sexuelle, la libido jungienne est une énergie psychique qui est pour chaque individu plus ou moins forte. Une libido forte correspond à une forte intensité vitale et, inversement, une libido faible correspond le plus souvent à une moindre intensité pulsionnelle. Graphologiquement, la libido forte se manifeste par une écriture ferme, grande et appuyée. Le rythme est marqué et les formes sont structurées. La pression est nette ou nourrie avec une dominante anguleuse. La libido faible se manifeste par une écriture légère, molle ou filiforme. Elle est plus instable, moins structurée, avec des formes plus labiles.

Libido régressive ou progressive

La libido progressive correspond à un mouvement en avant. L'adaptation au monde extérieur est bonne, tout comme l'adaptation au monde intérieur. Il y a une bonne circulation entre le conscient et l'inconscient. L'écriture est alors aisée et dynamique, le mouvement est fort, la pression est appuyée et le trait nourri. L'écriture est plutôt inclinée. La libido régressive correspond à un frein donné à l'expansion de soi du fait d'un trop grand contrôle ou d'une anxiété qui empêche la libre expression de soi. Cependant, à certains moments de la vie, il est bon de faire des retours sur soi, et la libido régressive n'est pas nécessairement négative si elle correspond à un mouvement de connaissance de soi et si elle débouche sur une meilleure adaptation à soi-même. Si cette régression persiste, elle crée de la dépression. A l'extrême, la libido est bloquée et correspond à un état névrotique. Graphologiquement, la libido régressive se manifeste par une écriture serrée, petite, renversée et dont la progressivité est freinée par des signes d'inhibition. Bloquée, la libido entraîne un graphisme, lourd, noir, immobile, épais et pâteux.

INTERPRÉTATION

Votre écriture traduit-elle de l'indépendance ?

Les personnes indépendantes ont une personnalité bien construite et se fient à leur sens des valeurs.

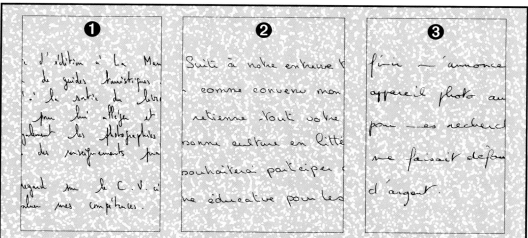

Interprétation

❶ Personnalité très défendue, le trait est sec, fin et l'écriture est verticale. La mise en page est stricte. Cette femme ne se laisse pas influencer et recherche l'indépendance, au risque de perdre un peu sur le plan affectif.

❷ Personnalité encore immature. Le trait est léger, influençable, l'écriture est peu personnalisée. Le respect des normes que l'on voit dans l'ordonnance et le renversement du tracé vers la gauche indiquent que le scripteur se contrôle, recherche ses assises. Cela constitue dans ce contexte graphique une bonne compensation.

❸ Beaucoup de fragilité. Le trait est léger et les bords sont effrangés. Les « m » et les « n » sont écrasés. Les retouches indiquent l'anxiété. Personne vulnérable.

Le degré d'indépendance se voit à différents signes graphiques.

Tout d'abord, c'est l'impression générale qui se dégage d'après la répartition des masses graphiques. Un bon indice d'indépendance est l'aspect aéré du texte : espaces suffisants entre les mots, entre les lignes, marges proportionnées. Une impression d'équilibre se dégage lorsqu'un « rythme de répartition » est trouvé.

L'ordonnance, c'est-à-dire la mise en page du point de vue du respect des normes, est correcte, et cela indique que la personne respecte son interlocuteur.

Le trait
Le trait – c'est-à-dire la trace qu'on laisse sur le papier – est vivant, il a de la pâte. Ce type de trait, dit « nourri », est aussi un indice d'indépendance, ses bords sont lisses et il est suffisamment épais. Le trait symbolise à la fois l'empreinte de la personne et la façon dont il laisse, ou ne laisse pas, passer les influences extérieures. Les bord du trait constituent la frontière entre le Moi et le monde. A l'inverse, un trait effrangé sur ses bords est plus fragile, moins défendu par rapport à l'extérieur. Si le trait est poreux, la personne est vulnérable.
L'appui, c'est-à-dire la façon dont la plume s'enfonce dans le papier, est modéré. Cela signifie que la personne s'implique dans ce qu'elle fait et assume ses responsabilités.

L'inclinaison
L'inclinaison traduit aussi le niveau d'indépendance par rapport aux influences. Un tracé vertical ou renversé vers la gauche indique que la personne recherche en elle-même ses critères de choix et qu'elle refuse de se laisser influencer. L'équilibre consiste à garder de la souplesse. Un tracé incliné vers la droite symbolise le goût des contacts et l'ouverture aux autres. Un tracé trop incliné, avec d'autres signes de dépendance ou de fragilité : la personne est influençable.

Le Moi
Être indépendant suppose que le Moi de la personne est suffisamment structuré. La zone du Moi dans l'écriture est la zone médiane, c'est-à-dire celle des petites lettres et du corps des lettres en jambages ou hampes. Si le Moi est peu solide, cette zone est « chahutée », inégale du point de vue de la dimension, de l'inclinaison et de la souplesse. Si cette zone est filiforme, avec une conduite de trait molle ou raide, la personnalité est peu structurée. De grandes inégalités dans la dimension ou dans l'inclinaison montrent que la personne doute beaucoup d'elle-même, qu'elle a du mal à faire des choix ou à prendre des décisions.
La dimension n'intervient pas ici : un Moi peut être fort que l'écriture soit grande ou petite.

La signature
La signature doit être conforme au texte. Si elle est trop différente, cela indique qu'il y a un décalage entre ce qu'est la personne et ce qu'elle montre d'elle-même. Une personne indépendante a une conscience claire de ses possibilités et n'a pas besoin d'en rajouter.

Votre écriture traduit-elle de l'audace ?

Avoir de l'audace, c'est savoir prendre des risques, sans toutefois pêcher par excès de confiance en soi.

INTERPRÉTATION

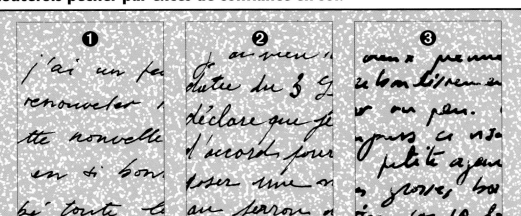

❶ ❷ ❸

Interprétation

❶ Le mouvement est barré, la forme anguleuse et l'inclinaison régulière, le trait est plutôt léger. Courage et sens du défi en même temps qu'appréhension de l'avenir.

❷ L'écriture proche du modèle calligraphique, les retouches, ainsi que les blancs occultés entre les mots indiquent une méfiance et une peur de l'imprévu. L'inclinaison est conventionnelle et non dynamique.

❸ La rapidité, l'inclinaison régulière mais nuancée, la tenue de ligne, les espaces entre les mots indiquent le dynamisme et l'engagement d'un homme qui recherche les responsabilités et ne craint pas de prendre des initiatives.

Être audacieux implique que l'on ait l'idée d'un objectif à réaliser. Ce but envisagé, il reste à mettre en place une stratégie qui permettra de l'atteindre. Les gens qui pratiquent des métiers à risque savent qu'il leur faut calculer ces risques au plus juste avant de se lancer dans une entreprise.

Le désir d'entreprendre se voit dans un mouvement dynamique qui se propulse vers la droite, c'est-à-dire vers l'avenir. La marge de droite est petite, l'écriture est simplifiée, ce qui indique que la personne va à l'essentiel. L'écriture est rythmée, la répartition des noirs et des blancs est vivante, avec des mots bien cernés. Il y a un équilibre des forces. Le graphisme peut être incliné vers la droite ou bien ver-

tical, il est en tout cas vivant, non systématique, et il avance.

Un graphisme personnalisé

Portant la griffe de son auteur, il résulte d'une évolution, d'une harmonisation des forces intérieures pour produire une écriture authentique et reconnaissable entre toutes. Plus l'écriture est simple ou sobre, plus le niveau graphique est élevé. On préfère aujourd'hui les graphismes simples aux écritures très ornées du passé. L'implication nécessaire à la réalisation du projet se remarque dans l'appui et le dynamisme de l'écriture. Si le trait a du relief, la personne utilise ses forces à bon escient.

Confiance

La prise de risque nécessite de la confiance en soi et surtout la capacité de lâcher ce

qu'on a. La confiance en soi se voit dans une écriture structurée, avec de l'appui et une zone médiane souple. Inversement, la vanité produit des ornements inutiles, des gestes disproportionnés par rapport à la ligne de base, qui marquent une ambition démesurée par rapport aux possibilités.

Oser perdre

S'il s'agit d'investir de l'argent, ceux qui sont avares tiennent trop à leurs acquis pour prendre le risque de les perdre. Les petites écritures fermées, étrécies, avec un trait maigre ou sale, sont le fait de personnes qui ne sont pas réellement autonomes, car elles sont dépendantes de ce qu'elles ont : posséder leur donne le sentiment d'exister. Les tracés trop réguliers et dont la forme est rigide sont le fait de person-

nalités qui ne sortent pas des sentiers battus. Une écriture présentant de nombreux signes de frein, avec une grande marge de droite, indiquera que la personne n'ose pas entreprendre. Une écriture retouchée indique un esprit scrupuleux et trop anxieux pour prendre des risques. Si l'on doit pouvoir remarquer dans le graphisme des signes de dynamisme, il faut également trouver des signes de réalisme et de contrôle. Une écriture grimpante, dont les lignes montent excessivement, indiquera un optimisme exagéré. Les mouvements effervescents, les écritures précipitées, avec des mises en page désordonnées, signalent un esprit brouillon, peut-être inventif mais peu réaliste, plus téméraire qu'audacieux.

Votre écriture révèle-t-elle de la sensualité ?

Plus ou moins délicat et sensible, esthète raffiné, bon vivant ou jouisseur, votre sensualité transparaît dans votre écriture.

INTERPRÉTATION

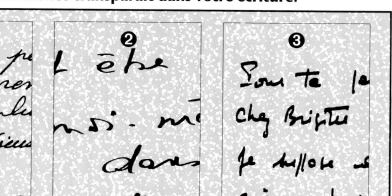

❶ ❷ ❸

Interprétation

❶ Le trait appuyé, pâteux, la zone inférieure développée et la tenue de ligne indiquent une personne assez sensuelle et rattachée à la terre. L'esprit est concret, bien que les aspirations spirituelles ou intellectuelles soient importantes.

❷ La pression en ruban, le trait pâteux indiquent une personne qui attache beaucoup d'importance au cadre dans lequel elle vit. La sensorialité est développée.

❸ Le trait pâteux, épais, la ligne très tenue indiquent une personne aimant les plaisirs de la vie. Chaleur et sensualité en font quelqu'un de très convivial.

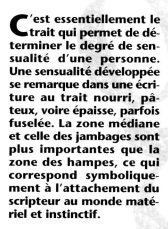

C'est essentiellement le trait qui permet de déterminer le degré de sensualité d'une personne. Une sensualité développée se remarque dans une écriture au trait nourri, pâteux, voire épaisse, parfois fuselée. La zone médiane et celle des jambages sont plus importantes que la zone des hampes, ce qui correspond symboliquement à l'attachement du scripteur au monde matériel et instinctif.

Certains aiment l'acte d'écrire pour lui-même, ils aiment dessiner le mot sur la page, sentir l'odeur de l'encre ou du papier, apprécient le glissement ou, au contraire, la résistance de la feuille. L'usage du feutre peut être un signe de sensualité, car il permet de dessiner les lettres en leur donnant une densité particulière. Ce sont des personnes qui accordent beaucoup d'importance au choix du papier, du stylo et à la couleur de l'encre. Elles apprécient tous les plaisirs des sens dans leur vie quotidienne. La décoration, la cuisine, l'habillement, les soins et les plaisirs du corps sont recherchés. Si la sensualité s'exprime surtout dans le raffinement esthétique, la mise en page sera soignée, la forme de l'écriture recherchée et stylisée.

Sociable et convivial

En général, la zone supérieure est peu développée au profit de la zone médiane et de la zone inférieure. L'écriture est plutôt ronde, en guirlande souple, le mouvement est coulant et le graphisme donne une impression de confort. Le trait nourri est net et bien encré, il est intermédiaire entre le trait léger et le trait épais. C'est le trait réceptif d'une personne sociable et conviviale, qui équilibre goût du plaisir et délicatesse. La zone médiane prédominante indique l'implication dans le quotidien, le présent et le réalisme. Si le trait est plus pâteux, ce sont des gens assez dépendants du milieu environnant, auquel ils sont extrêmement sensibles. Cette impressionabilité des sens peut les rendre fragiles et sujets aux fluctuations d'humeur. Ils n'aiment pas tellement le changement, car ils s'attachent aux objets et aiment la sécurité du quotidien.

L'écriture pâteuse ne présente pas de différenciation entre les pleins et les déliés. Elle indique une acuité sensorielle. Ce peut être l'écriture des gourmets, des cuisiniers ou des couturiers. Ce type de trait indique une approche sensorielle et affective de la vie spontanée et naturelle. Le scripteur aime s'imprégner du milieu ambiant. Une pâtosité excessive, sans aucune netteté, dans un contexte relâché, désordonné, indique le laisser-aller et l'insouciance, avec une prédominance de la vie instinctive sur la raison.

Instinctif et matérialiste

Dans l'écriture épaisse à la pression trop lourde, l'épaisseur du trait indique une nature instinctive et matérialiste, dont la dominante sensorielle ne se canalise pas aisément. L'écriture fuselée présente de brusques épaississements, dus à des appuis excessifs sur les hampes et les jambages. Elle est signe de décharges affectives ou sensuelles. Les écritures de ce type dénotent des personnalités très anticonformistes, excessives et parfois brillantes.

Votre écriture traduit-elle de la motivation ?

INTERPRÉTATION

La motivation est le facteur psychologique qui pousse une personne à agir. Suivant ses critères et ses valeurs, ses motivations seront différentes.

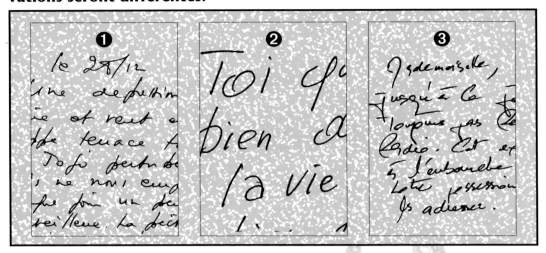

❶ ❷ ❸

Interprétation

❶ Le mouvement résolu et barré, l'inclinaison associée à un trait ferme révèlent l'ambition et le besoin de conquête. Les surélévations sur les « p » indiquent l'aspiration sociale et la susceptibilité.

❷ Un fort désir d'expansion dans le domaine relationnel et professionnel motive ce scripteur. Il peut y avoir une compensation à un sentiment d'infériorité, car la dimension est très grande.

❸ Les majuscules ornées indiquent un désir de valorisation sociale et le besoin de donner une bonne image de soi. Les lancements, les jambages triangulaire (le « J » de jusqu') témoignent d'un certain autoritarisme et de susceptibilité.

L'écriture est ferme avec de l'appui. La signature est légèrement montante et plus grande que le texte. Si le besoin de valorisation sociale est important, la présentation générale est soignée, la forme est prédominante, les majuscules agrandies et les marges conformes à la norme.

Si l'ambition est conforme aux capacités de réalisation, l'écriture avance rapidement vers la droite en prenant fermement appui sur la ligne de base. Les jambages bien développés remontent sur la ligne de base, ce qui indique de l'efficacité. En revanche, lorsque seul le désir de paraître importe, la disproportion domine. L'écriture est ornée, les majuscules exagérément développées, la si-gnature est très agrandie mais souvent vide, c'est-à-dire abstraite (le nom n'est pas lisible), et molle.

Le besoin de posséder

Le plaisir de posséder se remarque dans une écriture au trait assez épais, lourd, avec une prédominance de la zone inférieure des jambages. La zone inférieure correspond aux instincts et au matériel. Si ce matérialisme est associé à des capacités de réalisation et d'action, la personne, motivée par la rémunération et le désir de possession, sera très efficace.

Dans un moins bon contexte, le besoin de posséder est associé au besoin de thésauriser, l'avarice n'est pas loin. L'écriture est alors serrée, il y a peu d'espace entre les mots et les lignes, le trait est maigre et sec, l'écriture est étrécie, c'est-à-dire que les lettres sont très étroites, à l'inverse de l'écriture étalée.

Le sens du devoir

Le sens du devoir implique le courage et la capacité de se plier à une discipline en vue de réaliser ce que l'on croit être juste. Le courage et la discipline se remarquent dans une écriture anguleuse et liée. L'angle, plus difficile à réaliser que la courbe, indique que la personne a le sens de l'effort. La liaison marquera la ténacité et la suite dans les idées. Le trait appuyé indique une personne qui ne se ménage pas. Certains tempéraments sont animés par une idée directrice qui détermine le sens de leur action. Ces personnes combattent pour des idées, sont résistantes, exigeantes vis-à-vis d'autrui et d'elles-mêmes. Ayant le sens du commandement, elles aiment organiser et décider. L'écriture est ferme, résolue, inclinée et appuyée. Le trait est net, droit, le mouvement souvent lancé.

Le besoin de contacts

Plus affectives, les personnes motivées et stimulées par les échanges sont à l'aise dans la communication. Spontanées et chaleureuses, elles sont appréciées pour leur qualité d'écoute et leur générosité. L'écriture est plutôt courbe, assez grande, avec une prédominance de la zone médiane. Le trait est chaleureux, plutôt épais. Les lettres sont étalées. L'espacement entre les mots est aéré.

L'écriture est spontanée, légèrement irrégulière dans la dimension et souple sur la ligne de base, ce qui révèle une bonne faculté d'adaptation.

Votre écriture traduit-elle de l'enthousiasme ?

L'enthousiaste est avant tout un optimiste qui a une certaine foi dans la spontanéité et l'expression des sentiments.

INTERPRÉTATION

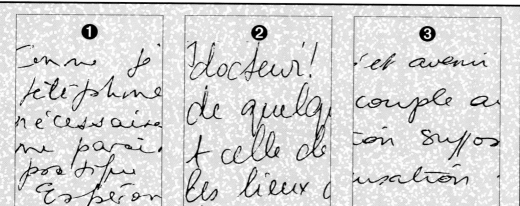

❶ ❷ ❸

Interprétation

❶ Grande écriture dilatée, affective et spontanée pour cette femme qui fait preuve d'un grand dynamisme et d'optimisme quelles qu'aient pu être les difficultés rencontrées tout au long de sa vie.

❷ L'écriture est ronde. Le mouvement effervescent, la spontanéité témoignent de l'enthousiasme de cette personne toujours alerte et se mobilisant pour des causes diverses.

❸ L'enthousiasme est ici un peu brouillon, mais sympathique. L'écriture est inégale, ronde et peu stable sur la ligne.

Rapidement motivé et stimulé par toute situation ou projet nouveau, l'enthousiaste démarre au quart de tour, quitte à ce que son activité se ralentisse au bout d'un moment. Ses points faibles sont le manque de persévérance et de réalisme.

L'écriture est montante, à dominante de mouvement (signe d'optimisme et de spontanéité). Elle est aussi rapide, car l'activité du scripteur est promptement déclenchée. Pour que l'action soit soutenue dans le temps, on doit retrouver des signes graphiques qui viendront tempérer l'enthousiasme et soutenir le tempo. La mise en page sera correcte, avec des espacements suffisants, ce qui indiquera la capacité à se soumettre à une certaine disci-

pline. La ligne, même montante, sera tenue, ce qui marquera le réalisme et les capacités de réalisation. La continuité entre les lettres, rarement liées, sera groupée, ce qui indiquera de la réflexion et de la persévérance. Ce sont des gens qui peuvent avoir des qualités d'animateur et de découvreur de talents dans des domaines divers. Leurs projets concernent plutôt le court terme, le présent. Ils sont plus tactiques, réagissant au coup par coup, que stratégiques et prévisionnels. Si l'écriture est trop légère, la personne ne s'implique pas, elle papillonne et virevolte, sans jamais aller jusqu'au bout d'un projet.

Un enthousiasme communicatif
Ce sont des affectifs, qui réagissent en fonction de leurs sympathies ou antipathies. Ils

donneront le meilleur d'eux-mêmes s'ils apprécient le cadre dans lequel ils se trouvent, mais peuvent être très réagissants dans le cas inverse. Leur optimisme est souvent communicatif, d'ailleurs ils adorent être en groupe, et leur convivialité est très appréciée. Ils ont confiance en eux mais sont dépendants de ce que l'on pense d'eux. A la fois affectifs et émotifs, ils peuvent donc être très susceptibles et sombrer dans une humeur noire s'ils ne se sentent pas soutenus. Leur moral est fluctuant. L'écriture sera émotive, c'est-à-dire inégale en dimension, en forme et surtout en pression. Aimant les honneurs et les responsabilités, ils peuvent être insatisfaits du fait de leur manque de persévérance qui ne leur permet pas toujours d'atteindre leurs objectifs. Dans la typologie d'Hippo-

crate, l'optimiste est un « sanguin », un actif, qui voit grand et apprécie les honneurs et tous les plaisirs de la vie. En excès, il peut être familier et superficiel : l'écriture est envahissante, gonflée et inutilement ornée.

Attention au manque de réalisme
Il convient d'être particulièrement attentif à tout ce qui relève du manque de réalisme dans ce type d'écriture. Si la ligne est grimpante, la signature différente du texte, la continuité inégale et la ligne peu tenue dans un contexte mou et léger, l'individu fonctionne au bluff ; il ment mais croit à ce qu'il dit en jetant de la poudre aux yeux. Velléitaire, il peut en imposer par son verbe haut, mais ni lui ni ses projets ne tiennent la route.

Votre écriture traduit-elle de l'agressivité ?

L'agressivité est une notion ambiguë. Elle peut, d'une façon positive, être la marque d'un esprit combatif, d'un battant. Non canalisée, elle exprime une pulsion destructrice.

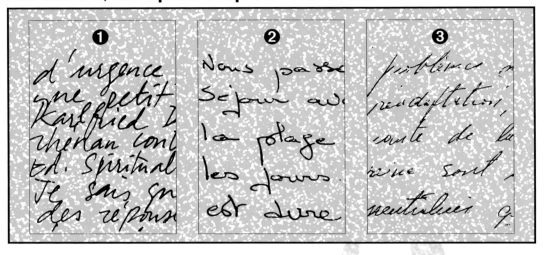

Interprétation

❶ L'écriture est grande, anguleuse et envahissante. Personnalité peu complaisante avec son entourage. Peu de remise en question et une volonté de fer.

❷ L'appui excessif, joint au mouvement cabré, indique une personnalité dont l'agressivité est contrôlée. Il reste toutefois un fond de revendication qui peut entraîner une attitude un peu rétive.

❸ Beaucoup de revendications et de tensions associées à une grande insatisfaction se remarquent dans ce graphisme étréci, barré, prolongé. La souffrance personnelle est importante.

Suivant le tempérament de chacun, l'agressivité se traduira de façon différente. Un nerveux sera irritable et impatient, tandis qu'un passif aura tendance à bouder. Un individu colérique exprimera sa violence de manière brutale, intempestive et rapide. Quelqu'un de plus introverti couvera longtemps sa rancœur et organisera sa vengeance de sang-froid.

Dans l'écriture, la pression sera révélatrice : un individu violent aura une pression lourde et appuyée. La forme sera plutôt anguleuse, saccadée et lancée ou massuée. Si le trait est net ou coupant, il y aura en plus intransigeance et indifférence face à la souffrance d'autrui. La pression saccadée, qui résulte d'appuis mal répartis, traduit une difficulté à maîtriser son impulsivité et son agressivité. Les lancements, qui sont des traits fins et aiguisés que l'on retrouve surtout dans les finales des lettres ou dans les barres de « t », expriment aussi la violence et l'agressivité. C'est le contexte général de l'écriture qui dira si l'agressivité est contrôlée ou non. Une écriture discordante, anguleuse, lancée, spasmodique et nette traduira une grande possibilité de violence. Il est à noter toutefois qu'on ne voit dans l'écriture que la possibilité d'un passage à l'acte, mais on ne peut jamais prévoir avec certitude la réalité d'un acte de violence.

Une agressivité au service de la profession

Certaines professions nécessitent une certaine agressivité ; la vente, le commerce, constituent des secteurs où l'agressivité naturelle peut être bien sublimée, c'est-à-dire dérivée vers des buts socialement adaptés. Dans ce cas, en plus d'une pression assez appuyée et d'angles associés à des lancements, on aura une mise en page correcte, signe d'une socialisation réussie, et des espacements entre les mots et les lignes bien répartis, ce qui indique une maîtrise de soi, une ouverture d'esprit et la faculté de prendre du recul.

Intelligence vive et critique au vitriol

Dans une écriture rapide, les lancements seront à mettre au compte d'une impulsivité liée à un tempérament hyperactif. Dans une écriture lente ou cabrée, la rancœur domine, le sentiment d'injustice et de frustration entraîne une insatisfaction qui peut déboucher sur un comportement d'opposition systématique ou sur l'envoi de lettres anonymes, par exemple.

Dans une écriture plus légère, rapide et lancée, l'agressivité s'exprimera par une certaine ironie et une causticité permanentes, qui seront autant de petites piques que s'autorise le scripteur. L'intelligence est souvent vive et percutante, mais la critique peut être au vitriol.

L'écriture massuée est une écriture qui s'épaissit sur les finales ainsi que les barres de « t ». Contrairement à l'agressivité exprimée dans les lancements, les massues résultent d'une agressivité freinée. Ce sont des personnes très motivées et concernées par des causes qu'elles défendent avec passion.

Votre écriture révèle-t-elle des désirs insatiables ?

Le désir d'avoir plus ou d'être plus peut stimuler, mais aussi manifester une soif éperdue, sans satisfaction possible.

INTERPRÉTATION

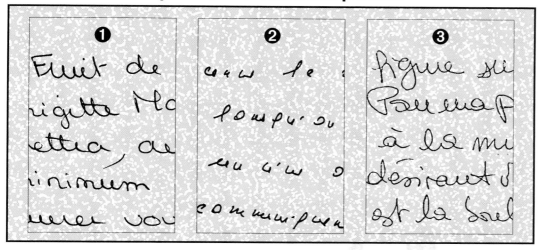

Interprétation

❶ Le faciès un peu enfantin, le mouvement immobile et cabré indiquent une affectivité insatisfaite. Une certaine revendication, qui reste cachée, ne favorise pas les échanges en profondeur, malgré une aisance de surface.

❷ On dirait des bulles de savon. Ces ballons indiquent une affectivité insatiable, du fait qu'elle est totalement en dehors des réalités. Rêve et insatisfaction dominent.

❸ L'écriture arrondie, en guirlande profonde et très liée, indique une affectivité importante, plus axée sur la demande que sur le don. Le trait est net, ce qui ne favorise pas les possibilités de communication ni de satisfaction.

Quel que soit leur niveau de réussite, certaines personnes ne sont jamais satisfaites de ce qu'elles ont. Cela peut être un moteur dans certains cas si, par ailleurs, l'individu est décidé à mettre en œuvre ce qu'il faut pour obtenir plus. D'autres vivent dans un état de perpétuelle insatisfaction, accusant le monde entier d'être responsable de leur misère, souvent imaginaire.

Une extrême avidité

Ces personnes sont en réalité fixées à l'âge où les parents – la mère – étaient censés combler les besoins de l'enfant. Ce stade, qualifié d'« oral » par Freud, est un stade de développement normal chez l'enfant, mais certains s'y fixent et ne deviennent jamais véritablement adultes. Attendant tout de l'extérieur, ils sont avides d'affectivité et de biens matériels sans que rien ne les comble jamais.

Les mots semblent posés les uns à côté des autres, sans rythme et sans mouvement progressif. L'écriture est « en surface ». Souvent grandes, les lettres affectives sont très arrondies et semblent flotter comme des ballons. Les blancs sont irréguliers et le graphisme a tendance à envahir la page, qui a peu ou pas de marges. L'ordonnance est mauvaise, car ces scripteurs ne tiennent pas compte des autres en tant qu'êtres humains, mais en tant que pourvoyeurs éventuels de nourriture affective ou matérielle. L'envahissement de la page indique que ces sujets ont tendance à envahir les autres. Les blancs signifient que l'imagination et le rêve dominent sans que la réalité ne soit vraiment prise en compte. La forme est peu personnalisée et arrondie, signe de narcissisme et d'affectivité dominante. La tenue de ligne est sinueuse, car l'adaptation se fait au jour le jour, sans projet et sans motivation réelle.

Revendication et agressivité

L'agressivité est présente sous la forme d'une revendication permanente, ce qui se remarque dans des finales réactives : des « t » finaux en « v » très lancés. La guirlande est souvent dominante, mais profonde et lourde sur la ligne de base, ce qui souligne le fait que l'on préfère de loin recevoir que donner. Le trait est souvent maigre, caractéristique, en contradiction avec la rondeur du graphisme.

Une adaptation au jour le jour

Bien sûr, tous les degrés sont possibles et il est rare que l'on retrouve dans une écriture tous les signes décrits. Si c'est le cas, l'inadaptation est probable. Le graphologue recherche toujours les éléments qui viennent en compensation. Ainsi, une forme peu évoluée et très orale peut être contrebalancée par une mise en page correcte et une liaison entre les lettres suffisante, pouvant indiquer persévérance et discipline.

Même marqués par ce stade, certains sont adaptés à la vie, mais gardent des difficultés à envisager l'avenir. Vivant dans le présent et pour une satisfaction immédiate, ils sont plus à l'aise dans un travail qui nécessite une organisation à court terme.

Votre écriture traduit-elle de l'émotivité ?

L'émotivité est une capacité à se laisser impressionner par des situations, des faits ou des personnes et se manifeste par des signes physiologiques divers.

❶ ❷ ❸

Interprétation

❶ Le trait est spasmodique, des mots entiers ou des parties de mots sont épaissis, engorgés et sales. L'émotivité entraîne ici de l'impulsivité, un esprit mordant, voire de l'agressivité.

❷ Écriture à changements de train, l'inclinaison varie, l'écriture est inégale, l'émotivité joue sur la difficulté à faire des choix. De l'impulsivité aussi, avec des inégalités dans l'appui et des « t » finaux lancés qui signalent l'insatisfaction.

❸ Écriture moirée, la coulée d'encre est répartie de façon inégale, l'écriture vibre. La personne est jeune, son émotivité la rend sensible à son entourage et à l'ambiance dans laquelle elle évolue, mais elle se contrôle bien.

L'émotivité est à distinguer de la sensibilité et de l'affectivité. L'émotif réagit particulièrement vis-à-vis de l'ambiance extérieure, il est toujours sensible, mais c'est surtout sa manière de répondre à ce qu'il ressent qui est en cause. Il y a des degrés d'émotivité divers. Par ailleurs, un non-émotif peut être sensible et affectif.

L'écriture inégale

Dans l'écriture, c'est l'inégalité qui signale l'émotivité. Cette inégalité peut se manifester dans tous les genres graphiques – inégalité de dimension, de pression, d'inclinaison, de continuité, de vitesse, d'espacement ou de forme –, mais c'est surtout dans les inégalités de dimension et de pression que l'on remarque l'émotivité. Inversement, une écriture posée, régulière, avec une pression homogène, sera le fait d'une personne non émotive.

Des mots qui vibrent

Les inégalités de pression engendrent une écriture dite « moirée », car la coulée d'encre y est inégalement répartie. Certains mots ou parties de mot sont très encrés, d'autres non. Cela indique que la personne est très réagissante, que son humeur et ses comportements sont très variables. Cela est à prendre en considération si la personne doit travailler dans une équipe, car elle ne sera pas un élément d'harmonisation. L'écriture d'un émotif vibre selon ce qu'il ressent, et il peut parfois être intéressant de remarquer que certains mots plus chargés affectivement seront plus marqués par les inégalités. L'écriture peut être spasmodique : il s'agit là d'appuis contrastés brusques et répartis de façon illogique. Dans ce cas, l'émotivité entraîne de l'impulsivité, voire de l'agressivité, en tout cas des réactions brusques et déroutantes.

Doutes

Les inégalités en dimension indiquent plutôt une émotivité engendrée par des doutes sur soi-même. La confiance en soi est fluctuante. Les situations mettant en danger cette confiance engendreront des réactions émotives. Plus l'écriture est grande, plus les variations en dimension révèlent des doutes et des remises en question. A l'intérieur d'un mot, lorsque les lettres sont inclinées parfois à droite, parfois à gauche, l'émotivité se manifeste par une indécision générale, une difficulté à faire des choix.

Accueil et fermeture

Les inégalités en continuité, qui concernent la liaison entre les lettres, indiquent des comportements variables vis-à-vis des autres. Tantôt l'écriture est en guirlande, « m » et « n » renversés, ce qui correspond à l'aspect accueillant du scripteur ; tantôt l'écriture est en arcade, « m » et « n » en forme de voûte, indiquant l'aspect plus fermé de la personnalité. C'est l'alternance qui montre la variabilité du comportement en fonction des situations et des personnes rencontrées.
Face à une écriture de ce type, le graphologue recherchera les éléments graphiques de contrôle qui compensent ou non l'émotivité.

Votre écriture traduit-elle de l'anxiété ?

L'anxiété est un état de malaise permanent et imprécis relatif à une menace, à un danger potentiel.

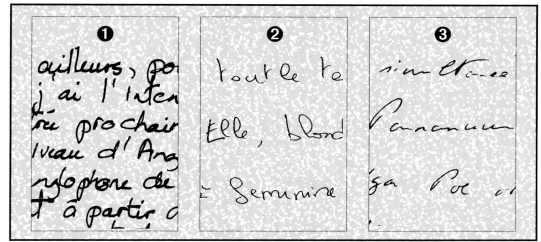

Interprétation

❶ L'anxiété se remarque ici dans le trait engorgé, les lettres pochées, quelques tremblements, et dans la compacité du texte, qui indique aussi que la personne réfléchit beaucoup et cherche un moyen de canaliser son inquiétude dans la réalisation au quotidien.

❷ L'anxiété s'inscrit dans les blancs qui semblent submerger les mots. La personne est dominée par son inquiétude et a beaucoup de difficultés à faire face.

❸ On peut voir un autre faciès de l'angoisse dans cette écriture spasmodique dont la forme est rapetissée à l'extrême avec des prolongements qui marquent l'insatisfaction. Le dynamisme du mouvement et la tenue de ligne sont toutefois des éléments de compensation.

es signes d'anxiété se retrouvent dans presque toutes les écritures. Effectivement, qui peut aujourd'hui ne pas se sentir concerné par le stress, la compétitivité, la violence ou encore par la menace du chômage ?

Mais il existe aussi des anxieux de tempérament qui souffrent mille tourments quelles que soient les conditions dans lesquelles ils vivent. L'angoisse au sens pathologique du terme ne se situe jamais dans le juste milieu. Ainsi, dans l'écriture, on retrouvera des signes en trop ou en moins. Trop de blancs qui submergent les espaces écrits signalent un envahissement du monde intérieur par l'inconscient. La personne ne fait plus la part des choses entre ce qu'elle ressent et le monde exté-rieur. Les mots semblent flotter comme des îlots sans véritables liens entre eux, le sentiment de solitude, voire d'abandon, est important et la communication avec autrui difficile. La personne ne sait plus ou a renoncé à dire et à faire. On peut aussi retrouver les blancs à l'intérieur du mot, des laps de cohésion interrompent le déroulement cursif et signifient toujours l'anxiété. L'écriture peut être juxtaposée ou fragmentée.

Enlisement et incapacité d'agir

Inversement, le noir peut dominer sous la forme d'une ordonnance trop dense qui traduit la peur du vide et le besoin de s'accrocher à autrui si l'écriture est très inclinée. La capacité à envisager l'avenir et à entreprendre est compromise. Le trait est trop appuyé, noir, il exprime la difficulté à sortir de soi. Les pochages et les engorgements indiquent l'anxiété qui pèse sur la personne et l'empêche d'avancer. Inverse-ment, le trait peut être trop léger, blanc et sans consis-tance. Dans ce cas, il indique l'émotivité excessive et l'im-possibilité de s'exprimer. Les torsions sont typiques de l'adolescence et indiquent l'inquiétude due au manque de confiance en soi. C'est, en général, une composante qui disparaît à l'âge adulte. Les retouches indiquent aussi le manque de confiance et le besoin de revenir en arrière pour vérifier, les scrupules et les inquiétudes freinent.

Une anxiété motivante

Il peut arriver qu'une certaine anxiété soit motivante pour l'individu et l'amène à se dépasser. On aura une écritu-re de nerveux qui exprimera les doutes et les remises en question, mais avec un rythme et un appui suffisants. L'exi-gence professionnelle peut être très importante et relati-vement positive. Cela n'empê-chera pas la personne d'avoir des difficultés personnelles.

La fuite et l'impulsivité

Une anxiété trop importante et insupportable peut ame-ner certains à se tourner vers l'alcool ou les drogues. Dans ce cas, l'écriture est peu structurée, fuyante et fili-forme, avec un trait léger, et cela avant l'intoxication. L'anxiété peut aussi provo-quer une certaine irritabilité, voire de l'agressivité. On remarque alors un trait sac-cadé et spasmodique qui indique tout à la fois les impulsions et la tentative de contrôle, avec l'anxiété culpabilisante qui en résulte.

Votre écriture traduit-elle de la rébellion ?

Le rebelle se révolte contre l'autorité. Il refuse la souveraineté de certains principes, de certaines personnes.

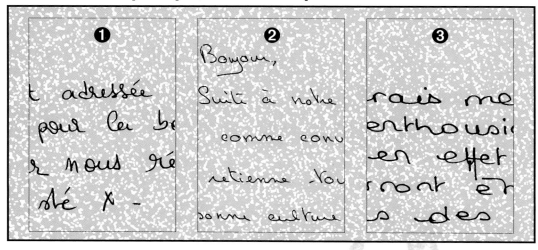

❶ ❷ ❸

❶ Les rebours sur les « p » indiquent un désir d'autonomie qui n'est pas encore réalisé, la marge de gauche, qui signale l'attachement au passé, étant inexistante.

❷ Les rebours sur les « p », « d » et « f » indiquent une personnalité en recherche, qui n'a pas encore trouvé son indépendance. L'écriture renversée révèle un désir d'autonomie.

❸ Beaucoup de rebours dans cette écriture acquise, qui révèle une personnalité à l'aise sur le plan professionnel, mais pas encore tout à fait mûre sur le plan personnel et affectif.

Le fils ou la fille rebelle de l'adolescence traverse ainsi une étape qui est nécessaire à son développement. C'est aussi le moment où l'écriture se personnalise, après l'apprentissage calligraphique.

Ainsi, de même que le comportement de l'adolescent va se marginaliser par rapport à son cadre familial et scolaire, il peut adopter un mode d'écriture scripte qu'il juge plus lisible et surtout plus personnelle. Ce type d'écriture a de plus l'avantage d'être peu expressif au niveau de la forme.

Rebours et indépendance

Les lettres à rebours sont aussi des témoignages de désir d'indépendance. Les principales lettres tracées à rebours sont les « p » et les « b », qui, dans une écriture cursive, seront tracés comme en caractère script. Ces rebours sont fréquents chez des adultes et conservent la même signification de désir d'indépendance. Selon que le besoin d'indépendance se situe par rapport au père ou à la mère, le rebours sera de préférence placé sur le « p » pour un garçon et sur le « b » pour une fille.

Les marges

Il est intéressant de regarder les marges et particulièrement celle du haut. Tout conflit avec l'autorité, en général, se manifeste dans cette marge. Trop grande, cela indique que la personne est trop soumise, qu'elle a peur ou ne pense même pas à se rebeller.
Si la marge du haut est trop petite, la personne a besoin de s'abriter derrière l'autorité ou veut prendre la place de la personne au pouvoir.

Cela dépend du contexte graphique. Avec une petite écriture inhibée, on penchera plutôt vers la première interprétation. Inversement, avec une grande écriture et un envahissement graphique, on s'orientera vers la seconde interprétation.
Le respect des normes se remarque quand l'écriture est conventionnelle et la mise en page ordonnée. Une organisation spatiale plus personnelle indiquera un niveau d'autonomie plus important. Si la présentation est particulièrement sale et désordonnée, on est face à une personne qui ne supporte pas la contrainte et dont la rébellion est systématique.

Marginalisation

Chez un adulte, ce sont des gestes positifs s'ils n'envahissent pas tout le graphisme. Ils signalent une indépen-

dance d'esprit et de comportement. Le rebelle systématique, lui, est désobéissant et indocile. Son adaptation est difficile et son intégration sociale peu aisée.

Être capable de se révolter

Il est quelquefois nécessaire de se révolter contre des conditions de vie insupportables. Si l'on est trop passif ou trop craintif, cela est impossible. Cette révolte, si elle n'est pas systématique, est tout à fait honorable. Une capacité à se rebeller implique une écriture dans laquelle se retrouvent des signes d'activité et d'affirmation. Un graphisme appuyé, clair, dynamique, avec un formniveau élevé, indique la capacité d'exprimer son potentiel et de ne pas se laisser séduire par des sirènes.

Votre écriture révèle-t-elle l'estime de soi ou le narcissisme ?

INTERPRÉTATION

A l'image du Narcisse de la mythologie, un tempérament narcissique se caractérise par un amour de soi excessif.

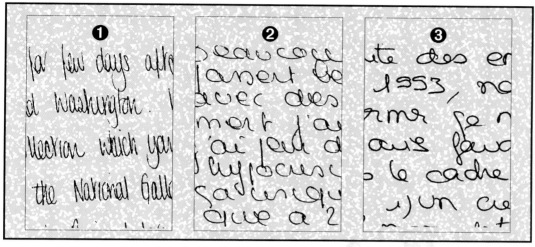

❶   ❷   ❸

Interprétation

❶ Grande zone médiane étrécie et raide dans son déroulement. La zone du Moi est dominante. Parti pris esthétique mais aussi manque de chaleur dans les rapports avec autrui.

❷ Grosse écriture enroulée et renversée. Peu d'espace entre les mots et les lignes. Personne qui est envahie par ses problèmes. Demande affective importante, mais non satisfaite.

❸ Grande zone médiane aussi, mais plus souple dans son déroulement. Personne qui a confiance en elle, même si elle doute de temps en temps. Il s'agit d'un bon narcissisme, qui permet l'estime de soi.

Avant d'aimer l'autre, il faut s'aimer suffisamment, cela permet d'avoir confiance en soi et de ne pas être en demande constante d'attentions, de compliments ou d'amour. La personne qui a confiance en elle, sachant ce qu'elle vaut, n'a pas besoin des autres en permanence pour recharger ses batteries.

Dans l'écriture, cela se remarquera si la zone médiane est assez importante, mais reste souple et ouverte. La zone médiane importante, et surtout structurée, nous indique que la personne a un Moi cohérent et confiant. La souplesse indique la flexibilité d'esprit et de comportement. Attention, la souplesse n'est pas de la mollesse, il y a de la tenue et de la résistance dans la souplesse qui té-

moignent de la solidité de la personne. L'ouverture, qui se voit dans les crénelages (petites ouvertures dans les oves), montre la capacité d'écouter autrui, de se mettre à la place des autres. L'ouverture se voit aussi dans les espacements entre les mots, qui révèlent une capacité de communication. La personne ne prend pas possession de tout le terrain, elle laisse des espaces vides qui permettent aux autres d'exister et de s'exprimer. Les espaces entre les lignes indiquent la capacité de prendre du recul, de se remettre en question.

Narcisse : un handicapé de la vie

Le narcissisme, au sens plus habituel du terme, est un amour de soi excessif. L'attention toujours tournée vers lui, Narcisse ne peut s'intéresser aux autres. C'est un

handicapé, il est sourd et aveugle en ce qui concerne d'autres existences que la sienne. Il n'est pas sûr qu'il s'agisse bien d'amour de soi, car l'insatisfaction est aussi le lot du narcissique : rien n'est jamais ni assez beau ni assez parfait pour lui.

Dans l'écriture, on remarquera une grosse zone médiane dans un contexte raide. L'écriture est fermée et régressive, le mouvement est assez statique. En général, dans ce type d'écriture, les autres zones, celle des jambages et des hampes, sont atrophiées, ce qui montre que toute l'énergie de la personne est canalisée sur son Moi et sur l'image qu'elle donne ou aimerait donner d'elle-même. Le mouvement est statique, car il n'y a ni projet ni projection vers les autres. La fermeture se remarque dans les enroule-

ments, les lettres se replient sur elles-mêmes, il n'y a pas de continuité d'une lettre à l'autre. Il y a un blocage dans la dynamique de vie. Le seul projet du narcissique est lui-même. L'avidité affective est souvent considérable, car rien ni personne n'est à la hauteur de ses exigences. Il prend, mais ne donne rien. La page est souvent envahie, peu d'espaces entre les mots, entre les lignes.

Narcisse accorde une importance considérable à l'image idéale qu'il voudrait donner de lui-même. Son écriture n'est pas spontanée, elle veut faire impression. Le mouvement, qui est expressif, est absent. Les majuscules peuvent être disproportionnées par rapport aux autres lettres, elles représentent le côté social de la personne.

Votre écriture révèle-t-elle de l'optimisme ou du pessimisme ?

Classiquement, on associe le caractère optimiste avec la ligne montante et le pessimisme avec la ligne descendante.

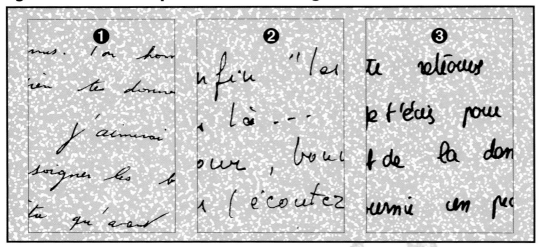

❶   **❷**   **❸**

Interprétation

❶ La ligne très descendante, le trait léger, la liaison révèlent une personnalité très fragile et déprimée. L'inclinaison du graphisme indique plus la dépendance que le dynamisme.

❷ Les lignes sont montantes mais chevauchent vers le bas. Le trait est léger et pâteux, donc réceptif et sensible. La personne lutte beaucoup contre le découragement, mais l'écriture est très jeune pour une femme de 73 ans.

❸ La ligne est peu tenue, avec des chevauchements hauts et bas dans un contexte spatial perturbé. Les espaces entre les mots et le trait pâteux indiquent un caractère anxieux.

Indépendamment de sa sinuosité, de son caractère pesant ou non sur la ligne de base, la ligne peut être montante, descendante, chevauchant vers le haut ou le bas.

Les lignes montantes indiquent plutôt de l'optimisme ou, en tout cas, une certaine confiance dans la vie et dans l'avenir. En plus du caractère montant, il faut que la ligne soit tenue, c'est-à-dire qu'elle ait du poids. Dans ce cas, la confiance est réaliste et adaptée au potentiel de la personne.
La ligne montante donne une impression de dynamisme, mais il peut quelquefois y avoir là une compensation contre une tendance au découragement.

Illusion
Si les lignes sont grimpantes, c'est-à-dire si elles montent exagérément, surtout en fin de ligne, on a une ambition dévorante, une propension à l'illusion et à l'agitation.
On peut supposer qu'il y a plus de projets que de capacités de réalisation.

Fatigue ou découragement
Une ligne descendante traduit plutôt du découragement et une tendance au pessimisme. Seule, elle ne suffit pas pour parler de dépression, car d'autres indices doivent être présents comme un trait lourd, engorgé, avec une écriture lente. Les lignes descendantes peuvent traduire une fatigue passagère mais aussi une grande concentration dans le cas de personnes qui écrivent beaucoup.

Courage
Les lignes concaves ont tendance a s'incurver vers le milieu de la page pour remonter ensuite au niveau initial. Elles indiquent une personne qui, après une approche prudente, prend peu à peu confiance en elle et devient de plus en plus active.
Elle a le sens de l'effort et lutte contre sa tendance au découragement. De ce fait, on peut lui faire confiance pour aller jusqu'au bout de ce qu'elle entreprend.

Tient-il la route ?
Avec les lignes convexes, au contraire, l'enthousiasme du début ne se soutient pas, la personne perd confiance et abandonne son projet. Elle s'ennuie et manque de patience et de persévérance.
Ce sont des gens utiles pour initier de nouveaux projets, de nouvelles réalisations – car ils sont motivés par les idées novatrices – et pour prendre de nouveaux départs.

Ceux qui contrôlent leur enthousiasme
Dans les lignes qui chevauchent vers le haut, chaque mot partant de la ligne de base a tendance à monter sans que la ligne dans son ensemble ne monte, puisque chacun des mots repart sur la ligne. Dans ce cas, l'enthousiasme initial est toujours ramené à la réalité (la ligne de base), l'idéal est teinté de réalisme, comme si la personne se défendait d'une propension à l'exaltation. L'émotion est contenue par la raison.
Dans les lignes qui chevauchent vers le bas, les mots ont tendance à descendre sous la ligne de départ du mot, le mot suivant repartant du niveau initial. Le scripteur se bat pied à pied contre un certain découragement.
La fatigue, la dépression peuvent se trouver à l'origine de cette tendance graphique.

Votre écriture révèle-t-elle de la douceur et de la bienveillance ?

Ces qualités de cœur donnent un aspect rond et velouté au graphisme, dans lequel dominent courbes et guirlandes.

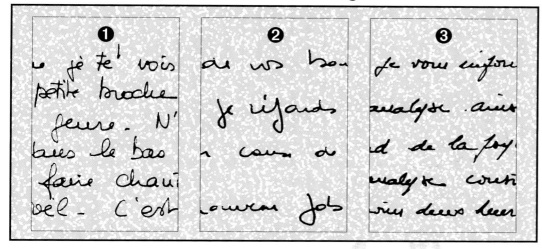

❶ ... je te vois petite broche ... N' ... le bas faire chau ... ël - C'est

❷ ... de vos bon ... Je rijards ... cours ... nouveau Job

❸ ... Je vous enjoin analyse ... ain ... d de la joy ... analyse coust ... deux heur

Interprétation

❶ Beau trait pour une écriture ronde, légèrement étalée et en guirlande. Personne active et efficace qui privilégie l'accueil et la tolérance.

❷ Le trait pâteux, la guirlande souple dans une écriture simple et étalée signalent une personnalité généreuse qui a le goût des contacts.

❸ Le trait velouté, la guirlande, la rondeur indiquent beaucoup de bienveillance et de tolérance chez cet homme dont la profession repose sur l'écoute et la disponibilité à autrui.

La courbe symbolise l'adaptation en douceur et la guirlande l'ouverture aux autres. L'écriture peut être légèrement inclinée, ce qui signale l'attention portée aux autres. Le trait surtout est chaleureux, légèrement pâteux et rayonnant. La forme de l'écriture est moyennement structurée, un peu étalée, et le mouvement est coulant.

Dans le monde professionnel, la compétitivité et les difficultés ne permettent pas toujours à cette qualité de s'épanouir librement. De nombreuses femmes adoptent un graphisme de type assez masculin *(animus)*, simplifié, anguleux et petit. Certains hommes en contrepartie présenteront des caractéristiques de douceur et de bienveillance *(anima)* dans leur écriture. Le trait sera velouté et l'écriture tout en courbes, bien que majoritairement féminine, sera une composante intéressante dans un graphisme masculin. Des éléments de douceur dans l'écriture peuvent avantageusement compenser un graphisme par ailleurs très offensif, surtout pour des postes où la sociabilité est déterminante.

La bienveillance est une qualité rare, qui nécessite une certaine aisance intérieure et une harmonie personnelle. Avant de pouvoir aimer les autres, il faut avoir pactisé avec soi-même et se regarder avec bienveillance.

Disponibilité et écoute

L'écriture est claire et simple, car la personne a le souci et le respect d'autrui dans une communication claire. L'aération générale du graphisme témoigne à la fois d'une disponibilité et d'une place laissée aux autres. La bienveillance ne doit pas étouffer ceux qui en font l'objet.

L'écriture est simple et sobre parce que la personne ne recherche pas l'effet ou la mise en valeur personnelle. Elle tend plus à la disponibilité, à l'écoute qu'à l'affirmation de sa propre personnalité.

L'indulgence se remarquera dans des finales courtes, sans lancements ni massues. D'une manière générale, la souplesse est dominante. A l'inverse, la rigidité entraînerait une fermeture aux autres ou une soumission à des principes étroits, laissant peu de place à l'indulgence.

Affectivité

La dimension est moyenne, plutôt grande si l'affectivité domine. Dans ce cas, la personne a besoin de vivre elle-même dans un climat de tendresse et de douceur, et peut parfois être dépendante des autres du point de vue affectif. Dans ce cas, le graphisme présentera plus de composantes narcissiques, des enroulements, des gestes régressifs, qui révéleront une affectivité un peu enfantine.

Si l'écriture est simple, petite, avec un tracé tout en guirlandes et en courbes, la douceur est plus sublimée. Le trait est moins pâteux, plus décanté, car moins impliqué dans le matériel et dégagé des effets de l'affectif pur. Il ne s'agit plus de mouvements de tendresse, mais d'un choix de vie qui peut être religieux et impliqué dans le bénévolat et le don de soi. Certains prêtres ou nonnes peuvent présenter ces caractéristiques.

INTERPRÉTATION

135

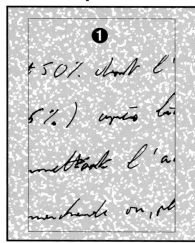

Votre écriture traduit-elle de l'habileté ou de la dissimulation ?

Chez un adulte, l'écriture confuse révèle un esprit qui ne manifeste pas clairement sa pensée.

INTERPRÉTATION

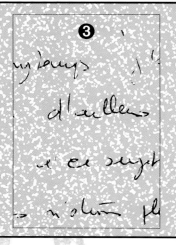

❶

❷

❸

Interprétation

❶ Ce sont la rapidité et l'étrécissement du graphisme qui rendent l'écriture confuse. Le raisonnement est rapide, mais la communication avec autrui n'est pas claire.

❷ Certaines lettres sont imprécises, ambiguës, la rapidité n'est pas en cause. Recherche d'une identité correspondant à une écriture acquise.

❸ Écriture confuse, car la forme est déstructurée. Une mise en page ordonnée compense ce manque de clarté, mais la personne a du mal à transmettre clairement ses informations.

La confusion peut provenir de différents facteurs. La rapidité est souvent un élément déterminant, mais il peut y avoir aussi des substitutions de lettres, des omissions, des disproportions, des combinaisons excessives ou une mauvaise répartition spatiale.

Un manque d'égard pour autrui

Pour Crépieux-Jamin, le créateur de l'école française de graphologie, les causes principales de la confusion sont la paresse, la précipitation et la distraction. Il est vrai que l'écriture est un vecteur de communication et que la moindre des choses est d'écrire lisiblement afin que le message passe bien. Les écritures des malades ou des personnes âgées sont confuses par désorganisation, celles des enfants le sont par inorganisation. Dans ces derniers cas, il est évident que les conclusions sont très différentes.

Rapidité

L'écriture des médecins est souvent informe. Leur souci premier est la rapidité avant le souci de lisibilité. Il faut que l'organisation de la page soit ordonnée afin de compenser la déstructuration de la forme. Cela indique la clarté de pensée, la logique et l'implication avec un trait appuyé. Si le mouvement devient effervescent, la confusion n'est pas loin et l'excitabilité est importante.

Secret

Dans l'écriture imprécise, certaines lettres ou parties de lettres sont omises. Cela peut être dû à la nonchalance ou à l'étourderie, à l'impatience ou à l'agitation, mais aussi parfois au besoin d'être équivoque afin de préserver son jardin secret. Le scripteur ne se livre pas pour se protéger. L'imprécision peut porter sur certaines lettres, comme les « a », les « u » ou les « o ». Il peut y avoir de l'habileté et une volonté déterminée de dissimuler. Si l'écriture est assez lente et plutôt lisible, il peut y avoir mensonge et ruse. Des combinaisons excessives rendent l'écriture bizarre et indiquent soit le manque de discernement, soit le narcissisme et le désir de se montrer si différent que le contact avec autrui n'est plus possible.

Ambiguïté

Avec une écriture imprécise, le scripteur n'affirme pas son identité, car il a des difficultés à trouver ses repères. Il peut être opportuniste ou bien cultiver sa marginalité.

La confusion peut provenir d'un manque de clarté intellectuelle. Le raisonnement n'est pas logique et le scripteur perd le fil conducteur. L'écriture peut être confuse du fait d'une mauvaise répartition spatiale, soit que les mots sont trop serrés, comme dans l'écriture compacte, soit qu'ils sont trop larges, comme dans l'écriture espacée. Dans ce cas, les rapports avec autrui sont difficiles, la bonne distance n'est pas trouvée entre soi et l'autre. La personne est défensive et peut se sentir isolée.

Les enchevêtrements rendent également la lisibilité difficile. Ils proviennent de lignes trop serrées ou de prolongements trop importants et révèlent un manque de recul et d'objectivité. Les jugements, dans ce cas, sont partiaux et subjectifs.

L'écriture traduit-elle de la prudence ou de la rébellion ?

Chez les adolescents, l'inclinaison à gauche marque à la fois un désir d'indépendance et une rébellion contre l'autorité.

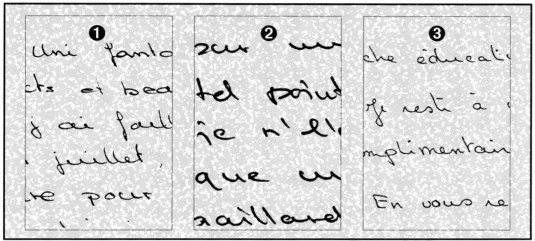

Interprétation

❶ L'écriture renversée, aérée, le trait net, les formes rondes et étalées en guirlande indiquent de la réserve, de l'indépendance, mais de bonnes capacités relationnelles.

❷ L'usage du feutre, le cabrage, la raideur du mouvement indiquent une fragilité que la personne essaie de compenser par cette tenue un peu factice, mais structurante.

❸ Le renversement, la signature au milieu, la marge de droite irrégulière mais parfois grande indiquent l'appréhension devant l'avenir et l'insertion professionnelle.

L'écriture renversée est celle qui s'incline vers la gauche. Jamais enseigné tout au long de l'apprentissage calligraphique, ce renversement résulte toujours d'un choix qui est délibéré.

Il convient de distinguer l'écriture légèrement renversée et demeurant progressive de l'écriture exagérément inclinée à gauche et associée à d'autres caractéristiques graphiques qui vont en renforcer les significations.

Prudence

Un léger renversement témoigne de la prudence d'un scripteur qui ne s'engage pas sans réfléchir. Cette appréhension ou cette défiance peut provenir d'un désir de trouver par soi-même ses mobiles, autrement dit de se détacher des principes acquis lors de l'éducation. Ces scripteurs ont en général une relation conflictuelle avec leur passé, soit qu'ils ont du mal à s'en dégager parce qu'ils y sont trop attachés, soit qu'ils désirent s'en démarquer du fait même de cet attachement excessif ou après un choc douloureux. Ces personnes préfèrent désormais vérifier les choses par elles-mêmes et refusent de se laisser influencer pour ne plus souffrir. Cela leur confère une indépendance et une originalité de pensée qui peuvent aller de pair avec une personnalité forte et très individualisée.

Réserve et pudeur

On trouve ce type de graphisme chez des personnes qui ont de grandes responsabilités professionnelles et qui veulent se garder de l'influence de leurs émotions ou de leurs convictions pour préserver leur objectivité. L'écriture est alors ferme et dynamique, la mise en page aérée.

Les interlignes peuvent également être grands, ce qui témoigne du désir de séparer le domaine des sentiments de celui de la raison. Du point de vue affectif, ce sont des personnes pudiques, qui ne montrent pas leurs sentiments. Conscientes de leur vive sensibilité, elles répugnent à l'exprimer. L'inclinaison à gauche témoigne d'une défense contre les sentiments et du besoin de faire intervenir la raison là où le cœur risquerait de prendre les devants. La spontanéité est réduite, mais, si le graphisme reste aéré et souple, les possibilités de communication et d'échanges avec l'entourage sont préservées.

Écriture cabrée

Si l'écriture est exagérément renversée, avec une pression forte, une tendance à l'angle, des exagérations en tout genre, trop grande, trop petite, bizarre ou compliquée, elle traduit une personne en attitude d'opposition constante. L'opposition est plutôt passive, l'agressivité se marquant par une tendance au refus généralisé, sans offrir de solution de rechange. Le refus est en lui-même une prise de position, le défi est permanent et l'opposition systématique. L'adaptation est très difficile car l'obstination et l'orgueil sont importants. La revendication est forte mais peu exprimée, d'où la difficulté à prévoir le comportement de la personne, qui peut cacher longtemps sa révolte intérieure. Pour ces sujets, la vengeance est un plat qui se mange froid.

Privilégiez-vous la maîtrise de soi ?

Entre l'insouciance de l'immaturité et un contrôle permanent de soi, des degrés divers existent et coexistent parfois au sein d'une même personnalité suivant les nécessités du moment.

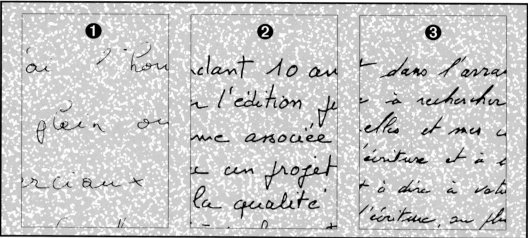

❶ ❷ ❸

Interprétation

❶ Le mouvement flottant, lunaire, la lenteur et le rythme pauvre indiquent un degré de tension entre I et II. Une certaine immaturité liée à de l'insouciance, mais aussi une bonne capacité d'adaptation par facilité et besoin d'éviter les conflits.

❷ Le mouvement est contrôlé, le trait appuyé et une liaison semi-anguleuse indique un degré de tension entre III et IVa, qui correspond à une maîtrise de soi adéquate et à une vraie volonté de réalisation.

❸ L'écriture étrécie et un peu spasmodique indique un degré de tension plutôt en IVa, qui évoque un besoin de maîtrise de soi peut-être excessif, mais certainement courageux et nécessaire pour se rassurer.

Lorsque l'on passe un après-midi agréable avec ses amis, sa famille ou l'homme, ou la femme, de sa vie, il est bon de pouvoir profiter en toute insouciance de ce moment. De même qu'il est utile de pouvoir faire face à des difficultés en se mobilisant, ce qui requiert une mise en place de mécanismes de contrôle internes et de discipline. L'idéal est de pouvoir passer d'un degré à l'autre de tension, ce qui exige une souplesse intérieure.

On peut toutefois, dans les écritures, remarquer des degrés de tension dominants indiquant la tonalité habituelle d'une personnalité du point de vue de son contrôle. C'est Pophal, un graphologue allemand, qui a déterminé cinq degrés de tension dans le graphisme. Il a cependant fait re-

marquer que l'on pouvait, dans une écriture, repérer plusieurs degrés, cela révélant une bonne faculté d'adaptation.

Relâchement
Le degré I est marqué par une insuffisance de rythme du graphisme, qui est souvent relâché et mou à moins qu'il ne soit exubérant et sans contrôle. Les inégalités sont importantes et l'imprécision domine. Un degré de plus, le II, marque une « détente adéquate ». L'écriture, comme le caractère, est souple, naturelle et progresse de façon coordonnée et efficace. Ces scripteurs s'adaptent facilement à leur entourage, ils sont suffisamment élastiques dans leur comportement, car ils sont plutôt bien dans leur peau.

Un juste contrôle
Au degré III, l'écriture est plus rythmée et parfois stylisée.

La forme est légèrement prédominante sur le mouvement, ce qui marque le contrôle et le besoin de maîtriser ses pulsions en vue d'une efficacité dans le domaine que l'on privilégie, et qui peut être d'ordre éthique, esthétique, social, économique ou bien politique.
D'une façon générale, la réflexion intervient plus que dans les degrés précédents, le jugement est prudent et la confiance en soi mesurée.

Une détente insuffisante
Les deux degrés suivants de contrôle sont excessifs. La raideur domine dans ce degré IVa, et l'écriture est souvent juxtaposée, en arcade avec une pression forte et souvent déplacée. La discipline personnelle est importante et correspond au besoin de montrer une bonne image sociale. Un pas de plus et le débit graphique est

heurté et spasmodique. Les formes peuvent être dissoutes par excès de tension. L'anxiété domine ainsi que le manque de confiance. Il arrive que l'on trouve ce degré, dit IVb, sous formes de traces dans des graphismes plus détendus mais émotifs.

Une détente inadéquate
Le graphisme échappe au contrôle par excès de mouvements spasmodiques. Les pulsions sont violentes et très mal gérées par les personnes qui ont tendance à sortir de leurs gonds.
On peut retrouver ce degré dans des moments de crise ou dans des accès de colère assez exceptionnels.
De même que certains brouillons peuvent être marqués par le degré I ou par le degré II alors que la lettre officielle sera de degré III.

Faites-vous preuve de précision et de rigueur dans vos actes ?

« Concision dans le style, précision dans la pensée, décision dans la vie » (Victor Hugo).

INTERPRÉTATION

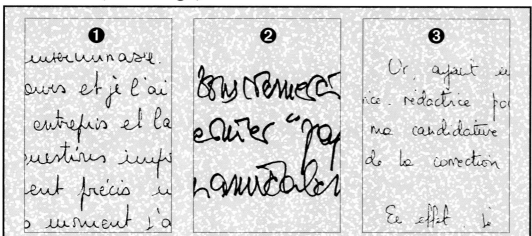

❶ ❷ ❸

Interprétation

❶ L'écriture est posée, claire et simple dans sa forme. Personne qui a des qualités pédagogiques. Elle aime se faire comprendre et faire passer ses messages et les informations avec clarté.

❷ Écriture particulièrement compliquée. Personne d'un haut niveau intellectuel, mais qui a probablement du mal à faire part de ses positions de façon non ambiguë. Goût du secret et désir de ne pas se dévoiler.

❸ L'écriture est fine, claire et simple. La précision de la pensée correspond à une rigueur dans la réalisation. Besoin de trancher et de ne pas être indécis.

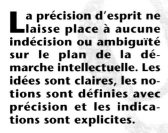

La précision d'esprit ne laisse place à aucune indécision ou ambiguïté sur le plan de la démarche intellectuelle. Les idées sont claires, les notions sont définies avec précision et les indications sont explicites.

Dans un cas, l'écriture est très structurée, à dominante de forme, avec des lettres bien dessinées qui ne laissent place à aucune ambiguïté. La vitesse est moyenne, la ponctuation précise. La personne accorde une grande importance à la clarté du message qu'elle veut transmettre. Cela révèle souvent des qualités pédagogiques de patience et le goût de la transmission. Le sens de la qualité et du détail est primordial et la personne aime le travail bien fait. Si la dimension de l'écriture est petite ou moyenne, à tendance compacte et rétrécie, la personne sera plutôt spécialiste et cherchera à approfondir ses connaissances avant de les élargir.

Le fait que le message soit clair est aussi une indication sur la fiabilité de la personne et sur son engagement. Un scripteur qui laisse plus de flou fait aussi planer une certaine confusion sur ce qu'elle a dit ou affirmé, ce qui peut lui permettre de se dégager rapidement si les événements changent. Cela peut dénoter un certain opportunisme.

La clarté par le rythme : l'approfondissement

Une écriture d'intellectuel est plus rapide et plus imprécise dans sa forme, ce qui ne veut pas dire que le scripteur n'a pas les idées claires. La clarté d'esprit se signalera alors par le rythme de répartition entre les noirs et les blancs. Il est vrai aussi qu'un penseur de haut niveau n'a pas les mêmes impératifs de transmission pédagogique ou, en tout cas, ne recherche pas nécessairement la clarté de la transmission.

La profondeur de la réflexion peut paraître obscure aux non-spécialistes. Cela se traduit par un graphisme beaucoup plus touffu et plus imprécis. Il importe toutefois que cette imprécision soit compensée par une fermeté graphique et, surtout, par une homogénéité interne.

L'homogénéité

L'homogénéité correspond à l'accord profond de toutes les parties du graphisme. Par exemple, il est logique qu'une grande écriture à dominante de forme soit lisible, car elle est nécessairement plus lente qu'une écriture plus petite et à dominante de mouvement. Si une écriture à dominante de forme est imprécise, cela traduit une contradiction interne au graphisme et peut signaler un manque de franchise.

L'écriture compliquée : manque de repères

Une écriture exagérément compliquée indique de la confusion dans les idées, voire le goût du secret. A force de vouloir brouiller les pistes, la personne ne sait plus très bien où elle en est elle-même.

Les enchevêtrements entre les lignes traduisent également un manque de précision dans les idées et la difficulté à discerner les différents plans d'un raisonnement. D'où il résulte pour le scripteur une difficulté à prendre des décisions.

Faites-vous preuve de discernement et de bon sens ?

Savoir organiser son travail en fonction d'impératifs de temps et d'argent est essentiel dans la vie de tous les jours.

INTERPRÉTATION

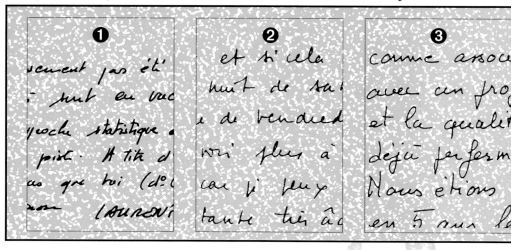

❶ ❷ ❸

Interprétation

❶ L'écriture est simple, aérée, la liaison est dominante. La zone médiane repose sur la ligne de base en souplesse. Les interlignes sont suffisants. Esprit logique et capacité de discernement.

❷ L'écriture est claire, simple, aérée entre les mots et les lignes. L'écriture est proportionnée. Esprit clair au jugement objectif.

❸ La mise en page est très carrée. Il existe un bon rythme de répartition des espaces et un rythme de forme. Personnalité originale, ambitieuse, au jugement réaliste.

Il faut avoir un jugement clair, fondé sur l'observation des faits et la réflexion. Il faut aussi pouvoir se décider, donner son opinion, bref s'affirmer.

Si la page dans son ensemble est ordonnée et aérée, la personne sait organiser son temps en fonction d'un objectif. Aérée, cela indique qu'elle prend du recul et du temps pour réfléchir. L'écriture est claire, lisible et structurée, signalant qu'on a fait intervenir la pensée et qu'on ne juge pas sous le coup de l'émotion. Même une grande écriture de type affectif peut receler des indices de clarté d'esprit et d'objectivité si la mise en page est correcte et, surtout, s'il y a suffisamment d'espace entre les mots et entre les lignes.

Appui et jambages fermes
La capacité de s'affirmer et de décider se verra dans une écriture assez appuyée, avec des jambages fermes et une régularité dans l'ensemble du graphisme, qui demeure souple, c'est-à-dire adaptable. Une personne timorée aura une écriture lente, retouchée et probablement une grande marge de droite, ce qui indique à la fois la crainte d'aller de l'avant et le doute permanent.

Simplicité
Avoir du bon sens, c'est aussi hiérarchiser les problèmes et savoir distinguer ce qui est essentiel de ce qui l'est moins. Dans l'écriture, cela se verra si les mots débutent directement sans les petits tirets initiaux. Si ces traits initiaux sont importants, alambiqués, cela indique que la personne se focalise sur des détails. Elle sera pointilleuse et peu efficace s'il faut traiter l'ensemble d'un problème.

Des interlignes assez larges indiquent la capacité à ne pas se concentrer uniquement sur le détail, à envisager l'ensemble et le suivi d'une action. Une écriture inutilement ornée, avec des alinéas très importants, une signature gonflée et compliquée, n'est pas un bon indice de discernement. Ici, la personne ne se préoccupe que des détails et de l'impression qu'elle donne.

Liée ou groupée
Le bon sens, c'est aussi la logique, la possibilité de comprendre l'enchaînement des choses afin de pouvoir envisager les conséquences de son action. Sinon, c'est l'impulsivité qui domine. Une écriture liée est un bon indice de logique, de même qu'une écriture groupée. Une écriture groupée est celle dans laquelle, à l'intérieur d'un mot, les lettres sont groupées par deux ou trois. La logique veut que les groupements soient plutôt syllabiques ou préparés par des combinaisons heureuses. Les groupements illogiques présentent des trous à l'intérieur des mots, une lettre, un espace, puis le mot, par exemple. Des majuscules placées n'importe où indiquent un manque de discernement. Quelle que soit l'option graphique prise, il faut qu'elle demeure identique tout au long du document, indiquant par là que la personne fait des choix et qu'elle s'y tient.

Dans le cas contraire, on peut douter de la cohérence du comportement, qui peut manquer de stabilité et de suivi dans l'action.

Éprouvez-vous le besoin de vous affirmer ?

Êtes-vous motivé par un besoin d'affirmation de soi constant ou préférez-vous les « seconds rôles » ?

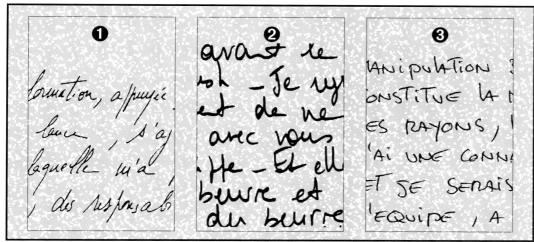

❶

❷

❸

Interprétation

❶ La dominante d'une forme stylisée, élégante, avec un trait fin, indique une personnalité solaire, individualiste, qui s'affirme par une présence originale et une exigence.

❷ Le mouvement barré, les surélévations et la compacité indiquent une affirmation un peu en compensation puisque les jambages ne sont pas très développés. Cependant, le barré correspond au courage et à la persévérance d'un homme qui s'est fait tout seul.

❸ Écriture artificielle qui correspond à un besoin d'affirmation et de compensation qui nuit à une réalisation personnelle. Trop attaché à l'image qu'il donne de lui-même.

La relation au monde extérieur s'exprime à travers le Moi social, la soumission ou l'autonomie par rapport aux conventions et aux opinions d'autrui. Un besoin constant d'affirmer son indépendance et son originalité rend souvent l'adaptation difficile au sein d'une équipe professionnelle et même dans le cadre familial et affectif. Cela révèle une identité en réalité peu affirmée qui se cherche et qui a besoin, comme les adolescents, de signes extérieurs d'identité et de reconnaissance, même si c'est par opposition.

Une écriture artificielle
La personne dépense une énergie considérable à s'habiller de façon provocante, par exemple, afin de forcer le regard des autres pour se sentir exister. Dans l'écriture, on retrouve ce forcing, car on constate souvent un maniérisme du graphisme, une recherche de l'originalité purement formelle, mais sans que celle-ci soit portée par une réelle personnalisation. Il s'agira d'ornements, véritables tics graphiques, plus que d'une authentique stylisation. La forme est alors une forme de structure qui est marquée par la rigidité et l'idée directrice et volontariste de la personne. On retrouve souvent des inclinaisons trop régulières et des gestes types sur certaines lettres.

En même temps, la progressivité est freinée par cette attention constante portée à la forme et au décorum au détriment de la vie et de la spontanéité.

Une forme spontanée
Dans d'autres cas, on parle de forme de mouvement quand la forme est portée par un mouvement qui lui donne vie. La forme n'est plus plaquée de façon artificielle, mais elle naît naturellement du mouvement qui la porte. La maîtrise de soi est suffisante mais la spontanéité la laisse s'exprimer naturellement et sans forcing ni recherche particulière. Une certaine liberté graphique est possible, car l'individu a suffisamment confiance en lui-même pour se permettre de se démarquer, mais seulement pour affirmer son engagement et son activité, pas pour prouver son existence. Le rythme des blancs et des noirs est proportionné, la personnalisation de l'écriture marquée, l'appui et la souplesse assurent la progressivité de l'écriture.

Régularité ou monotonie
Au contraire, une adaptation excessive donne un graphisme monotone et très peu personnalisé. Dans ce cas, la personne ne recherche pas particulièrement à s'affirmer et préfère la sécurité des conventions et de la norme. Il s'agit, si le graphisme est simple et régulier, d'un choix de simplicité et d'existence calme qui peut parfaitement coexister avec un engagement courageux dans la vie quotidienne, mais sans désir de briguer une place en vue.

Si la monotonie plus que la régularité domine, il y a alors une rigidité de caractère qui ne parle pas en faveur d'une adaptation souple mais plutôt d'une tendance à un auto-contrôle excessif et peu efficace du point de vue de l'évolution personnelle.

Quelle est votre sociabilité ?

La sociabilité est la capacité à établir des contacts humains. Certaines personnes ont, plus que d'autres, le goût et le talent de la communication avec autrui.

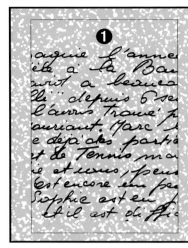

❶

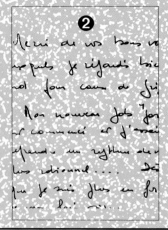

❷

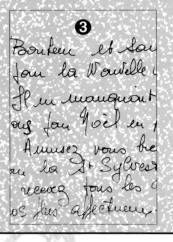

❸

Interprétation

❶ Écriture arrondie, grande et ample, qui exprime le besoin de contacts sociaux. Nature communicative, mais dont les contacts, bien que chaleureux et spontanés, restent superficiels.

❷ Le trait est chaud, pâteux, l'écriture est plutôt ronde, en guirlande souple. Personne qui sait s'adapter aux gens et aux situations nouvelles. Elle aime arrondir les angles et communique avec aisance et chaleur.

❸ L'écriture grande et ornée, avec un trait nourri, exprime l'accueil et la convivialité de cette personne, qui est cependant très sélective.

Selon la personnalité de chacun, la sociabilité sera le résultat d'une bonne éducation, d'un vernis social qui n'impliquera pas de réel échange en profondeur, ou bien elle traduira une authentique disponibilité à autrui.

La sociabilité implique une capacité d'adaptation aux autres, aussi différents qu'ils soient. En outre, certains détestent être seuls et ne sont heureux qu'entourés d'amis qui les admirent et les rassurent.

Besoin de contacts sociaux

Ainsi une grande écriture traduit le besoin de contacts et l'aspiration à jouer un rôle social. Avec l'écriture dilatée, c'est-à-dire agrandie en tous sens, ronde et ample, on a de l'extraversion, de la générosité et une nature communicative et sentimentale. Exagé-

rée, elle traduit du bavardage, du sans-gêne, les contacts resteront superficiels.

Accueil et conciliation

L'écriture plutôt arrondie traduit l'attitude conciliante du scripteur, qui préfère arrondir les angles plutôt que de vivre dans le conflit. C'est un signe d'adaptation aux autres et à la réalité.

La guirlande arrondie vers le bas (« m » et « n » en « u ») révèle la réceptivité. L'accueil et la bienveillance, l'hospitalité et la disponibilité sont naturelles. A l'inverse, dans le cas d'une guirlande étalée en largeur et sans profondeur, la communication reste superficielle, il y a du savoir-faire relationnel mais peu d'implication réelle.

Ouverture

L'intérêt porté aux autres, qu'il soit affectif et sentimental ou plutôt de l'ordre de la

curiosité intellectuelle et de la réceptivité aux idées nouvelles, se verra dans une écriture progressive, dont tous les traits se dirigent vers la droite le plus rapidement possible.
Une légère inclinaison vers la droite marque aussi le désir de communiquer ou de convaincre l'autre.
Lorsque certaines lettres, particulièrement les « a » et les « o », sont légèrement ouvertes, l'écriture est dite « crénelée » et révèle que la personnes apprécie les échanges avec les autres. Si les crénelages sont situés en haut à droite, le scripteur privilégie les échanges intellectuels. L'ouverture à gauche révèle un attachement au passé et à ses valeurs affectives. L'ouverture vers le bas traduit l'intérêt pour le concret, les biens matériels et les besoins pulsionnels.

Respect de l'autre

Si le trait est nourri, c'est-à-dire suffisamment encré,

avec des bords légèrement ouverts (effrangés), cela indique que la personne, tout en restant ouverte et disponible à l'environnement, ménage entre elle et les autres une distance qui implique un respect mutuel.
Le scripteur au trait nourri n'aime pas être envahi et n'envahit pas les autres.
L'écriture ornée, si elle ne l'est pas exagérément, indique l'amabilité commerciale. Les majuscules ornées sont courantes dans les écritures de personnes qui n'ont pas fait beaucoup d'études. D'une manière générale, une lettre bien présentée, avec des marges proportionnées, traduit la politesse et le respect de l'interlocuteur.

Votre raisonnement est-il déductif ?

Un raisonnement déductif part des faits pour aboutir à une conclusion, en s'appuyant sur un enchaînement logique et rigoureux d'idées toutes reliées entre elles.

INTERPRÉTATION

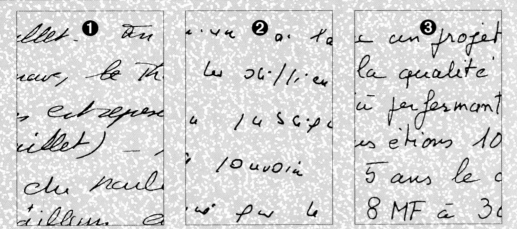

Interprétation

❶ Le graphisme est lié, voire hyperlié par une liaison secondaire. De la persévérance, de la logique, mais une certaine subjectivité et un manque de recul. La personne réfléchit sur des faits, mais se laisse aussi emporter par son sentiment.

❷ Écriture plutôt liée, mais avec des groupements. La présentation en plate-bande est un peu systématique mais, dans l'ensemble, ce graphisme révèle le désir d'être rigoureux et clair dans son raisonnement, tout en restant réceptif aux idées d'autrui.

❸ L'écriture est liée et groupée dans un contexte ferme et régulier. Esprit rigoureux de type scientifique. Capacité de prendre du recul et goût des échanges lui permettent de rester ouvert aux points de vue différents des siens.

Ce qui va distinguer le discours du scientifique ou du penseur de celui du paranoïaque, c'est son rapport à la réalité et non la structure logique du discours qui l'est toujours dans les deux cas. C'est la trop grande monotonie du graphisme qui peut alerter, ainsi que son côté systématique et souvent peu harmonieux et excessif.

Une pensée logique

L'écriture liée révèle un esprit analytique qui va observer point par point chaque événement avant de le relier à l'événement suivant. Il s'ensuit un système de pensée très rigoureux et logique. Le scripteur suit le fil de son idée sans se laisser disperser. Concentration, persévérance se déduisent de la liaison. Cela peut être très positif

dans le cadre d'une recherche scientifique ou d'un travail nécessitant la compréhension d'une situation donnée dans toute sa complexité. On peut être face, avec une écriture liée, à de la ténacité, voire du perfectionnisme, empreinte de la personne.

Elle aura le désir d'aller jusqu'au bout de son engagement et cela émane d'un caractère fidèle à ses opinions et à ses engagements. Il est rare que l'écriture liée soit illisible, car il y a un tel besoin de convaincre et de démontrer que la nécessité est d'autant plus grande pour l'individu d'être clair dans ses messages. De même, il est rare que le mouvement perturbe beaucoup la forme, car la personne ne laisse pas aller ses émotions ou ses impulsions qui sont sévèrement contrôlées. Le trait est souvent égal d'appui, voire gris, c'est

le trait du technicien ou de la personne dont l'exigence intérieure est forte.

Une logique implacable

Lorsque l'on réfléchit sur un problème, il est bon de voir tous les aspects de la question, mais il arrive parfois que l'on tourne en rond et cela devient alors une obsession. L'enchaînement des idées se transforme en une véritable prison dont la personne ne peut se libérer. Cela se remarque dans l'écriture quand celle-ci est non seulement liée, mais aussi très fermée dans la forme des lettres, jusqu'au trait couvrant par exemple. Cela indique la difficulté à adopter un point de vue différent et à être ouvert aux idées et aux opinions d'autrui. La compacité entre les mots traduit une occultation du rapport à autrui avec l'ouverture que cela pourrait impliquer. Les lignes serrées ré-

vèlent le manque de recul et de réalisme. Un raisonnement peut être logique dans son déroulement, mais fondé sur des idées de départ fausses, l'individu cherchant à démontrer non pas ce qui est, mais ce qu'il pense. Dans ce cas, l'écriture est plus grande dans sa dimension, souvent inclinée et barrée en plus des caractéristiques citées plus haut. Il peut s'agir d'un caractère présentant des traits paranoïaques.

Rigueur et réalisme

Un raisonnement rigoureux, mais fondé sur le sens des réalités et une objectivité intellectuelle se reconnaîtra quand l'écriture sera liée et régulière, mais suffisamment aérée entre les mots et les lignes. De légères ouvertures apporteront la nuance dans la pensée et la réceptivité au monde extérieur, à l'opposé de l'obsessionnel qui vit dans son monde intérieur.

Le réalisme est-il votre point fort ?

Afin de mettre en œuvre un projet, il faut passer de la conception à la réalisation, c'est-à-dire tenir compte des impératifs de la réalité afin de moduler et d'adapter.

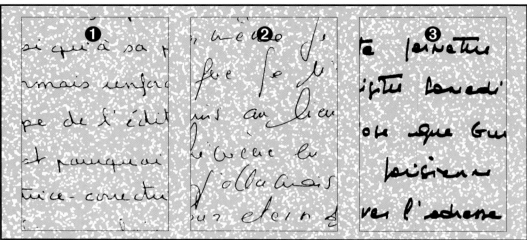

Interprétation

❶ La Terre est dominante dans ce graphisme un peu contraint, mais clair et simple. Besoin de réalisation concrète et persévérance au quotidien.

❷ Le réalisme est un peu hypothétique pour cette jeune femme très rêveuse et imaginative. Insatisfaction et désir de jouer un rôle se conjuguent et donnent un caractère un peu fantasque.

❸ Le réalisme se signale par la tenue de ligne et l'épaisseur du trait qui traduisent la sensorialité et le besoin de résultats concrets. Goût des contacts et du terrain.

Certains sont naturellement doués d'un bon sens qui leur permet d'être en phase avec le monde qui les entoure et d'utiliser tous les moyens qui s'offrent à eux afin d'obtenir des résultats concrets.

La Terre

Cette écriture est, en général, simple, claire, avec une tenue de ligne souple et régulière et un trait nourri. Les proportions sont respectées entre les trois zones, l'écriture est, du point de vue de Crépieux-Jamin, plutôt harmonieuse. Sur le plan planétaire, c'est une écriture Terre avec du Jupiter, la Terre donnant le sens des réalités, Jupiter la capacité relationnelle et la faculté d'écoute. Les jambages remontent sur la ligne de base, qui est celle de la réalisation concrète : la personne agit en vue d'obtenir des résultats, et elle n'est pas déconnectée de la réalité par un jugement trop rapide, partial ou un idéalisme trop exigeant.

L'objectivité et la souplesse

Le réalisme implique également une recherche très nette d'objectivité, une capacité de remise en question et de la souplesse d'esprit. L'objectivité se remarquera alors dans un graphisme espacé entre les mots mais, surtout, entre les lignes elles-mêmes. Les manifestations sont une dimension moyenne et des proportions équilibrées, mais aussi une certaine sobriété, c'est-à-dire un mouvement qui ne malmène pas trop la forme du graphisme, mais anime le tracé de façon discrète. Cette aération et ces blancs indiquent les temps de pause, de réflexion et d'écoute. La sobriété et la souplesse du tracé traduisent l'esprit ouvert du scripteur, qui, ayant atteint une certaine maturité, n'a plus besoin de prouver coûte que coûte qu'il a raison.

Les réalités de la vie ont un peu érodé l'idéalisme de la jeunesse, de la même façon les prolongements un peu discordants que l'on peut retrouver chez des jeunes gens se rapetisseront au fur et à mesure que l'idéalisme des débuts se teintera de réalisme. Dès lors, la personne est à même d'écouter des points de vue différents des siens, points de vue qui sont susceptibles de lui apporter une vision du monde nouvelle.

Ceux qui se défendent

Le réalisme va de pair avec la maturité, l'expérience et une certaine humilité. Encore faut-il laisser le monde extérieur avoir prise sur soi et ne pas ériger une forteresse pour s'en défendre.

Les écritures trop affectives ou trop systématiques ne sont pas réalistes au sens propre du terme, car elles ne tiennent pas compte de la réalité environnante et s'en défendent à tout prix.

Les grosses écritures rondes et envahissantes de ceux qui sont menés par leurs sentiments, et non par leur raison, sont le fait de personnes qui n'écoutent que leurs sentiments, qui prennent alors valeur de vérité.

Les écritures systématiques, monotones ou sans blancs indiquent un esprit rigide qui tourne à vide, car il n'est pas en prise avec le monde extérieur. Le raisonnement est de type obsessionnel et se poursuit sans jamais être ébranlé par une quelconque ingérence extérieure. Ces personnes sont en général peu efficaces, voire très difficilement adaptables.

Quel est votre degré d'insatisfaction ?

« **Son désir plus vif parce qu'insatisfait** » (Radiguet). Cette citation illustre bien l'interaction de l'insatisfaction source de mécontentement et de désir.

INTERPRÉTATION

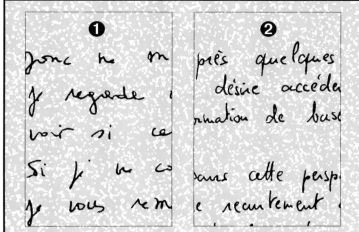
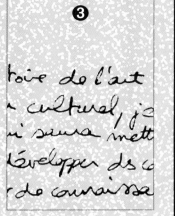

❶   ❷   ❸

Interprétation

❶ Les inégalités sont importantes dans la dimension, la continuité et la forme. L'insatisfaction est ici trop grande et l'anxiété domine. Pour le moment, les capacités de réalisations sont amoindries.

❷ Tiraillée dans la direction, l'écriture est très liée et très tenue sur la ligne. Une insatisfaction qui provient d'une difficulté à se situer sur le plan de sa valeur, mais qui permet aussi de vouloir progresser.

❸ Des tiraillements, des inégalités dans cette écriture assez mercurienne. Une curiosité intellectuelle qui amène la personne à s'intéresser à beaucoup de choses. Jamais vraiment satisfaite, elle est toujours aiguillonnée par le désir de se réaliser.

Le mécontentement est ce qui vient d'abord à l'esprit lorsque l'on évoque l'insatisfaction. Mais s'agit-il d'un éternel insatisfait taciturne et maussade, d'une personne à l'avidité extrême ou d'un être toujours en mutation grâce à l'aiguillon de l'insatisfaction ? En effet, un être satisfait, dans le langage courant, signifie aussi un caractère gonflé de fatuité. Il ne bouge plus, trop satisfait et endormi dans ses convictions ou dans son confort. Sa confiance en lui est excessive, il sait tout et n'a plus besoin d'apprendre.

Le fat

L'être tout imprégné de sa suffisance aura une écriture assez statique, systématique et monotone. Elle peut être ornée, signifiant le besoin de paraître et de donner une bonne image de soi. Le graphisme est fermé, les lettres sont annelées, enroulées, le trait est net et l'espace plutôt envahi. Le mouvement est rigide, car l'avancée est systématique et suit son cours de façon inébranlable sans se laisser affecter par la réalité extérieure. La signature est souvent gonflée et plus grande que le texte, soulignant encore l'importance accordée au personnage social.

La détresse narcissique

Une grande insatisfaction implique aussi un besoin de se rattacher aux biens matériels ou aux témoignages de reconnaissance et d'amour venus de l'extérieur. On déduit l'insatisfaction si l'on se trouve face à une écriture infantile ou narcissique chez un adulte. En effet, cela indique que la personne ne peut franchir la frontière entre le monde infantile et dépendant et le stade adulte qui recherche l'autonomie. L'insatisfaction est ici corollaire de l'avidité matérielle ou affective que rien ne peut vraiment combler. Les écritures de type oral, rondes, agrandies et statiques sont de ce type. Comme l'enfant qui dépend entièrement de sa mère pour subvenir à ses besoins alimentaires et affectifs, ces adultes, qui n'en sont pas vraiment, ne cessent de courir après les marques de reconnaissance. Courant d'aventure en aventure ou d'un bien matériel à un autre, ils recherchent en fait à combler un certain vide intérieur.

Évolution et mouvement

Une insatisfaction peut aussi permettre de progresser. En effet, la prise de conscience d'un tiraillement intérieur peut permettre progressivement d'évoluer en se connaissant mieux. L'écriture sera nuancée, tiraillée mais sans excès, petite et sensible. Jamais vraiment satisfaites, ces personnes cherchent à progresser tant dans leur développement personnel que dans le domaine des relations. On verra des signes de souffrance dans l'écriture, ces tiraillements dans la direction, ou des éléments d'anxiété comme des pochages ou des laps. Cette souplesse est aussi une possibilité de changement et d'adaptation, à l'inverse des écritures statiques qui sont bloquées dans leur évolution. La satisfaction ne peut être que ponctuelle car tout de suite de nouveaux désirs et besoins s'éveillent et cela correspond au flux de la vie.

Comment supportez-vous la solitude ?

**Recherchez-vous la solitude ou préférez-vous être entouré ?
Indépendamment des conditions objectives de leur vie, certaines personnes se sentent incomprises de leur entourage.**

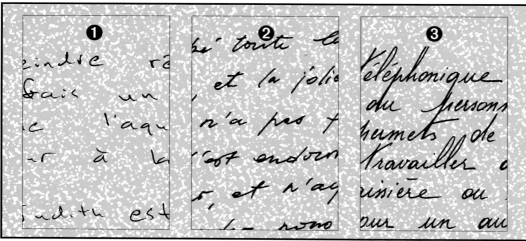

Interprétation

❶ Beaucoup de Lune dans cette écriture flottante aux blancs importants. Le script masque le personnage qui a des difficultés à communiquer, malgré une sociabilité de surface.

❷ Écriture compacte, surélevée et prolongée. La solitude est recherchée dans un sentiment un peu hautain et méprisant à l'égard d'autrui. Besoin de réflexion aussi, mais manque de recul, car la personne est très subjective.

❸ L'écriture est barrée mais fragile dans son trait assez léger. Écriture « saturnifiée » à cause de difficultés objectives ressenties par la personne qui traverse une passe difficile.

Défaut de communication ou réalité objective, certaines personnes ressentent constamment un sentiment de solitude et d'incompréhension. Ce sentiment peut être vécu sans que les conditions de vie soient apparemment solitaires. Il s'agit plutôt, dans ce cas, d'un défaut de communication de la personne elle-même ou de son entourage.

Un espace maîtrisé
C'est surtout l'espace et la répartition des masses graphiques qui témoigneront de ce sentiment. Si l'espace est subi, c'est-à-dire si l'écriture semble noyée dans la page ou mal répartie dans l'espace, la personne a du mal à s'inscrire dans le monde et à trouver sa place. Si les mots sont très espacés, l'écriture est dite lacunaire. Dans ce cas, la communication avec les autres est très difficile, la personne est envahie par un sentiment d'isolement et d'incompréhension qui renforce encore plus sa difficulté naturelle à s'exprimer. D'où une impression de blocage qui s'exprime dans une écriture souvent figée, au mouvement immobile. L'appui est léger avec un trait fin, voire ténu, qui indique la difficulté à imprimer sa marque et à s'affirmer. La vulnérabilité est renforcée par l'incapacité de communiquer.

Un besoin de réflexion
Il y a aussi des personnes qui recherchent volontairement la solitude sans ressentir d'échec. Ce sont des gens qui ont besoin de réfléchir, de se retirer en eux-mêmes de façon épisodique. La répartition graphique est satisfaisante et équilibrée dans la page, ce qui indique que la capacité relationnelle n'est pas en cause. La dimension de l'écriture est moyenne à petite, souvent à tendance étrécie et compacte, ce qui indique la réflexion.

Saturne
Certains penseurs sont voués à cette solitude de manière plus ou moins voulue, ce qui donne à l'écriture un faciès un peu saturnien. Dans ce cas, l'écriture est très sobre, réduite et noire. Le trait est sec, cérébral et le mouvement est peu marqué.
Le geste saturnien est contraint et raidi. Il s'agit de caractères intériorisés dont la sensibilité est vive, mais qui ne l'expriment pas. Un sentiment d'inquiétude et d'anxiété peut dominer.
Après un choc affectif, une écriture peut se « saturnifier », c'est-à-dire que le graphisme, tout en gardant sa forme et ses caractéristiques, se raidit et se dessèche. Dans ce cas, le sentiment d'isolement est douloureux. Il y a toujours une certaine fierté dans ces graphismes qui refusent la consolation et l'expression spontanée de leurs sentiments.
Inversement, toutes les écritures qui traduisent la sociabilité tendent à éviter la solitude, ainsi que les personnes immatures et dépendantes qui fuient la solitude par une certaine incapacité à s'assumer de façon adulte et autonome. Ce sont toutes les écritures rondes, en guirlande, au trait chaleureux, ainsi que les faciès plus narcissiques et immatures des écritures arrondies, mais raidies et systématiques dans leur déroulement.

Avez-vous une revanche à prendre ?

L'affirmation de soi peut être vécue comme une revanche pour ceux qui ont le sentiment d'avoir souffert ou d'avoir été injustement lésés dans leur enfance.

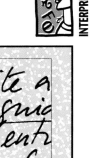

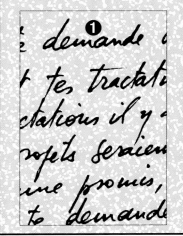

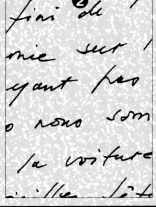

Interprétation

❶ Le trait noir, le mouvement barré, les prolongements, notamment sur les « t », indiquent une personnalité batailleuse qui se sent toujours incomprise, voire flouée. Il y a quelque chose d'un peu systématique dans le besoin de revanche qui en découle.

❷ Le mouvement est barré, le trait est fin et assez fragile avec des pochages. Sentiment d'avoir vécu des choses difficiles peut-être réelles avec courage, malgré de fréquents moments de découragement.

❸ Grande écriture envahissante, noire et très anguleuse. La vie est un combat pour cette femme qui a un besoin de compensation assez fort et non dénué d'agressivité. L'ensemble est toutefois assez étouffant, d'où le risque de retour sur soi de l'agressivité.

I n'est pas toujours facile de faire la part des choses entre une enfance réellement difficile et le sentiment subjectif que peut en avoir la personne. Il existe des gens plus fragiles ou plus sensibles que d'autres pour qui le seuil de tolérance à la souffrance est bas quand d'autres endurent avec plus de fermeté, voire s'endurcissent à la faveur de circonstances difficiles. De toute façon, pour l'écriture, c'est le vécu subjectif de l'individu, que celui-ci soit fondé ou non sur une réalité, qui importe.

Compensation

Quand l'affirmation de soi repose sur un sentiment de revanche, on en retrouve toujours quelque chose dans l'écriture par le biais d'indices de compensation. Un manque de sobriété, des prolongements ou des surélévations peu harmonieuses, une écriture exagérément grande ou petite sont des signes de compensation. Tout ce qui est de l'ordre du trop ou du trop peu indique un décalage entre la capacité d'affirmation, la confiance affichée et le sentiment intérieur. La confiance en soi est en réalité faible et a besoin de se confirmer sans cesse par des victoires dans le monde professionnel ou affectif. On retrouvera aussi des éléments phalliques dans le graphisme, des « p » qui indiquent l'affirmation seront comme des pieux et les barres de « t » pourront être placées au-dessus de la lettre ou lancées.

Défi

Les mouvements contrôlés, particulièrement le barré, indiquent le besoin constant de se dépasser afin de prouver sa force. Ce vécu de revanche donne du mordant à ces personnes qui peuvent être assez agressives dans leur vie professionnelle. Pour qu'il y ait cette agressivité en plus d'un sens du défi, il faut aussi que le trait soit très appuyé et l'écriture massuée ou acérée. Si le mouvement est cabré, un pas de plus est franchi dans le sens d'une révolte. Souvent le caractère est plus rétif et la revanche plus masquée, l'adaptation est moins bonne, surtout dans un travail en entreprise qui nécessite beaucoup plus de rondeur.

Espace et signature

Le symbolisme de l'espace et la signature sont des éléments intéressants. Un repli vers la gauche ou un grand décalage à droite qui laisse une marge de gauche trop grande par rapport à la feuille indiquent un rapport au passé conflictuel. Si par ailleurs on retrouve des indices de compensation, on en déduit que l'individu se sent en droit d'avoir une revanche à prendre, cela sans préjuger des limites qu'il se donnera. La signature agrandie par rapport au texte de façon marquée révèle aussi un décalage entre le sentiment de soi authentique et la façade que l'on affiche, ce qui est aussi un élément de compensation. Il en est de même pour des signatures beaucoup plus appuyées que le texte ou, inversement, plus légères. Le manque d'homogénéité entre texte et signature laisse soupçonner un besoin de compenser un sentiment d'insuffisance.

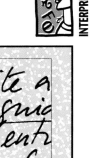

INTERPRÉTATION

Vos doutes vous enrichissent-ils ?

Descartes considérait que le doute était l'étape qui permettait à l'esprit de remettre en cause les évidences afin de se dégager du sens commun.

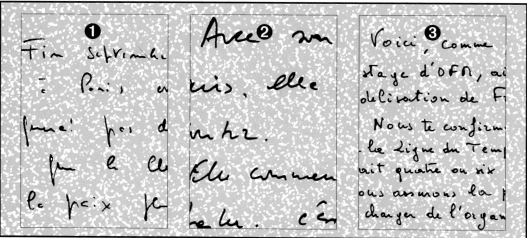

Interprétation

❶ Les nombreuses inégalités et les ruptures dans la zone médiane traduisent une confiance en soi inégale. La ligne est tenue et l'ordonnance réussie, ce qui compense les doutes.

❷ Ici aussi les doutes sont importants mais tendent à fragiliser beaucoup la personne ; les espacements entre les mots sont importants et l'usage du feutre cherche à masquer les faiblesses. Remises en question mais adaptation grâce à la ligne de base tenue.

❸ L'écriture est nuancée et vibrante mais reste claire et très ordonnée. La ligne horizontale est très tenue. Les doutes viennent enrichir une personnalité sensible et intuitive. Peu d'*a priori* lui permet d'appréhender des situations nouvelles et variées.

Depuis les premiers penseurs grecs, la tradition sceptique a permis de constituer différents systèmes philosophiques qui ont tous été remis en question par les philosophes qui se sont succédé. Les scientifiques, de leur côté, se posent toujours de nouveaux problèmes qui leur permettent de dépasser les limites du savoir de leur époque et, par là même, de progresser.

Un doute constructif

Quelqu'un qui possède un esprit critique et une capacité à se remettre en question est en général capable de progresser et d'évoluer. L'écriture sera nuancée et assez souple. Le mouvement pourra être vibrant, c'est-à-dire semblant avancer par touches successives. On sait alors que la personne possède une forte sensibilité qu'elle laisse s'exprimer et qui lui permet d'enrichir son expérience. Capable de remettre en cause l'existant, la personne est assez intuitive et dotée d'un sens psychologique qui lui permet d'être en prise directe avec son environnement.

Avec un trait solide, les doutes sont des signes d'ouverture et de remise en question.

Un mouvement progressif

Les *a priori* ne bloquent pas la pensée et, en général, les principes guidant ces individus sont choisis en toute liberté et non pas suivis sans dérogation depuis l'enfance. L'écriture sera personnalisée et dégagée des normes. Cela implique une mise en page personnelle avec un rythme d'espacements cohérent. La signature homogène au texte traduit l'affirmation d'une pensée claire et personnelle. Le mouvement est progressif et n'est pas marqué par des retours en arrière ou des scrupules excessifs. Le mouvement, même vibrant, progresse vers la droite et indique la grande capacité à réaliser ses objectifs.

L'écriture tiraillée

Dans certains cas, le doute peut être au contraire perturbant et empêcher toute décision ferme et toute prise de position. L'inclinaison est oscillante autour de la verticale, voire franchement très inégale. L'écriture est d'ailleurs inégale dans tous ses genres, appuyée puis légère mais sans cohérence, elle semble stagner par moment puis redémarrer. Les verticales sont en général peu fermes et peuvent être arquées ou attirées vers la gauche. L'affirmation est difficile car la personne ne peut prendre position. Les adolescents peuvent avoir ce genre de graphisme mais, même à cet âge, cela traduit une incertitude déstabilisatrice.

Le mouvement flottant

Le mouvement est en général flottant, ce qui, dans ce contexte, révèle beaucoup d'indécision et d'hésitation. On peut remarquer une absence de projet ou de motivation et une volonté fluctuante. L'individu a beaucoup de mal à se prendre en charge et laisse les événements décider de son sort.

On peut trouver des caractères très imaginatifs et intuitifs avec ce type d'écriture, mais il y aura toujours une dépendance par rapport à l'environnement et le besoin de se faire prendre en charge.

Quel type d'autorité exercez-vous ?

Du chef d'orchestre au directeur de société, en passant par tous les postes exigeant des capacités d'animation et de responsabilité, divers degrés d'autorité sont possibles.

INTERPRÉTATION

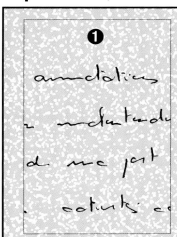

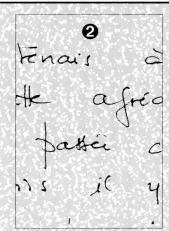

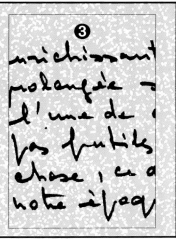

Interprétation

❶ Petite écriture appuyée, les jambages sont particulièrement marqués. Cette femme est très ferme dans ses prises de position mais a plus de difficultés à communiquer avec ses collaborateurs.

❷ Les jambages triangulaires signalent plus d'autoritarisme que de fermeté véritable. La susceptibilité est importante.

❸ Le graphisme est très noir, compact, les jambages des « p » sont fichés dans la zone inférieure. De la concentration, de la réflexion sur un fond assez revendicateur et peu confortable.

Lorsqu'on parle d'une personne autoritaire, il s'agit en fait d'autoritarisme, c'est-à-dire d'une autorité qui n'est fondée ni sur une compétence naturelle ni sur les nécessités d'un travail, mais sur un désir personnel d'exercer une emprise sur son entourage.

L'autorité de compétence est le contraire d'une autorité arbitraire. Elle se fonde, dans le cadre d'une activité professionnelle, sur la connaissance de son travail et la capacité de faire mieux que d'autres. L'autorité est naturelle et s'exerce à partir de la fermeté des décisions.
L'écriture sera ferme, avec des jambages bien plantés, appuyée et régulière.
On doit déduire le projet qui sous-tend l'activité du scripteur dans la progressivité qui est présente dans l'écriture.

Patience et clarté
Ensuite, savoir diriger une équipe implique d'être clair afin d'expliquer à ses collaborateurs ce qu'on attend d'eux.
Cela requiert une certaine patience et la capacité d'ordonner ses idées afin d'en présenter le plan.
L'écriture doit être lisible, tout en étant rapide. Si elle n'est pas lisible, une très bonne répartition spatiale peut compenser le manque de clarté.

Sens de la discipline
Une certaine force de caractère est ensuite utile pour pouvoir faire appliquer ses décisions. C'est l'appui et la fermeté du graphisme qui sont alors déterminants. Le sens de la discipline est un élément important, mais, dans l'écriture, on retrouvera les indices de la discipline du scripteur. La discipline qu'on attend de l'autre doit d'abord être la qualité de celui qui l'exige, sinon il s'agit d'autorité abusive.

Le tempérament bilieux
Pour Hippocrate, le tempérament « bilieux » est un caractère de commandement. C'est un passionné qui a une action à mener et qui utilise son énergie et son intense vitalité pour réaliser ce qu'il entreprend. Il est peu porté aux concessions. C'est un être d'action et de commandement. Il organise et décide, son autorité est naturelle et résulte de sa force de caractère. L'écriture est intense, rapide, plutôt anguleuse, appuyée, en relief. On retrouve beaucoup de gestes en croix, et le trait est net.
Le « t » est une lettre intéressante en ce qui concerne l'autorité et la volonté. C'est surtout le croisement des axes qui est important. L'axe vertical concerne l'affirmation, l'axe horizontal, la réalisation. S'il y a un bon croisement des axes dans un geste ferme, l'autorité de compétence repose en même temps sur les qualités d'affirmation et de réalisation. Si la barre est haute, mais touche encore la hampe, il y a une autorité forte, voire écrasante, mais qui reste maîtresse d'elle-même. Si la barre surplombe la hampe, il y a un autoritarisme qui révèle le désir de puissance du scripteur. Des jambages en triangle dans les lettres « j » et « g » traduisent un esprit tyrannique.
Dans un contexte graphique enchevêtré et excessif dans tous ses genres, et comportant des indices d'autoritarisme, la personnalité est revendicatrice et son autorité s'exerce de façon abusive.

Êtes-vous capable de vous engager ?

Savoir s'engager sur le plan de l'action, mais aussi sur le plan affectif, est l'indication d'une maturité et d'une autonomie acquises par un individu qui sait se situer.

INTERPRÉTATION

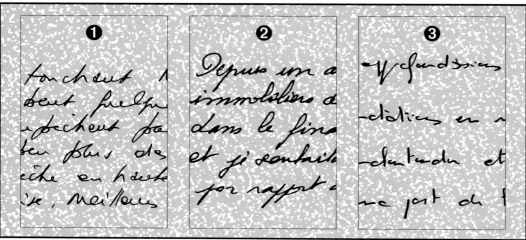

❶ ❷ ❸

Interprétation

❶ L'engagement est grand : le mouvement barré, les surélévations, notamment sur les « p », traduisent le besoin de s'affirmer et de se réaliser. L'attitude est construite sur l'idée d'un défi, d'une revanche à prendre qui est motivante.

❷ La liaison, la ligne tenue, le retour sur soi traduisent un grand engagement, mais aussi beaucoup de doutes qui amènent à faire toujours mieux pour être au plus près de ce qu'on estime juste.

❸ L'engagement ici se déduit de l'appui important, des saccades des bâtonnements : la vie est un défi pour cette femme qui veut se réaliser comme un homme, avec tous les aspects positifs et négatifs que cela comporte.

Une juste appréciation de soi-même accompagnée d'une grande confiance est à la base d'un développement personnel harmonieux et progressif vers la maturité et l'autonomie. De ce fait, l'individu possède un certain nombre de valeurs ressources, de buts qui peuvent être d'ordres matériel, professionnel, moral ou affectif. Ces objectifs donnent une orientation à son existence et lui permettent de s'engager sans trop de restrictions dans la construction de sa vie.

Une première impression générale peut déjà donner des indications sur l'implication du scripteur. Le graphisme est-il plutôt ferme ou relâché, appuyé ou léger, hyper ou hypostructuré, ordonné ou non, contrôlé ou flottant ?

Plus vous aurez d'éléments de fermeté et de contrôle, plus vous aurez d'implication.

Progressivité
La progressivité est un élément important à considérer. Cela signifie que, dans sa majorité, le tracé s'oriente sans détours ni retours inutiles vers le but, c'est-à-dire la droite de la feuille avec ce que cela signifie symboliquement : l'avenir, l'autre ou les autres. Une écriture progressive vise à la progression la plus intelligente et la plus rapide et laisse présager une bonne capacité d'adaptation et le dynamisme de quelqu'un qui ne craint pas d'avancer ou de s'affirmer. Dans la progressivité, on trouve l'appui et la fermeté qui signifient la possibilité de s'affirmer.

Régressive
Inversement, une écriture régressive est plutôt orientée vers le retour en arrière, le retour sur soi, et comporte des éléments d'inhibition et d'immobilisme. L'engagement est difficile car la personnalité est trop craintive, ou trop attachée ou fixée à son passé et à des modèles parentaux sévères, critiques et écrasants. Dans ce cas, sans cesse torturé par des doutes et des ruminations, l'individu stagne, ne peut progresser ni se projeter dans l'avenir. Les difficultés à prendre des décisions et a fortiori des initiatives sont des éléments qui freinent, voire bloquent, son engagement. L'écriture est souffrante, torturée, étriquée, cabossée, pochée. Le mouvement est irrégulier, il peut être cabré. Le trait couvrant indique la rumination parfois obsessionnelle et le trait peut être très pâteux.

Affectivité
Sur le plan affectif, l'engagement est possible si le trait est nourri, chaleureux, les formes ouvertes avec des courbes et des espacements qui laissent respirer et exister soi-même et autrui. Une écriture personnalisée est intéressante car cela signifie que la personne a coupé les liens avec l'enfant qui est en elle et qui pouvait l'empêcher de nouer une relation adulte. Le graphisme respire dans son ensemble grâce à l'équilibre des noirs et des blancs à l'intérieur et à l'extérieur des mots. Inversement, une écriture souffrante, ou un peu infantile, ou trop conventionnelle révèle une difficulté à s'engager sur le plan affectif du fait de problèmes psychologiques qui nuisent à une évolution affective satisfaisante.

Connaissez-vous votre degré d'exigence ?

L'exigence vis-à-vis de soi-même permet de progresser, mais elle peut aussi faire naître un sentiment de solitude.

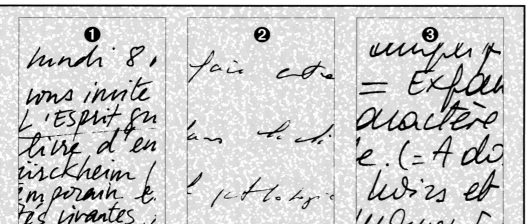

❶   ❷   ❸

Interprétation

❶ Le mouvement barré, la compacité, l'inclinaison, l'angle indiquent beaucoup d'exigence et le besoin de se dépasser. L'inclinaison, qui révèle le besoin d'influencer autrui et de laisser sa marque, contredit la compacité qui témoigne de l'isolement.

❷ Écriture très projective, intuitive et espacée, qui indique une personnalité toujours à la recherche du savoir et de la fusion dans un groupe, mais qui se sent aussi isolée.

❸ Soleil et Mars dans cette grande écriture intense, anguleuse et plutôt légère (feutre). Beaucoup d'exigence et de sélectivité au fond chez cette personne qui est d'un abord assez facile et charmant.

L'exigence est une force intérieure, un petit juge plus ou moins souple qui nous pousse à bien faire, à mieux faire. Issu des modèles parentaux, il nous indique la voie et se satisfait plus ou moins vite. Il est parfois tyrannique et nous culpabilise si nous ne le suivons pas. Dans la plupart des cas, c'est toutefois un aiguillon positif qui nous permet de nous dépasser.

Réalisation professionnelle

La mise en page typographique, qui laisse un blanc important et régulier tout autour de la page, témoigne d'un besoin de se montrer à la hauteur avec un souci d'exemplarité et souvent d'esthétisme. Cela indique aussi le désir de maîtriser, sur un plan intellectuel, les problèmes en même temps que cela signale un sentiment de solitude dû à l'isolement dans lequel la personne se place du fait de son exigence à la fois intérieure et à l'égard d'autrui. Avec un trait appuyé et des acérations ainsi qu'un mouvement dynamique et barré par exemple, la personnalité sera très active et aura un besoin d'exprimer son souci de perfection dans son activité professionnelle. Le mouvement barré indique le besoin de se dépasser et de se lancer des défis. L'exigence quant aux principes se remarquera avec une marge de gauche droite, régulière et une liaison dominante associée à un trait appuyé.

Donner du sens

Une écriture qui est rapide, inclinée et très progressive et qui semble se projeter au-devant d'elle-même indique une personnalité qui a besoin d'inscrire sa vie dans un mouvement qui ait un sens et une éthique. La personne a besoin de reconnaissance et se projette au-devant d'elle-même pour innover, apprendre et progresser. Il y a sorte de fuite en avant. Cherchant toujours à s'améliorer sur le plan personnel, l'individu fait de sa vie une expérience sans fin qui a toujours besoin d'être peaufinée. Sa vie sera jalonnée de rencontres avec différents groupes ou idéologies qui lui permettent un temps d'apprendre et d'élargir ses connaissances avant de partir vers de nouvelles aventures spirituelles ou intellectuelles.

Exigence et solitude

Il y a tout de même une difficulté sur le plan affectif, car en général l'homme ou la femme recherche toujours un partenaire idéal. Avec une mise en page typographique, le texte est assez compact, indiquant les capacités de concentration mais aussi la solitude et la difficulté à se lier. C'est une écriture Soleil très élitiste, ce qui renforce l'isolement. La dignité dont font preuve ces personnalités n'est pas exempte d'austérité, et la plupart du temps il y a une grande différence entre les échanges libres et faciles sur le plan professionnel et la difficulté à communiquer sur le plan des sentiments. Les interdits sont forts et la personne tend à délaisser tout ce qui ne correspond pas à son idéal, d'où une fermeture progressive et une frustration sur le plan personnel. Dans ce cas, la personne ne se plaint pas, mais aura tendance à ruminer ses frustrations et à devenir acerbe et caustique.

Êtes-vous capable de dévouement ?

Fidélité, loyauté, abnégation et dévouement sont des qualités plus ou moins partagées ou valorisées par certains individus, certaines époques ou certaines cultures.

 INTERPRÉTATION

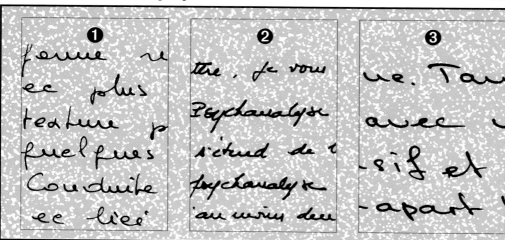

❶ ❷ ❸

Interprétation

❶ La générosité coule de source avec ce tracé souple, ouvert, au trait nourri et au mouvement coulant. Des facilités pour l'échange et l'accueil qui se font sans heurts ni efforts. Il y a toutefois de la sélectivité et de la tenue dans cette ouverture.

❷ Ici on a le dévouement et l'engagement, que l'on remarque au trait nourri et même pâteux. Les lettres sont rondes, mais, en même temps, la ligne est très tenue, l'inclinaison régulière, ce qui suggère la fermeté dans l'engagement.

❸ Le dévouement, ici, est plutôt une ouverture sans sélectivité, malgré une tentative par l'écriture renversée de se tenir. La personne est, pour le moment, trop préoccupée par elle-même pour aller vers l'autre.

Les grands idéaux ayant plus ou moins disparu de notre civilisation occidentale, l'individu doit trouver en lui-même ses références et ses obligations. En fonction de son éthique personnelle, il devra choisir ses limitations, ses engagements, et cela sans réelle promesse d'une récompense dans un monde meilleur terrestre ou supraterrestre.

Fidélité
La fidélité, c'est d'abord la fidélité à soi-même et à ses convictions, ce qui suppose que l'on en ait. Des valeurs sont intégrées, des choix sont faits, quitte à être modifiés ou soumis à la critique de la maturité, la possibilité même de faire un choix est possible. Des principes choisis et non subis se retrouvent dans un gra-

phisme sobre, ferme, avec une marge de gauche tenue avec plus ou moins de souplesse en fonction de la rigidité des principes et sans préjuger de leur validité. L'écriture est claire soit dans sa forme et sa lisibilité, soit dans sa présentation générale et un rythme noir/blanc qui donnent le sentiment d'une affirmation de soi sans ambiguïté. En effet, les écritures confuses, imprécises, filiformes sont trop ambiguës pour indiquer une clarté de pensée, de sentiments et de jugement.

Bienveillance
Vouloir du bien à quelqu'un est un sentiment *a priori* positif. En effet, la bienveillance à l'égard de l'humanité en général peut être une idée et non pas une disposition réelle du sentiment. Les grands théoriciens du « meilleur des mondes », qu'il soit religieux,

politique ou économique, ont l'idée de la bienveillance et du bonheur des hommes, mais qu'en est-il dans leur vie, nul ne le sait. Inversement, une personnalité ancrée dans le quotidien peut, avec bon sens, se dévouer efficacement. Finalement, le but est l'efficacité et la réalité du dévouement exercé. Une écriture cérébrale, au trait sec, anguleux, avec un minimum de courbes dénotera un esprit plus intellectuel qui pourra se dévouer à sa cause et à son idéologie, mais plus difficilement à son entourage proche.
Les écritures fanatiques, très inclinées, passionnées, peu aérées et monotones peuvent être inquiétantes à cet égard. Inversement, un trait qui est chaleureux, nourri, possédant des courbes et une certaine ouverture sera de nature plus bienveillante.

Le lien social
Être capable de dévouement, c'est finalement accepter un minimum de dépendance aux autres. Sortir de soi pour écouter autrui, s'adapter à son rythme et à sa vision du monde, même si elle est très différente de la sienne. Cela n'est pas toujours facile, surtout avec des proches quand des conflits anciens peuvent refaire surface et brouiller l'objectivité. Accepter la dépendance, c'est finalement faire preuve de maturité et d'autonomie puisque l'on ne doit plus prouver son indépendance. Cette acceptation du lien, du jeu social et familial se remarque dans une écriture harmonieuse. Sobriété, simplicité, clarté, ordre, bonnes proportions, aisance et homogénéité. En acceptant les règles sociales, on accepte de brider un peu son Moi, afin de s'ouvrir davantage à l'autre.

152

Êtes-vous discipliné ?

La discipline, à l'origine, était un fouet fait de cordelettes ou de petites chaînes utilisé pour se flageller, se mortifier (*Petit Robert*). Peu à peu le terme a évolué.

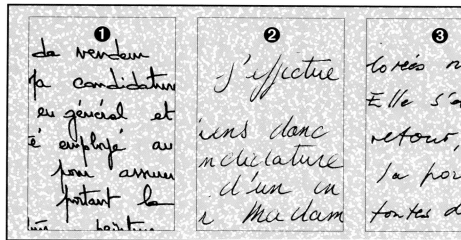

Interprétation

❶ Le graphisme est stylisé, solaire à tendance verticale, clair et tenu. Le rythme est moyen, mais on sent une discipline intérieure. Probablement des goûts artistiques et un sens de la hiérarchie qui n'est pas exempt de rébellion.

❷ L'écriture est à dominante de forme, elle est inclinée régulièrement et très ordonnée. Personne qui a besoin d'une discipline extérieure pour se maintenir dans un cadre car les réactions affectives et subjectives sont grandes.

❸ Le mouvement est barré, le trait un peu maigre et les bâtonnements nombreux, ce qui laisse supposer une grande volonté, une discipline personnelle dans le sens d'un courage pour affronter les difficultés de la vie.

De la discipline que l'on suit par obligation externe jusqu'à l'astreinte que l'on s'impose afin de réaliser quelque chose, on a les différentes façons de se positionner par rapport à elle. Dès les premières années de la vie, les parents sont responsables de l'éducation, c'est-à-dire pour une part de la prise de conscience d'obligations et d'ordres qui deviendront de plus en plus nombreux, mais aussi de plus en plus intériorisés sous la forme du Surmoi.

Éducation

Un graphisme ordonné, clair, lisible, avec une marge de gauche tenue indique une forte imprégnation de l'éducation. Si celle-ci a été vécue de manière trop sévère, elle peut limiter le sujet dans son auto-nomie et le fixer à une position infantile par rapport à la discipline et à la hiérarchie en général. Des conflits avec l'autorité se remarqueront dans le milieu professionnel si la soumission ou la rébellion sont marquées. La marge du haut est trop haute ou trop basse, en tout cas mal positionnée, de la même façon que l'individu se positionne difficilement au sein de son entreprise. Soit il est autoritaire, les « t » auront une barre surplombante, les « p » seront surélevés, la signature différente dans sa dimension du texte, avec un trait appuyé et massué. Il peut aussi être soumis comme un enfant et son écriture sera infantile, peu personnalisée.

Autonomie

Une personne autonome a intériorisé la notion de discipline, elle n'a donc plus besoin de se rebeller ou de se soumettre à un représentant extérieur. Accepté mais non subi de la même façon que l'on accepte les règles d'un jeu, l'ordre est une notion totalement intégrée qui est utilisée en vue d'une efficacité plus grande. Évidemment, le graphisme s'en ressent, il est personnalisé et se rapproche plus de la notion d'un formniveau élevé, avec des proportions réussies, un rythme que l'on perçoit et un dynamisme progressif. Capable de prendre des initiatives, cette personne n'a pas besoin d'un cadre extérieur trop prégnant pour être rassurée et agir. L'ordonnance pourra être personnelle, originale, de même que l'on sera moins exigeant pour ce qui est de la lisibilité et de la clarté puisque celles-ci seront compensées par un rythme qui organise le graphisme, comme une sorte de respiration profonde et fondamentale.

Un art

Que la discipline soit aussi un art ou une matière indique qu'il ne s'agit pas seulement de l'obéissance à un règlement en vue d'une intégration sociale, par exemple. Il est aussi question de sublimation, c'est-à-dire que le Surmoi n'est pas seulement un censeur intérieur mais il participe aussi de l'idéal du Moi, c'est-à-dire de la formation d'un projet artistique, moral, philosophique ou religieux. Et pour faire aboutir un tel projet, il convient, bien entendu, que la discipline soit totalement intériorisée et ne dépende d'aucune autorité extérieure.

On aura les écritures de passionnés au sens de Le Senne, les écritures solaires ou les lunaires, à condition que ces dernières soient associées à des planètes plus battantes.

Savez-vous vous faire reconnaître ?

Le besoin d'être reconnu peut être un moteur pour certaines personnalités. D'autres ne se font pas reconnaître dans leur milieu social et professionnel.

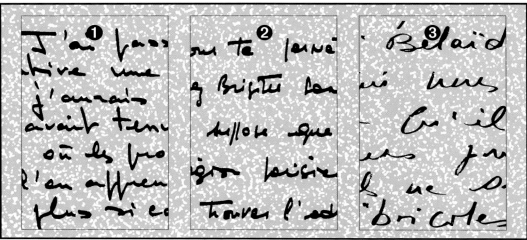

Interprétation

❶ Mise en page imprécise, usage du feutre, qui renforce le trait, verticalité et angulosité dominante. Paragraphes très marqués. Le désir de faire impression est important mais se manifeste avec de la raideur, voire une certaine agressivité.

❷ Usage du feutre, qui vient pour renforcer le sentiment de ne pas être toujours à la hauteur. Les barres de « t » haut placées sont autoritaires. Besoin d'affirmation et de reconnaissance mais souplesse d'adaptation inégale.

❸ Écriture étalée, trait en ruban et gonflements typiquement jupitériens. Besoin de reconnaissance, souci de plaire et de réelles capacités pour arriver à cela grâce à des qualités de séduction, d'élégance et un certain brio.

Une motivation d'ordre social est nécessaire afin de pouvoir se mettre en avant. Certaines personnes ont des difficultés à se faire accepter et reconnaître dans leur environnement. Cela peut provenir d'un manque d'ambition, d'un manque de confiance dans ses capacités, d'une exigence critique exagérée ou d'une timidité maladive.

Jupiter et Soleil
Les écritures jupitériennes dénotent un besoin de reconnaissance sociale, elles sont agrandies, arrondies, aériennes et mouvementées ; elles traduisent le goût du paraître en société, on peut en déduire que les scripteurs de ce type n'ont pas de difficultés à se faire reconnaître dans leur milieu, puisque c'est en quelque sorte leur

moteur. Les types solaires recherchent à être en accord avec eux-mêmes et avec leurs principes plutôt qu'avec leur environnement. La réussite est toutefois un but pour eux. Leur écriture est souvent fine, stylisée à dominante verticale avec un mouvement contrôlé et une mise en page ordonnée, même de façon personnelle.
Les grandes signatures révèlent aussi un besoin de reconnaissance et une ambition importante, surtout quand le texte est nettement plus petit. Dans ce cas, il peut y avoir un décalage entre le pouvoir et le vouloir, entre le paraître et l'être.

Communiquer
D'une façon générale, les écritures qui s'organisent de façon cohérente dans la page, avec une ordonnance réussie, un mouvement so-

bre, une forme qui reste structurée, cherchent à faire passer leur message et donc savent se faire reconnaître en communiquant. Un minimum de souplesse et de réceptivité est également requis pour pouvoir s'adapter au milieu, sinon la rigidité comportementale ne permet pas de moduler sa position afin d'être accepté et écouté. Il faut, d'une part, se positionner et, d'autre part, savoir exprimer ses intentions et ses décisions.
Il est clair qu'une écriture ambivalente, incertaine et flottante révèlera une personnalité qui a du mal à s'intégrer à un groupe social et *a fortiori* à se faire reconnaître.

Un Surmoi écrasant
Les graphismes hésitants, inhibés, rapetissés indiquent une timidité paralysante qui empêche une insertion so-

ciale satisfaisante. Ceux qui doutent en permanence, qui remettent en question indéfiniment toute décision ne sauront pas non plus se mettre en valeur. Le tracé sera ralenti par des retours en arrière, des retouches et des étayages qui traduisent les scrupules, les hésitations et les remords. Enfin, les perfectionnistes, ceux qui jamais ne font assez bien, sont trop critiques vis-à-vis d'eux-mêmes pour pouvoir s'autoriser la reconnaissance d'autrui. Leur écriture indiquera un Surmoi fort et contraignant sous la forme d'une mise en page rigide, d'une marge de gauche tirée au cordeau et d'un mouvement manquant de souplesse. Souvent conventionnelle, l'écriture ne se dégage pas vraiment du modèle calligraphique afin de se personnaliser, comme c'est le cas normalement.

154

Savez-vous utiliser vos intuitions ?

Votre intuition est-elle plutôt tournée vers la découverte de votre monde intérieur ou vers l'innovation dans le domaine de la créativité ?

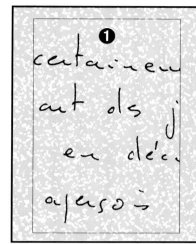

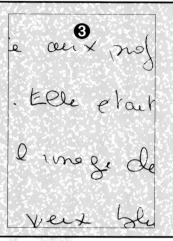

Interprétation

❶ Intuition introvertie, car le graphisme est petit, vibrant, et les noirs sont cernés par le blanc de façon à bien les délimiter. Intuition efficace dans le domaine psychologique. Du flair et des capacités de réalisation.

❷ Intuition plus extravertie avec beaucoup de blancs et un rythme assez souple qui personnalise et aère le graphisme. Personne qui sent les choses mais sur un plan de réalisation professionnelle. Pas vraiment d'introspection.

❸ Intuition introvertie mais dans un contexte fragile qui est mal compensé. Légèreté, espacements importants. Personne tournée vers elle-même mais qui a tendance à se laisser submerger par ses images intérieures.

L'intuition est un mode de perception immédiate, de connaissance directe des possibilités d'une chose, d'un individu ou d'un événement. Un instinctif saisit immédiatement le potentiel d'une situation, il voit loin et élabore des stratégies au long cours.

L'intuition introvertie
L'intuition donne de l'aération au graphisme, qui est en général plutôt léger et espacé sans être lacunaire. Le mouvement est dynamique et l'écriture rapide avec un tracé souple qui dessine des arcs dans l'espace, c'est-à-dire que la plume semble virevolter au-dessus de la feuille avant de se poser en alternant ainsi allègements et appuis. L'intuition peut être tournée vers le monde intérieur ; elle est alors introvertie, et, dans ce cas,

cela peut donner des intuitions mystiques, poétiques, artistiques ou psychologiques. Les antennes intuitives sont alors plus orientées vers l'inconscient et la découverte des ombres de la psyché. L'introversion permet de s'adapter à son monde intérieur afin de trouver son chemin d'individualisation. Mais il faut toujours se souvenir que, quand l'intuition est introvertie, l'instabilité du graphisme est plus importante et la forme inégale et imprécise.

Lester le graphisme
Pour l'introverti, c'est la réalité subjective qui prime, et il se fonde sur ses impressions pour connaître le monde extérieur. Bien utilisées par un créateur, un artiste ou un fin psychologue, ces intuitions permettent de s'exprimer dans le domaine choisi, à condition de ne pas s'isoler du monde exté-

rieur. Ce sont, pour le graphologue, les éléments aisément interprétables qui viendront compenser cette tendance et qui diront si les intuitions en tant que telles sont utilisables ou renforcent au contraire la tendance à l'isolement de la personne. Une ligne tenue, un trait nourri et défendu seront des éléments de compensation et, bien évidement, tout ce qui pourra donner du poids à ce graphisme sera un élément de réalisme et de possibilité pour un intuitif d'utiliser ses images intérieures.

L'intuition extravertie
Le rythme de ce graphisme plus extraverti est souple, et les blancs sont moins espacés ; de ce fait, les mots semblent moins isolés les uns des autres. Cela correspond d'ailleurs à la psychologie du personnage, qui se sent moins isolé car il est plus en prise

avec le monde qui l'entoure. On remarque beaucoup de petites antennes dans l'écriture qui partent dans toutes les directions. Un extraverti est tout de suite en rapport avec son environnement, il se définit par le monde extérieur, son rapport à l'objet est positif et il est attiré par les situations nouvelles, les opinions des autres et le contact avec autrui, qui est en général aisé. Cette attitude a essentiellement une fonction d'adaptation et de rentabilité, en ce sens elle est typiquement occidentale. Dans le domaine professionnel, les intuitifs extravertis sont de bons stratèges et des innovateurs très créatifs et très attentifs, mais il vaut mieux qu'ils soient entourés d'une équipe plus axée sur la réalisation au quotidien afin de pouvoir mettre en œuvre et assurer le suivi des projets qu'ils auront initiés.

Y a-t-il une différence entre votre Moi intime et votre Moi social ?

Avez-vous besoin de jouer un rôle afin de vous sentir en conformité avec les principes qui vous guident ?

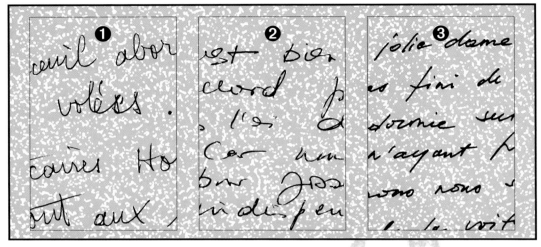

Interprétation

❶ Graphisme à l'ancienne dans le respect de la calligraphie enseignée avec des gestes types systématiques. Souci des conventions mais besoin de se faire remarquer.

❷ Graphisme personnalisé et souple. Les majuscules, importantes, indiquent le souci du milieu social. Respect des conventions et confiance en soi.

❸ Graphisme contrôlé, barré et régulier. Besoin d'être conforme à une certaine idée de soi et à des principes. Courage et persévérance chez cette personne qui est probablement aussi contrôlée dans sa vie personnelle, tant l'exigence intérieure est forte.

Il est habituel de tenir compte de l'image que l'on donne de soi et de faire plus attention à ce que l'on dit ou fait au cours d'entretiens importants. Mais certaines personnes sont totalement différentes suivant le milieu dans lequel elles se trouvent, quand d'autres seront toujours identiques et conformes à ce que l'on attend d'elles.

Contrôle

Les écritures acquises, conventionnelles et contrôlées sont le fait de personnes qui tiennent particulièrement compte de l'image qu'elles donnent d'elles-mêmes et qui sont soucieuses de l'environnement social dans lequel elles se trouvent. Si on ne remarque que très peu de relâchement dans leur écriture, même au brouillon, quand la communication à l'autre n'est plus le but de l'écrit, on est face à quelqu'un qui se surveille beaucoup. L'espace est en général très ordonné, le mouvement bridé et le trait très appuyé. Cela signifie que l'effort est constant pour ne pas se laisser aller de peur que ne transparaissent des pulsions indésirables, une agressivité latente ou une émotivité dérangeante. La vigilance est constante et la personne ne tient pas à se démarquer, son but étant d'être conforme au groupe auquel elle appartient ou veut appartenir.

Les caméléons

D'autres personnalités sont au contraire très différentes suivant les milieux dans lesquels elles se trouvent. Dans ce cas, le graphisme est plus mouvementé, effervescent, avec des prolongements souvent souples et un trait léger. On parle de faciès hystéroïde pour décrire une personnalité assez fragile au fond mais qui se montre pleine d'assurance et même assez envahissante. Il y a fragilité, car l'identité n'est pas très bien assurée, d'où la capacité à adopter des personnalités différentes suivant les rencontres. Le trait est léger, ce qui indique la réceptivité, mais aussi le manque d'implication personnelle. Ce sont souvent des gens qui aiment jouer un rôle et qui ont besoin de se construire un personnage du fait de leur manque d'assurance profonde. Il y a souvent un décalage entre l'assurance affichée et la confiance réelle.

La signature

Elle est souvent un indice de la conformité entre la personne sociale et la personne intime. Si elle est très différente du texte, on peut en déduire que la personne a besoin d'en rajouter un peu, surtout si c'est la signature qui est plus grande et plus affirmée.

Mais c'est la différence qui prime, car la signature peut être aussi plus timide que le texte ; dans ce cas il y a aussi discontinuité entre le rôle social et le Moi intime. Un texte appuyé avec un mouvement fort accompagné d'une signature plus faible révélera un caractère courageux qui se donne du mal pour dépasser ses inhibitions.

S'il y a peu de différences, on parlera d'homogénéité entre le texte et la signature, et cela indiquera qu'il existe une cohérence profonde entre ce que la personne veut montrer d'elle-même et ce qu'elle est réellement. On peut en déduire une harmonisation des pulsions en vue d'une réalisation satisfaisante.

Que faites-vous de votre connaissance ?

Savez-vous intégrer ce que vous apprenez en le faisant vôtre ou avez-vous tendance à isoler ce qui provient de l'extérieur ?

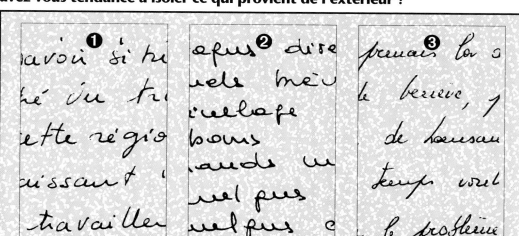

Interprétation

❶ Alternance de guirlande anguleuse et d'arcade dans un contexte aéré et structuré dans la forme. Le mouvement est progressif et contrôlé. Le trait nourri et une conduite souple indiquent une intelligence assimilatrice qui sait utiliser ses acquis.

❷ Ici la guirlande est étalée et dominante dans un contexte coulant et contrôlé. Bon rapport des noirs et des blancs. Curiosité intellectuelle et désir d'apprendre.

❸ Guirlande dominante dans ce graphisme barré et prolongé. Le désir d'apprendre est ici plus systématique. La personne a tendance à cérébraliser en isolant les idées des faits.

« **Science sans conscience n'est que ruine de l'âme** », disait Rabelais à son élève idéal Pantagruel. Il fustigeait ainsi les esprits encyclopédiques qui acquièrent des connaissances sans les assimiler auparavant par la réflexion.

Une intelligence qui « profite »
L'intelligence assimilatrice est celle qui permet à l'enfant d'apprendre et de retenir l'enseignement scolaire. Déjà dès ce stade, on distingue l'apprentissage « par cœur » et la réelle compréhension d'un sujet. Le « par cœur » permet de répéter comme un perroquet quand la véritable compréhension autorise l'utilisation du savoir. Dans un autre ordre d'idées, certains mangent et « profitent » quand d'autres brûlent immédiatement ce qu'ils avalent sans que l'organisme ne semble en tirer réellement profit. D'autres encore, avides et boulimiques, vont manger et grossir sans utiliser les aliments afin de faire fonctionner leur corps de manière plus efficace.

Des tonnes de savoir
Dans le domaine de l'érudition, on retrouve ces différents profils : il y a celui qui recherche la culture encyclopédique afin de stocker son savoir. Cette soif de savoir provient d'une insatisfaction profonde que rien ne peut réellement combler. Toujours passif, ce type de personnage apprend en buvant les paroles de ses maîtres successifs sans arriver à être actif, c'est-à-dire productif. Il accumule les diplômes, mais reste un éternel élève. On trouvera des caractéristiques orales dans son écriture. Formes arrondies, gonflées, et guirlandes profondes dans un contexte rigide.

Un trésor inassimilable
On pourra aussi trouver un profil graphique plus pointu, raide, anguleux, petit et assez scolaire. Le savoir sera retenu mais pas productif. L'accumulation des connaissances peut être impressionnante, mais finalement stérile. L'ensemble est raide, défensif, net. Rien ne pénètre réellement la personne qui amasse ses connaissances comme des trésors, mais qui les laisse en dehors d'elle-même sans les utiliser. On peut lire tous les traités d'éducation des enfants et rester prisonnier des préjugés de son enfance.

L'évolution
Savoir assimiler permet d'être évolutif, d'utiliser ses connaissances et ses expériences. Il ne s'agit pas uniquement d'instruction ou d'érudition, mais aussi d'une possibilité d'utiliser ses succès ou ses échecs afin de mieux faire la prochaine fois. Certaines personnes sont tellement rigides qu'elles sont prêtes à refaire toujours la même erreur plutôt que de remettre en question leur comportement. Le graphisme est évolutif et souple, il traduit l'adaptation par son mouvement légèrement contrôlé et coulant. Le trait n'est ni trop léger ni trop appuyé, jamais dans l'excès ; il ressort du graphisme une certaine harmonie, voire une dynamique personnelle assez forte, autrement dit un form-niveau élevé. La guirlande est dominante mais pas trop profonde ni trop étalée, et le rythme des noirs et des blancs traduit une insertion sociale réussie.

Ressentez-vous
un sentiment d'infériorité ?

S'il se sent inférieur, l'être humain est angoissé et porte en lui un vrai sentiment d'échec.

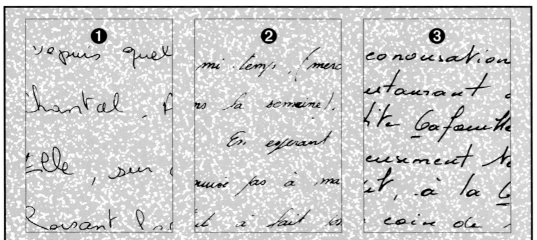

INTERPRÉTATION

Interprétation

❶ L'écriture est lente, flottante, trouée et irrégulière. Le rythme est très perturbé. Tous ces éléments indiquent des difficultés qui engendrent un sentiment d'infériorité.

❷ Écriture inclinée mais lente avec un rythme contraint. Le rétrécissement et la liaison scolaire indiquent une personnalité timide qui a peur de s'affirmer. En revanche, beaucoup de sérieux et désir de bien faire.

❸ Ce qui frappe dans cette écriture, dont les hampes et les « p » sont surélevés, c'est la contradiction que constituent ces jambages raccourcis notamment sur les « p ». Cela indique un manque de confiance compensé par une assurance de surface.

L'enfant se sent inférieur dans ses capacités par rapport à l'adulte, et l'adulte qui se sent inférieur a l'impression d'être un enfant au milieu des autres qui seraient, selon lui, tous adultes. En réalité, le décalage est souvent important entre ce qu'il imagine de la force des autres et ce qui est, mais sa certitude est pour lui inébranlable.

Démission

Celui qui souffre de ce sentiment se comporte de façon inquiète. Doutant de tout et craignant par-dessus tout l'engagement par peur de l'échec, il peut démissionner et fuir devant les difficultés. Dans ce cas, le graphisme est petit, flottant, inégal en inclinaison et liaison, avec un trait plutôt léger. Le trait peut être noir et la forme étrécie, ce qui indique les doutes et la méfiance vis-à-vis du monde extérieur. La sensibilité est grande et d'autant plus perturbante que les moyens d'actions sont limités.

Projection

Afin de contrecarrer ce sentiment, certains au contraire adoptent une attitude excessive d'affirmation de soi avec le besoin constant de reconnaissance et d'approbation. Tendus dans cette attitude d'affirmation agressive, vindicative ou tyrannique, ils courent le risque d'être rejetés par les autres, entrant dans un cercle vicieux qui les renforce dans leur sentiment de persécuté-persécuteur. Dans ce cas, l'écriture sera tendue, rigide avec des prolongements qui signalent le manque d'objectivité et le besoin de projeter sur autrui toute la responsabilité des difficultés. Ces personnes n'ont pas assez confiance en elles pour supporter une critique ou une remise en question tant leur identité est fragile. La projection sur autrui des « mauvaises choses » est une protection pour elles et cela leur permet de conserver une bonne image d'eux-mêmes.

Un idéal porteur

Il est possible aussi, afin de compenser un sentiment d'infériorité, de rechercher à correspondre à un idéal que l'on s'est fixé à partir de modèles choisis au cours de son enfance ou au hasard de lectures et de films comportant des figures héroïques. Cette identification à un idéal peut être positive si le rapport à la réalité est conservé. Dans ce cas, on choisit de tendre vers cet idéal à force de travail et de perfectionnement. L'écriture sera tendue vers un but, soit légèrement prolongée vers le haut, soit inclinée avec un mouvement dynamique. On retrouvera des caractéristiques solaires, l'arcade, la verticalité, la stylisation du graphisme, qui traduiront la tension vers un idéal et le sens de la qualité.

Si les prolongements hauts et bas sont exagérés, il y a une tension entre vouloir et pouvoir et, alors, l'image idéale n'est pas vraiment à la portée de la personne qui, de ce fait, se sent encore plus inférieure par rapport à cet idéal. On retrouve ce cas de figure à l'âge de l'adolescence, au moment de la mise en place des idéaux et de l'apprentissage des difficultés de réalisation. En évoluant de façon positive, l'écriture se recentre au profit de la zone médiane, qui est celle de la réalisation et du Moi réel.

La jalousie vous caractérise-t-elle ?

L'exigence, le désir de posséder exclusivement la personne que l'on aime et la terreur de la perdre... Autant de sentiments douloureux que ressent tout être jaloux.

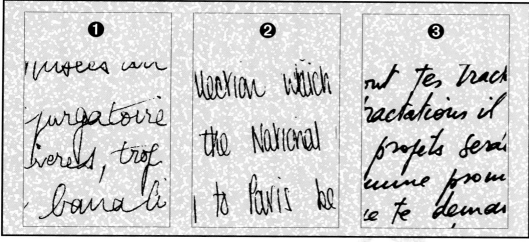

❶ ❷ ❸

Interprétation

❶ Le graphisme systématique comportant de nombreux gestes types sur les « t » barrés et lancés indiquent un tempérament paranoïde, susceptible et orgueilleux qui laisse présager la jalousie.

❷ Écriture narcissique très construite qui indique une personnalité défensive et bloquée sur le plan affectif. Relation avec autrui fusionnelle (jalousie) ou fuyante par crainte de l'engagement.

❸ Dans ce graphisme, on remarque aussi un certain systématisme dans l'inclinaison, les prolongements bas et le trait couvrant. Méfiance et jalousie de type paranoïde.

La jalousie en tant que telle ne se voit pas dans l'écriture, mais on peut la déduire de certaines caractéristiques psychologiques qui, elles, se retrouvent dans le graphisme : les affamés d'amour, éternels insatisfaits, les tempéraments paranoïdes, susceptibles.

Insatiables

Éternels insatisfaits les affamés d'amour sont avides et jamais rassasiés. Ils sont totalement dépendants d'autrui pour leurs besoins affectifs et ne peuvent se constituer par eux-mêmes une image gratifiante. Sans cesse à la recherche de compliments et de témoignages d'affection, ils ont tendance à vivre leurs relations affectives de façon fusionnelle et destructrice du fait d'une jalousie souvent morbide. Tout élément extérieur constitue une menace.

Toute attention portée à quelqu'un d'autre représente une perte. Leur jalousie est douloureuse et exprime un manque vital d'autonomie. Les écritures narcissiques faibles, ou comportant des signes d'immaturité et d'infantilisme qui sont souvent orales, sont de ce type. La page peut être envahie, ce qui témoigne de leur propre désir d'envahir l'espace pour ne pas laisser de place à un intrus. Les graphismes qui semblent couler comme un robinet ouvert sans réelle structure ni organisation sont aussi de ce type ; ils témoignent d'une avidité désespérée et désespérante à l'égard de la personne et aussi de son partenaire.

Dans le milieu professionnel, ce sont des gens qui ne peuvent jamais se remettre en question ni supporter la moindre critique à leur égard. Ils se sentent touchés dans leur personnalité profonde et en détresse si une telle menace se profile. Alors ils se défilent sur les autres et sont jaloux de la moindre réussite ou gratification d'un autre collègue.

Les batailleurs

Un autre jaloux appartient au registre paranoïaque. Jaloux, il l'est de ses prérogatives, de ses avantages et privilèges. Susceptible et orgueilleux, il ne supporte pas la moindre critique et se sent menacé par tous ceux qui ne lui sont pas soumis. Véritable tyran domestique ou professionnel, il ne supporte pas que quelqu'un échappe à son emprise et se sent persécuté dès que quelqu'un d'autre que lui obtient une promotion ou une satisfaction. Cette promotion n'est pas un événement positif qui touche Untel ou Untel mais un véritable vol dont il a été

l'objet et dont il doit être dédommagé. Dans la vie privée, ce type de jaloux ne supporte pas que son ou sa partenaire ait des activités hors de la maison et qu'il puisse avoir des succès professionnels ou amicaux, il sera querelleur et peut rendre la vie impossible à son entourage.

Le graphisme est envahissant, incliné, compact, avec des grandes majuscules et parfois des traits couvrants qui indiquent la rumination intérieure. Les lignes sont souvent enchevêtrées, ce qui veut dire que l'individu ne fait pas de différence entre ce qu'il ressent et ce qui existe. Avec des prolongements bas et haut, il interprète la réalité à sa façon pour justifier ses sentiments.

159

Comment réagissez-vous à un échec ?

Savez-vous analyser votre échec afin d'en faire une expérience utile ? La déception est souvent difficile à gérer et peut parfois nous atteindre à des degrés divers.

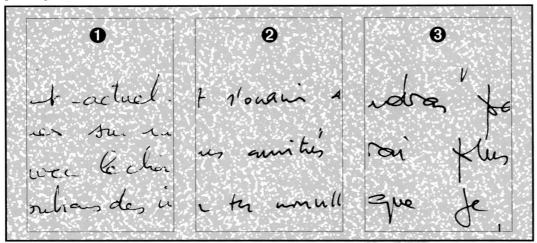

❶   ❷   ❸

Interprétation

❶ Le trait est appuyé, l'écriture est liée, la zone médiane est inégale, parfois écrasée et la ligne de base est tenue. Quelqu'un qui se remet en question même si cela est douloureux.

❷ Un graphisme de nerveux, fragile mais tenace. Les échecs le stimulent même si sa sensibilité en souffre. Très réactif, il se remet en question rapidement après un échec.

❸ Fragilité et combativité se remarquent dans ce graphisme de femme, qui est capable de rebondissements mais qui est aussi fragile au fond et peu confortable avec elle-même. Les échecs peuvent l'user.

« **L**es échecs fortifient les forts », disait Saint-Exupéry. D'un échec on peut apprendre et grandir si l'on sait passer au-delà de la déception et de la désillusion.

Il peut s'agir d'une faute d'organisation dans la stratégie de départ, dans ce cas on saura la prochaine fois envisager d'autres éléments pour construire un projet. L'échec peut résulter d'un événement imprévu et on peut alors se dire que le plan manquait de souplesse pour s'adapter à un obstacle ou bien admettre avec humilité que l'on ne détient pas la maîtrise de tout.

Réalisme

Le réalisme est une qualité qui peut nous aider à apprendre de nos échecs. Prendre en compte la réalité et s'adapter à elle ou la mo-difier dans une certaine mesure pour mettre toutes les chances de son côté.

Dans l'écriture, on remarque le réalisme quand la zone médiane est prédominante et qu'elle est tenue sur la ligne de base. Les écritures flottantes, écartelées entre la zone supérieure et inférieure, correspondent à des caractères irréalistes. Dans ce cas, un échec ne permet pas de mieux s'adapter aux circonstances afin d'être ensuite plus efficace.

Expérience

L'expérience tient pour beaucoup dans l'intelligence et la capacité à trouver des solutions. Tenir compte et bénéficier des acquis précédents n'est pas possible pour quelqu'un qui ne vit que dans le moment et l'instant présent. Cette capacité à vivre dans l'instant est certes importante, juvénile et plei-ne d'enthousiasme mais elle manque de maturité. On aura une écriture Mercure avec une carence en Terre ou en Vénus qui donnent réalisme, efficience au quotidien et capacité de prendre en compte le passé. Avec une répartition harmonieuse des noirs et des blancs, on sait prendre du recul par rapport aux événements afin d'avoir une vision plus globale et aussi réfléchie.

L'intuition qui donne une certaine créativité ne suffit pas toujours ; il faut aussi raisonner sur des éléments concrets. Les blancs sont maintenus et encadrés par un trait qui a de la pâte et des ensembles de mots cohérents, groupés ou bien liés.

Les blessures

Certains peuvent être anéantis par un échec somme toute peu important aux yeux d'autrui, il s'agit alors d'une blessure d'ordre narcissique. Si l'on vit dans le paraître et que l'on manque d'authenticité, un échec représente une faille dans la belle image de nous-mêmes que l'on présente au monde. Quelquefois cette image est ce qui tient lieu d'identité ; c'est pourquoi un échec peut réellement faire basculer une personne dans une dépression grave ou une maladie mentale. Il s'agit de personnes dont l'organisation narcissique est fragile. On repère les écritures narcissiques faibles à forte fixation orale. Grosse, statique, jointoyée et fermée. Moins dramatiques mais peu constructives, les blessures d'amour-propre infligées aux orgueilleux et aux susceptibles.

Les écritures ornées, surélevées, prolongées, enchevêtrées indiquent un manque sérieux d'objectivité et le souci de sa personne.

Cherchez-vous à être perfectionniste ?

Le besoin de perfection qui anime certaines personnes les amène à se dépasser sans cesse, à améliorer leurs compétences afin de correspondre à un idéal qu'elles se sont fixé.

INTERPRÉTATION

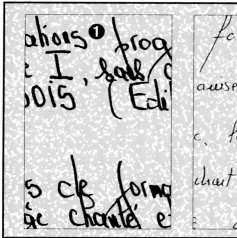

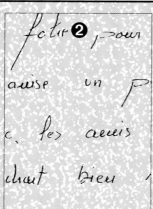

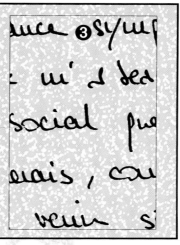

Interprétation

❶ L'écriture est stylisée et remarquable par son trait. La personnalité est exigeante mais la disproportion des formes indique une tension entre pouvoir et vouloir que le perfectionnisme ne peut résoudre.

❷ L'écriture est prolongée haut et bas. Le respect de la forme et la tentative pour orner l'écriture traduisent plus d'orgueil que de réel désir de perfection. Beaucoup d'insatisfaction.

❸ Cette écriture est stylisée et solaire mais le rythme est meilleur que dans les deux autres. En outre, l'ordonnance est rigoureuse, ce qui traduit une recherche qualitative et un certain perfectionnisme.

Ces personnes ont souvent un sens spirituel de leur existence, ou tout au moins la sensation d'avoir une mission, quelque chose à accomplir sur Terre. Il ne s'agit pas nécessairement d'une certitude d'ordre mystique mais d'un accomplissement de vie en fonction de principes moraux exigeants.

Solaire
On trouvera souvent une écriture à forte composante solaire. La dominante de forme est remarquable et témoigne d'une recherche esthétique et d'un besoin de faire impression sur l'autre d'une manière ou d'une autre. C'est une écriture ascendante à tendance verticale et aspirée vers le haut, ce qui traduit le besoin d'idéal et le souci de correspondre à une image satisfai-

sante. La nécessité de se dépasser se traduit par les surélévations et l'accentuation haute. La mise en page est personnelle, mais traduit toujours une certaine recherche. Le sens de la qualité se remarque dans cette ordonnance et la répartition rythmée des noirs des blancs.

Le besoin d'exceller
Ce besoin suivant les talents de chacun s'exercera dans un domaine intellectuel ou dans un domaine artistique. S'il s'agit d'une recherche intellectuelle, on appréciera le sérieux et la concentration de la personne. Le trait sera fin, cérébral dans un contexte compact. L'arcade traduit le besoin de construction et de réflexion. L'écriture, petite ou moyenne, sera lisible et régulière dans son déroulement. La fermeté et la sobriété indiqueront la rigueur et l'équilibre de la pensée.

Dans un domaine artistique, on aura plus d'originalité dans la présentation et l'ordonnance mais toujours un grand souci de forme.
L'écriture sera stylisée, voire dessinée, mais sans jamais se laisser aller. Il peut également y avoir un côté artificiel dans la recherche, mais qui sera parfois compensé par une intensité donnée par le trait et par le rythme.

Vouloir et pouvoir
L'image intérieure qui les guide les amène aussi à douter d'être jamais à la hauteur de leurs exigences, ils cherchent à se surpasser et sont parfois isolés du fait d'une tendance à la critique dédaigneuse. Jamais satisfaits d'eux-mêmes, ils sont toujours en tension et sous contrôle. Ils sont fiers et n'aiment pas montrer leurs difficultés ; indépendants dans leurs jugements, ils recher-

chent la qualité mais peuvent parfois être soumis à une trop grande tension entre leurs idéaux et leurs capacités. Dans ce cas, le graphisme perd de sa sobriété, les prolongements hauts et bas détruisent les proportions et l'équilibre du graphisme. La zone médiane est affaiblie par cette dispersion des forces graphiques d'autant plus qu'elle manque elle-même de force.
Elle peut être trouée, inégale et suspendue. Un trop grand souci de forme qui peut aller jusqu'à un graphisme artificiel traduit une attention exagérée à l'image que l'on donne de soi. De ce fait, le besoin de perfection se perd dans un souci finalement coûteux en énergie et trop focalisé sur la forme, au détriment du contenu.

Quel est votre rapport au temps ?

Vous projetez-vous dans l'avenir en vous fixant toujours des objectifs ou êtes-vous plutôt dans le présent afin de réaliser au mieux ce qui se présente au jour le jour ?

INTERPRÉTATION

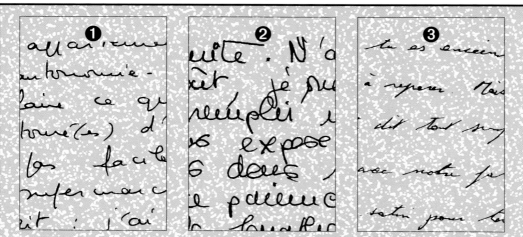

Interprétation

❶ L'écriture est progressive, appuyée et a tendance à se déporter vers la droite. Les mots viennent buter sur la marge de droite. La liaison secondaire traduit l'activité toujours en forçage. Personne qui a tendance à fuir les remises en question par un activisme débordant.

❷ Ici la zone médiane est largement prédominante et obstrue les autres dimensions du graphisme. C'est peu de dire que le quotidien l'absorbe quand elle est étouffée par ses tensions intérieures et immédiates. Tout projet est difficile.

❸ Ici la tendance est plutôt passéiste avec ce texte collé à la marge de gauche et fuyant la zone de droite. L'inclinaison ne doit pas faire illusion car le texte est plutôt couché sur la ligne et happé dans sa zone inférieure vers la gauche. Grande dépendance à autrui.

Notre rapport au temps correspond à l'orientation de notre psychisme. La nostalgie est la couleur dominante de notre existence. Mais c'est le futur qui nous mobilise pour échapper à un présent souvent générateur de conflits et fuir pour ne pas faire face aux systèmes relationnels compliqués qui se tissent tout au long de la vie.

Un idéal à atteindre

Ceux qui se projettent dans l'avenir ont en général une idée directrice guidant leur vie. Il peut s'agir d'un projet à réaliser ou une certaine idée de la façon dont leur existence doit être menée en fonction d'un idéal. Dans l'écriture de ces personnes, on trouve un formniveau élevé. Une écriture légèrement inclinée, progressive avec un rythme qui se re-

marque. La conduite est ferme et le trait nourri est appuyé. Les blancs et les noirs sont bien délimités et équilibrés dans leur rapport. L'engagement se joint à l'idée qui les guide, action et réflexion s'organisent en vue de l'efficacité.

Les passéistes

Certains, au contraire, craignent l'avenir et restent accrochés à leur passé et à leur environnement parental. Dans ce cas, la marge de gauche est très petite, c'est celle qui indique le rapport au passé. La marge de droite sera grande car la personne craint de s'engager vers l'avenir. L'écriture est conventionnelle et peu personnalisée puisque la personnalité est peu marquée.

La fuite en avant

Il y a ceux qui sont toujours dans le futur pour éviter

d'être dans le présent ; il ne s'agit plus de projection dans l'avenir mais de véritable fuite en avant. Ceux qui sont toujours sur de nouveaux projets à réaliser et qui vivent dans un état de tension permanente. En général hyperactifs, ils peuvent bluffer leur entourage mais leur rythme haletant les rend difficiles à suivre. L'écriture est en général plus légère, leur plume court sur le papier en évitant de trop s'y attarder, de la même façon qu'ils évitent trop d'implication dans leur vie de tous les jours. Souvent on trouve du filiforme, qui signifie dans ce contexte léger une confiance en soi inégale et un évitement des problèmes. La marge de droite est petite, voire inexistante, ce qui montre que l'individu ne sait pas évaluer son action dans le temps et dans l'espace.

Le quotidien : routine ou « cocooning »

Les personnes impliquées plutôt dans leur quotidien ont une zone médiane prédominante et une ligne horizontale tenue et assez lourde. L'écriture est comme arrimée à la zone médiane et on trouve peu d'élévation. Cela indique que l'on accorde la plus grande part de son attention à la vie quotidienne et au présent.

Suivant la monotonie du graphisme et, surtout, selon les espacements entre les lignes, on a soit une activité routinière, soit une capacité de prendre du recul. Il peut alors s'agir de personnes qui aiment particulièrement prendre soin de leur environnement et de leur entourage. Leur maison est un cocon qu'elles décorent et réchauffent avec plaisir et goût.

162

Votre nature est-elle généreuse ?

Faire preuve de générosité, c'est d'abord être ouvert aux autres, à leurs sentiments et besoins. Avant de donner, il faut savoir recevoir.

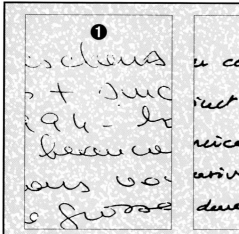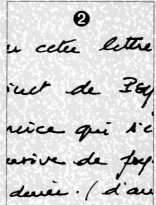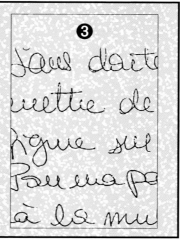

❶ ❷ ❸

Interprétation

❶ La guirlande et l'étalement de l'écriture indiquent la capacité d'accueil. De l'aisance et de la spontanéité, mais qui restent un peu superficielles du fait du manque de sélectivité.

❷ Générosité dans le trait velouté qui sait se mettre au diapason de son entourage. Réceptif et généreux, il sait aussi être ferme dans ses positions parfois un peu systématiques du fait de l'inclinaison très régulière.

❸ La rondeur du graphisme ne doit pas faire illusion ici, car il s'agit plus d'avidité sur fond d'inquiétude narcissique que de générosité. L'écriture est très fermée par la liaison, le trait net, la compacité. A remarquer aussi, les inégalités importantes.

L'enfant qui naît n'est pas généreux, il ne donne rien mais reçoit tout de sa mère ou de la personne qui le nourrit. Petit à petit, il va se constituer comme une personne distincte et apprendre à donner.

Réceptivité

Recevoir c'est être réceptif et sensible à ceux qui nous entourent. Savoir se laisser pénétrer par leurs pensées, sentiments et émotions afin de pouvoir répondre et échanger. Il n'y a de véritable générosité que dans l'échange. Il est important pour un enfant, par exemple, de sentir que l'expression de son amour est entendue et qu'en retour il reçoit des témoignages de tendresse et d'affectivité. Il apprend ainsi le langage des sentiments et des émotions. Il n'aura plus tard pas peur de laisser parler son cœur et abordera avec confiance les relations humaines. Dans l'écriture, cette réceptivité se marquera par l'ouverture et la sensibilité. L'ouverture se remarque dans les crénelages des lettres, dans l'aspect pâteux du trait, dans les espacements entre les mots et les lignes, ainsi que dans la souplesse du graphisme qui avance sans trop de contraintes.

Les espacements entre les mots indiquent la place que l'on laisse à l'autre, tant dans le domaine de l'expression des idées que dans le domaine de l'expression de soi dans son ensemble.

Sensibilité et chaleur

La sensibilité se retrouve dans les nuances et les inégalités du graphisme. Inégalités dans la dimension qui indiquent la capacité à se remettre en question, nuances dans le trait qui soulignent l'émotivité et la réceptivité à l'ambiance.

La chaleur de cœur, quant à elle, se remarque à la propension à arrondir les boucles des lettres si cela s'accompagne d'un trait chaud et nuancé dans l'appui et dans la couleur de l'encre.

La guirlande dominante évoque bien sûr l'accueil et l'ouverture, tant sur le plan intellectuel que sur le plan relationnel. La spontanéité est aussi un indice important de générosité, car elle s'accompagne d'un laisser-aller dans l'expression naturelle de ses sentiments sans calculs ni freins excessifs. Le mouvement sera légèrement dominant sur la forme, indiquant ainsi que la personne ne se surveille pas outre mesure. On aura un mouvement coulant, confortable et authentique.

Confiance

La confiance en soi implique que l'on a le sentiment de posséder des ressources intérieures suffisantes.

Si l'on manque de confiance, la peur s'installe avec la croyance que les autres possèdent plus et sont à même de vous donner ce qui vous manque. Seule cette confiance de base, qui est une forme d'amour et de respect de soi-même, permet d'échanger avec autrui sans avidité et sans crainte. Les écritures immatures, infantiles, narcissiques, statiques ou sytématiques indiquent un manque de confiance, un pôle défensif qui ferme la communication.

Au contraire, une écriture souple, spontanée, authentique et progressive révélera une personnalité adulte, autonome, qui ne craint pas de communiquer avec spontanéité.

Savez-vous prendre du recul ?

Tant dans le domaine de l'action que dans la réflexion ou la communication avec autrui, il est important de savoir prendre du recul afin de prévoir les implications de ses actes.

INTERPRÉTATION

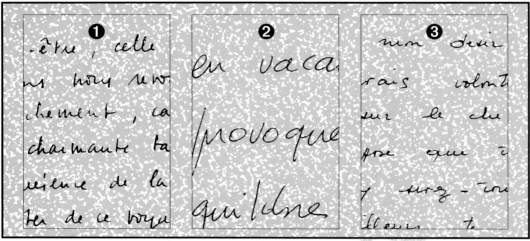

Interprétation

❶ Un trait appuyé, une forme anguleuse et un bon rapport des noirs et des blancs évoquent une personne active qui prend le temps d'évaluer les tenants et aboutissants de son action.

❷ Les espacements entre les lignes et les mots sont importants, mais inégaux, d'où une absence de rythme. La grande écriture inégale et spontanée indique une personnalité très affective qui est assez subjective.

❸ L'écriture est régulière dans son mouvement et son inclinaison, mais nuancée dans sa forme. Les espaces entre les lignes sont réguliers et assez inégaux entre les mots. Du recul dans la réflexion, mais aussi une certaine appréhension devant l'action.

On peut prendre du recul sur le plan intellectuel et sur le plan affectif. Dans le domaine de la réflexion, le recul permet de faire une synthèse et d'envisager de façon globale une question en la considérant dans ses implications futures. Sur le plan affectif, cela permet de juger et de prendre une décision sans se laisser trop influencer par ses sentiments.

Marquer la distance

Prendre du recul implique de savoir mettre une certaine distance entre les choses, les événements, les idées ou bien les sentiments. Cette distance sera matérialisée dans le graphisme par l'espace laissé entre les lignes, tout d'abord.

Cet espacement entre les lignes indique que la personne recherche l'objectivité dans ses jugements.

L'esprit de synthèse

S'il s'agit d'une écriture d'intellectuel, c'est-à-dire petite, rapide, combinée et à tendance légère, on en déduira que la personne possède une ouverture d'esprit et le désir de penser sans *a priori*. Curieuse des points de vue nouveaux et différents des siens, elle enrichira sa réflexion par l'expérience sans cesse renouvelée de lectures et de discussions nouvelles. Capable de synthèse, il lui est possible d'englober chaque nouvelle expérience dans ce qu'elle a déjà acquis en faisant le lien entre tout cela. Si l'écriture est plus compacte mais reste vivante, on aura une intelligence plus analytique, c'est-à-dire à même d'approfondir et de se spécialiser plutôt que de s'ouvrir à des domaines différents.

Bien sûr, l'espace entre les lignes n'est pas suffisant pour conclure à l'objectivité, il faut que l'espace soit bien géré dans l'ensemble du texte, c'est-à-dire entre les mots et en tenant compte de la largeur des marges.

Stratégie

S'il s'agit de l'écriture d'un actif, appuyée, tenue sur la ligne de base avec des jambages bouclés qui remontent sur la ligne médiane et un mouvement propulsif, l'espacement entre les lignes indiquera la capacité de prendre du recul afin d'envisager les conséquences de ses actes : savoir faire des temps d'arrêt au cours de son activité pour évaluer et ajuster son entreprise en fonction des difficultés et des imprévus rencontrés. Il est très important d'un point de vue stratégique de savoir prévoir les implications de son action.

Les blancs dans ce cas indiquent la capacité de réflexion qui président à la mise en route et à la poursuite d'un projet.

Ici aussi, l'esprit de synthèse est précieux pour ne pas prendre de risques inutiles et savoir faire rapidement face à des obstacles.

L'écoute

Avec une écriture plus marquée par l'affectivité, pâteuse, assez grande et ronde, les blancs indiqueront la capacité à ne pas se laisser dépasser par ses sentiments afin de laisser parler autrui. Cela demande souvent un effort pour ces personnes naturellement spontanées et affectives et cela marque leur volonté de dompter leurs impulsions premières. Il s'agit souvent de personnes dont la sociabilité est bonne puisqu'elles savent être chaleureuses sans étouffer leur entourage.

164

La pédagogie est-elle votre fort ?

Est pédagogue celui qui a le sens de l'enseignement, du partage et du plaisir de la connaissance. Être érudit n'implique pas des qualités pédagogiques.

INTERPRÉTATION

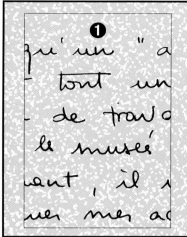

❶

❷

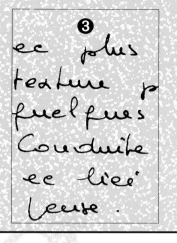

❸

Interprétation

❶ Clarté, lisibilité, simplicité et tenue de ligne horizontale ferme dans un contexte qui reste souple et personnalisé avec de l'appui. Personnalité qui a des qualités d'animation au sein d'une équipe.

❷ Simplicité, clarté et vibration se remarquent dans ce petit graphisme cérébral et sensible. Patience, curiosité et respect d'autrui permettent au scripteur de transmettre son savoir et son expérience.

❸ Le mouvement coulant et la tenue de ligne indiquent de bonnes capacités d'adaptation. Le trait nourri révèle la qualité d'échanges relationnels. La clarté moyenne est compensée par un bon espacement des noirs et des blancs. Patience et clarté dans l'expression.

De Rabelais à Montaigne, puis de Rousseau à Marx, de nombreux philosophes et penseurs ont élaboré des systèmes pédagogiques. Déjà les Grecs et les Romains avaient institué les règles de l'apprentissage de la connaissance, soulignant ainsi l'importance de l'enjeu que constitue l'éducation.

Patience
Les écritures d'instituteurs sont en général calligraphiques afin de servir de modèle pour les élèves. Sans être calligraphique, l'écriture d'un enseignant peut être en tout cas lisible, claire et à dominante de forme, ce qui, dans ce cas, évoque la patience et le goût du travail bien fait dans le respect des formes et des finitions. Une écriture bien dessinée révèle toujours la patience, qualité indispen-sable à qui fait profession de transmettre un savoir. La patience est une forme de générosité puisqu'il s'agit de ne pas compter son temps et d'être attentif aux besoins d'autrui. N'importe quel parent « suffisamment bon » sait parfaitement que la patience est plus qu'une nécessité pour élever des enfants.

Clarté
S'il s'agit de travailler en équipe dans le sens d'une animation ou d'une formation, il vaut mieux privilégier les personnes qui écrivent clairement car cela signifie le goût d'une communication claire.
Inversement, les écritures rapides et déstructurées indiquent que la pensée est rapide et que la personne n'a pas le souci de transmettre ses informations car elle est trop impatiente et ne supporte pas de ralentir son rythme un instant afin de s'adapter au tempo d'autrui.

Adaptation
L'adaptation est aussi une qualité essentielle pour enseigner. De nos jours, tout formateur est amené à s'adapter à des sujets venant de milieux et de cultures très différents, il lui faut donc être souple tout en restant capable de fermeté. Dans le graphisme, l'adaptation est révélée par la souplesse du tracé qui se déroule sans à-coups ni rigidité dans le déroulement. Une écriture nuancée dans sa forme et dans son trait se module en fonction des impressions du scripteur qui est sensible et réceptif à l'ambiance, ce qui lui permet de s'y adapter. Un tracé monotone indique un caractère qui avance sans tenir compte des circonstances. Dans ce cas, « ça passe ou ça casse ». Inverse-ment, un tracé mou et relâché correspondrait à une personne qui ne parvient pas à s'imposer, c'est l'enseignant toujours chahuté qui s'effondre ou se raidit dans une attitude défensive.

Réalisme et enthousiasme
La ligne de base bien tenue révèle une personnalité qui a les pieds sur terre et le sens de l'adaptation au quotidien. La Terre dans l'écriture évoque des qualités de bon sens et de souci de réalisations concrètes. La simplicité et le réalisme surtout semblent être des qualités importantes. Il faut aussi un certain enthousiasme et des qualités de communication, d'échange. Des caractéristiques Jupiter sont intéressantes ici car elles donnent la chaleur communicative, l'aisance sociale ainsi que le plaisir à assumer un rôle.

Cultivez-vous l'indépendance d'esprit ?

Attirés par l'exceptionnel, la lutte contre la routine, certains cultivent leur indépendance en vue d'une réalisation unique.

INTERPRÉTATION

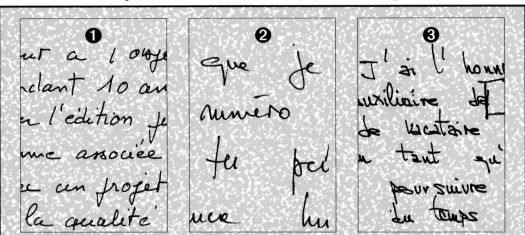

Interprétation

❶ Le graphisme est personnalisé, mais simple. Les jambages importants indiquent un intérêt pour les techniques nouvelles. Besoin d'être dans le mouvement tout en restant pointu et performant.

❷ Écriture personnalisée, stylisée, aux combinaisons ingénieuses. Savoir-faire, goût pour l'esthétique et, surtout, besoin d'indépendance rendant difficile le travail en équipe.

❸ Écriture stylisée, originale, mais qui manque de sobriété. Le mouvement est cabré et l'inclinaison renversée. Risque d'opposition systématique sous couvert d'indépendance.

Entreprenants et décideurs, ce sont des explorateurs du monde moderne et de la nouveauté. Anticonformistes, ils adoptent des attitudes qui sont originales et souvent impulsives.

Des techniciens d'avant-garde

Leur écriture sera personnelle, anguleuse, précipitée, avec une mise en page déportée vers la droite, ce qui indique un éventuel manque d'esprit prévisionnel. Ce qui compte, c'est l'impulsion du moment, le résultat rapide, quitte à prendre des risques. Leur esprit est curieux et ingénieux et surtout à l'aise dans des domaines variés mais très « pointus ».

Dans le domaine professionnel, ils peuvent être performants dans les techniques nouvelles. Dans ce cas, l'écriture sera plus cérébrale et analytique avec des jambages importants. Ils aiment la solitude et l'indépendance, les défis qu'ils se lancent ne concernent qu'eux et l'idéal qui les anime. Leur écriture sera solaire, originale, surélevée avec une pression forte et des angles qui indiquent l'activité et le besoin de dépassement. Le mouvement est barré, ce qui implique que la vie est pour eux un combat qui les stimule et qui leur permet de s'exprimer en général plutôt à contre-courant des idées reçues. Facilement révoltés, le travail en groupe n'est pas vraiment leur fort, d'autant que leur fierté est souvent importante.

Une image de soi élevée

Si l'ordonnance est typographique ou insulaire, c'est-à-dire que le texte est comme un îlot au milieu de la page, l'individu possède un sentiment aigu de sa valeur, surtout si l'écriture est très surélevée et prolongée vers le haut avec des majuscules importantes. Avec une forme sobre et simplifiée, l'intelligence et le désir de s'en tenir à l'essentiel lui permettent d'être original, mais sans affectation ni superficialité. La dimension de l'écriture correspond au rôle social que la personne entend jouer. Si l'écriture est grande sans excès, elle aspire à jouer un rôle social déterminant, mais à la hauteur de ses capacités. Excessivement grande, la démesure et le manque de sens critique poussent le sujet à se mettre en valeur sans tenir compte d'autrui ni, surtout, de ses facultés réelles. Avec un mouvement précipité ou emporté, la personne manquant de réflexion, sera agitée et inefficace.

Avec une écriture plus posée mais gardant ses caractéristiques personnelles actives et impliquées, on aura une meilleure adaptation et une capacité de réflexion, d'analyse.

Des convictions inébranlables

La pression est en général nette et ferme, car la raison prime sur l'affectivité et l'engagement dans l'activité est important. Combatif et ferme dans ses convictions, ce caractère peut être parfois intolérant et tranchant vis-à-vis des autres.

Si l'écriture est spasmodique, les réactions sont impulsives. Dans ce cas, le manque de sens des limites associé à cet aspect tranchant peut donner une personnalité dictatoriale et systématique. L'écriture est alors monotone et automatique dans son déroulement. L'esprit devient asocial et parfois extrémiste.

166

Quelle est votre part d'irrationalité ?

Fasciné par ce qui peut exister plus que par ce qui existe, celui dont la pensée fonctionne sur un mode irrationnel est resté près du monde imaginatif et perceptif de l'enfance.

INTERPRÉTATION

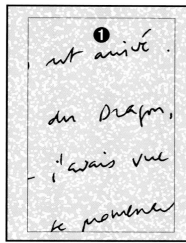
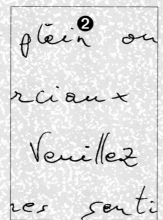
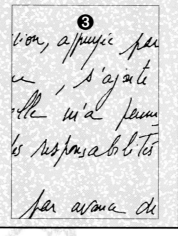

Interprétation

❶ L'écriture est légère, très aérée entre les mots et dans les boucles. Les hampes comme des petites antennes semblent palper l'espace. Beaucoup d'intuition, de l'imagination et de la créativité.

❷ L'écriture est très lunaire. Les petits ballons sur les « I » indiquent l'immaturité et l'imagination. La personne est intuitive et éprouve des difficultés à s'intégrer dans le monde du travail.

❸ L'écriture est fine, surélevée et prolongée vers le haut. Sensibilité cérébrale avec des préoccupations d'ordre éthique ou religieux. La scriptrice est, par ailleurs, bien intégrée.

Il s'agit surtout de personnes qui vivent selon un mode de perception intuitif, c'est-à-dire qui sont sous l'emprise de la perception immédiate des choses avant toute analyse. Saisissant les virtualités d'un individu ou d'un événement, elles apparaissent comme des visionnaires car, très rapidement, elles pressentent ce que les autres rechercheront avec un autre mode d'approche plus réfléchi, rationnel et analytique.

Intuition

Cette capacité est souvent un agent de dépassement de soi, car les connaissances recherchées sont souvent au-delà des apparences. L'insertion dans le monde n'est pas toujours facile car un individu de ce type est plus fasciné par son monde intérieur, riche en images, que par son environnement quotidien. Il apparaît comme un original dénué de tout sens pratique.

Le blanc symbole de l'inconscient

L'écriture sera plutôt légère, témoignant du peu d'emprise sur la réalité et de l'état réceptif de la personne toujours à l'écoute de ce que lui transmet son inconscient. La forme est peu structurée, l'individu ne vit pas selon des normes et ne cherche pas à correspondre à une image socialement correcte. L'instabilité se remarque dans le mouvement flottant et peu orienté vers un objectif. Le blanc, symbole de l'inconscient, sera plus important que le noir, mais aussi arythmique, signifiant que la personne est plus submergée par ce qui lui vient de l'intérieur et qu'elle a du mal à canaliser en vue d'une réalisation concrète.

La ligne est rarement tenue, ce qui indique le manque de sens pratique et le peu d'intérêt que la personne témoigne au quotidien.

La Lune

Les écritures de types Lune sont souvent le fait de personnes sensibles au symbolisme et portées vers l'ésotérisme. Souvent contemplatifs, les lunaires peuvent être médiumniques. Leur écriture est plutôt passive car ils ne sont pas portés à l'action mais laissent émerger passivement les images, les impressions ou pressentiments qui se présentent à leur esprit. L'écriture est en général lente, maladroite, avec des ballons à la place des boucles et des hampes qui filent vers le haut. L'ensemble est aquatique et plutôt mou. Les écritures prolongées vers le haut témoignent aussi d'un goût pour tout ce qui est idéal, mystique ou éthique. Suivant la proportion des trois zones de l'écriture, on pourra déceler la capacité d'adaptation et l'enracinement de la personnalité. Si le graphisme est léger, peu structuré et semble filer vers le haut, la personne peut être totalement détachée de sa base, c'est-à-dire de la zone médiane indiquant le sens du réel.

Le risque pour ces individus est de se perdre dans des rêveries stériles et une instabilité foncière. Le portrait graphologique devra tenir compte de ce qui vient compenser les excès d'un tel mode de pensée. Il peut s'agir d'un trait plus appuyé, d'une forme mieux définie ou d'une tenue de ligne. Créatifs et originaux, ils sont souvent amenés à se réaliser dans une activité artistique.

Quel est votre degré d'idéalisme ?

L'idéalisme est une disposition d'esprit qui pousse à faire une large place à des valeurs élevées pour améliorer son propre destin ou celui de la communauté.

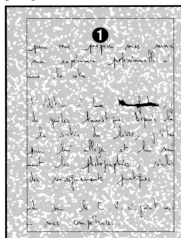

❶   ❷   ❸

Interprétation

❶ Les prolongements hauts, le trait léger avec un trait fin indiquent une personne qui place son idéal dans un intellectualisme un peu hautain. Cet idéal élevé la pousse au perfectionnisme.

❷ L'écriture est grande, élancée et légère, avec des prolongements hauts indiquant que cette personne place son idéal dans des idées généreuses et altruistes. L'idéal est ici plutôt d'ordre sentimental.

❸ Les prolongements hauts, le trait assez léger indiquent que le scripteur est en recherche. Il a le goût des idées élevées et prestigieuses. Il porte un regard un peu méprisant sur le monde.

L'idéalisme peut être une motivation, mais aussi une propension à l'illusion ainsi qu'à l'utopie. L'idéalisme, c'est le monde des idées et des aspirations, par opposition au monde concret et pratique. L'idéalisme se remarque dans une écriture élancée, prolongée vers le haut et plutôt légère.
D'après le symbolisme de l'espace, la zone médiane de l'écriture correspond à la sphère du quotidien et des capacités de réalisation.

Recherche

La zone supérieure de l'écriture – les hampes et boucles des lettres (d, f, h, k, l, t) – correspond à la sphère intellectuelle, mystique et idéale. L'importance qu'accorde une personne à cette zone montre son intérêt pour le domaine des idées ou sa recherche morale ou spirituelle. La ponctuation haut placée et légère le confirme. Le prolongement signale toujours une personne en recherche. Plus les prolongements sont importants en regard d'une zone médiane qui n'est pas assez solide, plus cela soulignera l'insatisfaction due au décalage entre les aspirations et les capacités de réalisation.

Réalisme

L'écriture élancée est celle qui semble s'envoler vers le haut, le mouvement général est ascendant et dynamique. Dans un milieu graphique évolué, c'est-à-dire rapide, simplifié et combiné, on a une pensée vive, mobile et enthousiaste. La personne, qui sait allier ses capacités de réalisation, sa quête d'absolu et de perfection, est animée d'une ambition réa-

lisatrice. Le tracé vers le haut nécessite plus d'efforts, ce qui, dans un bon milieu graphique, exprime le désir de faire mieux, d'où la signification d'idéal élevé. Certaines lettres (le « d » et le « v »), si elles sont élancées, signalent des tendances altruistes ou mystiques et le désir de trouver des vérités spirituelles.

Utopie

Avec un graphisme mal structuré, désordonné, on aura une tendance à se satisfaire de pensées chimériques ou de spéculations intellectuelles qui sont sans rapport avec la réalité.
La personne, dans ce cas, est isolée dans sa tour d'ivoire et se montre dédaigneuse des pensées quotidiennes et pratiques. Elle se complaît alors dans les rêveries prestigieuses mais inadaptées au monde qui l'entoure.

Détachement

L'écriture légère indique que la personne est plus idéaliste que réaliste. Elle est réceptive, sensible aux idées et aux sentiments des autres, elle ne cherche pas à imprimer sa marque, les réalités matérielles ne la concernent pas vraiment, d'où sa capacité à se mouvoir dans le domaine des idées ou des intuitions.

Aspiration

L'aspiration vers le haut traduit les aspirations de l'idéal du Moi, la zone médiane représente le Moi et ses capacités réelles.
La maturité tend à orienter l'écriture vers la zone du Moi en concentrant les possibilités et les aspirations vers la zone de réalisation.

Quelle est votre persévérance ?

La persévérance est la capacité à mener à bien un projet en demeurant constant dans ses objectifs. Rester ferme et résolu en sont les qualités.

INTERPRÉTATION

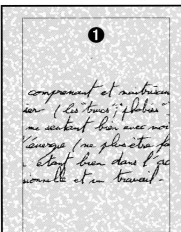

❶

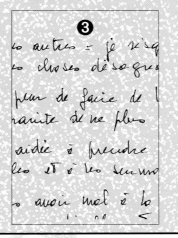

❷

❸

Interprétation

❶ Le trait est appuyé, l'écriture est liée, anguleuse et saccadée. De la ténacité, de la volonté et du courage chez cette personne qui ne ménage guère ses efforts et se contrôle beaucoup.

❷ L'angle, la liaison et l'appui expriment le courage et la volonté de cette femme de quatre-vingts ans qui reste active et entreprenante.

❸ Liaison, angle et appui, mais dans un contexte raide. La personne revendique sur un mode agressif. La persévérance est ici rigidité de caractère et difficulté à se sortir d'idées fixes ou de comportements stéréotypés.

La persévérance est une qualité qui atteste une force intérieure, une attitude face à l'obstacle, à l'action et à l'effort. Cela implique aussi d'être capable d'une vision à moyen ou long terme pour se projeter dans l'avenir, afin d'organiser son temps en fonction de l'obtention du résultat. La persévérance est, enfin, empreinte de discipline et de patience. Le persévérant est plutôt fourmi que cigale.

Implication

Avec un trait appuyé, la personne s'implique dans son activité. L'appui témoigne de l'engagement du scripteur à partir d'un choix et en vue d'une action déterminée.
Si l'écriture est liée, cela dénote le suivi dans l'action et la persévérance dans l'effort. La personne s'accroche et ne se laisse pas décourager ou démobiliser. A la cohésion du mot correspond une cohésion intérieure qui donne la capacité à demeurer ferme et constant dans un sentiment ou une résolution.

Ténacité

Le courage et la ténacité nécessaires à la mise en œuvre d'un projet peuvent être soulignés par une écriture anguleuse. L'angle révèle du courage et de la ténacité. De plus, il indique une certaine indépendance d'esprit, à savoir que la personne ne se laissera pas détourner de son objectif.
Le sérieux et la concentration se verront dans un graphisme serré, où le noir domine sur le blanc. La marge de droite est petite, car la personne va jusqu'au bout de ce qu'elle entreprend.

Projet

Si l'écriture se déroule fermement vers la droite en prenant appui sur la ligne de base, on a un mouvement résolu indiquant que le sujet s'est donné un projet qu'il croit réalisable. Il ne ménagera pas ses efforts pour y parvenir.
La mise en page ordonnée, les espacements régulièrement répartis indiquent que la personne sait s'organiser. Mais à l'inverse, une écriture spontanée, avec une mise en page désordonnée, révélera que la personne vit dans l'instant présent.

Autonomie

D'une manière générale, l'écriture doit être régulière et homogène tout en conservant de la vie. Une écriture régulière sans être rigide exprime la maîtrise de soi, la discipline et la stabilité. L'homogénéité d'une écriture est représentée par l'accord entre les différents éléments du graphisme. Elle traduit l'autonomie et la maturité d'une personne qui a su unifier sa personnalité.

Obstination

Dans une ambiance graphique moins positive, c'est-à-dire liée, anguleuse, mais raide, avec un mouvement barré ou cabré, la persévérance devient obstination. Si les espacements entre les mots, les lettres et les lignes sont très réduits, la personne est enfermée dans son système intérieur et la persévérance n'est plus une qualité. Elle s'apparente davantage à l'impossibilité de se dégager d'une attitude adoptée une fois pour toutes. La persévérance demeure une qualité si l'écriture conserve la souplesse, indiquant que la personne reste flexible et adaptable.

Est-ce l'intuition qui vous guide ?

L'intuitif perçoit et ressent avant de comprendre ou de raisonner. Il est rapide, vit dans l'instant. Sa perception des choses est globale, il voit loin et dans l'avenir.

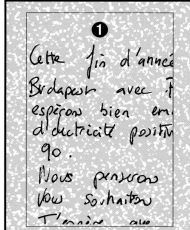

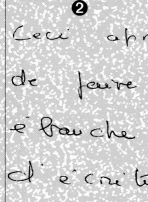

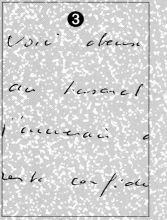

Interprétation

❶ Écriture sautillante, le mouvement est vibrant, le trait assez léger. Personne très vive qui saisit rapidement ce qui est dans l'air du temps. Fascinée par la nouveauté, elle peut avoir tendance à s'éparpiller.

❷ Intuition plus introvertie dans cette écriture légère, trouée. La communication avec autrui se fait sur un mode assez déconcertant et un peu hermétique.

❸ Beaucoup d'intuition dans cette écriture rapide, légère et inclinée. C'est une personne qui voit rapidement les choses, mais qui n'aime pas se préoccuper des détails. Sa perception est globale, mais elle manque un peu de suivi dans la réalisation des choses.

Dans la page, ce que l'on remarque tout d'abord c'est l'importance des blancs par rapport aux noirs. L'intuitif laisse s'exprimer le non-dit, il perçoit ce qui n'existe pas encore ou, tout au moins, ce qui n'est pas encore exprimé.

Le trait est léger – signe de réceptivité et de sensibilité – et plutôt pâteux, car ouvert sur l'extérieur. Le trait léger est aussi le trait de celui qui ne s'impose ni aux gens ni aux choses. Les événements le poussent à l'action, mais lui-même ne cherchera pas à modifier le cours des événements. Ce n'est pas un tempérament actif.
Cela n'implique pas qu'il soit incapable d'agir ou qu'il soit inefficace, simplement il ne trouve pas sa justification dans l'activité et n'agit qu'à bon escient.

Dans la forme de l'écriture, les signes d'ouverture sont multiples : crénelages et inégalités dans la forme de liaison, qui est souvent juxtaposée ou groupée. Le blanc représente aussi le monde de l'inconscient. L'intuitif ne fait pas barrage à ce qui monte en lui. Il utilise ce qu'il ressent pour appréhender le monde extérieur.
Les blancs entre les mots signalent la réceptivité aux autres. Les intuitifs comprennent les gens par sympathie immédiate et globale, ils en ont une représentation instinctive et dans l'instant. Ils ont des antennes que l'on peut voir dans l'écriture quand les finales ou les barres de « t » par exemple sont longues et légères, se perdant dans les espaces entre les mots.

Des novateurs
Entre les lignes, les blancs importants montrent que la

personne a du recul, voit loin et se représente l'avenir. Ce peut être un concepteur de projets novateurs et inédits. En revanche, la réalisation n'est pas leur fort. Ni patients ni pédagogues, ils ne supportent pas que l'on ne saisisse pas ce qu'ils perçoivent par inspiration, mais qu'ils n'expriment pas toujours clairement. L'écriture est rarement précise, le mouvement domine et la forme est peu structurée. Le détail ne les intéresse pas, seules les grandes lignes les motivent. La liaison entre les lettres est rarement continue, ce qui signalerait de la persévérance. Eux sont plutôt mobilisés dans l'instant par ce qui est nouveau. Ils sont enthousiastes et stimulants pour leur entourage.

Une personnalité trop aérienne
Si l'intuitif utilise exclusivement ce mode de connais-

sance, il risque de s'éparpiller et de ne jamais rien réaliser. Il est trop aérien, manque de racines et de patience pour concrétiser ses idées. Dans ce cas, le trait est très léger, la forme des lettres très dissoute et le mouvement est flottant, c'est-à-dire que les mots flottent un peu dans la page et ne sont que très peu reliés à la ligne de base. L'écriture manque de poids et de densité. Il n'y a pas un bon rapport entre les masses écrites et les masses vides. Le blanc envahit le graphisme, qui est noyé. Dans ce cas, la communication avec autrui est difficile, l'intuitif est tourné vers son monde intérieur ou perdu dans des rêveries stériles.

INTERPRÉTATION

L'ouverture d'esprit est-elle une de vos qualités ?

L'ouverture d'esprit est marquée par la réceptivité, la curiosité et la capacité d'envisager les situations sans *a priori*.

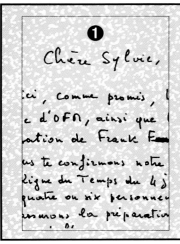

❶

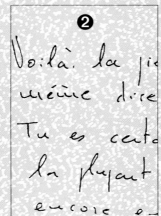

❷

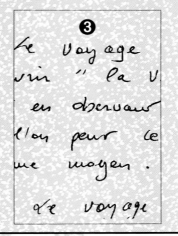

❸

Interprétation

❶ Petite écriture juxtaposée au mouvement vibrant, légères inégalités qui animent discrètement le graphisme. Sensibilité d'une personne fine et ouverte à la nouveauté.

❷ Le graphisme spontané, l'écriture juxtaposée avec de grands blancs entre les mots et les lettres indiquent que la personne est stimulée par la nouveauté et le renouvellement des centres d'intérêt. Elle voit les choses globalement.

❸ Un besoin de changement et de découverte motive cette personne, qui s'intéresse à beaucoup de choses. Elle peut avoir des difficultés à faire des choix et à s'engager, car les inégalités d'inclinaison sont importantes. L'écriture est tiraillée.

L'ouverture d'esprit nécessite des capacités d'adaptation qui se remarquent dans la souplesse du graphisme, la tenue de ligne légèrement ondulante et une écriture nuancée.

L'impression générale est l'animation de l'écriture, l'aération et la souplesse du trait. Les crénelages, une répartition harmonieuse des masses graphiques et des espacements et les légères inégalités en dimension, pression et inclinaison donnent une écriture nuancée.

Cela veut dire que l'on retrouve des petites inégalités dans la dimension, l'espacement et l'inclinaison des lettres dans le mot, bien que le tracé reste régulier.

Le crénelage est une petite ouverture laissée dans les oves, qui ne sont pas fermées. Le crénelage à droite sur le « a » est appelé « oreille du confesseur », car ce geste symbolise l'intérêt que l'on porte à l'autre et la capacité d'écoute.

Nouveauté

Tout ce qui, dans le graphisme, progresse vers la droite – laquelle symbolise l'autre et l'avenir – marque l'attrait de la nouveauté. Les espaces entre les mots représentent la place que l'on laisse à l'autre. Dans le cas d'une personne ouverte, ils seront assez grands, donnant un graphisme aéré. L'étalement représente la réceptivité, le confort intérieur. En effet, pour être disponible, il faut être bien avec soi-même. Une marge de gauche progressive, qui s'agrandit, signifie que l'on ne craint ni de s'engager dans l'action ni dans la relation avec autrui.

Sensibilité intellectuelle

Une légère inégalité en inclinaison signale une sensibilité intellectuelle qui permet d'envisager les choses sous différents angles. L'attaque directe des lettres sans trait initial montre que l'on n'a pas d'*a priori*, que l'on aborde directement les situations nouvelles. Le goût du changement peut être un facteur d'ouverture d'esprit et de curiosité. Les prolongements hauts et bas des hampes et des jambages en sont une indication, à condition qu'ils ne soient pas exagérés et que la zone médiane de l'écriture reste solide. Si ce n'est pas le cas, il y a un risque de dispersion.

Remise en question et adaptation

La capacité à se remettre en question est un indice de souplesse d'esprit. La liaison entre les lettres d'un même mot est alors groupée ou juxtaposée, et le mouvement peut être vibrant, c'est-à-dire que l'écriture semble avancer par petites touches légères et vives. Ce trait marque la réceptivité, la sensibilité à l'ambiance et, si les espaces, les blancs, dominent, de l'intuition. Pour qu'il y ait sensibilité et réceptivité, le trait doit être assez léger. Pour être féconde, la remise en question ne doit pas pour autant déboucher sur un manque de certitude et une incapacité à prendre des décisions. En effet, un sens des nuances poussé à l'extrême peut nuire aux capacités de fermeté dans les choix.

L'exagération de ce caractère donne une instabilité, un besoin de stimulation permanent. L'attention risque d'être dispersée et agitée.

Quel est votre degré d'objectivité ?

Être objectif, c'est être capable de prendre du recul, de faire abstraction de nos opinions et de nos préjugés pour écouter le point de vue des autres.

INTERPRÉTATION

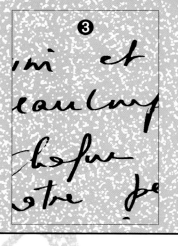

❶ ❷ ❸

Interprétation

❶ La petite dimension, la clarté, la simplicité et la répartition équilibrée des noirs et des blancs favorisent la capacité de prendre du recul et, donc, la recherche de l'objectivité. Le jugement est clair et fin.

❷ Les espacements entre les mots et les lignes indiquent une recherche d'objectivité. La guirlande signale l'ouverture aux autres.

❸ L'envahissement de la page, l'écriture grande, les interlignes serrés et présentant des enchevêtrements ne favorisent pas l'objectivité de cette personnalité très affective.

Personne ne peut prétendre à la parfaite objectivité. Nous avons tous nos idées et nos convictions, mais certains la recherchent plus que d'autres. L'objectivité est souvent un signe de maturité, le fait d'individus réalistes qui ont su évoluer et élargir leurs connaissances en s'appuyant sur leurs expériences. Est subjectif celui qui juge en fonction de ses propres sentiments sans tenir compte de points de vue différents ou des enjeux réels d'une situation.

L'objectivité se remarque d'abord dans la répartition des masses graphiques. Les noirs et les blancs s'équilibrent, témoignant du fait que la personne est déterminée, mais qu'elle sait aussi être disponible et prendre du recul.

Celui dont le graphisme est trop noir est si concentré sur ses pensées ou son activité qu'il ne voit rien autour de lui. Il trace sa route comme il trace son trait sur le papier, sans laisser d'espace aux autres. Le blanc, les espaces vides, c'est aussi le recul, la pause, pour évaluer les choses, estimer la validité de ce que l'on pense ou entreprend. C'est la capacité de se remettre en question, de réviser son jugement ou de modifier une stratégie si nécessaire. Les espaces entre les mots indiquent la place qu'on laisse à autrui, soit pour l'écouter, soit pour le laisser agir sans intervenir à sa place. Les espaces entre les lignes indiquent la capacité de relativiser une situation, de prendre du recul. Des interlignes suffisants traduisent du discernement et de la réflexion, les lignes trop serrées ou enchevê-

trées, un jugement subjectif et peu réaliste. La personne ne sait pas s'organiser et sa pensée n'est pas claire.

Souplesse d'esprit
Le graphisme petit et mobile indique la prédominance de la pensée et de la réflexion associées à la curiosité d'esprit. Sans trop d'*a priori,* ces personnes sont plus réceptives aux idées nouvelles que désireuses d'imposer leur point de vue. L'objectivité, c'est également le souci d'être équitable. L'écriture sera plutôt harmonieuse, sobre et homogène, ce qui indiquera que la personne a atteint une maturité qui lui permet d'être réceptive et évolutive.
L'objectivité témoigne d'une souplesse d'esprit qui n'est ni relâchement ni opportunisme et qui se remarque dans un fil graphique souple mais élastique.

Affectivité
Les personnalités plus affectives ont tendance à juger le monde en fonction de ce qu'elles aiment ou n'aiment pas. Ces personnes font moins intervenir la raison dans leur jugements, qui sont souvent catégoriques et rapides. Leur écriture est plutôt grande, témoignant du fait qu'elles ont confiance en elles, ce qui leur permet d'être plus assurées dans leurs opinions, à l'inverse de celles qui, doutant plus, sont davantage à même de se remettre en question. La page est plus envahie, il y a des enchevêtrements.
Les écritures rigides, trop régulières et systématisées, ne sont jamais de bons indices d'objectivité. Les scripteurs sont enfermés dans leurs préjugés et leurs convictions.

La patience fait-elle partie de vos qualités ?

Constant et persévérant, vous savez que « patience et longueur de temps font plus que force ni que rage ».

INTERPRÉTATION

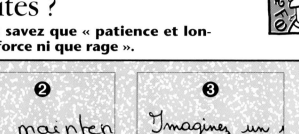

❶ ❷ ❸

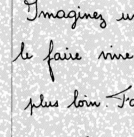

Interprétation

❶ Le mouvement coulant à dynamique, la clarté, les espacements entre les mots indiquent une personne posée, qui a le sens de l'écoute (guirlandes et trait nourri) et prend le temps de communiquer.

❷ L'écriture est posée, verticale, claire et presque en script. La forme domine le mouvement. Capacité de communication et goût du travail bien fait laissent supposer des qualités de patience et de discipline personnelle.

❸ L'écriture fine et verticale au mouvement immobile, les majuscules ornées révèlent une personnalité exigeante, qui a le sens du détail, et peut-être un peu trop pointilleuse.

La patience est une qualité qui nous permet de persévérer dans une action avec calme, même si elle demande beaucoup de temps et d'application. On peut penser aux moines dessinant les enluminures des parchemins ou à tous ceux qui goûtent un plaisir subtil à assembler les pièces d'un puzzle.

La patience dans un souci d'efficacité, c'est le goût du travail bien fait, le sens de la qualité et du détail. Les écritures à dominante de forme, où l'on remarque l'élégance du tracé, le dessin avant le mouvement, témoignent d'un souci du détail et et de l'apparence. Perfectionnistes, ces scripteurs n'aiment pas être pris en défaut et prendront tout le temps nécessaire à la réalisation de leur activité. Le contrôle et la discipline dominent et canalisent l'élan et le dynamisme.

Un stratège

La patience peut aussi être la contrepartie d'une stratégie, d'un esprit prospectif. Dans ce cas, chaque action est envisagée dans son contexte et intégrée à une dynamique globale. Le graphisme témoigne d'un esprit synthétique, qui voit l'ensemble de la situation en même temps qu'il en conçoit chaque élément. La répartition des noirs et des blancs est équilibrée. L'ordonnance est réussie, car le scripteur s'organise dans le temps et dans l'espace. Il prévoit par exemple la position de la date et de la signature, ce qui lui permet de se ménager des marges inférieure et supérieure ni trop petites ni trop grandes. Le scripteur ne se laisse pas déborder par son texte, il l'organise selon ce qu'il a décidé et non suivant ce qui se présente.

Pédagogie et sens de la communication

La patience est une qualité primordiale dans des métiers ou des postes qui nécessitent des qualités d'animation ou d'enseignement. Un graphisme lisible et clair indique des capacités pédagogiques. La personne prend le temps d'écrire lisiblement, de même qu'elle prendra le temps d'expliquer ce qu'elle veut communiquer. Une écriture très rapide et illisible peut être le fait d'un sujet de haut niveau mais qui ne sera pas compétent à un poste requérant des capacités de communication claire et précise. Cela peut être primordial dans des secteurs impliquant la sécurité des personnes ou des sites.

Le sens du devoir

La patience signale souvent de la persévérance. Le graphisme est lié, tendu et ferme sur la ligne de base, celle de la réalité. Il peut parfois s'agir de courage et de sens du devoir. La marge de gauche est ferme et droite, ce qui signale que le scripteur a des principes. Un tempérament calme aura plus de facilité à faire preuve de constance qu'un nerveux, toujours en proie à une agitation et à une impatience qui ne lui permettent pas de tenir en place.

Là encore, la forme domine le mouvement, qui peut être coulant ou contrôlé. Le trait ne présente pas d'inégalités, de nuances trop importantes, ce qui signalerait une émotivité déstabilisante.

Savez-vous prendre vos responsabilités ?

Être responsable, c'est assumer les conséquences de ses actes et de ses décisions à quelque niveau que ce soit.

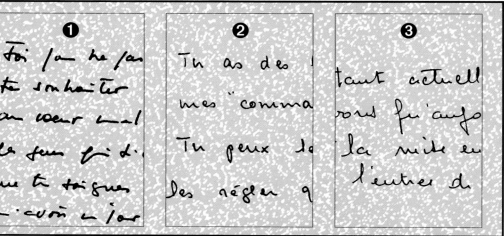

❶ ❷ ❸

Interprétation

❶ Le mouvement dynamique, le rythme des noirs et des blancs, la marge de prudence, l'écriture rapide et nuancée, avec un croisement des axes marqué, indiquent une capacité à être responsable et à assumer ses choix. Un peu d'autoritarisme toutefois.

❷ Ici, c'est la clarté et l'aération du graphisme qui témoignent de la probité de la personne, qui, tout en sachant déléguer, assume ses responsabilités avec une certaine fierté.

❸ L'appui, la verticalité, le croisement des axes verticaux et horizontaux ainsi que la lisibilité dans une écriture au mouvement contrôlé indiquent sens des responsabilités et sens de la dignité reposant sur des principes forts.

Être responsable d'un projet, se sentir responsable de ses actes et être capable d'en répondre ou encore être à l'origine d'une action ou d'une idée, tout cela implique une personnalité ferme sur qui on peut compter et à qui on peut faire confiance.

On mesure la fermeté d'un graphisme en observant un certain nombre de signes tels que la pression, qui est assez forte et régulière, le trait net et sans retouche, qui peut présenter du relief.
La dimension est moyenne, les lettres bien structurées, le mouvement dynamique, la direction régulière, ainsi que la liaison, qui est liée ou groupée.
Cette fermeté graphique est la résultante d'une autonomie et d'une fermeté de la personnalité.

Maturité
Le graphisme personnalisé indique que la personne a trouvé son autonomie et est capable d'exprimer ses choix et ses opinions. Inversement, les personnes indécises, influençables ou immatures sont peu fiables. Dans ce cas, l'écriture est peu structurée, le mouvement lâché, le trait pâteux ou poreux, ce qui signale de l'influençabilité.
La direction est hésitante, l'écriture est tiraillée, parfois verticale, parfois inclinée à droite ou renversée à gauche. Les lettres sont crénelées, présentant des ouvertures importantes, ce qui indique une ouverture aux autres et aux idées nouvelles excessive et irréfléchie.
Ces personnes n'ont pas trouvé leur identité, elles peuvent se présenter sous un jour différent suivant leur humeur ou leur interlocuteur. Leur comportement sera donc changeant et opportuniste.

S'affirmer et choisir
Être ferme dans ses décisions est aussi une manière de se montrer responsable. Cela se remarquera dans l'appui sur les jambages et les verticales. A l'inverse, quelqu'un qui ne prend pas de décision, qui ne se mouille pas, tracera des jambages mous, des formes imprécises. Une forme imprécise est une écriture dont les lettres sont ambiguës, un « a » pour un « o », un « n » pour un « u », sans que la vitesse en soit responsable mais plutôt parce que la personne se réfugie dans l'indécis et dans le flou.

Savoir déléguer en restant responsable
Si vous êtes responsable d'un projet, il vous faudra peut-être animer une équipe de travail et savoir déléguer. Il ne s'agit pas de se décharger sur les autres de ce que l'on

ne veut pas ou ne sait pas faire, mais de porter la responsabilité du partage des tâches, du choix des collaborateurs et la responsabilité finale du projet. Le graphisme sera ferme, précis et clair, ce qui indique que le sujet sait expliquer à ses collègues ce qu'il attend d'eux. Il faut aussi une autorité suffisante pour maintenir le projet et ses acteurs sur les rails, ne pas permettre que ce qui a été prévu ne soit pas suivi. Cela se verra si l'on peut distinguer dans l'écriture un croisement des axes verticaux (affirmation) et horizontaux (réalisation). L'axe vertical est constitué des jambages et traits verticaux dans leur ensemble, l'horizontalité concerne le déroulement cursif du tracé.

Que représente le passé pour vous ?

Le passé représente les valeurs, les traditions, l'expérience et la sagesse. Il peut aussi avoir été éprouvant et rejeté ou constamment regretté.

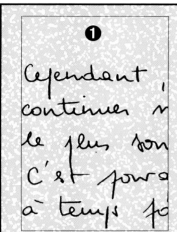

❶

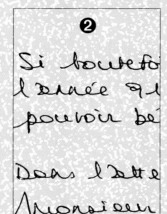

❷

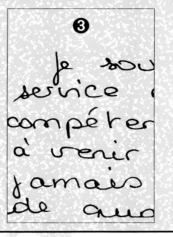

❸

Interprétation

❶ La très petite marge de gauche indique que la personne reste proche de son milieu familial et de ses valeurs, celles-ci lui servant de repères. L'écriture est personnalisée.

❷ La grande marge de gauche sinueuse, associée à une écriture assez systématique dans son déroulement, indique que la personne a décidé de couper avec son passé mais que cela ne se passe pas sans difficulté. Beaucoup de détermination.

❸ La grande marge de gauche, associée à une écriture conventionnelle et nourrie, révèle que cette personne a pris ses distances vis-à-vis de son passé de façon à s'inscrire avec volonté dans un développement professionnel.

C'est surtout l'organisation de l'espace graphique qui va donner des renseignements sur l'importance du passé pour une personne. La forme de l'écriture et, bien sûr, son mouvement vont donner ensuite des renseignements sur la façon dont chacun utilise le passé.

Attachement et dépendance

Une petite marge de gauche indique que la personne est proche de son passé et qu'elle n'arrive pas à s'en détacher. Si cette marge est inexistante, la personne n'a pas trouvé sa place et ne parvient pas à s'individualiser par rapport à la famille ou aux traditions de celle-ci. Si, avec cette petite marge à gauche, on a une grande marge de droite, l'appréhension domine. La personne est accrochée au giron familial ou très nostalgique et ne réussit pas à se projeter dans l'avenir.

Tirer un trait

Si la marge de gauche est très grande, cela signale que la personne veut tirer un trait sur son passé. Avec une écriture renversée, on peut supposer qu'il y a eu un choc important dont la personne a eu du mal à se remettre. Si le graphisme progresse de façon dynamique vers la droite, la personne a pu compenser ce choc et a volontairement décidé de diriger toute son énergie vers l'avenir.

Indécision et nostalgie

Les écritures tiraillées, c'est-à-dire oscillant autour de l'axe vertical, avec des formes peu personnalisées, indiquent des caractères qui ont des difficultés à dépasser le stade de l'enfance, durant lequel les parents ont joué leur rôle de modèles. Toute l'écriture est marquée d'une certaine indécision et d'une difficulté à aller de l'avant en s'affirmant. Le mouvement peut être flottant, ce qui indique une difficulté à s'engager.

Les écritures narcissiques, de grande dimension, très arrondies et fermées sur elles-mêmes avec un mouvement ralenti indiquent une grande insatisfaction et de la nostalgie. Ces personnes ruminent sans cesse ce qu'elles auraient pu être ou ce qu'elles n'ont pas eu dans le passé et qui leur aurait permis d'avancer. Ces personnes ont du mal à être actives, ce qui aggrave leur malaise du fait qu'elles ne peuvent canaliser dans l'activité leur insatisfaction.

La tradition et l'expérience

Si la marge de gauche est très tenue et droite, l'individu est attaché à des principes et à des valeurs qui lui permettent d'orienter sa vie d'une façon qui lui semble convenir à un certain idéal. Dans ce cas, le passé joue un rôle positif dans le sens des racines qui permettent de se forger une identité cohérente.

Le passé, c'est aussi l'expérience que l'on peut essayer d'utiliser à bon escient. Si l'écriture est nourrie, avec une ligne de base tenue et des jambages qui remontent sur la ligne, avec une bonne organisation de la page, c'est-à-dire avec un rapport réussi entre la marge de droite et la marge de gauche, on est face à une personne qui est réaliste et réalisatrice, et qui utilise l'expérience afin d'accroître son efficacité.

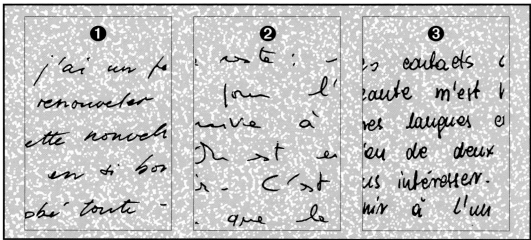

Le courage est-il une de vos qualités ?

Le courage n'est pas nécessairement l'apanage des forts, de ceux qui s'en réclament, ni même des téméraires.

❶ ❷ ❸

Interprétation

❶ Le mouvement barré, l'inclinaison et la tenue de ligne indiquent le courage et la tension intérieure qui permettent de tenir le coup. Le trait est assez léger et il y a des lettres pochées qui indiquent de l'anxiété.

❷ Le trait appuyé, la liaison secondaire, la tenue de ligne et la verticalité révèlent le courage et la persévérance, même si cela est au prix d'une activité un peu forcenée.

❸ Le trait noir, l'étrécissement, la liaison, les annelages, indiquent la persévérance, la concentration et la volonté de réussir, même si cela n'est pas toujours facile au niveau du rapport relationnel.

Se décider malgré la difficulté ou la peur ou persévérer dans une démarche pénible réclame une force morale qui n'est pas courante. On retrouve les idées de force, de persévérance, de droiture, toutes qualités qui peuvent se remarquer dans une écriture.

La force se signalera par la densité du graphisme, un trait appuyé, une répartition des noirs et des blancs en faveur du noir. La page peut même être assez noire, ce qui traduit la volonté et la concentration, la personnalité qui ne se laisse pas détourner. Les marges sont marquées sans excès, la marge de gauche est fermement tenue, ce qui indique l'importance des principes qui guident la personne. La force peut se dégager aussi d'un formniveau élevé où la densité est surtout marquée par l'authenticité et le rythme de l'écriture.

La combativité : l'angle et la liaison

L'écriture est groupée, liée et anguleuse. La liaison correspond à la persévérance et l'angle au combat et au courage, dans le sens de la capacité à affronter les difficultés. L'angle nécessite plus d'effort que la courbe, il indique donc plus de pugnacité. On retrouve fréquemment la liaison secondaire, où le geste d'enchaînement entre deux lettres est volontairement étiré vers la droite. Le graphisme est étalé et cela sans que les lettres le soient.

Le faciès est assez raide et provient d'un contrôle et d'une volonté souvent courageux. L'éthique est importante et provient d'un sens du devoir qui peut être plus ou moins conventionnel suivant la personnalité.

Soleil ou Terre

L'exigence intérieure qui mène un tel individu se marque par des caractéristiques solaires dans le graphisme : une verticalité, une tendance à l'étrécissement et une dominante de forme. La personnalité Soleil est exigeante et sélective et son idéal personnel l'amène à ne pas se compromettre. Cette attitude un peu fière et hautaine peut être, dans certaines circonstances, héroïque s'il s'agit de ne pas céder devant une pression incompatible avec ses idéaux.

Une écriture Terre peut aussi signifier du courage dans un sens plus quotidien. Certaines personnes sont amenées dans leur vie à faire face à des situations difficiles sans pour cela être distinguées par une récompense. La persévérance au quotidien est parfois le fruit d'une énergie considérable. Dans ce cas, l'écriture est plus conventionnelle, simple et traduit le bon sens.

Un trait pâteux indiquera la chaleur de cœur et le respect d'autrui si les espacements entre les mots sont bons. Des composantes Mars, angle et fermeté, signalent également la combativité.

Certaines écritures acquises, si elles restent simples et claires, traduisent une discipline intérieure et du courage. La personne peut avoir construit son écriture comme elle a choisi un certain style de vie auquel elle se tient par obligation morale. Dans ce cas, l'écriture est contrôlée, résolue et ferme sur la ligne de base.

Communiquez-vous facilement ?

Pour communiquer, il faut accepter la différence, même quand cela est difficile. Le plus souvent nous n'entendons que ce que nous voulons au travers du filtre de nos valeurs.

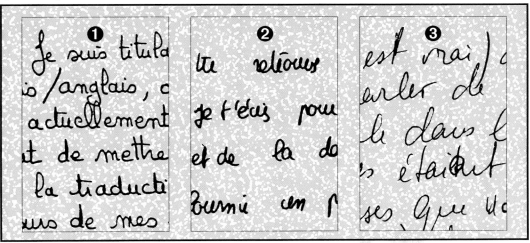

Interprétation

❶ Le graphisme est lent et à dominante d'arcade. Personne qui se surveille beaucoup afin de donner une bonne image, la spontanéité dans la communication n'est pas évidente.

❷ Le trait est pâteux, c'est donc un signe de capacité relationnelle, mais l'arcade domine. Les blancs sont importants et ne donnent pas de rythme à l'écriture. Besoin de communiquer, mais aussi difficulté à le faire, les contacts avec autrui sont ambivalents.

❸ Écriture spontanée, grande et en guirlande qui indique la confiance en soi et le goût des contacts. Un certain envahissement signale aussi un manque d'écoute parfois et des prises de position assez subjectives.

Communiquer, c'est échanger, c'est-à-dire à la fois donner et recevoir. En donnant, on se montre en exprimant ses opinions et ses sentiments, au risque de se sentir vulnérable. On donne aussi en s'impliquant dans une relation affective et en prenant ses responsabilités. On peut, bien sûr, être prudent et méfiant, ce qui protège certainement, mais entrave aussi l'avancée du mouvement de développement de l'individu. L'écriture sera dans ce cas un peu figée, affectée et systématique.

L'image que nous donnons

Il peut être important pour certains de donner aux autres une image qui soit satisfaisante, leur mode de communication moins spontané sera plus étudié, mais aussi plus réfléchi. On aura, chez le scripteur, un graphisme plutôt conventionnel, à dominante de forme et structuré.

Afin de déterminer si une personnalité est artificielle ou simplement travaillée pour être en accord avec une exigence personnelle, il faudra voir si l'écriture est artificielle, c'est-à-dire manquant d'authenticité, de naturel, avec peu de rythme et souvent exagérément originale. L'écriture travaillée sera, elle aussi, très construite et assez lente, mais le rapport des noirs et des blancs sera dans l'ensemble harmonieux. Quant à l'écriture dans sa globalité, elle sera plus sobre que la précédente.

Fermeture

Le degré de fermeture et d'ouverture d'une écriture est un bon indice des capacités d'écoute et de réceptivité du scripteur. La fermeture se remarque à des formes en coquille, enroulées, plutôt statiques et avec une dominante d'arcade.

L'arcade signifie le besoin de se construire, de se protéger et de rester secret. La personne ne se livre pas beaucoup, mais peut être capable d'écoute si l'écriture n'est pas trop enroulée sur elle-même. Un peu de fermeture est nécessaire afin de se protéger et de se construire tout en préservant son identité.

Ouverture

L'ouverture est présente quand les formes montrent des crénelages, de petites ouvertures sur les oves. L'ouverture à droite témoigne de l'intérêt porté aux autres dans le domaine de l'amitié et des échanges affectifs. Elle indique aussi un certain enthousiasme, souvent communicatif, pour la nouveauté et l'avenir. Les crénelages en haut à droite indiquent une ouverture intellectuelle et le goût des échanges d'idées. L'ouverture à gauche annule la fermeture et indique une fragilité qui a trait au passé. La guirlande est présente quand la réceptivité et l'acceptation d'autrui sont dominantes.

Si on constate trop d'ouverture dans le graphisme, c'est-à-dire des guirlandes qui envahissent les mots au risque de les rendre illisibles, cela indique de la fragilité et de la vulnérabilité.

La personne n'arrive pas à faire le tri dans les informations qui lui parviennent, son filtre personnel d'interprétation ne fonctionne pas, car son identité est peu structurée, il ne s'agit plus alors d'écoute, mais de passivité.

Acceptez-vous vos émotions ?

Donnez-vous une place à vos émotions en sachant les écouter et les exprimer ou préférez-vous mettre de côté cette partie qui vous semble vulnérable aux yeux des autres ?

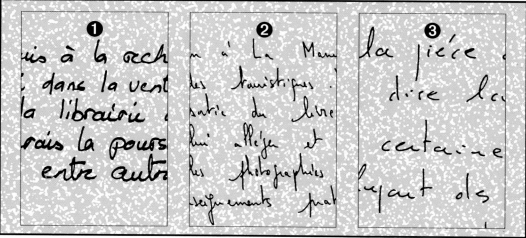

Interprétation

❶ Le feutre cherche à renforcer la confiance en soi. Mais le trait reste très sale, malgré cet instrument qui tend à gommer les émotions. L'anxiété est importante, mais la personne cherche à la maîtriser.

❷ Stylo à bille net avec une petite écriture fine, étrécie et prolongée. Les émotions sont refusées au profit d'une exigence d'ordre intellectuel et professionnel. De l'implication et de l'orgueil, malgré la petitesse de l'écriture.

❸ Un trait nourri et plutôt pâteux dans une écriture aérée et spontanée. Personne qui aime communiquer ses émotions et ses sentiments, et qui fonctionne à l'intuition.

Certaines personnes prétendent accorder peu d'importance à l'instrument qu'ils utilisent pour écrire, affirmant prendre ce qui leur tombe sous la main.

Ces personnes, en général, utilisent effectivement tous les outils graphiques, sauf le stylo à encre qu'elles apprécient peu. Le stylo à bille, le crayon, les feutres fins ou les nouvelles pointes dures sont, de leur point de vue, plus confortables, plus efficaces en ce qui concerne la rapidité. Ce sont des gens qui privilégient l'aspect fonctionnel de l'écriture et ne s'embarrassent pas des questions esthétiques, voire sensorielles qui peuvent, à l'inverse, participer au choix d'un beau papier, d'une encre à la couleur bien choisie et d'une plume à la dimension idéale.
D'un côté les esthètes, de l'autre les fonctionnels, mais certains n'ont pas peur de montrer leurs émotions, de les exprimer et de les écouter. D'autres encore préfèrent masquer la part affective d'eux-mêmes pour ne pas être gênés par les implications émotionnelles liées aux décisions qu'ils prennent.

La coulée d'encre se module

Ceux qui écrivent au moyen d'un stylo à plume acceptent de communiquer avec leurs émotions et leurs sentiments, leurs échanges avec autrui sont enrichis de cette affectivité et surtout ils tiennent compte de ce qu'ils ressentent profondément. Ils s'écoutent, prêtent attention à leur vie intérieure, aux signaux plus ou moins conscients de leurs impressions. La coulée d'encre n'est jamais parfaitement uniforme, les inégalités de pression sont d'autant plus fortes que l'émotivité ou la nervosité est grande, d'où la répugnance de certains à laisser parler les mots qu'ils tracent sur le papier.

La bille est sans états d'âme

Inversement, l'écriture au stylo à bille, moins nuancée, permet simplement d'appuyer plus ou moins fort sur l'instrument, mais sans laisser émerger l'émotivité qui se manifeste dans la coulée d'encre. Le trait au stylo à bille est toujours net, donc défendu sur le plan émotif, ce qui signifie que le scripteur ne veut pas que l'on puisse avoir prise sur lui par le biais de son affectivité. En général, le stylo à bille est plus rapide et il est préféré par les gens d'action qui ont des objectifs précis à atteindre. C'est aussi le trait du technicien axé sur l'efficacité, la rationalité et la logique plutôt que sur l'intuition et l'émotion. Des gens hypersensibles peuvent choisir le stylo à bille pour tenter de masquer leurs émotions pour se sentir moins vulnérables.

Le feutre impressionne

Le feutre un peu épais est, quant à lui, encore plus muet du point de vue de l'émotivité. Ce n'est donc pas sans raison qu'il est privilégié par certains. Le trait semble fort, l'appui n'a pas besoin d'être important pour que la trace soit forte et, surtout, aucune inégalité dans la couleur ne transparaît. Pour une raison qui leur appartient et qui dépend de l'histoire personnelle, ces personnes ont besoin d'un soutien, de se donner une apparence de force et d'équilibre, peut-être pour compenser une inquiétude et un manque de confiance en leurs propres forces.

INTERPRÉTATION

Avez-vous tendance à vous disperser ?

Vous avez tendance à éparpiller vos intérêts car vous avez du mal à concentrer votre activité sur une seule chose.

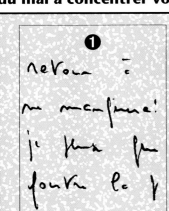

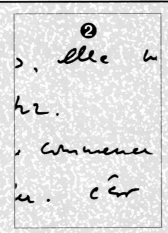

❶

❷

❸

Interprétation

❶ La dispersion fait partie des motivations du scripteur qui a besoin de renouveler ses intérêts. Le rythme est assez bon, indiquant une capacité de réalisation et d'adaptation.

❷ Inégalités et légèreté trahissent une instabilité intérieure qui se traduit par de l'anxiété et un manque de persévérance. Un rythme qui permet de se réaliser de façon originale.

❸ Des inégalités, mais tellement de densité à la limite de l'étouffement, correspondent à une curiosité intellectuelle toujours en alerte, mais aussi une capacité de concentration et de persévérance qui permettent une réalisation dans le domaine professionnel.

Curieux d'esprit, vous êtes rapidement mobilisé par une idée nouvelle. Votre écriture est celle du nerveux d'Hippocrate ou de Le Senne, inégale, rapide, assez légère avec un mouvement vibrant.

Un mouvement vibrant

L'inégalité traduit les fluctuations d'humeur, surtout celles du trait. Les inégalités de dimensions indiquent plutôt une confiance en soi variable, mais l'écriture du nerveux est en général petite. Le trait léger montre la position de recul par rapport à l'investissement dans la réalité et dans l'action. Le mouvement vibrant correspond à la sensibilité émotionnelle, mais aussi à la finesse intellectuelle. La compréhension se fait rapidement par petites touches successives.

Ressentir plutôt qu'agir

La capacité à s'enthousiasmer se remarque dans une effervescence du mouvement, parfois des lignes montantes, mais surtout dans l'importance du mouvement par rapport à la forme. Les formes peuvent être arrondies, ce qui révèle l'imagination, mais aussi le manque de combativité. Le blanc est important, ce qui traduit l'importance pour le scripteur du ressenti. Il se laisse pénétrer par ses sensations ou par les impressions extérieures plus qu'il ne cherche à faire impression sur autrui. Axé sur le pôle réceptif, il a du mal à inverser cette tendance pour agir, choisir et approfondir tel ou tel domaine.

Un esprit vif

L'intelligence est souvent rapide, brillante et intuitive, ce qui se traduit par la rapidité de l'écriture, sa simplicité et un rythme positif. Comprenant tout à demi-mot, il lui semble avoir fait le tour de la question sans jamais l'aborder vraiment. Ce sont souvent des êtres séduisants car ils captent immédiatement l'air du temps, sachant rapidement se mettre en adéquation avec l'environnement et l'entourage. L'écriture est souple, parfois lâchée, car ils s'adaptent vite et peuvent même être influençables. Dans ce cas, on aura des signes de passivité dans l'écriture, des lettres crénelées, un mouvement flottant plus que vibrant et une forme peu structurée sans qu'elle soit compensée par un rythme suffisamment fort ou un mouvement porteur et progressif.

Un manque d'assise

Si l'écriture se fragilise, le trait devient très léger et l'ensemble du graphisme manque de tenue dans son ensemble. Les mots sont filiformes, ce qui indique avec la légèreté un manque d'assise et d'engagement. La personne change d'intérêts au fil de ses humeurs et n'arrive pas à se concentrer. Le blanc envahit le noir, aussi bien entre les mots qu'entre les lignes, mais aussi dans le mot, sous la forme des crénelages, des laps de cohésion ou de la légèreté du trait. Le caractère, comme l'écriture, manquent de détermination. En utilisant la typologie planétaire, on peut dire que l'écriture est très Lune et manque de Mars, ce qui donnerait l'élément combatif, et aussi de Terre, ce qui donnerait l'élément réalisateur et concret. L'écriture est trop légère pour que l'individu imprime sa marque.

179

Que signifie pour vous l'amour-propre ?

L'amour-propre est-il un aiguillon qui pousse à toujours mieux faire ou une épée de Damoclès menaçante et brimante ?

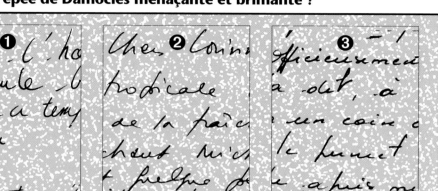

Interprétation

❶ Écriture très affective et assez féminine pour un homme. Il n'est pas sûr que l'amour-propre soit un aiguillon positif, car la personne manque d'objectivité vis-à-vis d'elle-même.

❷ Le mouvement barré, les surélévations traduisent la fierté, la volonté de réussir et le combat pour y arriver. Ici l'amour-propre est un moteur qui a permis à cette personne de réussir dans le domaine professionnel.

❸ Beaucoup de surélévations, des ornements, des traits initiaux, un amour-propre certes moteur, mais chez un individu un peu trop pointilleux et susceptible.

Les personnalités dont l'affectivité est investie dans tous les domaines de l'existence sont souvent sociables. Aimant le groupe de préférence en tant que leaders, elles sont aussi sujettes à des fluctuations dues aux satisfactions d'amour-propre.

Pour un enfant, l'amour et l'amour-propre sont souvent confondus, en ce sens que l'amour que lui portent ses parents ira de pair avec la possibilité de paraître aimable à ses propres yeux. Faire plaisir en vue d'être aimé correspond à bien faire en vue d'être reconnu ; plus tard, il gardera le plaisir du travail bien fait pour se plaire à lui-même. Les enfants dont l'écriture est appliquée, propre et de bon niveau mais sans raideur ou crispation excessive, révèlent un bon équi-libre et un souci de perfectionnisme préjudiciable à un développement harmonieux.

Un souci d'exigence

Adulte, le souci d'exigence de l'enfant se traduit par un souci qualitatif. Dans l'écriture, ce souci est inséparable d'une fermeté générale du graphisme même si la forme est dissoute. Une homogénéité se dégage même si l'écriture n'est pas harmonieuse au sens jaminien du terme. Les mouvements flottants, indécis avec une forme confuse, ne sont jamais de très bons indices du point de vue de l'exigence personnelle. De même, les tracés filiformes et mous signalent trop d'opportunisme pour traduire une fierté personnelle.

Inhibition

Ce souci de bien faire peut parfois nuire à l'individu si la peur de l'échec agit comme une épée de Damoclès. Dans ce cas, l'individu est inhibé et ses capacités de réalisation sont très amoindries. L'individu n'ose pas prendre de risques. Les anxieux, les timides dont le graphisme est hésitant, souvent petit, avec des jambages rognés et des hampes diminuées, ont un amour-propre souvent démesuré qui leur fait apparaître toute démarche ou toute affirmation comme une expérience capitale. L'individu veut tellement être à la hauteur qu'il en a le vertige avant même d'avancer dans son entreprise.

Vanité

Il n'est pas toujours facile de faire la part des chose entre un manque de confiance et la dualité interne entre deux parties du Moi. L'une, le Moi réel, est écrasée devant les exigences du Moi idéal. Ce Moi idéal est vaniteux, détaché des capacités réelles du sujet qui, de ce fait, se sent amoindri. En réalité, il s'agit plus d'un conflit entre deux parties de lui-même que d'un réel sentiment d'infériorité. L'amour-propre du Moi idéal est sans limite, et tout ce que peut réaliser le vrai Moi n'est jamais à la hauteur, d'où le sentiment d'un manque de confiance en soi accompagné souvent de rêveries grandioses. Le Moi idéal est très susceptible, et il a honte des capacités réelles du Moi, aussi la personne a-t-elle besoin de se réfugier dans l'inactivité et la rêverie de ce qu'elle pourrait réaliser, si seulement si... Dans ce cas, il y a souvent une zone médiane assez écrasée, celle du Moi, et en compensation des prolongements des hampes et des jambages.

INTERPRÉTATION

Votre caractère est-il à facettes multiples ?

Tout un chacun possède en lui cette capacité de faire ressortir tel ou tel aspect de sa personnalité.

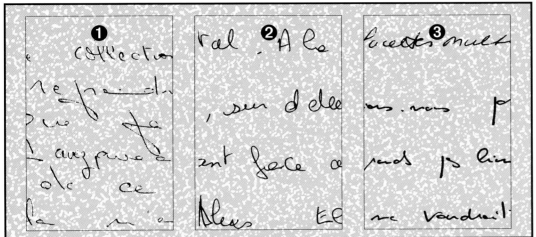

Interprétation

❶ La filiformité en milieu de mot dans un contexte lent indique quelqu'un dont la personnalité n'est pas très définie. Changement d'opinion suivant l'entourage.

❷ Le graphisme est indécis, flottant, à inclinaison variable avec des jambages tordus et rognés. Indécision dans tous les domaines, l'adaptation à soi-même n'est pas évidente.

❸ Beaucoup d'ambivalence dans ce graphisme : filiformité en milieu de mots, jambages happés vers la gauche, relief qui donne au trait un aspect coupant. Personnalité impétueuse dont le comportement est déconcertant.

L'ambivalence psychologique concerne la personnalité quant à l'adaptation d'un individu à son milieu et à lui-même. Tout être humain a besoin d'être en concordance avec son environnement mais tout en préservant son individualité. Cette capacité à être soi-même tout en étant en relation harmonieuse avec autrui repose sur une adaptation intérieure, c'est-à-dire sur un équilibre toujours relatif entre les différentes facettes de son caractère.

Inconsistance

Chez certains, le besoin d'adaptation est tel qu'il induit un comportement de caméléon. Sur le plan graphique, on retrouve des différences d'inclinaison, mais aussi une filiformité qui se manifeste au milieu des mots. Cette filiformité indique un besoin d'adaptation. La personne a besoin d'être aimée et reconnue et se sent si peu sûre d'elle-même qu'elle adopte la personnalité qu'elle suppose la plus attendue. Se comportant comme un véritable miroir d'autrui, ces individus sont souvent sympatiques, puisqu'ils sont ce qu'on attend d'eux, mais ne résistent pas à une relation plus approfondie tant leur véritable individualité est friable, voire inexistante.

Finesse psychologique

Dans l'impossibilité de se structurer de façon unitaire, un tel individu peut se révéler hystérique ou immature, capricieux et inconsistant. Si le sujet est artiste, ces caractéristiques peuvent être utilisées de façon créatrice. C'est surtout la filiformité à l'intérieur des mots qui pose problème, car la filiformité en fin de mot est due à la vitesse, mais aussi à la capacité de comprendre autrui. En effet, la possibilité pour un individu de développer plusieurs facettes lui permet aussi de comprendre et de s'adapter à divers individus. La fin du mot est celle qui est la plus proche du mot suivant, symboliquement elle correspond à la main tendue vers l'autre. Affinée comme une pointe, la finale correspond au désir de pénétrer psychologiquement l'autre afin de le comprendre tout en effaçant sa personnalité.

Confiance ou doutes

Une ambivalence bien vécue se traduit sur le plan graphique par l'adoption d'une liaison en guirlande qui reste ferme et pas trop étalée. La personne est confiante dans sa propre nature et s'ouvre naturellement à autrui. Exagérée, cette tendance à sympathiser tend à refouler les conflits inhérents à toute vie en société et risque de devenir passive et opportuniste. Les doutes au sujet de sa propre valeur proviennent aussi de l'incapacité plus ou moins grande à unifier les différentes facettes de son caractère. Il ne s'agit plus alors de s'adapter aux autres mais surtout à soi-même. Ce sont alors des différences marquées d'inclinaison qui traduisent ce conflit. Si cette variabilité est régulière, on dira que l'écriture est rythmée et nuancée. Dans ce cas, les doutes enrichissent la personnalité, l'amènent à se poser des questions et la font progresser. Si la variabilité est irrégulière et discordante, l'ambivalence est profonde et l'estime de soi fait défaut.

181

Savez-vous vous affirmer ?

L'affirmation de soi est un thème qui a pris à notre époque une grande importance. Recherchons-nous la confiance en soi ou la capacité à se déterminer par rapport à autrui ?

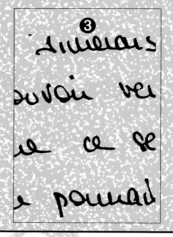

Interprétation

❶ Grande écriture au trait épais, qui donne de la densité au graphisme. Un bon rythme de répartition donne un formniveau assez élevé, qui indique une capacité d'affirmation de soi en relation avec le potentiel.

❷ Un bon rythme de répartition, une écriture grande avec un trait pâteux indiquent une affirmation de soi qui peut se faire de façon maladroite. Beaucoup de lettres suspendues qui révèlent un comportement inégal et surprenant.

❸ Écriture stylisée au trait pâteux et épais. Affirmation de soi en accordant une grande importance à l'image que l'on projette. Efficacité professionnelle dans un domaine artistique.

Être capable de prendre position, de prendre une décision et de s'y tenir, même si cela implique parfois une certaine solitude, n'est pas toujours facile. De la même façon, une personnalité affirmée aura une écriture personnalisée et authentique.

Cette écriture, comme le timbre d'une voix, n'appartient qu'à elle, elle est reconnaissable par sa forme, son mouvement et surtout son rythme personnel. Après la rébellion de l'adolescence durant laquelle on assiste, le plus souvent, à un changement d'écriture, elle tend à se simplifier, à devenir plus sobre au fur et à mesure que l'individu se recentre en lui-même. Les aspirations s'équilibrent par rapport aux capacités de réalisation et l'écriture se recentre aussi en diminuant les prolongements qui traduisaient l'insatisfaction et l'ambition.

Un potentiel qui se réalise

S'affirmer, c'est aussi dire clairement qui l'on est et ce que l'on veut. Ce n'est pas tant la clarté du graphisme qui est importante, mais l'affirmation par le noir. Le trait est encré, appuyé. Le texte est dense, car les mots, suffisamment compacts, noircissent la page blanche afin de lui donner forme et existence. Le scripteur ne craint pas de se montrer et ne recherche pas l'imprécision ou l'ambiguïté dans les formes. Le formniveau élevé traduit la capacité à réaliser son potentiel.

Le mouvement est dynamique et tendu vers un but, qui semble tirer le graphisme vers la droite. La personne mène son existence comme un cavalier conduit son cheval. C'est elle qui tient les rênes de sa vie.

Une affirmation authentique ne correspond ni à une inflation du moi ni à un orgueil excessif. Elle correspond à une confiance en soi qui coïncide avec une juste appréciation de ses capacités, en adéquation avec ses objectifs. L'écriture est de dimension moyenne, sobre, ferme et tenue sur la ligne de base. Pour que cette affirmation soit positive, il convient qu'elle ne soit pas rigide, c'est-à-dire que la personne soit à même de se remettre en question.

Cela se remarquera par la souplesse du mouvement, les légères inégalités traduisant la capacité d'adaptation. Des lignes suffisamment écartées indiqueront la capacité de recul et d'objectivité alors que la dimension moyenne révélera une estime de soi suffisante, mais pas excessive.

La signature

La signature, enfin, sera en rapport avec le texte, reconnaissable entre toutes et proportionnée. La signature, c'est la griffe que nous posons au bas d'un document pour l'authentifier, le certifier, l'affirmer en quelque sorte. Signer, c'est confirmer ce qui a été dit, c'est prendre la responsabilité de son engagement. La signature peut être différente du texte, mais elle doit participer de la même dynamique.

A bonne distance du texte, ni trop loin, ce qui indiquerait le désengagement, ni trop proche, ce qui révèle le besoin de protection, elle traduit l'implication de son auteur.

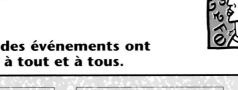

Vous laissez-vous porter par les événements ?

Ceux qui se laissent aller en fonction des événements ont une capacité remarquable à s'adapter à tout et à tous.

INTERPRÉTATION

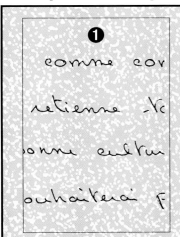

❶

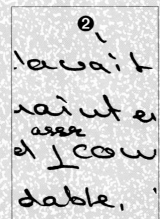

❷

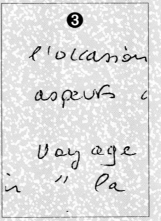

❸

Interprétation

❶ Le mouvement est un peu flottant, mais comporte aussi du cabrage. La tenue de ligne est bonne, ce qui vient compenser un trait léger et un mouvement peu dynamique. Une passivité qui est liée à une immaturité, mais aussi une volonté et du courage.

❷ Le renversement, l'étalement, le mouvement flottant et l'usage du feutre qui ne masque pas la légèreté du trait indiquent peu de volonté. Caractère passif et assez dépendant.

❸ Mouvement flottant, beaucoup d'inégalités dans la forme et l'inclinaison. Le trait léger et le formniveau assez pauvre indiquent un caractère peu réalisateur et passif.

Si un peu de souplesse est nécessaire afin de s'adapter et de réagir au mieux en fonction des circonstances, une trop grande laxité tend à l'opportunisme et à la tolérance excessive.

Élasticité

Un mouvement graphique souple reste élastique, il est capable de rebondir du fait d'une fermeté suffisante. Un mouvement lâché qui traduit plus de passivité s'écoule sans force ni direction. Il n'est pas très facile de déterminer le degré de souplesse et de fermeté d'une écriture. L'écriture est-elle capable de rebondir, traduit-elle un appui suffisant et une conduite ferme et dirigée vers un objectif ? Regarder le texte à l'envers est parfois utile car la fermeté du graphisme

tient aussi à son rythme et à la répartition des masses graphiques.

Le mouvement flottant

Le mouvement flottant, par exemple, est plus lâché qu'élastique et il traduit une indécision foncière.
S'il est compensé par des éléments d'implication, un trait fort, une compacité ou un rythme porteur, ce mouvement indique une disponibilité qui devient réceptivité et ouverture d'esprit.

Passivité et dépendance

La passivité coïncide aussi avec le besoin de dépendance et le manque de maturité. L'écriture sera marquée par des traces d'adolescence, une écriture un peu « bouboule », une vitesse lente, des gestes régressifs. La personne recherche dans la passivité la prise en charge

par autrui. Le besoin de passivité correspond au désir de prolonger l'enfance, même si subir fait parfois souffrir. L'illusion qu'il existe une force supérieure qui protège est préservée. Une écriture passive est peu personnalisée, elle sera légère et marquée par des signes d'inhibition et d'anxiété.
Petite, sans dynamisme, l'écriture semble faire du surplace, de la même façon que la personne refuse d'évoluer. Ce n'est pas par les événements que la personne cherche à se faire porter, mais par un proche ou un parent. Les gestes régressifs sont des gestes qui retournent vers la gauche, vers le passé et la mère, mais sont aussi des gestes captateurs comme des enroulements, par exemple. Tout ce qui se présente à elle est happé, intégré, mais il n'y a jamais d'échange. L'écriture

sera en guirlande profonde, indiquant que l'on préfère absorber ce qui vient de l'extérieur plutôt que de donner ce qui vient de soi.
Le blanc domine le noir car, dans ce cas, la personne se refuse à imprimer sa marque, elle ne veut pas se déterminer. Inversement, une écriture noire et compacte correspond au désir de s'imposer dans une activité ou par rapport à autrui. Les marges sont, en général, importantes, surtout celle de droite qui symbolise l'avenir, l'extérieur et autrui. L'individu refuse de sortir de lui-même afin de s'engager vers l'avenir. La forme, enfin, est peu structurée car elle correspond à ce que l'on veut montrer de soi. Ne voulant pas se déterminer, elle préfère le flou et l'ambiguïté afin de rester neutre.

183

Êtes-vous démonstratif ?

D'un naturel expansif, une personne démonstrative accorde une valeur à la spontanéité et au naturel dans les échanges. Communicative et parfois exubérante, elle paraît confiante.

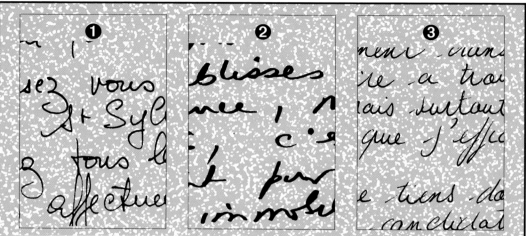

❶   ❷   ❸

Interprétation

❶ L'écriture est arrondie, grande, et l'air circule autant entre les mots que dans les boucles. Expansion et sociabilité chez cette femme toujours accueillante et généreuse.

❷ Le mouvement est effervescent, le trait est en relief, presque en ruban. L'air circule surtout entre les mots. L'inclinaison dynamise le graphisme qui progresse vivement vers la droite. Beaucoup de charme et de séduction.

❸ L'écriture est grande, arrondie, un peu féminine pour un homme. Il entre plus de savoir-faire et de désir de captation que de sociabilité naturelle chez cet homme peu à l'aise au fond de lui-même.

L'aspect un peu débordant de la personne se remarquera dans la tendance expansive de l'écriture. La dimension sera plutôt grande et dilatée, avec des formes en volutes ou gonflées. L'air est l'élément dominant du graphisme qui semble s'élever vers le haut et se dilater en largeur.

Expansion

L'écriture sera, en général, ferme, appuyée, avec une zone médiane prédominante. La confiance en soi est bonne, la personne n'a pas peur d'exprimer ses sentiments et ses émotions. La solidité du Moi permet aussi son expansion.

L'être démonstratif n'aime pas la solitude, il a besoin du groupe pour s'exprimer et jouer un rôle autant que pour canaliser sa vitalité. La rondeur de l'écriture correspond à la sociabilité et à la capacité de conciliation. Le trait est appuyé et nourri, car le caractère est chaleureux et ne craint pas de s'affirmer. Le rapport des noirs et des blancs est bon, ce qui indique la capacité d'avoir des rapports satisfaisants avec autrui. N'ayant peur ni d'elle-même ni des autres, la personne démonstrative se sent à l'aise partout et s'adapte avec aisance et naturel.

Capter l'autre

Le besoin d'exprimer ses sentiments et ses impressions traduit une vitalité et une émotivité assez fortes, ce qui se remarquera dans le trait appuyé, nourri et vivant. Il y a aussi un goût de l'effet produit et un désir de capter le regard de l'autre : cela se remarquera dans l'habileté générale du graphisme et, en particulier, dans les lassos et les majuscules impor-tantes. Le besoin d'impressionner l'autre se traduira par une inclinaison plus ou moins marquée du graphisme. Ces personnes ont besoin de recevoir autant de marques de reconnaissance qu'elles-mêmes en dispensent, ce qui n'est pas toujours évident. D'où la nécessité d'avoir des interlocuteurs variés. Ce qui compte, c'est plus l'impression du moment que la pérennité des sentiments.

Naturel et savoir-faire

Le naturel et la spontanéité se remarqueront dans la spontanéité du graphisme qui est rapide et à dominante de mouvement.

Enthousiastes et chaleureuses, ces personnes sont souvent appréciées dans un groupe car elles possèdent un réel talent d'animation. L'enthousiasme se remarque à la progressivité générale du gra-phisme, aux lignes plutôt montantes avec une signature montante également. La ponctuation est souvent peu précise, car ce qui compte aux yeux du scripteur c'est plus le savoir-faire que la précision et l'analyse profonde. Cette facilité d'expression peut parfois devenir superficielle et trop familière. Dans ce cas, l'écriture sera plus compliquée avec des majuscules ornées.

De l'enthousiasme à l'exaltation

Si l'enthousiasme devient exubérance, le graphisme aura un mouvement effervescent, c'est-à-dire que l'émotivité moins bien canalisée amplifiera les inégalités du graphisme qui aura un aspect fébrile. Les réactions sont alors très vives et disproportionnées par rapport aux causes qui les ont engendrées.

Êtes-vous conciliant ?

Est conciliant celui qui est porté à maintenir une bonne entente avec les autres par des concessions. Un conciliateur est amené à jouer les arbitres ou les médiateurs.

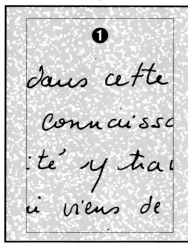

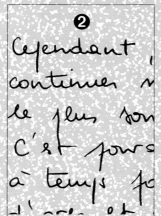

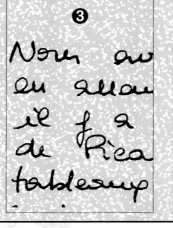

Interprétation

❶ Le graphisme clair et aéré, associé à une forme en guirlande arrondie et sobre, portée par un mouvement comportant du coulant, du contrôle et du dynamisme, indique un esprit conciliant qui possède un jugement objectif.

❷ La souplesse d'un graphisme nuancé et contrôlé, associée à un trait pâteux, témoigne d'un sens de l'adaptation permettant la tolérance et la conciliation dans les actes de la vie quotidienne.

❸ Le trait chaleureux avec une forme en guirlande étalée et souple, dans un contexte rythmé au niveau des noirs et des blancs, indique une bonne capacité relationnelle et le désir d'arrondir les angles.

Une personne conciliante aura une écriture ronde, en guirlande nuancée, c'est-à-dire adaptable. Rien dans le graphisme ne signale la rigidité et l'agressivité ou le systématisme.

La nuance indiquera la capacité à s'interroger. L'écriture sera plutôt simple, sobre et espacée, ce qui révèle une authenticité dans les rapports sociaux. La personne a relativisé son importance et se situe au milieu des autres de façon réaliste. Les impulsions sont maîtrisées, la sobriété et les espacements entre les mots indiquent le respect d'autrui et la capacité à se positionner par rapport aux autres.
Un regard réaliste posé sur soi-même et plutôt objectif se signalera par des espacements entre les lignes.

Un trait d'échange et de la souplesse d'adaptation

Le trait sera pâteux, nourri, traduisant le goût de l'échange avec autrui.
La souplesse du tracé et de la tenue de ligne révèlent un esprit adaptable qui a un rapport plutôt confortable avec le monde extérieur. Son moteur n'est pas le combat et le dépassement de soi, mais plutôt le goût des relations équilibrées et harmonieuses. Pas de mouvement barré ou cabré, mais du coulant avec plus ou moins de dynamisme. Ces personnes sont très agréables dans une équipe de travail, car elles donnent le meilleur d'elles-mêmes dans un esprit de coopération. En revanche, elles peuvent souffrir d'une compétitivité trop marquée et peuvent être moins autonomes que d'autres tempéraments plus « bilieux ».

À l'excès, la conciliation peut aussi être une forme de lâcheté et de compromission. Il y a de la mollesse dans le tracé, les formes sont plus indéterminées, le mouvement plus flottant que coulant et les signes d'affirmation peu marqués. Le trait est allégé et les jambages atrophiés. L'identité moins affirmée permet tous les opportunismes.

Un esprit médiateur

Dans certaines situations professionnelles, on peut être amené à jouer plus ou moins officiellement les conciliateurs. Dans ce cas, il faut posséder, en plus des qualités citées, une vision objective des événements ainsi qu'une capacité d'affirmation. Un responsable chargé de l'animation d'une équipe doit pouvoir jouer ce rôle. Un bon rapport des noirs et des blancs traduira l'objectivité, l'autonomie et le discer-

nement. Le trait appuyé et un mouvement plus dynamique indiqueront l'affirmation et l'engagement. Une écriture petite à moyenne montrera que l'on a trouvé sa place et que l'on s'affirme naturellement et en fonction de ce que l'on est. Un jugement clair nécessite du discernement, c'est-à-dire la capacité à distinguer les faits de ses propres sentiments. Il faut savoir écouter autrui sans se laisser influencer pour prendre une décision ou proposer des solutions dans le cas de négociations. Une dose d'habileté qui se traduit par une aisance et des combinaisons graphiques est aussi nécessaire pour faire admettre à des parties opposées des choses en premier lieu inacceptables.

Savez-vous respecter l'intimité d'autrui et préserver la vôtre ?

Indiscrètes souvent, certaines personnes sont envahissantes et n'hésitent pas à s'introduire dans l'intimité des autres.

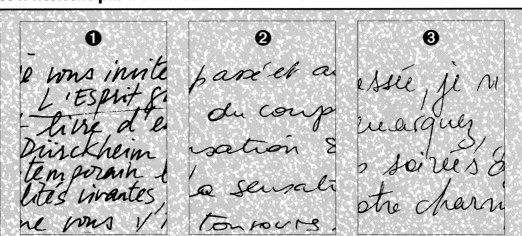

Interprétation

❶ Les enchevêtrements et la compacité indiquent que la personne est concentrée sur elle-même et laisse assez peu de place aux autres. La vie est un combat pour elle, qui ne lui laisse pas le temps de voir ceux qui l'entourent.

❷ Le mouvement effervescent, la rapidité et l'inclinaison révèlent la spontanéité, le goût des contacts mais aussi le manque de frein dans un comportement trop enthousiaste.

❸ La grande dimension des caractères, les enchevêtrements, le mouvement un peu effervescent indiquent une personne envahie par ses problèmes.

Dépasser les limites, **occuper le territoire,** ces métaphores guerrières soulignent une agressivité sous-jacente. Ce caractère se déduira d'une écriture qui envahit la page.

La dimension plutôt grande traduit l'importance que s'accorde la personne et, surtout, la priorité qu'elle se donne sur autrui. Attention, il ne s'agit pas de déduire cette caractéristique de toutes les grandes écritures qui, si elles sont contrôlées et suffisamment espacées entre les lignes et les mots, indiquent une confiance en soi tout à fait positive. C'est d'un ensemble de signes que l'on pourra tirer une synthèse comportementale.

Envahissante ou envahie par ses problèmes

Face à une écriture qui envahit l'espace de la page sans laisser de marge, il faut se poser la question de savoir si la personne envahit les autres ou si elle est envahie par ses problèmes. Si on constate dans le graphisme des signes de souffrance, des pochages, des trous, des lettres dissociées ou fragmentées, des traits couvrants des jambages arqués et un rythme perturbé dans son ensemble, il s'agit d'une personne qui est plutôt envahie par ses préoccupations. L'écriture des prisonniers a parfois cette caractéristique et semble buter contre les limites de la page qui symbolisent l'espace dont dispose le scripteur.

En revanche, le manque de limite associé à un mouvement effervescent, des grossissements, une ponctuation sans précision, une écriture imprécise et des enchevêtrements indiquent plutôt une personne envahissante. Le scripteur est porté par ses im-

pulsions du moment et va de l'avant sans se préoccuper d'autrui. Les enchevêtrements indiquent le manque de recul et la subjectivité. Les jugements d'une telle personne sont fonctions de ce qu'elle ressent et non de la réalité objective. Ce sont souvent des bavards et des importuns qui étalent leur vie privée et leurs problèmes en oubliant toute pudeur.

Le besoin de jouer un rôle

L'écriture sera plutôt arrondie et en guirlande, ce qui indique la sociabilité. Associée à l'effervescence et aux grossissements, cela dénote le désir de jouer un rôle au milieu des autres, avec parfois une certaine naïveté, mais aussi un aplomb qui désarçonne. Le tact et la diplomatie ne sont pas les qualités premières de ces personnes, mais leur savoir-faire relationnel peut être très bon car elles aiment se faire remarquer. Dans ce cas, les

crénelages indiquent une curiosité et un désir d'avoir une emprise sur les autres plutôt que la curiosité intellectuelle.

L'efficacité du bulldozer

L'écriture peut être aussi en « plates-bandes », les paragraphes et les lignes sont rigides et semblent avancer de façon un peu mécanique, sans souplesse, mais avec l'efficacité du bulldozer. Dans ce cas, la personne avance à sa façon quoi qu'il en coûte autour d'elle et fait peu de cas des récriminations extérieures. Il y a une certaine force dans ces graphismes, souvent l'appui est marqué et il y a plus de cadence que de rythme, ce qui indique le manque d'adaptation à autrui, mais la volonté tenace d'aboutir à ses objectifs. Cela peut être un indice positif dans certaines professions nécessitant ambition et esprit de compétitivité.

Êtes-vous individualiste ?

Individualiste, vous préférez vous réaliser dans l'initiative personnelle. Vous ne vous conformez pas aux usages établis et choisissez vous-même votre mode de pensée.

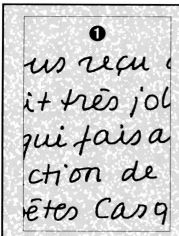 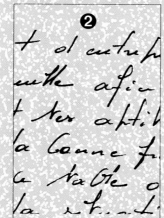 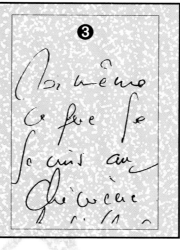

❶   **❷**   **❸**

Interprétation

❶ Graphisme dessiné, lent, avec une mise en page très compacte. L'intensité qui se dégage de la forme, du trait et de la compacité témoignent d'une personnalité originale et individualiste.

❷ Le graphisme est orné et un peu maniéré. L'originalité se remarque au quotidien par un comportement un peu moqueur et coquet qui veut se démarquer, mais qui n'a pas la force d'une personnalité réellement individualiste.

❸ On remarque, ici aussi, des lettres ornées et gonflées, mais un rythme se dégage de cette écriture et témoigne d'une authenticité et d'une recherche d'individualisation.

L'individualiste choisit les principes auxquels il se soumet. Afin que cette indépendance de pensée et de comportement soit constructive, il faut que la personne soit portée par un idéal assez élevé et une éthique personnelle.

Une écriture dégagée des normes

L'écriture est intense dans sa forme très personnalisée et surtout dans son rythme qui n'est pas nécessairement harmonieux. La signature aussi se remarque et ne ressemble à aucune autre : il peut y avoir quelque chose de fulgurant ou d'énigmatique si la signature est abstraite et se réduit à un sigle. La mise en page sera personnelle et organisée, mais selon un rythme qui lui est propre. Le formniveau est élevé et traduit le potentiel, la capacité de réalisation et l'intensité de l'idée directrice du scripteur.

Une écriture solaire

Le caractère un peu hautain se remarque dans une écriture solaire, en arcade, verticale, fine et personnalisée. Le goût des contacts peut exister, mais la personne ne recherche pas systématiquement la conciliation.

Professionnellement, ces caractères s'orienteront vers des métiers d'art, d'artisanat, des professions libérales ou des postes de direction. Le travail de collaboration ou d'équipe n'est pas leur fort, et les heurts avec la hiérarchie sont fréquents.

Il y a toujours une certaine rébellion dans cet anticonformisme et, si la problématique concerne l'autorité, on trouvera une marge du haut trop petite ou trop grande. Les artistes pourront avoir des graphismes dessinés, stylisés et ornés, car ce qui est recherché, plus que la communica-

tion, c'est avant tout l'esthétisme et le goût de la forme travaillée.

Dans le domaine des idées, cela peut donner des chercheurs. Le graphisme sera souvent dense, compact, traduisant la concentration et la ténacité.

Des novateurs dans le domaine des sciences humaines, de la psychologie, de la psychanalyse ou de la philosophie auront des écritures dites « déconcertantes » qui traduiront l'intensité de leur travail intérieur et de leur recherche.

Un comportement non conventionnel

Dans la vie personnelle, il peut s'agir de personnes qui vivent selon leurs propres critères moraux.

On aura une écriture spontanée, vivante, dans laquelle le mouvement est dominant par rapport à la forme.

Individualisme et révolte

Il peut aussi y avoir une revendication d'individualisme qui vient en compensation d'un sentiment d'infériorité. Dans ce cas, ce n'est pas la réalisation du potentiel qui est recherchée, mais une affirmation dans une marginalisation peu constructive ou un autoritarisme peu productif. On aura alors une écriture prolongée haute et basse, avec des tiraillements et des signes d'agressivité et de révolte. Le mouvement sera cabré avec des contradictions dans le graphisme qui signalent le conflit entre dépendance et indépendance.

Avez-vous pu réaliser vos ambitions ?

Avez-vous trouvé l'équilibre entre ce que vous vouliez atteindre et ce que vous avez réalisé ? Si oui, vous avez certainement dû adapter vos objectifs à la réalité.

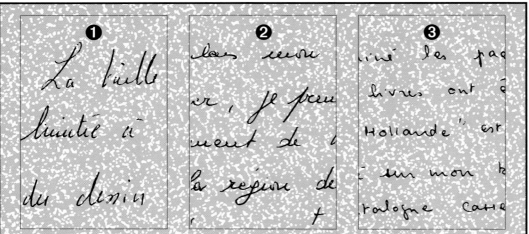

❶ ❷ ❸

Interprétation

❶ Les hampes et les jambages prolongés indiquent l'insatisfaction et l'aspiration à une réalisation professionnelle qui n'est pas encore acquise. Le vouloir, l'axe vertical, dépasse encore le pouvoir, la zone médiane et horizontale.

❷ Le mouvement barré, la grande marge de droite, les prolongements hauts et bas indiquent une crainte vis-à-vis de l'avenir et de l'engagement personnel. Les aspirations sont importantes, mais la réalisation n'est pas encore satisfaisante.

❸ Graphisme aéré, à tendance basse. Beaucoup de sensibilité et de clarté chez cette personne, qui concilie harmonieusement son activité professionnelle et une activité artistique qu'elle pratique avec talent.

On peut observer un mouvement de recentrage et d'ancrage « sur terre » dans les écritures, surtout si l'on étudie celle d'une personne à partir de documents plus ou moins anciens.

A l'adolescence, les rêves sont grands et utiles, et ils permettent aux jeunes de mettre en place leurs idéaux. A cet âge, on observe souvent des prolongements vers le haut et des surélévations dans le graphisme qui semble ainsi être attiré vers le haut.
L'accentuation peut aussi être haut placée, les lignes légèrement montantes. Cela révèle l'ambition matérielle, mais aussi les aspirations spirituelles et intellectuelles. Cela traduit aussi l'insatisfaction de ne pas être ce que l'on voudrait, car la tension

entre vouloir et pouvoir est importante et se marque par ce déséquilibre entre la zone supérieure et la zone médiane. L'incertitude et l'inquiétude sont aussi manifestes dans une conduite graphique raidie, une angulosité sur la ligne de base qui traduit l'inconfort. Les incertitudes se remarquent dans le mouvement tiraillé et la liaison discontinue.
Si le trait reste appuyé et la ligne assez tenue, on peut supposer que l'adolescent saura tenir compte de la réalité et aura l'énergie nécessaire pour passer à l'action.

Une zone médiane plus solide
Dans un deuxième temps, il faut que la zone médiane soit solide et porte les ambitions de la zone supérieure de l'écriture. Un trait nourri, une conduite ferme, une

forme structurée comportant des angles de combat, dans un contexte rythmé et ordonné, avec une zone médiane forte et bien proportionnée par rapport aux autres zones de l'écriture, indiqueront que la personne met ses forces au service de son idéal. Persévérance et prise en compte de la réalité lui permettent de s'engager dans la réalisation de son but. Si les prolongements sont restés importants, avec une petite zone médiane peu confortable et un trait léger, l'esprit est velléitaire, utopiste et peu réalisateur.

Recentrage et ancrage
Plus tard, quand la personne a réalisé ses ambitions, la tension vers le haut est moins forte, les disproportions se réduisent et le graphisme se recentre vers la zone médiane ; l'écriture

peut être plus basse : les jambages seront plus courts mais fermes. Elle n'est plus insatisfaite et tiraillée par des aspirations contradictoires ou irréalistes. Elle recherche efficacité et savoir-faire en vue de résultats. Le mouvement aussi se fait plus fluide, la tension plus souple, car la personne a su trouver son rythme.
Si dans une écriture d'adulte la signature est très disproportionnée par rapport au texte et comporte des surélévations importantes avec une zone médiane peu structurée et filiforme, la personne est très insatisfaite, se surévalue et a tendance à projeter sur les autres la raison de son échec, d'où ces grands prolongements verticaux qui scandent le texte.

La fidélité est-elle une de vos valeurs fondamentales ?

On peut être fidèle à autrui, mais on est d'abord fidèle à soi-même, à ses convictions, ses principes ou ses valeurs.

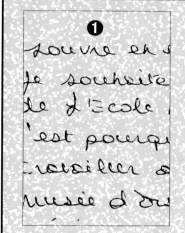

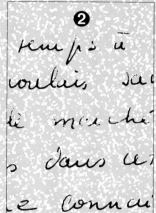

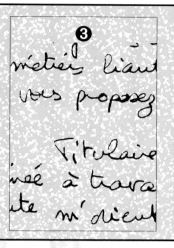

Interprétation

❶ La liaison et le trait appuyé, ainsi que la fermeté de la ligne médiane, indiquent que la fidélité est liée à la constance et à la persévérance. Exigeante vis-à-vis d'elle-même, cette personne ne trahira pas ses engagements.

❷ Rythme des noirs et des blancs et simplicité de la forme traduisent une relation authentique et spontanée aux autres. Honnêteté intellectuelle et fidélité à ses principes guident cette femme médecin.

❸ Le trait nourri et la liaison, ainsi que l'ordonnance réussie, révèlent une personnalité qui ne veut pas décevoir et qui est fidèle à ses engagements.

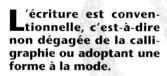

L'écriture est conventionnelle, c'est-à-dire non dégagée de la calligraphie ou adoptant une forme à la mode.

L'ordonnance est soignée et aucune personnalisation ne se remarque dans le graphisme. La personne adhère à des principes conformes à son éducation et à son milieu et ne s'est pas construit sa propre échelle de valeurs.

Recherche d'équilibre
Différente est la fidélité de ceux qui recherchent surtout l'équilibre dans leur vie affective. Dans leur travail, ils préfèrent approfondir et leur intelligence est très pratique et réfléchie, ce ne sont pas des novateurs. L'écriture est stable sur la ligne de base, claire, régulière et proportionnée. La liaison indique la fidélité, la persé-vérance et la constance. La mise en page est conventionnelle. Ces caractéristiques se retrouvent dans une écriture Terre.

Les écritures en guirlandes profondes, en forme de flûtes de champagne, signifient aussi la fidélité en amitié. Ces caractères sont pudiques dans l'expression de leurs sentiments, mais très conservateurs dans leurs attachements. Ces personnes sont, en général, introverties, et l'avenir compte plus pour elles que le présent.

Maturité, engagement
Être fidèle implique aussi être cohérent avec soi-même, et seule une personnalité autonome possède cette harmonie intérieure qui lui permet de savoir qui elle est, de faire des choix et de s'y tenir par conviction. Une écriture ne peut révéler la fidélité de l'un ou de l'autre dans un couple, mais il est bien évident qu'une personne qui, d'une manière générale, est attachée à des valeurs et à des principes a plus de chances d'être fidèle. Cette notion d'engagement se retrouve dans l'implication du graphisme, c'est-à-dire un trait appuyé et un mouvement dynamique et progressif. Les principes et les convictions se remarquent à la fermeté de la marge de gauche, à l'authenticité de la forme, sa clarté et sa simplicité, ainsi qu'à l'homogénéité de la signature par rapport au texte.

Conviction
Entiers, les scripteurs ne s'engagent que totalement ; ils entendent bien trouver chez ceux qui les entourent une détermination à la mesure de la leur, et un égal investissement. On retrouve dans l'écriture des indices de com-bat et de motivation. Le trait droit, appuyé, lancé et net, un mouvement dynamique ou barré, une inclinaison sont autant d'éléments qui indiquent le désir d'imprimer sa marque et l'ambition de convaincre autrui.

Inversement, les écritures inégales traduisent le goût du renouvellement, la peur de s'engager et le désir de vivre l'instant présent plus que la volonté d'une inscription dans la durée. Les écritures de nerveux et les écritures de type Mercure laissent nettement transparaître cette mobilité intellectuelle et affective.

La juxtaposition sautillante indique, elle, des variations dans le rythme de travail, dans le suivi de l'action et dans la constance qui régit toute relation avec les autres.

Êtes-vous plutôt réceptif ?

La réceptivité, c'est la capacité à se laisser atteindre par les idées, les sentiments ou les impressions d'autrui. Elle donne un flair qui permet de sentir ou de deviner les choses.

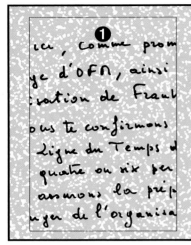

❶ ❷ ❸

Interprétation

❶ La réceptivité se remarque ici à la vibration de l'écriture, petite et nuancée. Personne qui n'aime pas se mettre en avant et dont la sensibilité est fine et perspicace.

❷ La guirlande, le trait pâteux, le mouvement coulant indiquent une capacité d'accueil et une bienveillance à l'égard d'autrui.

❸ Les discrètes oscillations de cette écriture un peu vibrante, associées à des crénelages en haut à droite, indiquent une réceptivité aux idées et aux points de vue d'autrui.

Les intuitifs, particulièrement réceptifs, saisissent leur environnement de manière immédiate et globale, avant même de pouvoir verbaliser ce qu'ils perçoivent.

La réceptivité se remarque à l'ouverture de l'écriture. Ce sont les crénelages, c'est-à-dire de petites ouvertures sur les oves. Suivant leur orientation, gauche, droite, haut ou bas, on aura des indications sur les intérêts du scripteur. A gauche, c'est à son passé que la personne est sensible ; à droite, c'est aux autres que la personne est ouverte ; vers le haut, ce sont les idées nouvelles qui l'intéressent et, vers le bas, c'est dans l'inconscient que la personne puise ses ressources.

Guirlande et accueil
La guirlande est aussi une ouverture au niveau de la forme qui correspond à l'accueil, à la sociabilité, mais aussi, si l'écriture est plus cérébrale, à des capacités d'assimilation sur le plan des idées.
L'écriture peut être ouverte au niveau des mots et de l'espace. Une écriture très liée est un signe de fermeture, qui révèle que la personne est concentrée sur elle-même ou sur son projet. Ce qui diminue d'autant sa réceptivité à autrui.
L'idéal est de trouver un juste équilibre entre ouverture et fermeture.
L'écriture juxtaposée ou groupée témoigne de plus d'ouverture et de disponibilité à autrui et aux événements. En effet, il est important, pour s'adapter, de garder une réceptivité au monde extérieur afin d'ajuster son comportement et son activité en fonction de la réalité. Inversement, les gens systématiques qui ne varient pas d'un pouce sont inadaptés et rigides. Les écritures juxtaposées, si elles sont dans un contexte dynamique, vibrant et nuancé, indiquent l'intuition.

Disponibilité et autonomie
Espacée entre les mots, l'écriture aérée témoigne d'un équilibre entre la disponibilité à autrui et l'autonomie. La bonne distance est trouvée entre l'ouverture et la fermeture, entre dépendance et indépendance. La personne est disponible, mais n'est pas vulnérable. Espacé entre les lignes, le graphisme témoigne d'une capacité à prendre du recul, donc à être réceptif à tous les aspects d'un problème.

Remise en question
Les écritures à tendance légère indiquent de la sensibilité et le moindre désir d'imprimer sa marque. Cette attitude révèle que la personne préfère percevoir et se laisser imprégner plutôt que d'agir et de se mettre en première position. La finesse de perception est privilégiée par rapport à l'implication en force. Les mouvements vibrants et nuancés témoignent de l'expression de la sensibilité. Les doutes sont présents et permettent à la personne de se remettre en question.
Réceptives et motivées par les idées nouvelles, ces personnes s'enrichissent beaucoup sur le plan intérieur et sont souvent douées d'un sens psychologique particulièrement aigu.

Votre nature est-elle impulsive ?

Êtes-vous plutôt mené par la force de vos sentiments et de votre cœur ou préférez-vous et parvenez-vous à dompter vos élans par la raison ?

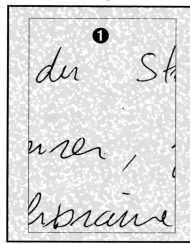

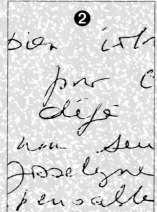

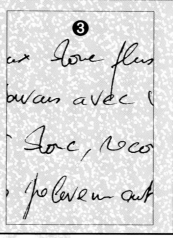

Interprétation

❶ Le mouvement domine nettement une forme lancée, inégale et anguleuse. Le trait est appuyé et l'ordonnance très spontanée. La personne a du mal à dominer ses impulsions.

❷ Un mouvement effervescent, une forme inégale, un trait appuyé et des lancements chez cette personne qui vit plutôt selon son cœur et ses désirs.

❸ La forme est dissoute par une écriture saccadée et spasmodique. La maîtrise des pulsions est difficile et l'agressivité est latente.

Le mouvement dans l'écriture est naturellement lié à l'impulsion initiale. La forme, plus représentative, est en rapport avec le besoin de structurer et de réaliser sa personnalité.

Une dominante de mouvement sur la forme

Si le mouvement prédomine sur la forme sans que celle-ci soit dissoute, cela indique que la personne a du mal à maîtriser ses pulsions, mais cela lui permet aussi d'avoir une activité intense. C'est le cas des mouvements dynamiques, résolus et intenses.
Si le trait reste ferme, l'activité est efficace. Si la forme est déstructurée et le mouvement trop fort par rapport à cette forme, on peut en déduire que la personne a de grandes difficultés à canaliser et maîtriser ses impulsions.

Le sujet refuse les conventions de communication et se rebelle contre son environnement. Tout va dépendre par la suite de son potentiel, intellectuel ou artistique, qui pourra ou non trouver un moyen non conventionnel d'exprimer ses passions intérieures.

L'agressivité plus ou moins contrôlée

Les écritures à pression spasmodique qui présentent des appuis très irréguliers sont plutôt impulsives et peuvent montrer de l'irritabilité dans les contacts sociaux. Les pressions acérées qui se manifestent par des décharges en pointe aiguës terminant les finales laissent présager de l'agressivité. Inversement, les écritures massuées qui présentent sur les finales des épaississements indiquent le contrôle d'une agressivité sous-jacente. L'impulsivité est

forte, mais contrôlée par la personne. Toutefois, ce type d'écriture traduit toujours un esprit aux convictions fortes et affirmées qui ne craint pas d'imposer son point de vue, quitte à batailler avec son environnement.

Primaire ou secondaire

D'une manière générale, les écritures dites primaires, c'est-à-dire spontanées, ouvertes, inégales, souples et changeantes avec une ordonnance peu soignée et des finales sans contrôle, traduisent une personnalité qui fait confiance à son naturel. Les écritures secondaires, qui sont marquées par le contrôle, la verticalité, l'ordonnance soignée des lettres plutôt fermées avec un trait net et un mouvement barré ou contrôlé, indiquent une personnalité dominée par la raison et la réflexion.
Il est rare de trouver des écri-

tures totalement primaires ou secondaires. Il s'agit plutôt de déterminer la tendance et il est possible de faire le compte des indices de primarité et de secondarité pour voir ce qui domine dans la personnalité et la manière dont l'équilibre se fait entre les deux tendances.
Un sujet plutôt primaire sera facilement enthousiaste et réagissant dans l'instant à ses impressions, même si cela est parfois excessif.
Les personnes secondaires, qui réagissent dans un second temps, ne se laissent pas aller à exprimer leurs émotions. De ce fait, elles peuvent être touchées durablement et profondément. Elles peuvent avoir du mal à jouir du moment présent. En revanche, ce sont des personnes assez objectives.

Avez-vous du tact ?

Certains savent dire ce qu'il faut et semblent dotés d'un sens psychologique qui leur permet de ne pas heurter la sensibilité d'autrui alors que d'autres sont d'incorrigibles gaffeurs.

INTERPRÉTATION

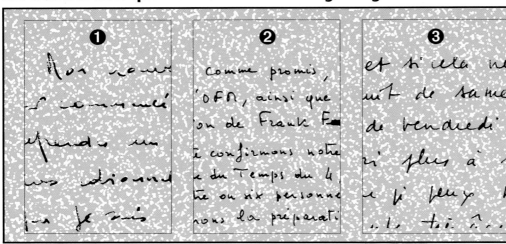

Interprétation

❶ Le rapport équilibré des noirs et des blancs, la guirlande, le trait réceptif et les inégalités nuancées indiquent un rapport à autrui sensible et attentif.

❷ Petite écriture fine, au mouvement vibrant avec une bonne circulation des blancs, qui révèle une sensibilité cérébrale fine et réceptive.

❸ Un bon équilibre des noirs et des blancs dans une écriture rythmée, souple, au trait chaleureux, qui est le fait d'une personnalité affirmée, mais dont la présence est en réserve et à l'écoute d'autrui.

Le tact, c'est l'appréciation intuitive et spontanée de ce qu'il convient de faire ou d'éviter dans les relations humaines.

Intuition et nuance

L'intuition se remarque dans l'écriture à l'importance des blancs, des espacements entre les mots et les lignes, mais aussi entre les lettres, voire dans les lettres elles-mêmes. Les blancs révèlent la place que l'on laisse à autrui, mais aussi à ses impressions et sensations. La pression est peu appuyée et différenciée, car la légèreté signifie la possibilité de se laisser imprégner par ce qui se passe autour de soi. La pression différenciée signale que la personne s'adapte, dose son effort et qu'elle sait lever le pied pour prendre du recul. Les différences d'encrage proviennent aussi de l'émotivité du scripteur.

Réceptivité et réflexion

Les lettres ouvertes ou crénelées indiquent, sur le plan intellectuel, le désir de s'ouvrir à des idées nouvelles. Une certaine curiosité mobilise et motive la personne dont l'intelligence est toujours à l'affût. La guirlande signifie l'accueil et l'ouverture à autrui si elle est souple et proportionnée à la dimension du graphisme. Le tact implique aussi la réflexion, la capacité à réfréner son idée première, afin d'agir ou de parler avec discernement et en fonction de ses interlocuteurs. Tous les indices de frein dans le tracé vont dans le sens d'une possibilité d'auto-surveillance. Le trait couvrant qui repasse fidèlement sur la lettre tracée avant de poursuivre son avancée vers la droite, un mouvement contrôlé, des gestes de fermeture, s'ils ne sont pas trop nombreux, tout cela indique que la personne ne se laisse

pas aller à ses impulsions. Pour qu'il y ait du tact, il faut que l'on retrouve un équilibre entre les éléments d'ouverture signalant la disponibilité et la réceptivité et les indices de fermeture qui permettent la réflexion et le contrôle.

Psychologie

Le sens psychologique se signale dans les petites nuances et irrégularités de l'écriture correspondant à la sensibilité du scripteur. Un trait fin indique une finesse de perception et une délicatesse dans les contacts avec les autres. Enfin, il indique toujours le respect de son prochain, qui se remarque dans des espacements suffisants entre les mots eux-mêmes. Des mots dont la dimension diminue progressivement, qui sont gladiolés et sont le fait de personnes douées d'un sens psychologique certain. Enco-

re faut-il que le reste du graphisme le confirme. Sinon, cet indice signifie simplement une fatigue plus ou moins passagère du scripteur. Inversement, un graphisme qui présente des grossissements impromptus en fin de mots, et particulièrement sur la dernière lettre, surprennent le lecteur, de la même façon que la personne peut surprendre par des gaffes ou une certaine naïveté dans son comportement. Une grosse écriture systématique et monotone indique peu de finesse et, si elle est envahissante dans la page, révèle que la personne envahit les autres ou est envahie par ses problèmes.

192

Êtes-vous opportuniste ou adaptable ?

Savoir tirer parti des circonstances et les utiliser au mieux relève d'un certain savoir-faire.

INTERPRÉTATION

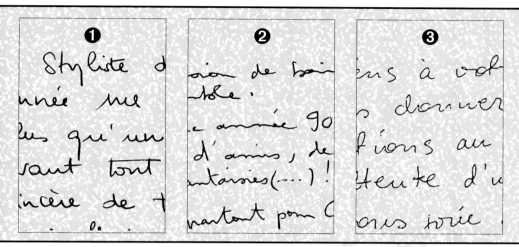

❶

❷

❸

Interprétation

❶ L'écriture est simple et combinée. La tenue de ligne est souple et on remarque une alternance de guirlandes et d'arcades dans un tracé souple, qui reste ferme. L'adaptation domine, ainsi que le savoir-faire et le souci de résultats concrets.

❷ L'écriture est filiforme, rapide. Le trait est appuyé, ce qui signale l'engagement et l'affirmation. Beaucoup d'adaptabilité, sans fuite devant ses responsabilités.

❸ Le trait est léger dans un contexte un peu lymphatique. Alternance de guirlandes, d'arcades et de doubles arcades. Adaptation avec une capacité à se couler dans le moule de façon opportune.

Des combinaisons dans l'écriture, c'est-à-dire des façons originales et efficaces de relier les lettres entre elles, relèvent d'un certain savoir-faire. Il peut s'agir des barres de « t » reliées à la lettre suivante ou d'accents, l'important étant l'à-propos de ces liaisons et simplifications en vue d'obtenir un tracé souple, nuancé et rapide. Cette façon de combiner dénote une exigence d'efficacité et de rendement. Faire vite et bien, tel semble être la caractéristique de l'écriture combinée.

Adaptation

Associé à une capacité d'adaptation, ce savoir-faire permet de tirer parti de la majorité des situations. L'adaptation se remarque quand l'écriture est nuancée,

c'est-à-dire légèrement inégale dans tous ses genres : inclinaison, dimension, liaison et pression. Les inégalités de dimension indiquent la capacité à se remettre en question, les inégalités de liaison concernent la possibilité de conduire une activité en dosant ses efforts en fonction des nécessités. Elles révèlent aussi la possibilité de raisonner en fonction des événements, de prendre du recul afin d'adapter ses stratégies en fonction des circonstances. Les différences de pression sont le fait de personnes sensibles et donc réceptives à leur environnement. L'inclinaison concerne la personne dans son rapport avec autrui : inclinée à droite, cela montre le besoin d'être en contact avec les autres et éventuellement d'avoir un impact sur autrui, la verticalité signale la volonté de ne

pas se laisser influencer. Renversée, la personne est sur la défensive, ce qui peut signaler beaucoup de volonté pour montrer que l'on n'a besoin de personne.

Opportunisme et difficulté d'affirmation

Si les lignes sont souplement tenues, on est face à une personne qui s'adapte au terrain qui l'entoure. Avec un graphisme habile et peu spontané, le caractère tend vers l'opportunisme.
L'écriture polymorphe est celle qui change souvent de forme. La même lettre est écrite différemment selon les endroits d'un même document. C'est souvent un bon signe d'adaptation, car cela prouve que la personne est capable de se renouveler et d'utiliser les éléments à sa disposition. Créatif, le sujet est souvent astucieux et débrouillard. Tou-

tefois, si cette habileté se retrouve dans un graphisme compliqué et inauthentique, on parlera plutôt d'opportunisme et d'insincérité.
La double arcade est un indice d'opportunisme et de ruse qui indique aussi une fuite devant les responsabilités et une certaine indécision. La double arcade n'est ni une arcade ni une guirlande, le « n » et le « m » sont en sinusoïde sans que l'on puisse reconnaître l'arcade ou la guirlande. Avec une écriture claire et sobre, on parlera d'indécision. Si, au contraire, l'écriture est lente et impressive, on aura de l'opportunisme.
N'ayant pas de forme précise et déterminée, la personne s'adapte à tout et à tous sans discrimination. Il faut, dans ce cas, que le mouvement soit flottant et que l'on retrouve d'autres signes d'indécision dans l'écriture.

Comment s'exprime le besoin de plaire ?

Le désir de plaire correspond à l'élaboration du sentiment de confiance en soi dont nous avons tous besoin.

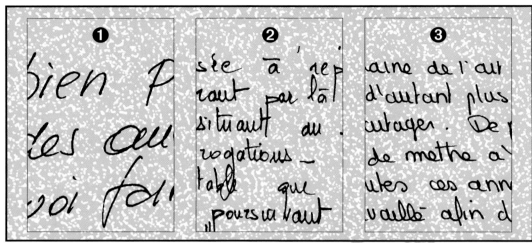

Interprétation

❶ Très grande écriture pour un homme. Besoin de plaire et d'être vu afin de se rassurer. Le comportement de cette personne est extraverti, en compensation d'un sentiment d'infériorité.

❷ Le besoin de correspondre à une image qui lui convient se remarque dans cette écriture acquise, solaire, qui désire faire impression sur le lecteur.

❸ Besoin de plaire en rentrant dans un cadre. L'arcade dominante indique le besoin de se construire une image en taisant ses sentiments plus intimes. La surface se veut lisse.

Certains caractères conservent plus que d'autres cette caractéristique, qui n'est en soi ni bonne ni mauvaise si elle reste dans des limites acceptables.

Le lasso séducteur
Certains gestes graphiques indiquent ce besoin de plaire, mais ils sont à interpréter en fonction du contexte. Ainsi, le lasso, qui est un trait lancé revenant sur lui-même, outre qu'il signale de l'habileté, s'allie souvent à un besoin de plaire et de séduire. C'est un geste captateur, qui va vers l'autre pour revenir sur soi.
Avec un tracé ferme et appuyé, c'est un signe de ténacité et de concentration de l'énergie. Cette combativité peut très bien aller de pair avec un besoin d'être reconnu par les autres.

L'arcade qui se montre
Le tracé en arcade est souvent abandonné pour le geste en guirlande chez les adultes, qui permet d'accroître la vitesse du geste graphique. S'il est conservé dans des écritures qui sont, par ailleurs, dégagées des normes calligraphiques, cela indique que la personne préfère demeurer discrète et réservée, mais qu'elle accorde une grande importance à l'image qu'elle donne d'elle-même. L'idéal personnel est élevé et la personne est soucieuse d'être à la hauteur de cette image. Si l'écriture est stylisée, l'arcade correspond à un sens esthétique et indique que la personne attache une grande importance à l'apparence.

Narcisse jamais rassuré
Avec une écriture très narcissique, gonflée, jointoyée et statique, les lassos, les arcades et les ornements ne serviront pas vraiment la confiance du scripteur. Dans ce cas, ce besoin d'être vu reste fixé sur l'apparence corporelle, sans que la personne soit capable de rechercher dans une réalisation des moyens adultes et adaptés d'être reconnue. La séduction ne jouera que sur un plan physique et finalement non satisfaisant, car l'individu n'est jamais vraiment rassuré sur lui-même et manque totalement de confiance, d'où la nécessité de rechercher à l'extérieur des marques d'assurance.
Le tempérament sanguin d'Hippocrate est aussi tout en extériorité, il a besoin d'imprimer sa marque et d'être reconnu. Si le sanguin est présent en excès dans l'écriture, on aura de la vani-té, de la superficialité et de la familiarité. Dans ce cas, l'écriture sera ample, dilatée, avec une zone médiane importante, un trait appuyé et plutôt pâteux. La vanité se remarque dans des fioritures, une signature compliquée et importante. L'écriture veut faire impression sur le lecteur. Les écritures de type Soleil et Jupiter témoignent aussi d'un désir de construction et de reconnaissance. L'écriture Soleil correspond à une image de soi idéale, que le scripteur s'efforce d'atteindre et de construire. L'écriture est souvent en arcade, stylisée, sobre et acquise. L'écriture Jupiter correspond à un besoin de reconnaissance plus sociale. Elle est courbe, gonflée, grande, avec des lassos, un trait solide, appuyé, et une prise de possession de l'espace.

194

Êtes-vous matérialiste ?

Êtes-vous plus motivé par la réalisation, l'acquisition, l'avoir et le sens de la construction au quotidien que par la construction d'un idéal intellectuel, spirituel ou moral ?

INTERPRÉTATION

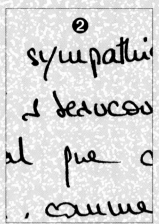

Interprétation

❶ Intelligence concrète et beaucoup de sensorialité chez cet étudiant en art. Réalisme et bon sens, car la ligne est tenue et l'écriture claire.

❷ Le trait épais, pâteux, indique le goût de la matière et le besoin de réalisation. La ligne est tenue, ce qui indique le sens des réalités.

❸ Le trait est large, ancré dans un contexte compact. Artiste peintre qui vit dans le concret et aime s'entourer de belles choses.

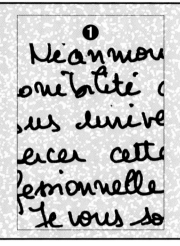

Ce qui importe au matérialiste c'est l'expérience et le concret. Il ne croit que ce qu'il voit ou peut toucher et ne fait pas confiance aux systèmes d'idées.

Intelligence concrète
Son intelligence est concrète et pleine de bon sens. Le trait est appuyé et plutôt épais, la forme est simple et la zone médiane est prédominante. L'appui indique l'implication dans l'action, l'épaisseur témoigne de l'importance des sensations, la simplicité témoigne en faveur du bon sens. La zone médiane prédominante indique que la personne privilégie la réalisation et l'acquisition plutôt que la construction d'une image de soi plus orientée vers la construction morale ou idéaliste.

Engagement et bénéfices
Sur le plan de l'activité, le matérialiste s'engage à fond et se bat avec la réalité, il désire imprimer sa marque et retirer des bénéfices de son investissement. Il travaille pour accumuler des biens, pour se prémunir contre les aléas. Dans son activité professionnelle, c'est plus un réalisateur qu'un concepteur. Son sens prévisionnel est à court ou moyen terme. L'écriture est plutôt liée et compacte, ce qui laisse peu de place à l'intuition et à la capacité de voir ce qui n'est pas encore là, c'est-à-dire de prévoir. La marge de droite est petite, mais bien marquée, indiquant la prudence.

Réalisme
La tenue de ligne est horizontale, ancrée sur la réalité matérielle. Le mouvement est régulier, cadencé, impliqué, mais pas effervescent. Sa prudence se remarque dans la mise en page soignée et cadrée. Les jambages peuvent aussi être prolongés dans la zone inférieure, qui est celle des instincts.

Plaisir des sens
Une écriture épaisse avec un trait large indique la « spontanéité dans le plaisir des sens » selon Klages, l'inventeur du formniveau. Le scripteur aime prendre contact avec les objets, apprécie le confort dans son environnement. Les couleurs, les sons, la chaleur sont des éléments importants. Si, par ailleurs, l'écriture est harmonieuse, c'est-à-dire simple, ordonnée et homogène, cela indique que la personne aime les plaisirs de la vie. L'équilibre de vie intègre la capacité à éprouver du plaisir tout en n'étant pas conduit par la force de ses pulsions.

Anxiété
Si l'écriture est très épaisse et engorgée, la personne a du mal à se dégager de ses impressions, elle est embourbée. A l'excès, cela indique qu'elle ne peut prendre de recul et qu'elle ne se détermine que par la force de ses sensations. Le matérialiste est excessif et l'individu manque de finesse. Cela signale aussi une certaine anxiété, car la personne est écrasée par la force de ses impressions. Inversement, les traits secs, maigres et légers sont cérébraux et trop éloignés des sensations. Ces scripteurs risquent de ne vivre que dans le monde des idées, sans ancrage dans la réalité.

Faites-vous preuve de vigilance ?

Vigilance signifiait au XVIᵉ siècle insomnie, ce terme venant du latin *vigilantia*, de *vigilare*, qui veut dire veiller. Le soin, la sollicitude et l'attention sont les qualités d'un être vigilant.

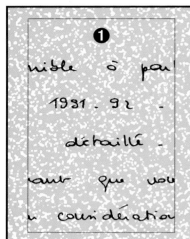

❶

nible à par
1931. 9z
détaillé
aut que vou
u consideration

❷

licence au Cent
i la Sorbonne.
acintosh Plus (
xtes et base de
s de l'Homme
n de mes exame
différentes

❸

veut la fute.
y aura du trou
rien pour ma
is c'était trien
ete remercie e
travers cette m

Interprétation

❶ Le graphisme est limpide, simple et clair. Stable sur la ligne de base, il révèle le réalisme, le naturel et l'authenticité. Personne appliquée, précise et en prise avec la réalité.

❷ Le trait est fin, la liaison et la compacité du graphisme révèlent des qualités de précision, de concentration et de sens de la qualité. La vigilance va de pair avec une exigence personnelle marquée.

❸ La ligne de base fermement tenue, la régularité du mouvement contrôlée indiquent un esprit concret, observateur, dont la vigilance laisse peu de place au laisser-aller.

Faire attention à ce que l'on fait ou aux autres n'est possible que si l'on est en prise avec l'extérieur, la réalité et son entourage.

Concentration et attention

La concentration et l'attention se remarquent dans une écriture à dominante de forme, assez compacte, avec des noirs plus importants que les blancs, des traits couvrants qui indiquent, dans un bon contexte, la réflexion. Le mouvement est contrôlé, avec un trait assez appuyé et une liaison continue, signes indiquant la persévérance, l'autodiscipline, ainsi que la capacité à soutenir un long effort.

D'une manière générale, on doit retrouver dans le graphisme de nombreux signes de prudence et d'autosurveillance. Les marges sont marquées et celle de droite est assez large pour signifier la circonspection, sans aller jusqu'à la peur d'affronter l'avenir si la marge est trop importante. Les finales des mots sont plutôt retenues, les formes sont régulières et sobres, avec une ordonnance soignée et précise.

La personne vigilante étant en prise avec la réalité, la zone médiane est donc privilégiée et la ligne tenue. L'écriture est proportionnée, elle ne présente pas de prolongements qui indiqueraient trop d'insatisfaction et trop de rêveries.

Éveil

Un sens de la qualité et du travail bien fait se signale par une finesse et une simplicité générale de l'écriture, qui est claire, lisible, témoignant d'un souci d'être clairement compris. Si le soin apporté à la rédaction est trop important, la vigilance peut se transformer en un zèle excessif. Dans ce cas, le mouvement est assez systématique et on remarque des ornements inutiles ou une adhésion à la calligraphie enseignée, décalée par rapport à l'âge ou à la profession du scripteur.

L'écriture est donc vivante, rythmée, avec un trait nourri et des formes nuancées, ce qui est à l'opposé d'un graphisme artificiel et systématique, qui signifie plutôt l'attention exclusive portée à sa propre image.

Inversement, une écriture labile, imprécise, avec un mouvement lâché ou effervescent, témoigne d'un certain sans-gêne et d'une difficulté à se plier à une discipline. Les formes imprécises peuvent être le fait de l'étourderie, de l'inattention ou d'une insincérité, autant de choses qui sont inconciliables avec la vigilance ou l'attention.

Sollicitude

Enfin, la vigilance peut manifester la sollicitude envers autrui. Le graphisme est aéré, avec un trait d'échange légèrement pâteux et nuancé. La guirlande et la courbe dominent, indiquant l'ouverture aux autres. Le trait pâteux signale la chaleur de cœur et, éventuellement, des capacités de dévouement.

Une écriture qui présente de nombreux signes de narcissisme tels que la fermeture excessive des formes, celles-ci pouvant être cylindriques et rétrécies, sans marges ni espaces entre les mots et les lignes, indique une difficulté à sortir de soi-même et à se concentrer sur l'extérieur.

Avez-vous du savoir-faire ?

Le savoir-faire, c'est l'habileté à réussir ce que l'on entreprend. Compétence et expérience pour pratiquer un art, le savoir-faire c'est aussi l'entregent et, parfois, l'opportunisme.

INTERPRÉTATION

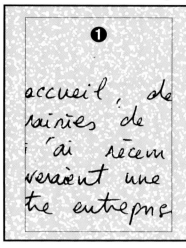

❶

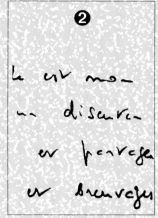

❷

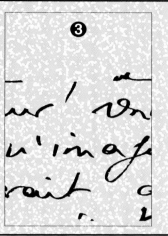

❸

Interprétation

❶ La mise en page ordonnée, la forme claire, authentique et personnalisée, ainsi que les combinaisons traduisent un savoir-faire réalisateur. Personne qui a le sens de la qualité et la capacité de progresser dans son domaine.

❷ Avec cette petite écriture sautillante et animée d'un mouvement vibrant, le savoir-faire est lié à la rapidité de compréhension et à la faculté de réagir rapidement aux situations imprévues.

❸ Écriture en ruban, stylisée et gonflée, qui traduit un savoir-faire relationnel. Personne qui sait capter le regard d'autrui afin d'obtenir ce qu'elle désire.

Le savoir-faire nécessite intelligence, sens pratique et expérience. Le sens de la qualité se reconnaît dans une ordonnance soignée, des lettres à tendance étrécie, à la forme bien dessinée, mais qui restent sobres et simples.

Sans être exagérée, l'application est sensible dans le graphisme. L'écriture est suffisamment ferme, ce qui indique de la rigueur et une certaine exigence vis-à-vis de soi-même. Une zone médiane prédominante, structurée, avec des jambages qui remontent sur la ligne et un trait nourri indiquent le sens pratique, la recherche de résultats concrets. La persévérance se remarque si la liaison est plutôt continue, avec un mouvement contrôlé et une ligne tenue. L'ensemble du graphisme traduit des qualités de contrôle, de prudence avec un souci de réalisation. Afin d'utiliser l'expérience, il convient de se référer au passé, en vue de se projeter vers la réalisation de soi dans l'avenir.

Pour que l'expérience puisse porter ses fruits, il faut que l'on puisse se référer au passé, y avoir réfléchi et l'utiliser ensuite en vue de la réalisation d'un but.

Le talent
Le savoir-faire demande aussi des qualités de créativité, un talent. En effet, après les mêmes années d'études ou d'expérience, certains possèdent ce « supplément d'âme » qui fait d'eux les meilleurs, les maîtres dans leur art. Intuition peut-être, que l'on retrouve dans les blancs, pauses et respirations de l'écriture qui sont aussi inspirations, et qui puisent dans les forces inconscientes du rêve et de la créativité. Le scripteur utilise bien son potentiel.

Sens de l'à-propos
Un autre registre du savoir-faire se retrouve dans les notions de débrouillardise, de sens de l'à-propos. Rapidité, adaptation et recherche de résultats importent le plus. L'opportunisme n'est jamais loin et, pour ces types de personnalités, la fin justifie les moyens, leurs principes sont suffisamment souples pour ne pas les étouffer. Les écritures sont petites, de tempérament nerveux, agitées, fragmentées, rapides, intuitives. Le graphisme est imprécis, ce qui indique l'insaisissabilité. L'ordonnance est personnelle, la ligne sinueuse et les marges inégales. Les réactions sont, avant tout, mentales, l'intelligence prédomine sur le cœur. La mobilité intellectuelle favorise l'adresse et le savoir-faire.

Cette vivacité leur permet de toujours « retomber sur leurs pattes » et de s'adapter avec opportunisme à toutes les situations.

Observer toutes les facettes de l'écriture
Bien entendu, une personnalité, comme une écriture, possède plusieurs facettes, et si l'on peut retrouver des signes d'habileté, telles des simplifications et des combinaisons, avec des caractéristiques de nerveux, il conviendra de vérifier comment d'autres composantes de la personnalité viendront enrichir le portrait. Il est possible d'être adroit, habile, en étant respectueux d'autrui. Dans ce cas, l'écriture aura un trait nourri et chaleureux, et une ordonnance soignée.

197

Comment réagissez-vous face aux obstacles ?

Certains considèrent que les obstacles stimulent leur combativité. D'autres préfèrent contourner les difficultés.

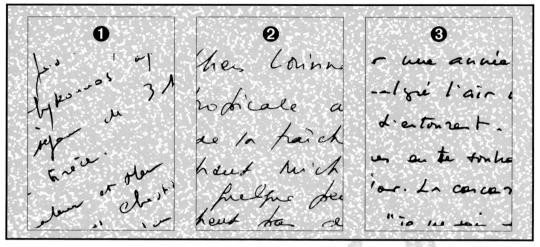

Interprétation

❶ Le trait appuyé, l'inclinaison et la filiformité sont le fait d'un scripteur actif, réactif et dynamique. Les obstacles stimulent sa combativité.

❷ Le mouvement cadencé, l'inclinaison et l'appui révèlent l'activité et l'ambition d'un *self-made man* pour lequel les obstacles constituent des défis permettant de se dépasser.

❸ Le trait appuyé et l'inclinaison conjugués à une écriture rythmée et nuancée indiquent une personne qui affronte les obstacles avec finesse et savoir-faire.

Un actif de tempérament considère que son engagement est toujours un combat. C'est dans l'action qu'il se réalise. Son agressivité lui est utile et il cherche à imposer son rythme à son environnement. Ses convictions sont fortes et il peut rechercher le pouvoir.

Le trait de l'actif sera appuyé, plutôt droit, net et rapide. L'écriture est plutôt anguleuse, le mouvement est dynamique ou barré et le noir domine le blanc, ce qui indique que la volonté est forte. Les scripteurs qui ont un mouvement barré sont toujours en défi par rapport à eux-mêmes. L'obstacle fait partie de leur vie, puisqu'il stimule le désir de se surpasser.

Les réactifs
Pour pouvoir faire face à l'imprévu, il faut aussi être capable de réagir vite, avec discernement et efficacité. Les émotifs, ceux qui sont toujours sur le qui-vive, sont en général réactifs. Ils sont immédiatement sollicités par le monde extérieur et déclenchent rapidement une réponse dans l'action. Le graphisme est aéré, présente un bon rythme des noirs et des blancs, des interlignes assez larges qui indiquent le recul et l'esprit de synthèse. L'efficacité et le sens pratique sont mis en évidence par une zone médiane importante ou, tout au moins, bien structurée, avec des jambages qui remontent sur cette ligne médiane. Certaines personnalités, stimulées par le renouvellement d'intérêts, sont prêtes à affronter les obstacles, car ceux-ci éveillent leur attention et les sortent de la routine. Inversement, si tout va bien, ils

risquent d'être moins vigilants et de s'ennuyer, jusqu'à en perdre leur efficacité.

Réagir en finesse plutôt qu'en force
Ceux qui vont plutôt contourner les obstacles ont en général du savoir-faire. Ils réagissent en finesse plutôt qu'en force, réfléchissent avant de s'engager. L'écriture sera plus légère, fine et nuancée, la zone médiane plus petite et inégale. L'écriture peut être filiforme, ce qui indique toujours de la diplomatie, mais aussi de l'opportunisme et de la fuite. L'écriture est rapide et plus agitée que dynamique, ce qui indique la capacité à être toujours en alerte, mais à ne pas s'impliquer. La gloire importe peu, ils ne désirent pas imprimer leur marque et peuvent préférer laisser aux autres le soin de régler les problèmes.

La démission
Pour déterminer si l'attitude est fine et habile ou démissionnaire et opportuniste, il convient de bien regarder l'ensemble du graphisme. Si de nombreux signes indiquent le non-engagement, la légèreté, l'imprécision, la rapidité, le mouvement lâché, le scripteur a du mal à assumer ses responsabilités. Si, au contraire, certaines de ces caractéristiques sont présentes, mais compensées par d'autres qui indiquent l'engagement, la personne est plutôt fine et réfléchie dans son appréhension des problèmes. Une écriture légère, inhibée, avec un mouvement flottant, tiraillée et inégale, indique que la personnalité est trop fragile pour faire face aux problèmes. Les hyperanxieux, à l'écriture trouée, pochée et très perturbée dans son rythme, sont également peu efficaces dans l'urgence.

INTERPRÉTATION

Avez-vous des principes ?

Avoir des principes, c'est avoir intégré un certain nombre de valeurs transmises par son environnement familial ou une norme devenue habituelle.

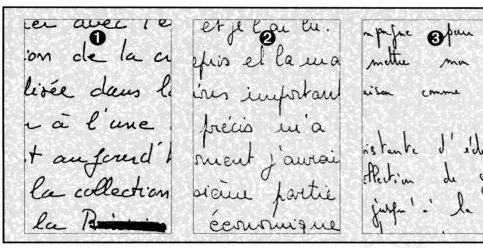

Interprétation

❶ La marge de gauche est ferme et assez grande. Elle correspond à une volonté de se dégager du passé tout en conservant des valeurs et des principes qui ont été adoptés et repensés. L'écriture est personnalisée, ce qui indique l'autonomie.

❷ La marge de gauche est ferme, la marge de droite grande et inégale. L'écriture est moins personnalisée que la première. Les principes et les valeurs de la famille ont été plus écrasants.

❸ Marge de gauche ferme et grande, surtout compte tenu de la taille du graphisme. La marge de droite est grande aussi, mais cela correspond ici à un parti pris d'ordre esthétique. L'écriture est solaire, ce qui indique une grande exigence intérieure.

Si l'écriture est conventionnelle, c'est-à-dire choisie en fonction de la mode et de l'image que l'on veut donner de soi-même, l'accent est mis sur l'adhésion à la norme dans ce qu'elle a de plus représentatif dans sa forme.

Choix vestimentaire, habitudes de langage et goûts culturels sont adoptés en fonction du groupe auquel on désire s'identifier. L'écriture « sacré-cœur » de nos grands-mères était une écriture conventionnelle et calligraphique. Actuellement, l'écriture conventionnelle est « bouboule », ronde et dodue, c'est l'écriture privilégiée des adolescentes.

Un modèle contraignant

Les principes, qui sont des jugements de valeur concernant le bien et le mal, peuvent être intégrés, c'est-à-dire acceptés en toute conscience, ou subis. Si les principes éducatifs ont été trop forts, la moralité a écrasé l'individu, qui se sent toujours coupable et n'ose rien entreprendre de peur d'enfreindre les règles. Dans ce cas, la marge de gauche est très rigide et la droite souvent petite, ce qui indique la difficulté à se dégager de son passé. L'écriture est écrasée, petite, verticale, les espacements sont arythmiques et raidis. On peut remarquer des pochages et des engorgements, qui indiquent l'anxiété et l'enlisement. L'énergie est bloquée du fait de la contrainte intérieure. On retrouve dans l'écriture tous les signes d'inhibition : des lettres suspendues, qui restent sans finale, des trous dans les mots, un mouvement bloqué et une forme abîmée, cabossée et angu-

leuse ou très petite. Le mouvement peut être barré, c'est-à-dire scandé par des lignes verticales prolongées, avec une forme rigide.

Une écriture solaire : les principes intégrés

Des principes bien intégrés sont le fait de personnes qui ont réfléchi et reconsidéré les valeurs éducatives qui leur ont été transmises afin de se construire leur propre échelle de valeurs. Si les principes sont choisis et suivis en toute conscience, ils ne sont plus contraignants mais porteurs. Ils aident à tenir le cap et à prendre des décisions responsables. Un idéal fort, assuré par des principes solides, permet souvent de réaliser sa vie de façon pleine et entière.
Une marge de gauche fermement tenue et assez large indique que la personne s'appuie sur ses principes pour établir ses jugements.

Un graphisme un peu « solaire », c'est-à-dire à tendance verticale, indique que l'idéal de la personne est élevé et que son but est de se réaliser en fonction d'une éthique et non plus en fonction d'une norme. La clarté et la simplicité de l'écriture traduisent l'authenticité et le naturel du scripteur. L'homogénéité, c'est-à-dire l'accord des différentes parties de l'écriture, indique que la personne est en accord avec elle-même et ce qu'elle montre d'elle-même. Elle est fiable et responsable car elle a construit sa vie en fonction des choix qu'elle a faits et des valeurs qu'elle a adoptées et conduit sa vie en s'appuyant sur les principes qui la guident.

Savez-vous vous organiser ?

L'organisation consiste à préparer une action afin qu'elle se déroule dans les meilleures conditions d'initiative et de totale autonomie.

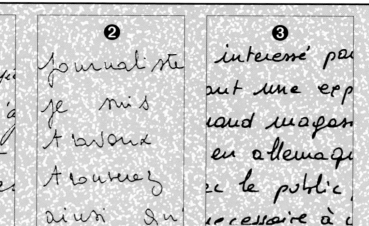

❶ ❷ ❸

Interprétation

❶ La mise en page est ordonnée et cadrée, les capacités d'organisation sont évidentes. La marge de droite signale la prudence. Les paragraphes en plates-bandes indiquent toutefois que chez la personne l'ordre est parfois plus apparent que réellement pensé.

❷ Mise en page cadrée et aération du graphisme. L'organisation est personnelle et repose sur des capacités de réflexion et un esprit prévisionnel adapté aux réalités.

❸ Les capacités d'organisation se retrouvent dans la mise en page bien ordonnée. La marge de droite est grande et inégale, ce qui signale un esprit un peu trop circonspect.

La première étape consiste à fixer son objectif, puis à avoir suffisamment d'esprit prévisionnel pour visualiser le résultat désiré. Il faut pouvoir prendre du recul, s'accorder le temps de la réflexion et ne pas se lancer dans l'action immédiatement.

Si la proportion des masses graphiques est plus importante que celle des espaces blancs, cela indique que la volonté et le conscient dominent. Si les marges sont tenues et dans les normes, la personne est capable de bien cadrer son activité, son objectif est fixé, et il est bien délimité dans le temps et dans l'espace.

L'esprit prévisionnel se remarque dans des espacements aérés et sans enchevêtrements entre les lignes. Une marge de prudence, celle de droite, légèrement marquée, est un bon indice de sens prévisionnel. Quand la personne prend le temps de réfléchir, le mouvement est dynamique, mais contrôlé, avec des finales de mots courtes. Inversement, une mise en page peu ordonnée, un mouvement effervescent et une forme très peu structurée, dans un contexte peu rythmé, révèlent un esprit peu réfléchi et trop réactif.

Une liaison logique

Dans un deuxième temps, il s'agit de fixer les étapes de façon logique, de savoir juger des priorités avec discernement et d'avoir la patience et la persévérance nécessaires.

La logique se remarque dans une écriture liée ou groupée de façon logique, c'est-à-dire organisée par syllabes, par exemple. La liaison indique la logique dans un bon contexte, parce que le mot acquiert ainsi une cohérence qui le met en valeur dans la page.

Si le mot commence directement, sans attaque, par des petits tirets calligraphiques, l'écriture est simplifiée et personnalisée, ce qui veut dire que la personne a acquis une certaine maturité qui lui permet de discerner l'essentiel et de dégager les priorités. Elle est capable, de ce fait, d'être autonome et de prendre des initiatives.

Les plates-bandes : une apparence d'ordre

Il ne faut pas se laisser abuser par une apparente ordonnance graphique, comme les mises en page en plates-bandes, par exemple, avec des paragraphes réguliers se succédant à intervalles réguliers. Ils révèlent la capacité d'être discipliné ou ordonné, mais pas organisé, puisque la forme et l'apparence sont privilégiées au détriment du contenu. Il est logique d'organiser son paragraphe en fonction de ce que l'on écrit : par exemple, vous pouvez décrire votre activité professionnelle dans un paragraphe et vos études dans un autre. Respecter systématiquement des paragraphes de cinq lignes, par exemple, indépendamment de leur contenu indique au contraire que vous ne savez pas relier des idées entre elles avec logique. Enfin, il convient de faire preuve de souplesse et de savoir s'adapter aux événements imprévus. En d'autres termes, si vous êtes trop rigide, vous serez peut-être ordonné et discipliné, mais pas organisé.

Savez-vous prendre les décisions qui s'imposent ?

Si vous remettez toujours tout à demain, vous manquez probablement de fermeté dans vos décisions.

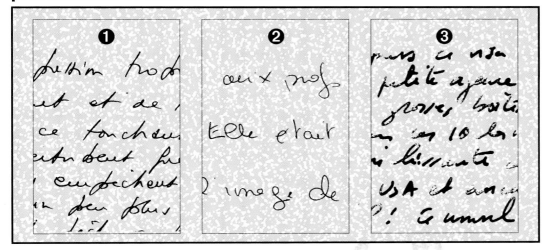

❶ ❷ ❸

Interprétation

❶ Le mouvement est résolu et barré. La conduite est ferme. Aucun relâchement dans l'activité professionnelle de cet homme qui s'est fait tout seul, grâce à sa volonté.

❷ Le trait est léger, le mouvement flottant et les lignes sinueuses. Beaucoup de difficultés pour cette personne irrésolue, qui n'arrive ni à faire des choix ni à prendre des décisions.

❸ Mouvement résolu et dynamique. Les jambages fermes indiquent la capacité à prendre des décisions et à tenir ses engagements, dans le domaine tant professionnel que privé.

La constance et la détermination se remarquent dans une écriture appuyée, c'est-à-dire engagée, au mouvement résolu, c'est-à-dire dynamique et progressif, mais aussi contrôlé, révélant la volonté et l'idée directrice de la personne.

L'inclinaison est régulière, verticale, renversée ou inclinée, mais ferme dans sa direction. D'une manière générale, le graphisme peut être nuancé, c'est-à-dire animé de petites inégalités qui en font la vie, mais jamais agité ou troublé par de grandes inégalités ou des discordances.
Le noir l'emporte sur le blanc, car la volonté et l'activité dominent. Le noir, c'est la trace écrite, l'empreinte que l'on désire laisser sur le monde et aussi le témoignage de son propre engagement.

Le mouvement flottant ou lâché aux formes peu structurées peut signaler la disponibilité et la souplesse d'adaptation, mais indique aussi un esprit un peu velléitaire, qui agit en fonction des nécessités et non en fonction de décisions autonomes. Dans ce cas, les personnes sont actives si elles sont très motivées, alors que les autres sont actives par tempérament.
La persévérance se voit dans l'appui et la liaison, tandis qu'une petite marge de droite indique la ténacité et la capacité à aller au bout de ses projets.

Fermeté et discipline personnelle

La conduite générale du graphisme est ferme, régulière, avec une forme structurée, un trait assez net et des mots bien mis en valeur par l'espa-

ce. Cela révèle, à un niveau plus élevé, une personnalité constante et déterminée qui est capable d'autorité et de discipline, autant vis-à-vis d'elle-même que vis-à-vis des autres. La fermeté dans les décisions peut intervenir dans la vie professionnelle quand il s'agit de déléguer une partie de son travail, ce qui implique de veiller au respect des décisions prises et établies en commun.
Une écriture soignée et lisible indique la discipline que l'on est capable de s'imposer et la patience que l'on peut avoir pour transmettre des informations.

La croix : signe de constance et d'engagement

Si dans le graphisme on remarque un croisement équilibré des axes, c'est-à-dire si la verticalité donnée par les

hampes et les jambages est proportionnée à la ligne horizontale, qui correspond au déroulement cursif de la zone médiane, on est face à une personne capable de prendre des décisions et de s'affirmer dans l'axe vertical, mais aussi de se tenir et de persévérer dans ses résolutions au quotidien dans l'axe horizontal. Si l'axe vertical domine une zone horizontale écrasée ou trop légère, la personne est velléitaire et ses enthousiasmes sont rarement suivis d'effets constructifs. Si l'axe horizontal est dominant, la personne est efficace au quotidien. Si le contexte graphique est monotone, la personnalité est routinière. Une signature qui comporte une croix correspond souvent à une personnalité engagée et ferme dans ses décisions.

L'imprévu vous stimule-t-il ?

La conception d'un nouveau projet vous emballe plus que son suivi. Facilement lassé, vous vous reprenez dès qu'une idée nouvelle vous intéresse.

INTERPRÉTATION

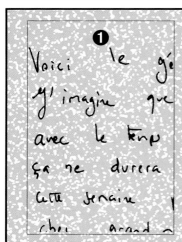

❶

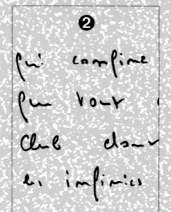

❷

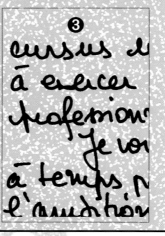

❸

Interprétation

❶ Vif, mobile et vibrant, ce graphisme sautillant indique un caractère jeune et motivé par un renouvellement d'intérêt incessant. Le texte est cadré, ce qui indique une capacité d'organisation et d'implication.

❷ De grandes inégalités en dimension, continuité et appui associées à un mouvement vibrant indiquent une personnalité aimant bouger et qui serait très démotivée dans un emploi routinier et sédentaire.

❸ Le noir dominant, la mise en page en carré compact indiquent plutôt une personne qui choisit d'approfondir et de réaliser un projet stable et bien défini. La guirlande et le trait chaleureux, associés à une forme arrondie, révèlent l'adaptation.

Vives, curieuses, mobiles, certaines personnes apprécient le changement et même voient leurs capacités de travail et leur motivation décuplées. L'ennui qu'elles éprouvent dans un travail routinier les démotive. Leur rendement s'en ressent.

Ouvertes et disponibles

Sur le plan intellectuel, ces personnes sont ouvertes aux idées nouvelles et assimilent rapidement. Leur esprit est assez intuitif, mais leur réflexion peut manquer de profondeur. L'écriture est petite ou moyenne, le mouvement domine nettement une forme qui reste structurée, c'est-à-dire crénelée, espacée, avec une répartition équilibrée des noirs et des blancs. Les inégalités sont nombreuses dans tous

les genres : dimension, inclinaison, liaison, pression et direction, mais restent nuancées. Aucun systématisme dans l'écriture ne vient raidir le déroulement cursif. Des jambages prolongés et fermes indiquent un désir de bouger, de voyager. Si les boucles remontent sur la ligne de base, ce besoin d'activité est efficace. Les espaces sont assez importants. L'ouverture d'esprit domine, ainsi que la disponibilité aux autres. Les rencontres nouvelles sont, pour ces caractères, des occasions d'apprendre et de développer leur expérience. Intéressés par la psychologie, ils écoutent, autant par goût personnel que par désir d'en apprendre toujours davantage.

Dilettantisme

Si le mouvement devient effervescent, avec des inéga-

lités importantes, l'intérêt pour la nouveauté est toujours dominant.
Ce qui peut poser problème, ce sont les capacités de réalisation et de persévérance dont ils peuvent faire preuve. Touchant à tout et n'approfondissant rien, ce sont des dilettantes, souvent jeunes d'esprit et sympathiques, mais peu disposés à perdre d'un peu de leur liberté pour se plier au rythme d'un travail quotidien. A moins que les responsabilités ne soient pas trop importantes et que les activités soient variées…
Ils excellent dans des activités d'animation, où le contact avec autrui est important. Si le trait est léger et l'ordonnance mauvaise, avec un mouvement lâché, la passivité domine, et le sujet se laisse porter par les événements, sans jamais s'y intéresser vraiment.

Un projet de vie

D'autres personnes sont plus à l'aise dans ce qu'elles connaissent déjà et préfèrent approfondir plutôt que de se disperser. Le graphisme est plus stable, tendu et compact, avec une forme dominant le mouvement. Le trait est plus appuyé et homogène dans sa pression. L'existence d'un projet très précis dans la vie du scripteur lui donne un but et renforce ses qualités de persévérance et d'approfondissement. Les forces et l'élan vital sont canalisés en vue de faire aboutir le projet. Dans ce cas, il n'est pas particulièrement motivé par le renouvellement, mais plutôt porté par son désir de réalisation. Le graphisme semble plus tendu et plus compact, même si les blancs circulent. Les noirs sont dominants, révélant que le conscient et la volonté dominent.

Votre affectivité est-elle satisfaite ?

Sans aller jusqu'à demander la lune, nous avons tous besoin d'être aimés. Mais ce besoin dépend beaucoup de notre propre capacité à aimer.

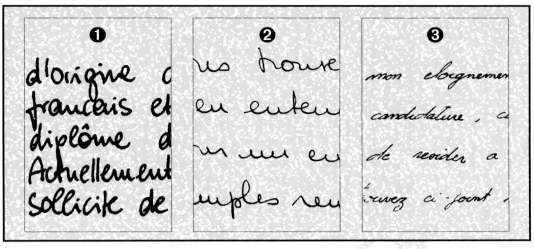

Interprétation

❶ Le trait chaleureux et pâteux indique une affectivité et une sensorialité importantes. Tout aussi important pour cette jeune femme, le souhait de ne pas se laisser influencer, indiqué par la verticalité du graphisme.

❷ Le mouvement est coulant, l'inclinaison renversée, la guirlande étalée et le trait net. Ces espèces graphiques sont en contradiction, mais s'équilibrent aussi. Un contrôle important contrebalance une forte affectivité.

❸ Le graphisme petit, maigre, étréci et peu progressif indique une affectivité peu épanouie. Inhibitions et timidité rendent difficile la communication avec autrui. Une tendance à la dépression est possible.

Renoncer au prince ou à la princesse des contes de fées de notre enfance est souvent le premier pas dans l'apprentissage de la vie amoureuse. Ceux qui n'y renoncent jamais sont insatisfaits et malheureux, car rien dans la réalité ne correspond à leurs rêves. Leur écriture est restée adolescente, souvent arrondie pour les femmes et peu rythmée ou affirmée pour les hommes. On retrouve des traces de stades infantiles, des oves exagérées, une ligne sinueuse, une mise en page peu structurée.

Apprendre à donner et à recevoir

Quand la capacité d'échange permet de s'ouvrir à l'autre et de donner autant que l'on reçoit, le graphisme est plus personnalisé. Il peut être à dominante de courbe, mais reste ferme et progressif. Le trait est vivant, nourri ou pâteux, c'est-à-dire disponible aux autres. La guirlande est dominante. Les lettres affectives sont rondes, mais proportionnées, ainsi que les boucles des « b », « f », « h », « l ». Une écriture proportionnée dans ses trois zones et arrondie sur la ligne de base indique que le rapport avec la réalité se fait sans heurt, parce que les aspirations ne sont pas exagérées. L'adulte épanoui sait exprimer sa sensualité et ses sentiments.

On peut parfois avoir du mal à demander du fait de la force de ce que l'on ressent ou bien parce que l'on pense que les autres doivent comprendre à demi-mot.

C'est l'attitude de l'enfant, qui croit que tout lui est dû et que les adultes lisent entièrement dans ses pensées. Dans ce cas, l'écriture est surtout marquée par le narcissisme : grosses écritures rondes, fermées sur elles-mêmes par des jointoiements et des retours vers la gauche.

Quand paraître est plus important qu'être

Pour d'autres, l'essentiel est dans la séduction permanente. Autrui n'est jamais considéré comme une personne, mais comme un objet à séduire, qui permet de se rassurer sur son pouvoir. Très captateurs, ces caractères sont séducteurs et habiles, mais ils sont peu profonds dans leurs relations et recherchent toujours une autre proie pour se rassurer. L'écriture est particulièrement habile, les combinaisons et les lassos sont nombreux. Souvent léger, le trait révèle le peu d'investissement réel. Exagéré dans ses proportions, encombré d'ornements inutiles, le graphisme veut faire impression sur l'entourage et capter le regard d'autrui.

Le mal de vivre

Savoir construire sa vie et ses relations est une chose difficile pour tout le monde. Elle l'est encore plus pour ceux qui souffrent d'un mal de vivre chronique : tout semble s'organiser en vue de souffrir davantage. Dans ce cas, le graphisme est heurté, petit, inhibé. Toutes les lettres rondes sont étrécies, ainsi que l'écriture dans son ensemble. Si de nombreux signes de souffrance se remarquent dans le texte, il vaut mieux parfois entreprendre un travail sur soi, qui aide à comprendre les raisons de ce malaise intérieur.

Vous laissez-vous influencer ?

L'être influençable est passif. Il subit sa vie plus qu'il ne la choisit, sans cesse séduit ou dirigé par une personne importante ou une idée à la mode.

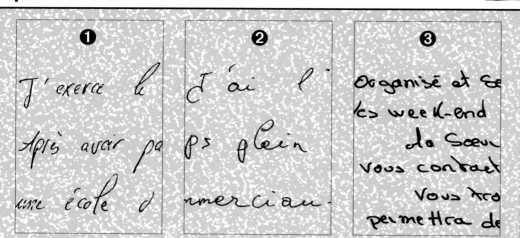

❶ ❷ ❸

Interprétation

❶ Le mouvement est lâché malgré l'inclinaison assez régulière. Les prolongements et la juxtaposition indiquent une personne en recherche. On ne peut parler de vulnérabilité mais d'une certaine indécision face à la vie.

❷ Le trait léger, la liaison très inégale, l'écriture arrondie et féminine pour un homme révèlent une personnalité peu dégagée de l'enfance et de ce fait très réceptive.

❸ L'influençabilité provient de la difficulté à se situer et de la crainte de l'engagement. De plus, le trait est pâteux, c'est-à-dire que la personne est sensible à l'entourage. L'écriture est tiraillée, la marge de droite très grande.

S'il est normal d'être influencé à certains moments de son existence, notamment à l'adolescence, il est nécessaire pour être maître de sa vie de choisir une certaine façon d'être, de trouver son propre style.

Vulnérabilité
Le trait, c'est-à-dire le contour de la lettre, est plus ou moins net. Il peut présenter de petites franges qui proviennent d'une porosité du trait : dans ce cas, le trait est dit pâteux. Ses bords sont peu défendus, la personne est sensible à l'environnement. Il peut s'agir d'une réceptivité positive si la forme de l'écriture est construite et la conduite ferme. Dans le cas contraire, avec une forme déstructurée, avec un mouvement lâché et une tension du fil graphique insuffisante, la personne est très influençable car elle est peu solide dans son identité.

Ouverture ou indécision
Une écriture inclinée vers la droite traduit plus de disponibilité à l'entourage que l'écriture verticale. Si l'écriture est très pâteuse et très inclinée, avec des signes d'indécision et de mollesse, la personne ne s'est pas forgé une individualité solide et il peut être difficile de compter sur elle, voire de lui faire confiance, car on ne peut jamais être sûr qu'elle résiste aux tentations.
Les crénelages, qui sont de petites ouvertures sur les lettres rondes, intégrés à un graphisme structuré et rythmé signifient l'ouverture d'esprit, la curiosité et l'adaptation rapide. Dans un milieu graphique plus mou, ils indiquent la vulnérabilité et l'adoption de solutions faciles.

De l'adaptation à l'opportunisme
La guirlande, qui correspond à l'ouverture et à l'accueil – « m » et « n » en formes de coupes – devient signe de vulnérabilité si elle est trop étalée dans un ensemble lâché et peu structuré. La personne avale n'importe quoi sans discrimination ni critique. La passivité domine, surtout si le mouvement est lent et flottant. Tous les signes d'adaptation, qui peuvent être positifs en eux-mêmes, deviennent négatifs si rien ne vient les compenser.
Dans un contexte progressif et rapide, tous ces signes jouent dans le sens d'une adaptation et d'une aisance relationnelle. Mais dans un contexte moins affirmé, où la personnalité est par ailleurs fragile, cela souligne plutôt de l'opportunisme et une adaptation par absence de choix ou de sens critique. La personne est dépendante des autres, dont elle attend l'affection comme un enfant. Elle choisira toujours les solutions de facilité de peur de s'affirmer et de déplaire. Ces sujets sont de véritables caméléons qui n'existent qu'au travers du regard des autres.

Snobisme
Certaines écritures traduisent un certain snobisme et, par là même, une personnalité toujours à l'affût des dernières modes. Ce sont les écritures ornées, dans lesquelles surtout les majuscules sont inutilement enjolivées et agrandies pour faire de l'effet. Ce sont des écritures où dominent la forme et le désir de faire impression au détriment d'une expression naturelle et spontanée.

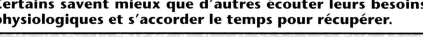

Savez-vous vous accorder des moments de détente ?

INTERPRÉTATION

Certains savent mieux que d'autres écouter leurs besoins physiologiques et s'accorder le temps pour récupérer.

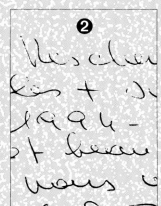
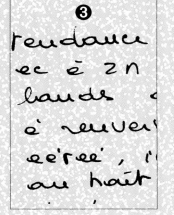

Interprétation

❶ Grande écriture anguleuse enchevêtrée. Le mouvement dynamique et l'inclinaison témoignent d'un engagement au nom de principes forts. La détente n'est pas évidente.

❷ L'écriture étalée et en guirlande, arrondie, témoigne du plaisir à prendre le temps de vivre. Le trait est appuyé, il y a donc de l'engagement au quotidien et la capacité de s'impliquer dans une activité.

❸ Le mouvement coulant, l'écriture étalée et en guirlande sont des indices de détente. En même temps, la verticalité et le trait assez appuyé témoignent d'un bon degré d'activité.

On sait que la fatigue ou le stress sont à l'origine de beaucoup de maladies et d'accidents domestiques ou professionnels. On pourrait presque dire que savoir se reposer est un signe de responsabilité vis-à-vis des autres.

Chacun connaît de ces personnes qui ne s'autorisent jamais un instant de repos, qui semblent toujours agitées et engagées sur mille choses à la fois, comme si cela leur était nécessaire pour se sentir exister. Ces tempéraments nerveux sont mobilisés et motivés par tout ce qui est nouveau et imprévu. Ils ne peuvent vivre que sur le qui-vive, le renouvellement d'intérêt est leur drogue, le repos est pour eux le summum de l'ennui. Leur écriture est à l'image de leur comportement : agitée, mouvementée, inégale, peu appuyée, car, si leur réactivité est importante, leur implication et leur constance ne sont pas toujours à la hauteur. L'écriture est inégale dans tous ses genres : en dimension, inclinaison, continuité et liaison, même la forme peut être polymorphe. L'écriture peut être filiforme, c'est-à-dire que les lettres ne sont plus structurées mais se réduisent à un fil, il peut y avoir dans ce cas une fuite dans l'activité. Ces personnalités ont peur de se retrouver face à elles-mêmes dans le silence et la solitude. Pour ces sujets, le dimanche est le plus mauvais jour et les vacances une période à haut risque. L'angoisse et la dépression peuvent les envahir s'ils ne sont pas constamment occupés à s'oublier.

Repos et paresse

D'autres, très engagés dans leur action, qui a valeur de vocation, ont du mal à s'accorder des moments de repos. Dans ce cas, il s'agit plutôt d'une discipline de fer qui, derrière l'image du repos, voit se profiler le spectre de la paresse, mère de tous les vices. Ce qui les caractérise, c'est la raideur de leur personnalité et de leur écriture. Celle-ci est systématique, anguleuse, étroite, avec un mouvement barré ou saccadé, une direction fixe et une organisation générale rigide. On est en face d'une personne très raide, qui s'est fixé une ligne de conduite intransigeante et sans complaisance. Des principes très fermes la motivent et une morale exigeante la maintient en perpétuelle insatisfaction vis-à-vis d'elle-même et des autres. La vie est diffici-le pour ces sujets, mais aussi pour ceux qui les entourent, car ils s'adaptent difficilement aux aléas du quotidien.

Un repos bien mérité

Il en va différemment dans un graphisme ferme, qui, pour décidé qu'il soit, reste adapté et capable de souplesse. Dans ce cas, le repos est envisagé comme une nécessité physiologique à laquelle il convient de se plier si l'on veut être plus efficace. On note dans le graphisme un mouvement dynamique et non plus barré, une régularité sans rigidité, de l'inclinaison, de la dimension et de la liaison. Le graphisme reste vivant, les lignes sont souplement tenues, ce qui signale la capacité à se détendre, le tracé est élastique.

205

Prenez-vous le temps de réfléchir ?

La réflexion nous permet d'envisager les différents aspects d'un problème afin de ne pas nous lancer étourdiment dans n'importe quelle entreprise.

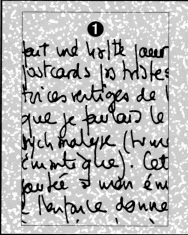

❶ ❷ ❸

Interprétation

❶ Le graphisme est très compact, assez envahi. Personne qui réfléchit beaucoup et laisse peu de place au rêve.

❷ Le graphisme est compact, étréci. La marge de gauche est très tenue, les espaces entre les mots larges. Personne qui ne laisse rien au hasard, envisage tous les aspects d'un problème et se garde des influences.

❸ La mise en page est aérée, les mots sont bien cernés par le blanc. L'écriture est claire et précise. Tout cela indique un esprit réfléchi, logique et réaliste.

La première impression dans un graphisme est la répartition des noirs et des blancs. Chez les personnes très réfléchies, le noir l'emporte, indiquant que le conscient et la volonté dominent.

Dans les mises en page dites en « carré compact », où les marges sont strictement délimitées, avec un texte compact, mais sans exagération, le scripteur réfléchit avant d'agir. Ce sont des personnalités fortes, qui vont au bout de ce qu'elles entreprennent sans se laisser influencer. Capables de décider en ne laissant rien au hasard, elles sont à l'aise dans des postes de direction. En général, le trait est net et l'écriture verticale, ce qui renforce l'idée d'indépendance de pensée, donc de réflexion. Ces personnes peuvent être ouvertes d'esprit, mais elles réfléchiront

toujours afin de vérifier la validité de ce qu'on leur propose.

Un tempo moyen

L'écriture n'est pas très rapide et le mouvement est progressif ou dynamique mais contrôlé, ce qui indique que la personne envisage tous les aspects d'un problème de façon approfondie. Face à un obstacle imprévu, ce type de scripteur prendra le temps d'envisager les différentes facettes de la situation avant de choisir la conduite à tenir. Ce sont des gens de sang-froid. La ligne est tenue en souplesse, ce qui indique le réalisme. Si la guirlande (« m » et « n » en « u ») est dominante dans le graphisme, elle est profonde, ce qui veut dire que la personne aime approfondir et assimiler les choses. Les écritures de chercheurs peuvent être de ce type. Si l'arcade est dominante, la ré-

flexion sert à une construction personnelle.
Dans une écriture rapide, les groupements de deux ou trois lettres à l'intérieur d'un mot sont des petits temps d'arrêt qui signalent la réflexion. Si l'écriture est très rapide, le graphologue vérifie qu'il y a des mouvements tournés vers la gauche, des « s » fermés vers la gauche ou des finales de lettres orientées à gauche. Les gestes dits « fermés » sont aussi des éléments de compensation dans une écriture trop emportée. Les gestes de fermeture sont l'arcade, les jointoiements, petites boucles qui viennent fermer en repassant les oves des lettres rondes, et les annelages, qui sont des gestes en anneaux sur les « m » ou les « n ». Le trait couvrant, qui repasse sur un trait, est aussi un geste de fermeture qui, dans un contexte graphique très dy-

namique, indique la réflexion. Tous ces gestes, qui sont des freins, sont positifs s'ils viennent en compensation de la progressivité du graphisme. Une marge de droite un peu large, appelée « marge de prudence », peut être une compensation intéressante dans un graphisme très rapide et emporté.

Rumination ou réflexion

Un graphisme qui ne présenterait que des indices de fermeture sans compensation dynamique, avec une mise en page très noire, étrécie, indiquerait une introversion exagérée et une difficulté à agir. En effet, le trait couvrant associé, par exemple, à des retouches et des pochages indique la difficulté à choisir. Les jointoiements exagérés sont un signe de rumination plus que de réflexion.

Avez-vous les pieds sur terre ?

Êtes-vous animé d'un solide sens concret, qui vous permet de ne perdre en aucun cas ni le sens des réalités ni même celui de la mesure ?

 INTERPRÉTATION

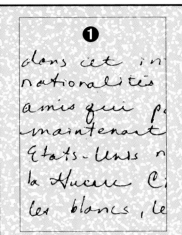 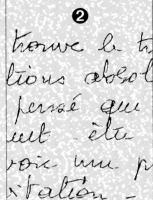

❶ ❷ ❸

Interprétation

❶ Le trait appuyé, l'écriture étalée, la zone médiane prédominante indiquent une personnalité impliquée dans le quotidien et qui utilise son savoir-faire en vue d'obtenir des résultats tangibles.

❷ Zone médiane prédominante, appui, simplicité et tenue de ligne révèlent une personne qui s'investit au quotidien de façon efficace et réaliste.

❸ La tenue de ligne ferme, les jambages qui remontent sur la ligne de base, les mots cernés par les blancs, la régularité traduisent un goût pour les réalisations concrètes.

Le bon sens et le réalisme sont des qualités qui, à des degrés divers, permettent de vivre au quotidien de façon pragmatique ou de réaliser des projets.

Dans l'écriture, la zone médiane est la zone du quotidien et de la réalité. La zone inférieure représente les racines. La manière dont l'écriture plonge dans la zone inférieure et remonte sur la ligne médiane illustre l'utilisation qu'une personne fait de ses ressources, expériences ou forces profondes. Il peut s'agir de forces inconscientes ou de l'expérience acquise. La zone inférieure, c'est aussi la zone pulsionnelle, le réservoir d'énergie. Il importe que les jambages remontent bien à la surface, signe que l'individu utilise ses forces en vue d'une réalisation au quotidien et dans la réalité.

Implication dans la réalité

Le trait nourri, pâteux, légèrement épais est signe de sens concret, un trait fin est plus cérébral. Si le trait est très épais et lourd, il peut s'agir d'un esprit exclusivement matérialiste, occupé à amasser des biens ou à jouir de la vie sans discernement. Le sens concret nécessite aussi un appui suffisant, signe d'implication dans la réalité. En appuyant, la personne témoigne de son désir de vaincre les résistances.

Les combinaisons et les simplifications, avec un trait nourri et une zone médiane prédominante, indiquent que le scripteur possède une intelligence pragmatique et qu'il recherche le résultat concret. L'écriture sera liée, ce qui indique la persévérance, ou groupée logiquement, rarement juxtaposée.

Goût du bien-vivre

Une écriture simple et pâteuse, plutôt ronde et s'inscrivant de préférence dans la zone médiane indique une personnalité concrète qui assume son quotidien avec efficacité et bon sens. Le trait plein, qui est le trait de la sensation, révèle le goût des plaisirs de la vie, du confort et le choix d'une certaine qualité de vie, privilégiant le bien-vivre plutôt que la remise en question permanente ou la réalisation jamais assouvie d'une ambition dévorante. Une certaine harmonie est trouvée, qui permet une vie relationnelle satisfaisante.

Sens prévisionnel

Une personne qui a des projets a besoin de pouvoir évaluer à court, moyen et long termes le déroulement des différentes étapes de leur réalisation. C'est surtout la mise en page qui permet de voir cette qualité. Les marges sont dans la norme. Une certaine prudence et réflexion amènera le scripteur à se ménager une marge de droite suffisante. Le mouvement est contrôlé et progressif, il va de l'avant, mais toujours avec réflexion et maîtrise de soi.

Si le graphisme est très mouvementé, il convient de vérifier s'il existe des signes compensant cet élan. Des petits mouvements sinistrogyres, par exemple, ou une ponctuation précise apporteront des éléments de frein et de contrôle. La ligne est tenue, les mots ont du poids et sont bien cernés et mis en valeur par les espacements, ce qui montre que la personne sait discerner les priorités et ne perd pas de vue son objectif.

207

Faites-vous confiance à l'autre ?

Fais confiance à autrui comme tu te fais confiance à toi-même... pourrait-on dire, tant il est vrai que la confiance est proche de l'amour que l'on est capable d'accorder aux autres.

INTERPRÉTATION

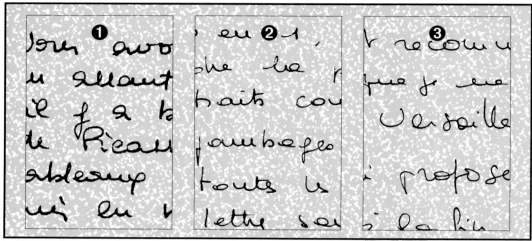

Interprétation

❶ Le trait épais et sensoriel traduit le sens de la convivialité. La guirlande indique la réceptivité, la confiance est accordée à l'autre sans excès, mais avec naturel et joie de vivre.

❷ La guirlande, l'étalement et les grands espaces entre les mots associés à un mouvement coulant révèlent une ouverture d'esprit et un goût des échanges autant par disponibilité d'esprit que par refus du conflit.

❸ L'étalement et la guirlande indiquent l'ouverture aux autres mais la verticalité, les inégalités et les grands espacements entre les mots signalent le contrôle qu'imposent la raison autant que les doutes intérieurs.

L'enfant qui grandit entouré d'un amour équilibré et respectueux de son évolution développe une confiance en lui naturelle et spontanée. La confiance en soi procède d'une adaptation progressive au monde extérieur, et aussi à son propre monde intérieur.

Maturité

Un graphisme évolué est personnalisé et dégagé des contraintes scolaires, ce qui implique que l'individu a suffisamment confiance en lui pour trouver son autonomie. L'ouverture modérée des formes dans un contexte qui reste ferme indique la réceptivité, et donc la confiance que l'on accorde aux échanges avec les autres, que ce soit sur le plan des idées ou sur celui des sentiments. Une zone médiane construite de dimension moyenne et assez régulière indique un Moi fort, et donc la capacité à considérer l'autre comme un égal, ni menaçant ni soumis. La capacité à échanger implique que l'on ait trouvé la bonne distance, celle qui permet de ne pas empiéter sur le domaine d'autrui comme celle qui laisse à l'autre le soin de s'organiser et de parler.

Abandon

Les écritures abandonniques, qui trahissent une dépendance, surtout dans le domaine des sentiments, indiquent tout autant le manque de confiance en soi que la peur permanente d'être dépossédé de la (ou des) personne(s) aimée(s). Dans ce cas, la confiance ne peut être accordée à l'autre, et la vie peut devenir un enfer de jalousie et d'angoisse la plupart du temps immotivées.

Ce sont des écritures orales, arrondies assez statiques et dont les formes sont restées adolescentes. Il peut s'agir aussi d'écritures très inclinées et serrées qui trahissent alors une dépendance qui peut être affective, mais aussi toxique ou idéologique. Le paranoïaque, enfin, ne fait confiance à personne car le monde entier le persécute et le menace de toute la force des projections qu'il y met. Ce sont des graphismes compacts, inclinés, prolongés hauts et bas, souvent envahis. Enfin l'orgueil est important et se marque dans des surélévations et des majuscules agrandies et mises en place de minuscules.

Trahison

Les tempéraments secondaires au sens de Le Senne et notamment les sentimentaux (E N A S) auront du mal à faire confiance après ce qu'ils estiment à tort ou à raison être une trahison. Parce qu'ils sont sensibles à l'extrême, les situations ont, même à long terme, un profond retentissement sur eux. Ils n'oublient jamais et peuvent ruminer une vengeance ou tout au moins une aigreur et un sentiment d'injustice pendant très longtemps.

Les secondaires maîtrisent leurs réactions comme ils maîtrisent leur graphisme, qui est ordonné, à tendance verticale et à finales courtes. On ne trouve ni lancement ni lignes montantes ou ordonnance brouillonne.

La guirlande profonde indique la fidélité, mais également l'exigence parfois démesurée que ces tempéraments imposent aux autres, à qui ils accordent toute leur confiance, un cadeau dont personne n'est, selon eux, jamais assez conscient.

A quoi vous sert
ce que vous possédez ?

Objets précieux, bijoux, livres d'art, aimez-vous acheter, conserver, exposer ce qui vous appartient ?

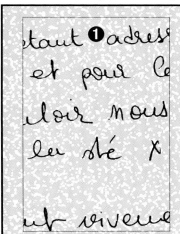

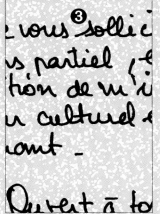

Interprétation

❶ On remarque bien dans cette écriture l'alternance de guirlandes et d'arcades, d'étrécissements et d'étalements ainsi qu'une dimension inégale. On peut penser que le rapport à l'argent est illogique ; parfois trop économe, parfois prodigue ; un rapport équilibré n'est pas trouvé.

❷ Dans ce graphisme, minutie et application traduisent un sens de la qualité et une recherche esthétique. La personne sait profiter de la vie et du bonheur, et rendre son environnement agréable.

❸ Ici, c'est le trait épais, pâteux et sensoriel qui attire l'attention. Goût des matières et des couleurs, sens de la convivialité et du partage avec les autres.

Minos, sur son tas d'or, restait seul de peur d'être dépossédé ; on sait ce qui arriva au tas d'or auquel une importance énorme était attribuée par son possesseur au détriment de l'usage qu'il aurait pu en faire en termes de dépenses ou de dons. On sait que les personnes exagérément attachées à leurs trésors sont des petits enfants fixés au stade anal ; l'argent a donc une odeur parfois.

Analité

Une écriture fixée au stade anal est noire, petite, entravée dans son mouvement, et le rythme, s'il existe, obéit à un mouvement d'alternance entre retenir et lâcher. Il y aura par exemple des étalements suivis d'étrécissements donnant une impression

d'accordéon, de même que ces personnes peuvent être avares la plupart du temps et prodigues de façon brutale et imprévue. Dans ce cas, la possession se traduit souvent en terme d'argent et constitue une fin en soi et non plus un moyen d'échange. On ne peut espérer beaucoup d'accueil et de convivialité de la part de ces personnes rigides dans leur comportement, même si de leur côté elles attendent beaucoup des autres.

Acheter

Pour certains, c'est l'achat qui compte, et le résultat est parfois douloureux en fin de mois. L'achat, dans ce cas, porte plutôt sur des choses futiles mais multiples. Les achats permettent de décompresser. Il s'agit d'un comportement plus oral et parfois boulimique. Les achats comme des cadeaux que l'on se fait apai-

sent et calment les tensions. L'écriture est plus orale et indique plus de dépendance et moins de maîtrise que chez l'anal. L'écriture est arrondie, un peu lâchée, et court sur le papier sans fermeté suffisante. Là aussi, il peut s'agir d'à-coups et de fringale qui peuvent faire le bonheur des autres si, en même temps et pour se faire pardonner, on achète pour les autres.

Le raffiné

Il y aussi les esthètes et les raffinés, qui ont un sens esthétique développé. Sensibles aux couleurs, aux parfums et à l'ordonnance de ce qui les entoure. Ils savent faire partager aux autres leurs plaisirs, arrangeant avec goût la table, le jardin et l'ensemble de leur maison afin de montrer le bon goût, mais aussi d'accueillir le mieux possible leurs amis. Ce

sont les écritures à dominante de sensation pour Jung. Le trait est pâteux, nourri, il tient la ligne de base solidement, et le papier, l'encre sont en général choisis avec soin. L'ensemble respire la sensualité, et rien n'est laissé au hasard dans la lettre qu'il vous adresse.

Le don

Pour d'autres enfin, l'avoir n'est rien par rapport à l'être, et l'essentiel n'est jamais dans la possession, même partagée. Ce qui compte relève plus du domaine intellectuel, idéal ou spirituel. L'écriture est alors plus désincarnée, le trait est fin, la dimension moyenne est petite, et la sobriété domine. Le tracé se limite alors à l'essentiel et ne s'encombre pas ou plus de décorum. Il peut s'agir de personnes qui se dévouent à une cause.

Savez-vous prendre votre place ?

Prendre sa place, c'est savoir se positionner à sa juste valeur sans fuir les responsabilités ou les prises de décisions, ni attaquer son voisin pour lui prendre la sienne.

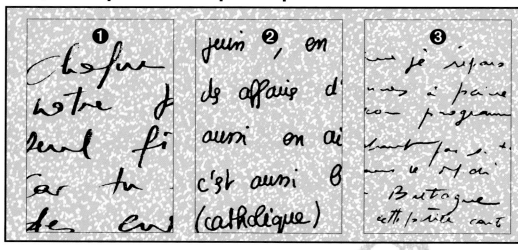

Interprétation

❶ Aisance du graphisme, étalement, rapidité et trait en relief témoignent de la capacité de la personne à prendre sa place et à se positionner au sein de son environnement.

❷ Le mouvement flottant, les trous entre les mots et la lenteur du graphisme témoignent plutôt d'une anxiété véritablement importante qui bloque la personne et l'empêche de tenir sa place.

❸ La mise en page originale, le trait vif et la rapidité indiquent une personne affirmée, qui sait se mettre en valeur avec un style personnel mais efficace.

Se positionner, prendre sa place : à prendre à la lettre ces expressions, on voit qu'il s'agit d'une façon d'occuper l'espace, et, pour la graphologie, la feuille de papier. Comment se situe le noir de l'écrit par rapport au blanc que l'on regarde, la masse graphique dans son ensemble.

L'ordonnance externe se considère en regardant de loin la feuille pour apprécier globalement la position de la masse écrite. Est-elle campée au milieu de la feuille, emplissant l'espace en haut, en bas à droite et à gauche (en respectant toutefois des marges suffisantes, sinon il y a envahissement de l'espace et non pas occupation de la feuille) ? Si oui, on sait que l'on a affaire à quelqu'un qui a en lui la confiance nécessaire pour mener à bien un certain nombre d'activités au quotidien.

Trouver ou retrouver sa place

Si la masse graphique est déportée vers la droite en laissant une grande marge de gauche, il s'agit de quelqu'un qui cherche à prendre ses distances par rapport à son passé, à trouver ses repères ou qui a du mal à se situer quant au rôle et à la place qui étaient les siens au sein de sa famille. Il peut s'agir d'une souffrance intérieure qui a une incidence sur la vie et le développement de l'individu.

Si la masse graphique est déportée vers la gauche, il s'agit d'une difficulté à envisager l'avenir, une appréhension liée à la difficulté de se situer en adulte, de prendre sa place en tant qu'être autonome, surtout vis-à-vis de ses parents ou de leurs représentants dans le monde professionnel. En effet, on peut remarquer que les gens re-

produisent à l'intérieur d'une entreprise les schémas familiaux. Ces rapports à la hiérarchie se remarquent surtout à travers les marges du haut et du bas.

Affirmation de soi et agressivité

L'axe vertical est important aussi pour apprécier la capacité d'une personne à prendre des décisions. Si les jambages des « p » surtout sont rognés, tordus, courbes ou exagérément appuyés, la personne n'arrive pas à se positionner face aux autres et réagit par une soumission excessive ou un autoritarisme agressif.

Toujours insatisfaites, ces personnes nient un conflit entre l'être et le vouloir être. L'agressivité qui les anime, et qui est nécessaire mais non suffisante pour prendre sa place, est soit excessive, soit refoulée, car ressentie

comme dangereuse. L'écriture sera soit acérée, très appuyée anguleuse et compacte ou envahissante, soit, inversement, marquée par l'inhibition et la défense contre cette violence intérieure. Cela se traduit alors par des jambages rabougris, des formes pauvres entortillées, rapetissées, et une masse graphique noyée dans le blanc.

D'une manière générale, toutes les écritures qui cherchent à impressionner le lecteur par des ornements, des exagérations, des surélévations marquées, qui, en un mot, manquent de sobriété, témoignent d'une difficulté de la personne à occuper sa place en toute sérénité.

Faites-vous preuve de sang-froid ?

Peu émotif, l'individu à sang-froid réagit modérément aux émotions ou aux sentiments qu'il ressent. Mais ce qui est important ici, c'est la qualité.

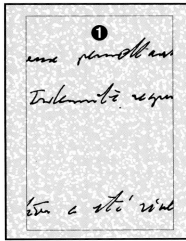
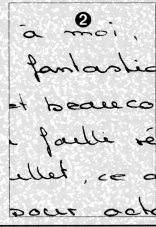

Interprétation

❶ Peu de sang-froid à attendre de ce graphisme spasmodique et saccadé. Les réactions à fleur de peau ne peuvent être ni froides ni calculées. La réactivité est grande et permet de démarrer au quart de tour.

❷ Le mouvement coulant, l'écriture posée et l'ordonnance régulière indiquent une faible émotivité. Probablement du sang-froid dans les situations difficiles et une capacité à prendre du recul. Un flegmatique typique.

❸ L'écriture est posée, assez lente et peu personnalisée. La liaison indique la persévérance, la clarté révèle le goût d'une communication simple. Sans brio, cette personne est cependant efficace, et son calme lui permet de faire face au stress de son métier.

Le sang-froid est utile pour réagir face à une situation d'urgence, c'est un mécanisme physiologique qui nous permet de mettre en place un dispositif de réaction avant même que l'on ait eu le temps de s'adapter et de prendre toute la mesure de la situation. C'est aussi ce qui nous amène à réagir avec plus de courage que nous ne l'aurions pensé.

Émotif ou non-émotif

Un émotif face à un sentiment fort aura le cœur qui bat, une tendance à rougir ou à pâlir, il réagira ainsi physiquement à ce qu'il perçoit. Le non-émotif, lui, n'aura pas un mode de réaction aussi évident, aussi physique, ce qui n'implique pas qu'il ne ressente rien. On se souvient que l'écriture de l'émotif est inégale autant en dimension qu'en pression ou même en vitesse. L'écriture vibre au gré des émotions du scripteur. Le non-émotif aura une écriture plus régulière en dimension et surtout en pression. L'écoulement du trait est assez caractéristique de l'émotivité, et si l'écriture a tendance à être moirée ou spasmodique, on est face à un grand émotif.

Amorphes et apathiques

Le sang-froid permet de réagir efficacement à une situation stressante. Dans ce domaine les non-émotifs sont privilégiés. Mais il faut quand même un minimum de réactivité pour pouvoir mettre en place les actions à entreprendre pour faire face à une difficulté quelle qu'en soit la gravité. Les amorphes et les apathiques, qui sont des caractères définis par Le Senne, sont des individus peu brillants mais dont l'absence d'émotivité peut être très utile en cas de danger. Leurs réactions sont en général adaptées, et leur calme et leur sang-froid leur permettent de réagir à bon escient quand un tempérament plus nerveux aura tendance à se disperser ou à s'effondrer. L'écriture de ces deux tempéraments est régulière, assez lente et peu ferme. Le trait est assez léger et le fil graphique manque de tension. Peu rythmé, le graphisme est assez lourd et contrôlé.

Le flegmatique

Toujours selon Le Senne, le flegmatique, lui, réalise un bon intermédiaire entre les apathiques, les amorphes et les tempéraments franchement émotifs. Il est beaucoup plus impliqué dans son activité mais sa non-émotivité lui permet d'être concentré sans se laisser troubler par ses impressions intérieures ou extérieures. Il peut faire face à beaucoup de situations difficiles sans perdre son sang-froid, car son énergie ne se disperse pas en manifestations physiologiques diverses. Il ne connaît ni les tremblements ni les douleurs viscérales des émotifs, qui craquent à la moindre occasion. Cela lui donne une grande efficacité. Il semble être inébranlable, et une force qui inspire confiance se dégage de lui. Le mouvement du graphisme est régulier, l'écriture peut être inclinée, ce qui traduit avec l'appui l'engagement dans l'activité. Comme son nom l'indique, il ne montre pas ses sentiments, mais cela ne l'empêche pas d'être sensible et nuancé, simplement sa dignité ne lui permet pas d'être trop démonstratif.

Gardez-vous vos distances ?

Êtes-vous de ceux qui gardent toujours une certaine réserve face aux autres ou vous laissez-vous au contraire imprégner par l'atmosphère ambiante ?

INTERPRÉTATION

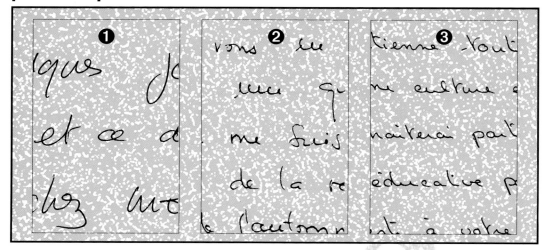

Interprétation

❶ Grande écriture inégale et légère. Faciès hystéroïde pour ce graphisme qui révèle une personne qui a du mal à trouver la bonne distance avec autrui. Personnalité immature qui affirme difficilement son identité.

❷ Le trait est léger, net dans un contexte contrôlé et vertical. Espacements entre les mots et peu de marges. Difficultés relationnelles, beaucoup de réserve mais probablement aussi des coups de foudre. Comportement inégal et émotif.

❸ Le trait fin, net et l'écriture renversée indiquent une grande réserve au premier abord. Besoin de ne pas se laisser influencer ni émouvoir. Courtoisie un peu exagérée et qui est parfois inégalement distribuée.

Il y a ceux qui sont toujours un peu distants et réservés et que l'on a du mal à cerner sous leur apparence lisse et polie. Inversement, certains vibrent instantanément à l'unisson de l'ambiance dans laquelle ils sont plongés. Chacun de ces caractères a son propre moyen de prendre contact avec autrui, et cela ne préjuge pas de la qualité de la rencontre.

Le trait net
Le trait est une indication précieuse pour déterminer l'attitude adoptée le plus souvent. Un trait net est un trait défendu qui, comme son nom l'indique, se protège des influences extérieures. Le trait net a des bords lisses et délimités. Il s'agit d'une personne qui fait intervenir sa raison et qui ne se laisse pas guider par ce qu'elle ressent.

La personne est sensible et réceptive, mais le sachant et se sentant peut-être vulnérable, elle a choisi de se protéger. Il y a différents traits nets ; certains sont maigres ou acérés quand d'autres sont dits nourris. Le trait nourri est défendu sur ses bords mais assez large pour que l'on voie de la pâte et de la couleur. Dans ce cas, les qualités de communication sont bonnes et chaleureuses, l'individu aimant les contacts humains tout en restant poli et respectueux d'autrui. La bonne distance est trouvée avec les autres, et les échanges se font sans envahissement ni intrusion dans le territoire d'autrui.
Avec un trait maigre, les échanges sont quelquefois un peu plus difficiles.

Le trait pâteux
Le trait pâteux est celui dont les bords bavent un peu,

l'encre déborde indépendamment du support utilisé et fait un peu l'effet d'un buvard. Dans ce cas, la personne, pour appréhender le monde extérieur, préfère s'en laisser imprégner. Naturellement, elle imite ses vis-à-vis par l'intonation de la voix, les gestes et les mots utilisés, s'accordant sans peine avec ses interlocuteurs et provoquant en général une sympathie à son égard. Avant de réfléchir, ces personnes se mettent dans le bain quitte à ajuster leur attitude ensuite. Une fois dans l'action, elles élaborent leur stratégie à l'inverse de la personne plus distante qui réfléchira avant, quitte à avoir plus de difficulté à réagir dans l'instant si des difficultés imprévues se présentent. Plus intuitifs ou réceptifs que rationnels, ce sont des gens très à l'aise dans pratiquement n'importe quel milieu.

L'espace
La mise en page, et notamment la répartition des mots et des paragraphes, est importante aussi pour voir comment l'individu se situe dans le monde. Un espace compact, serré entre les mots et les lignes, révèle une personnalité qui est craintive dans des milieux inconnus, même si elle ne le montre pas. La compacité est toujours une protection. On occupe tout le terrain disponible pour ne pas laisser prise à l'imprévu d'une rencontre. Des mots et des lignes très espacés indiquent aussi une défense. Il s'agit là plus d'un blocage des émotions et d'une peur de l'expression des sentiments. La peur est plus grande que dans l'écriture compacte qui signifie aussi une extrême concentration et beaucoup de réserve.

Aimez-vous collectionner ?

Les collectionneurs présentent une caractéristique psychologique commune malgré la diversité des objets qu'il est possible de collectionner.

INTERPRÉTATION

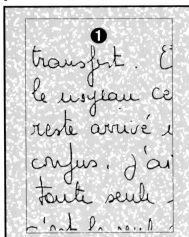

❶ **❷** **❸**

Interprétation

❶ Écriture posée, régulière, avec une marge de gauche très droite qui indique un Surmoi sévère lié à un attachement aux valeurs du passé. Très tenue sur la ligne de base, ce qui révèle un fort attachement aux choses matérielles.

❷ Écriture très scolaire d'un jeune homme. Les torsions, les hampes happées vers la gauche indiquent une difficulté à devenir adulte et à se séparer des attachements du passé. Le texte évoque le goût des collections, lesquelles le rassurent et le structurent.

❸ L'écriture est cadencée, grande pour un homme et inclinée de façon régulière et monotone. Besoin d'ordre, attachement au passé, difficulté à se séparer des objets. Passionné de modélisme.

La valeur de l'objet, en termes d'argent, est aussi une référence importante bien que le trésor que constitue la collection soit en lui-même parfois suffisant, et que la valeur accordée à cet objet soit le plus souvent imaginaire et dépasse, en tout cas pour le collectionneur, sa valeur marchande réelle.

Attachement

Souvent les collectionneurs sont des gens méticuleux et très ordonnés en ce qui concerne leur collection. On ne pourra pas déduire avec certitude d'une écriture ce que telle ou telle personne collectionne, mais on pourra dire que c'est une personne qui a tendance à thésauriser, qui est plutôt attachée à des valeurs anciennes ; beaucoup d'antiquaires, par exemple, sont de fait des collectionneurs d'objets qui appartiennent au passé. Ces personnes ne changent pas facilement de comportement ou bien d'idées, les remises en question s'avèrent difficiles pour eux.

Stade anal

Les écritures de ces personnes sont marquées par le stade anal freudien ; les caractéristiques infantiles sont donc sublimées et socialisées par cette activité d'accumulation d'objets. L'écriture est assez noire, petite et ordonnée. Lisible le plus souvent et précise. Le mouvement est contrôlé et même un peu retenu, la forme, elle, est structurée et peu personnalisée. La compacité est souvent importante et correspond à la rigueur, à la concentration d'esprit, mais aussi à une intériorisation et à une isolation par rapport au monde extérieur. Cette exclusivité pour un type d'objets fait aussi fonction de barrage et de muraille protectrice par rapport au monde extérieur qui est, d'une certaine façon, filtré par cette préoccupation principale. Cette obsession, qui peut être tout à fait bénéfique pour un individu, lui permet aussi de focaliser son attention sur un élément au détriment d'une disponibilité ou d'une réceptivité à l'environnement, qui pourrait paraître dangereuse. Cette attitude, qui parfois peut surprendre l'entourage, a donc pour l'individu valeur de protection.

Affectivité

Sur le plan affectif, ce sont des gens qui peuvent être menacés par la dépression et la peur de perdre les objets auxquels ils vouent un amour fort et parfois exclusif ; ils y sont donc très, parfois trop, attachés. Sur le plan sentimental, ces personnes ont du mal à trouver un rapport équilibré. Ils sont trop proches et idéalisent leurs partenaires en les étouffant de leur amour. A moins qu'ils ne se défendent de leur attachement et de leur crainte d'être abandonnés en adoptant une attitude inverse de collectionneur d'objets amoureux.

Tout dépendra de l'orientation du graphisme, s'il est dynamique et, bien que contrôlé, progressif et assez personnalisé pour indiquer une autonomie suffisante, la personne sera curieuse, avec un besoin d'acquisition et de rencontres de nouveaux objets, mais dans des proportions socialement équilibrées. Si le graphisme est plus contraint, ce sont la fixation et la fidélité excessive à un être ou encore à des principes sans aucune possibilité de remises en question qui dominent parfois largement.

Spécialiste ou généraliste ?

Êtes-vous l'homme d'un travail long dans un domaine pointu ou celui qui va rechercher sans fin « la connaissance » universelle par excellence ?

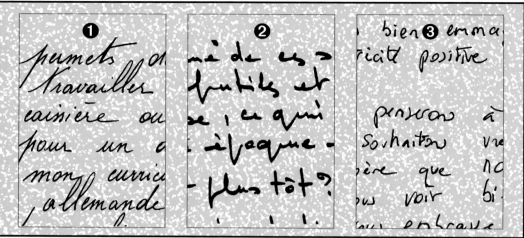

Interprétation

❶ La compacité, l'étrécissement parlent en faveur de la spécialisation. Personne qui préfère rester dans le même domaine d'activité afin de persévérer et d'approfondir. Une certaine fermeture et un manque d'objectivité appauvrissent un peu ce caractère.

❷ La compacité, l'importance accordée à la forme stylisée traduisent aussi un esprit qui préfère approfondir ce qu'il sait faire plutôt que de changer d'activité. Perfectionnisme et exigence personnelle se remarquent dans la stylisation.

❸ Le graphisme vibrant et inégal avec une répartition des noirs et des blancs indiquent plutôt une personnalité qui adore le changement et s'ennuie rapidement dans la routine. Besoin d'élargir son expérience constamment.

Vous vous imaginez recevant le prix Nobel de biologie récompensant un travail de plusieurs années dans un domaine très pointu : vous êtes, dans ce cas, plutôt un spécialiste. Amateur éclairé tel « l'honnête homme » du XVIIIe siècle, vous voulez que vos connaissances couvrent des champs très divers : vous êtes plutôt généraliste. Dans la recherche d'un poste, il est important de savoir si l'on sera plus à l'aise dans un travail en solitaire et plutôt sédentaire qui demandera l'approfondissement toujours plus poussé dans un domaine d'activité, ou si l'on recherche plutôt les contacts et la communication avec un goût pour les tâches diversifiées.

Le spécialiste : un expert
Le spécialiste a une intelligence qui le pousse à l'approfondissement et à la réflexion. Capable de se concentrer parfois des années durant sur un sujet afin de le cerner et de le comprendre, le travail répétitif ne l'ennuie pas. Peu enclin à changer d'activité, la reconversion n'est pas son fort. Souvent il ne « passe » pas ou mal lors d'entretiens dans le cadre professionnel. Peu à l'aise dans le relationnel, il ne sait pas se vendre et préfère s'isoler dans son laboratoire ou son bureau afin de montrer ce qu'il sait faire. Le spécialiste connaîtra tous les aspects d'une question, il pourra par exemple être un excellent juriste, ou un fin gestionnaire. Il peut évoluer dans sa carrière et changer d'entreprise, il sera un homme d'expérience dans son secteur. En revanche, si son secteur d'activité est menacé,

cela sera pour lui très déstabilisant car il a beaucoup de mal à sortir de ce qu'il connaît.

Une idée directrice
Le graphisme du spécialiste est compact et plutôt noir, les blancs et l'aération sont peu marqués. La concentration et la volonté d'approfondissement seront indiquées par un trait ferme et plutôt appuyé. Le mouvement est contrôlé et les inégalités peu nombreuses. Les formes sont peu originales et plutôt fermées. Tout cela indique la ligne de conduite ou l'axe de recherche poursuivi avec persévérance et peu de remises en question. A l'excès, le caractère est systématique, routinier et rigide.

Le généraliste : l'adaptation
Le généraliste ne peut développer ses qualités intellectuelles que dans la diversifica-

tion. A l'école, il était plutôt doué moyennement partout que très bon dans une matière. Il s'ennuie vite et peut même voir ses compétences s'amoindrirent s'il n'est pas dans un climat de renouvellement. L'esprit est vif, brillant, il peut être superficiel, mais pas nécessairement. Ce qui le caractérise, c'est sa capacité d'adaptation à la nouveauté et sa capacité à rebondir en cas de difficultés ou d'imprévus, puisque c'est cela qui aiguise son intelligence et sa capacité d'investissement. L'écriture type est celle de Mercure, légère, inégale avec un mouvement dominant et une forme peu affirmée. Les domaines d'avant-garde, de communication, de publicité sont ses secteurs d'activité privilégiés. Le graphisme sera plutôt étalé, parfois filiforme. La spontanéité domine ainsi que la souplesse du tracé.

Vous montrez-vous l'homme ou la femme de la situation ?

Êtes-vous celui ou celle à qui on fait appel en cas de nécessité et souvent dans l'urgence ?

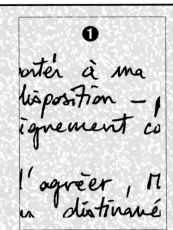

❶ ... orter à ma / ...isposition — / ...ignement co ... / l'agréer, M / ...n distinané

❷ ...onclusion, / ...vance pour / ...ous penche / l'attente de / ...quéer l'epp.

❸ ...e me fami... / la rigueur / ...cteur. / ...ment opéra

Interprétation

❶ Appui, personnalisation, clarté, ordonnance réussie indiquent le talent pour faire passer son message et se faire entendre. De plus, les inégalités, la ligne tenue et les combinaisons habiles suggèrent la faculté de réagir vite et avec réalisme.

❷ Le graphisme est personnalisé et acquis. Contrôle et bonne présentation. Plus d'incertitude (les crénelages) que dans le graphisme précédent mais capacité à réagir vite.

❸ Le graphisme est clair et précis, mais assez lent et peu personnalisé. Du conformisme et de la discipline, mais un manque de rapidité et d'ouverture. Difficulté à faire face.

Être la personne de la situation implique de savoir être là, remarqué au bon moment, fiable et prompt à réagir. Indépendamment des qualités qui sont les vôtres et qui sont bien sûr primordiales, il importe aussi de savoir les vendre, surtout dans le dur monde professionnel.

Savoir se vendre, c'est d'abord occuper sa place, pouvoir donner son opinion et faire reconnaître que l'on sait prendre ses responsabilités. Dans l'écriture, on aura une occupation de l'espace graphique équilibrée et plutôt centrale, un trait nourri et appuyé. Une prédominance de la zone médiane vers laquelle convergent les axes verticaux, hampes et jambages, qui remontent sur cette ligne. Le graphisme est personnalisé, mais ne recherche pas une originalité de compensation.

Travailler sur soi

Entre les mots, des espaces rythmés qui laissent respirer le texte et, entre les lignes, un espace suffisant pour ne pas empiéter sur la ligne du bas qui témoignent de votre capacité à prendre du recul et à rechercher l'objectivité. La signature est homogène par rapport au texte mais peut être légèrement différente : plus grande, elle indique votre désir de vous inscrire dans le monde, d'y apposer votre griffe ; plus souple, elle témoigne de l'effort que vous faites pour vous adapter aux autres, même si cela n'est pas dans votre nature profonde.

Il est important de pouvoir considérer l'effort que font les gens pour évoluer.

Faire passer ses messages

Montrer que l'on est là, ce n'est pas attirer systématiquement l'attention sur soi mais c'est se faire reconnaître. Un des premiers impératifs est de savoir communiquer clairement ses idées et ses opinions. Les sous-entendus vagues laissent place à beaucoup d'incertitudes qui ne permettent pas de vous situer mais qui, peut-être, vous arrangent si vous ne voulez pas assumer vos positions.

Libre à vous à ce moment-là d'accuser les autres de ne pas avoir compris. Une écriture lisible, simple et claire est déjà un bon élément de communication. Si ce n'est pas le cas quand l'écriture est très rapide par exemple, l'ordonnance peut compenser ce manque de lisibilité et apporter une organisation seconde.

Action

Enfin, après avoir été repéré et demandé pour faire face à une situation, il vaut mieux savoir réagir rapidement. Les gens qui en sont capables sont en général stimulés par les obstacles et donnent le meilleur d'eux-mêmes quand il s'agit d'agir dans l'urgence. Les graphismes d'émotifs, inégalités dans tous les genres, traduisent en général une bonne réactivité, une façon de démarrer au quart de tour. Il faut aussi une capacité de réflexion et de synthèse indiquée par tous les signes de contrôle dans l'écriture, les marges, les paragraphes, les finales retenues, la verticalité et l'ordonnance. Cette secondarité, pour employer la terminologie de Le Senne, indique le travail sur soi par rapport au terrain marqué par l'émotivité ou la non-émotivité.

Vous estimez-vous méfiant ?

Si un minimum de méfiance est nécessaire afin de se préserver d'abus et d'influences divers, en excès cela risque de nous faire perdre des opportunités parfois intéressantes.

INTERPRÉTATION

❶ Excuse-moi de
qui a été bien à
mais le travail a
glissé cette des m
est extrêmement
si peu à moi me
et les retrouvaille
misères...

❷ ttager De pl
se mettre à l'
tes ces anno
aillé afin de
ai acquis
la vente et d
uver ci-join

❸ compremment et
(les trucs)
ne sentiront bien
imagé (ne pla
étant bien a
malle et un 1

Interprétation

❶ Malgré la légère inclinaison qui a tendance à se cabrer dans un deuxième temps, la conduite est nettement sinistrogyre ; voir notamment les enroulements, le trait couvrant et les retouches. Des doutes, mais aussi une méfiance extrême vis-à-vis des autres.

❷ Le cabrage, la compacité et particulièrement les « m » à quatre jambages indiquent une méfiance excessive et un besoin de secret. Personnalité qui se construit et manque de confiance.

❸ L'écriture liée, anguleuse, le trait couvrant et l'inclinaison indiquent beaucoup de doutes envers soi-même, mais aussi vis-à-vis des autres. L'angle et l'appui révèlent cependant une certaine forme de courage.

Il est parfois nécessaire de contrôler un travail que l'on vient de faire ou celui que l'on vient de vous rapporter. En effet, le souci du travail bien fait et l'exactitude sont des qualités indéniables. Mais la notion même de méfiance est parfois synonyme de suspicion à l'égard d'autrui ou bien de doutes paralysants par rapport à soi.

Indépendance d'esprit

Sur le plan professionnel, une personne qui se préoccupe de vérifier le bien-fondé de ce qu'on lui dit ne se laisse pas influencer et cherche à se faire une opinion par elle-même tout en écoutant les remarques ou les rapports qu'on lui fait. L'inclinaison de l'écriture est verticale ou renversée, ce qui indique le besoin de se fier à sa propre pensée. La fermeté du graphisme est aussi un bon indice d'indépendance d'esprit et de jugement. La capacité à se remettre en question n'implique pas de se laisser influencer par les opinions d'autrui. Ne pas prendre tout pour argent comptant est souvent une attitude de protection fondée sur l'expérience. La naïveté de la jeunesse, si elle va de pair avec l'optimisme et la générosité, ne résiste pas totalement à la maturité. En général, l'écriture devient plus sobre et ne s'emballe plus dans sa forme ou dans la direction de ses lignes. La signature la plupart du temps se simplifie.

Se connaître

En évoluant, on apprend aussi à se connaître. Les impulsions sont moins fortes et le contrôle d'une façon générale est plus présent. On le trouve dans l'écriture avec les mouvements contrôlés ou barrés et des finales sobres. Les proportions entre les trois zones du graphisme s'équilibrent et se recentrent au profit du Moi et de l'investissement au quotidien. Les grands idéaux se traduisent alors par une implication dans des associations diverses dont les buts sont plus concrets que les grandes envolées lyriques des rêves adolescents. Se connaître ou connaître mieux les autres n'implique pas nécessairement un égocentrisme protectionniste, il s'agit plutôt de voir les choses avec un peu plus de réalisme.

Les scrupuleux

En excès, la méfiance confine aux doutes permanents, aux retours sur soi qui ne sont pas des remises en question mais des ruminations sans fin. Si cette méfiance s'exerce sur autrui, cela se traduira par un esprit de vérification qui peut, dans le domaine professionnel, être nuisible au travail d'équipe. Un tel responsable ne sait ni ne peut déléguer tant il se méfie des autres, il peut rendre la vie insupportable à ses subordonnés en les maintenant dans une position d'éternels apprentis. L'ensemble du graphisme est plutôt sinistrogyre, a tendance à retourner vers la gauche, ce faisant, il sape sa progressivité dextrogyre, qui est la direction naturelle de l'écriture quand elle va de la gauche vers la droite. La forme est étrécie, l'ensemble compact et on observe beaucoup de traits couvrants et de retouches qui indiquent les retours en arrière, les vérifications, les doutes ; si le graphisme semble enlisé, alors la méfiance est excessive et peut s'avérer nuisible.

Avez-vous tendance
à vous replier sur vous-même ?

La maturité amène en général un certain retrait vis-à-vis du monde, une réflexion, voire un renoncement.

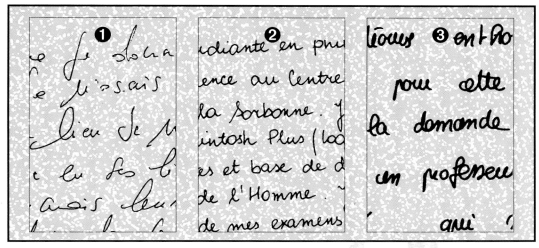

Interprétation

❶ Le trait léger, les grandes volutes, les majuscules gonflées traduisent un caractère hystéroïde qui vit dans et par le regard des autres, dont il est dépendant. Le repli sur soi n'est pas exactement son fort.

❷ Écriture calligraphique, soignée, un peu affectée et lente. Le trait est net, ce qui indique une défense vis-à-vis de l'extérieur. De la réflexion et un certain repli sur soi qui favorise l'introspection.

❸ Écriture espacée, inégale, flottante avec un trait épais. Des contradictions dans cette personnalité qui a tendance à se replier sur elle-même du fait d'une anxiété importante, mais un désir de communiquer par ce trait nourri.

Un léger repli sur soi permet l'introspection et la capacité à se remettre en question en se mettant à distance du monde afin de vérifier ses positions et ses engagements. Le repli sur soi peut aussi correspondre à de l'anxiété, et même à un refus de la vie.

En scène
Certaines personnes sont totalement extraverties et ne vivent que dans le regard des autres et dans l'instant. Bien sûr cela donne un certain allant et une sociabilité parfois enviable, mais à partir d'un certain âge cela implique un manque de sérieux et d'approfondissement. S'ouvrir au monde est une bonne chose, mais savoir s'en distancer est un signe de maturité. Les écritures légères, virevoltantes, rapides et imprécises avec des gonflements sont de type hystéroïde et traduisent un besoin permanent de séduire qui implique de vivre par le regard de l'autre. Aucune référence interne ne structure la personne qui évolue au gré des circonstances et des rencontres.

Saturne
Une discrète présence de Saturne dans l'écriture est positive. Elle indique la capacité à réfléchir, à prendre du recul vis-à-vis des influences du monde extérieur afin de faire des choix libres et adultes. L'écriture sera petite, avec des angles et des bâtonnements. Le mouvement est contenu, voire conduit avec raideur. L'axe est plutôt vertical et l'ordonnance rigide. Le contrôle domine une personnalité qui se remet beaucoup en question et réfléchit beaucoup. La tendance à la rumination intellectuelle entraîne parfois un repli et une difficulté à communiquer. Nombre de penseurs sont de type saturnien, et ce repli correspond à un besoin de solitude nécessaire.

Noir et blanc
En excès, Saturne rigidifie totalement un graphisme, traduisant ainsi un sentiment intérieur de solitude et de repli dont la personne ne peut se dégager. Quelque chose est noué chez elle, qui ne lui permet pas de s'ouvrir et de communiquer. L'individu pense beaucoup mais a du mal à agir. Le tracé est lent, cabossé, anguleux et saccadé. L'anxiété et les tourments intérieurs sont gardés secrets. Le repli sur soi ne permet pas ici de rebondir vers l'extérieur, il est subi et difficilement surmonté. Le graphisme est noir, condensé et les blancs sont obturés le plus souvent. Inversement, on retrouve des signes de repli sur soi importants dans le cas où les blancs sont dominants et excessifs. Les écritures très espacées traduisent le repli sur soi et l'isolement sans que la pensée y soit pour quelque chose. Il s'agit ici d'une difficulté essentielle à s'ouvrir à autrui. L'isolation peut revêtir un caractère dramatique qui handicape sérieusement toute capacité d'adaptation. Caractéristique de ce genre de repli, la présentation typographique, quand elle n'est pas portée par une forme et un mouvement solaire. Les marges sont trop grandes et la personne semble isolée et fixée dans un temps qui ne comporte ni référence au passé ni projection dans l'avenir. Le lien avec autrui est difficile, voire impossible, et l'imaginaire tend souvent à envahir le psychisme.

Comment s'exprime
votre besoin de protection ?

L'être humain a besoin pour vivre de protection tant sur le plan psychologique que physiologique.

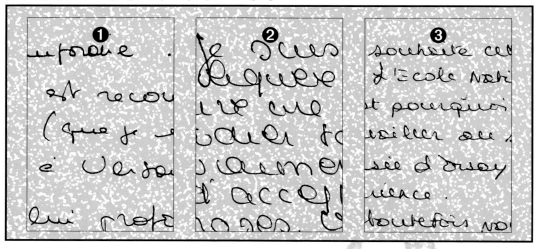

❶ ❷ ❸

Interprétation

❶ L'écriture est coulante, personnalisée et rythmée. Le trait est inégal et parfois très léger. Probablement bien affirmé dans le domaine professionnel, c'est plutôt dans l'affectif que s'exprime le besoin de protection.

❷ Grosse écriture, envahissement et trait trop fin pour supporter cette dimension. Personnalité orale et dépendante dont les moyens de protection sont liés à l'entourage et à la nourriture (boulimie).

❸ Écriture qui semble tricotée. Tenue de ligne raide, très liée et au mouvement contrôlé. Besoin de protection. Peu de souplesse mais du courage.

Ce besoin est donc une donnée fondamentale de l'existence qui s'exprime aussi sur le plan psychologique. Certains vont plutôt trouver en eux-mêmes leurs défenses, plus ou moins adaptées, d'autres auront davantage besoin d'autrui et d'un entourage amical, affectif ou familial important.

Un idéal à atteindre

Le bon équilibre entre des défenses internes suffisantes et un recours à autrui permettant une vie sociale et affective enrichissante est un idéal auquel beaucoup aspirent. Cet équilibre est toujours remis en question, mais il représente un bon critère de maturité. L'écriture sera ferme, avec une forme structurée, une tenue de ligne souple et une mise en page organisée. Le mouvement est présent ainsi que des nuances qui se marquent par des inégalités. Le trait nourri indique de la sensibilité et de la réceptivité. Le besoin de protection est adapté et se nourrit de la force de l'individu qui sait trouver en lui-même ses ressources.

Une forteresse

Ceux qui bâtissent exclusivement leur système de protection en comptant sur eux-mêmes risquent de se raidir. Leurs mécanismes de défense seront peut-être fonctionnels mais ils risquent de les couper du monde, et leur protection devient une armure contre l'ingérence d'autrui. Tout ce qui n'est pas eux est rejeté ; ce qui les maintient aussi dans une position assez narcissique. Plus que de la fermeté, c'est de la raideur que l'on retrouve. Les marges sont tirées au cordeau, les lignes sont horizontales et ne dévient pas de leur tracé qui peut ressembler à des plates-bandes ou à un rouleau compresseur en action. Le trait est net, imperméabilité au monde extérieur, et la forme est hyperstructurée avec en parallèle très peu de mouvement.

Les dépendants

D'autres dépendent exclusivement de leur entourage pour se sentir en sécurité. Bien sûr, chacun d'entre nous a plus ou moins besoin des autres mais certains semblent vis-à-vis d'autrui exactement comme le bébé qui vient de naître. Certains adultes perpétuent ce type de détresse infantile et se nourrissent, presque au sens propre, des apports et du soutien affectif des autres. Ils ont constamment besoin d'être en rapport avec autrui mais il n'y a pas d'échange, car ils se trouvent dans une position de demande et non pas de don. Ils sont dépendants des autres, tout comme d'autres dépendent de produits toxiques.

Leur écriture est narcissique, c'est-à-dire arrondie, structurée mais immobile et assez raide avec un trait sec. Elle peut aussi être orale et moins structurée, voire hypostructurée avec un mouvement flottant, un rythme peu marqué et des espacements trop importants et irréguliers. Le trait est alors plus flou, poreux, ce qui indique la perméabilité et le manque de défense vis-à-vis du monde extérieur. En effet, il y a peu de discernement ou de prudence en ce qui concerne les personnes ; ce qui importe, c'est leur présence, leur nombre, mais pas nécessairement leurs qualités.

Pensez-vous être quelqu'un de secret ?

Certaines personnes cultivent le goût du mystère, soit qu'elles aiment préserver leur jardin secret, soit que des inhibitions particulières les restreignent sur le plan de l'expression.

INTERPRÉTATION

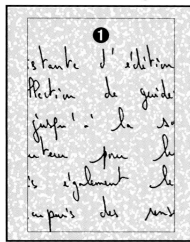
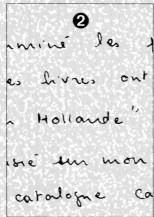

❶ ... **❷** ... **❸** ...

Interprétation

❶ Petite écriture, fine, cérébrale, verticale : tout laisse supposer une grande pudeur dans les sentiments. Personne qui se livre peu, non par modestie, mais par réticence personnelle à parler de soi.

❷ Petite écriture claire, sobre, nette. Ici non plus il n'y a pas d'épanchements intempestifs. Pudeur, mais aussi difficultés peut-être dans le domaine affectif. Une sublimation a été trouvée dans le domaine artistique.

❸ L'écriture est étrécie, comporte de nombreux traits couvrants. Les espacements entre les mots sont importants. Réticence à parler de soi et goût ou habitude de taire certaines choses par prudence.

La première question à se poser : le graphisme est-il impressif ou expressif ? Expressif, il est spontané, souple, avec un mouvement dominant qui indique que la personne laisse parler ses émotions ; elle accorde même une valeur à la notion de spontanéité tant que celle-ci est franche, authentique.

Évidemment, il convient que cette spontanéité ne soit pas synonyme d'un relâchement, d'un flottement général du graphisme qui, dans ce cas, devient l'expression d'un laisser-aller foncier. Le trait est en général plutôt pâteux car les échanges sociaux se font bien, avec une capacité d'écoute et de réponse. La guirlande traduit l'accueil et le goût de la communication, avec la possibilité de parler de soi sans inhibitions particulières ou trop importantes.

Impressif

Un graphisme impressif accorde plus d'importance à l'impression qu'il veut donner, de ce fait il sera contrôlé, avec une forme plus dominante qui cherche à dompter le mouvement afin de le canaliser. On aura peut-être une écriture stylisée, de type scolaire, avec fréquemment une signature qui ne se laisse pas oublier. Dans ce cas, la personne accorde de la valeur au *self-control,* aux notions de courage et de pudeur. La communication peut se faire mais la spontanéité n'est pas essentielle. Le trait sera plus défendu, il livre moins ses émotions, donc plus secret. On trouvera plutôt l'arcade, indice de construction, de protection et de secret que la guirlande.

Secret

En revanche, on a plus d'inhibitions dans le cas d'un graphisme qui, en plus des caractéristiques décrites plus haut, comporte des traits couvrants et des étayages nombreux. Ce retour en arrière qui repasse sur la lettre précédente est l'indice d'une restriction mentale qui est due à une anxiété quant à ses pensées, sentiments ou émotions. L'individu a tendance à ruminer, à hésiter, à se demander sans cesse s'il doit dire ou ne pas dire ce qu'il pense. Il peut compenser cette incapacité à s'exprimer par une écoute qui le dispense de parler lui-même, mais qui l'entoure d'une aura de mystère ; ce qui peut perturber autrui, mais aussi lui donner une importance et le pouvoir dû au secret dont il s'entoure plus ou moins volontairement. L'aspect général du graphisme comporte néanmoins trop de signes d'anxiété, laps, pochage et compacité ou, au contraire, espacement exagéré pour ne pas conclure à un état anxieux qui limite l'épanouissement du sujet.

Mensonge

Dans certains cas, l'insincérité est à l'origine de ce goût du secret. On trouve alors d'autres signes graphiques comme la confusion des lettres, qui ne se distinguent pas toutes les unes des autres. L'étroitesse des lettres, le trait couvrant, une signature très différente du texte. Des lettres suspendues, une écriture qui peut être artificielle ou en tout cas acquise. Des initiales agrandies et trop soignées qui indiquent le désir exagéré de faire bonne impression.

Réalisez-vous vos projets ?

Réaliser ses projets, c'est suivre une vocation ou, tout simplement, être capable d'entreprendre et de mener à bien ses objectifs dans la vie quotidienne.

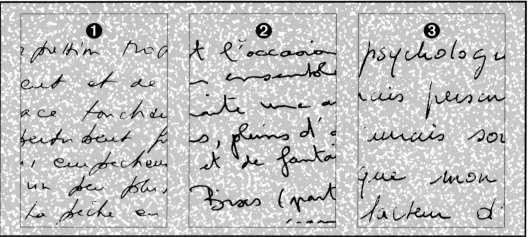

Interprétation

❶ Le mouvement barré, dynamique, la zone médiane proportionnée par rapport aux zones haut et bas, l'appui, tout cela indique un désir d'entreprendre et des capacités de réalisation.

❷ Les capacités de réalisation transparaissent ici dans l'appui, la liaison filiforme, l'étalement (besoin de conquête) et la rapidité de l'écriture.

❸ Le graphisme est clair, proportionné, souple mais contrôlé, avec de bons espacements entre les mots et les lignes. Réalisme, capacité de réalisation et goût des rapports humains se lisent dans l'écriture.

La motivation se voit dans une écriture qui a un mouvement. Ce mouvement peut être contrôlé, retenu, barré ou dynamique. Une force se dégage du graphisme, qui semble mû par un projet. La pression sur le papier est plutôt forte et signale une personne qui s'investit et qui s'implique dans le concret. Le graphisme ne doit pas être trop timoré, léger ou stagnant. La fermeté, l'élasticité dominent, indiquant une personnalité mature, qui a trouvé son rythme.

Le réalisateur est celui qui, une fois son projet défini, va chercher à le mettre en œuvre. C'est dans la réalité, et plus seulement en pensée, qu'il va falloir construire. Dans l'écriture, c'est l'importance de la zone médiane qu'il faut considérer. Elle doit être ferme et équilibrée par rapport aux autres zones. Les simplifications, les combinaisons qui vont dans le sens d'une plus grande rapidité de l'écriture indiqueront l'intelligence pratique, l'inventivité. La liaison ou les groupements seront signes de persévérance et de capacité de déduction. La souplesse de l'écriture et la tenue de ligne marquent l'adaptation, le fait d'être à même d'agir en fonction des réalités et non de ce que l'on a prévu. Cette aptitude se voit dans un graphisme plutôt mobile et rapide. Une trop grande régularité indique un esprit qui ne peut sortir du cadre qu'il s'est fixé, quitte à vouloir changer l'environnement au lieu d'adapter ses stratégies aux situations.

La marge de droite
Le réalisateur, enfin, va jusqu'au bout de ce qu'il entreprend, il termine ce qu'il a décidé de faire. Deux points surtout sont à considérer dans l'écriture de ce point de vue : la mise en page (surtout la marge de droite), les hampes et les jambages. La marge de droite doit être petite et souple. Les écritures qui butent contre le bord droit de la feuille signalent un manque d'organisation, une incapacité à prévoir les choses. Inversement, une trop grande marge de droite indique la peur de l'avenir. Attention, toutefois, aux écritures de jeunes qui, débutant dans la vie, peuvent légitimement craindre l'avenir. On demande toujours l'âge du scripteur lors d'une analyse graphologique.

Les rêveurs
Les hampes trop grandes et disproportionnées par rapport à la taille de la zone médiane sont le signe d'une insatisfaction et d'une attirance pour des domaines spirituels ou intellectuels. Si la zone médiane ne fait pas contrepoids, il y a risque de projets chimériques qui ne seront jamais réalisés. Les boucles, particulièrement si elles sont en ballon et ne reviennent pas sur la ligne médiane, indiquent l'imagination utopique. Les boucles des jambages doivent remonter sur la ligne de base afin d'indiquer un esprit réalisateur. Les jambages lâchés sont un signe de paresse et de laisser-aller.

D'une manière générale, les graphismes mous dans un contexte relâché et désordonné sont le fait de personnes qui sont dilettantes et peu déterminées.

Quel est votre rythme de travail ?

Certains ont besoin de varier leurs objectifs pour donner le meilleur d'eux-mêmes. D'autres, plus réguliers, sont des travailleurs au long cours.

INTERPRÉTATION

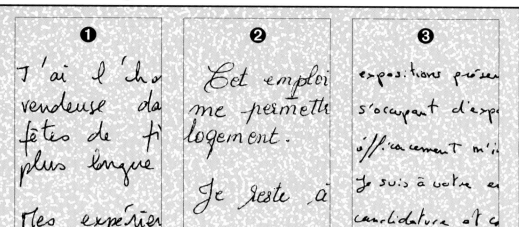

❶   ❷   ❸

Interprétation

❶ Écriture nuancée, ferme et appuyée dans une mise en page ordonnée : engagement dans le travail, motivation dans le renouvellement d'intérêt et sérieux dans le suivi.

❷ De l'application, une certaine lenteur due au désir de bien faire. Le rythme de travail doit être régulier, mais a besoin d'un cadre assez rigoureux car peu d'initiative.

❸ Écriture de nerveux tiraillée et vibrante. Très à l'aise dans ce qui est nouveau et varié, mais un manque de suivi et une difficulté à s'engager réellement.

Le rythme de travail du nerveux est en dents de scie. C'est un actif de motivation et non de nature. Il peut s'enthousiasmer pour une idée ou un projet nouveau et son engagement professionnel sera important, mais pas nécessairement sur le long terme, et de toute façon pas s'il s'agit de tâches répétitives.

L'écriture du nerveux est nuancée, c'est-à-dire légèrement irrégulière dans la dimension, l'inclinaison, la direction et la continuité. Ces inégalités, qui restent discrètes, signalent la sensibilité et la réceptivité. Le trait est moyennement appuyé, ce qui signale l'engagement mais aussi la réflexion et l'attention portée à ce qui se passe en soi et autour de soi. La tenue de ligne peut être sinueuse,

ce qui signale l'adaptation mais aussi la fatigue car ces personnes tiennent souvent un rythme au-dessus de leurs capacités ; de plus, leur émotivité naturelle les prédispose au stress et aux coups de pompe.

Le flegmatique
L'émotivité ou la non-émotivité tient une grande place dans la capacité de soutenir un rythme de travail régulier et à long terme. Le flegmatique est efficace et concentré. Il est patient et en général persévère dans la poursuite de ses objectifs. Sa stabilité lui permet d'être d'une humeur égale et de ne pas être sujet à de brusques pertes d'énergie. C'est un être réservé sur qui l'on peut compter et qui ne cherche pas à briller. Son activité est naturelle : il est plutôt stimulé par les obstacles et surtout reprend rapidement ses

forces après l'action, contrairement aux tempéraments nerveux. L'écriture du flegmatique est appuyée, ferme et tendue sur la ligne de base. La coulée d'encre ne présente pas d'inégalités (signes d'émotivité) et le mouvement est contrôlé mais reste progressif.

Les passionnés
Certains caractères plus passionnés ou qui éprouvent le besoin constant de se dépasser ont un rythme de travail intense, stimulant ou éprouvant pour l'entourage suivant les cas. Une certaine agressivité les anime, ils sont stimulés par les obstacles car l'action est pour eux un moyen d'expression et de dépassement. Ils se sentent appelés à faire front, soit pour dépasser leurs conflits intérieurs, soit pour prouver aux autres ce qu'ils sont. Leur écriture présente sou-

vent un mouvement barré et dynamique avec un trait appuyé. On remarque des finales longues et acérées ou des barres de « t » surplombantes. L'écriture est toujours intense.

La fuite
D'autres enfin se réfugient dans leur travail, soutenant un rythme effréné mais pas nécessairement efficace. Ils se jettent dans l'action afin d'oublier leurs problèmes mais courent le risque de s'épuiser et d'être un jour submergés par la confrontation avec eux-mêmes.
Ceux-là dépriment le dimanche et durant les vacances car leur rythme est perturbé. Ils ont une écriture de fuite, souvent filiforme, légère, rapide et déstructurée.

221

Savez-vous prendre une décision ?

Il n'est pas toujours facile de faire des choix. Certains se décident quoi qu'il leur en coûte, alors que d'autres tergiversent et restent indécis.

INTERPRÉTATION

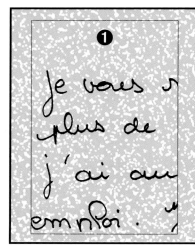

❶ *Je vois ⌐ plus de j'ai au emploi . ⌐*

❷ *Mère de la maison sitaire ou maintenant a raison f*

❸ *Je suis étudia ai ma licence DEUG. à la S sur Macintos t de textes et s Sciences de l'*

Interprétation

❶ La mollesse du tracé, la mise en page envahissante et l'étalement associés à des jambages atrophiés indiquent une immaturité de la personne, qui rend difficile les prises de position.

❷ La fermeté du graphisme, le trait net, l'axe vertical marqué traduisent un caractère volontaire, voire autoritaire (quelques jambages en triangle). Personne qui s'engage.

❸ Le trait net et fin, une écriture structurée et assez ferme traduisent la volonté, la capacité à prendre des décisions d'une personnalité évolutive.

C'est de la capacité d'affirmation que dépend la possibilité de prendre des décisions. L'âge n'entre pas vraiment en ligne de compte, car certains, très jeunes, savent ce qu'ils veulent faire de leur vie et s'organisent de façon à réaliser leurs objectifs.

Un axe vertical marqué
Dans l'écriture, cette capacité se traduira d'abord par une fermeté générale du graphisme et une forme structurée. L'axe vertical, constitué par les hampes et les jambages, est marqué. Les jambages surtout seront fermes, appuyés et proportionnés au reste de l'écriture.
Si les jambages sont courts, rabougris, mous ou tordus, cela indique que la personne a du mal à s'affirmer. Trop marquée par son passé, trop infantile, toute prise de posi-

tion l'inquiète car il s'agit toujours d'une prise de risque. Elle préfère conserver plutôt qu'innover.

L'appui et l'engagement
Les écritures tiraillées, c'est-à-dire tantôt inclinées à droite, tantôt verticales ou renversées, indiquent une indécision fondamentale qui ne permet pas à la personne de faire des choix.
Si l'écriture est légère et passive, cela indique que la personne ne s'affirme jamais et préfère ne pas prendre position ni surtout s'engager.

Réflexion
C'est dans une certaine solitude que l'on est amené à faire des choix, même si l'on écoute les avis et l'expérience d'autrui pour se faire une opinion. Réflexion, retour sur soi et capacité à faire le point se remarquent dans une écriture assez compacte, en arca-

de à tendance étrécie. Tous ces signes indiquent une propension à la solitude ou à l'introversion. Cela indique aussi que les choix ne sont pas impulsifs, mais réfléchis.

Personnalisation de l'écriture et cohérence de la personnalité
La personnalisation et l'homogénéité de l'écriture sont aussi des signes importants de maturité. Une écriture est personnalisée quand elle se démarque du modèle scolaire, soit par simplification comme des bâtonnements par exemple, soit par originalité. Cela indique que l'individu a su marquer sa différence. L'homogénéité est une composante globale qui traduit un accord entre tous les éléments de l'écriture. Elle traduit une cohésion intérieure et la liberté d'une personne qui a su trouver son propre rythme. Une écriture homo-

gène est une écriture reconnaissable, c'est-à-dire qu'en la voyant on l'identifie comme étant celle de telle ou telle personne.
Il est bien entendu que l'on écrit différemment suivant qu'il s'agit de notes prises rapidement ou d'une lettre de candidature. Mais, dans ce cas, on considère chaque document pour lui-même, les notes étant toujours écrites à peu près de la même façon pour un individu et les lettres de candidature étant, elles aussi, écrites sur le même modèle. Chacun d'entre nous se conduit différemment suivant qu'il est seul chez lui, avec des intimes ou lors d'un dîner à l'extérieur. Il n'empêche que l'on reste soi-même dans chacune des situations.

Savez-vous gérer votre budget ?

N'aimant pas jeter l'argent par les fenêtres, vous prévoyez l'avenir sans vous priver. Vous avez trouvé l'équilibre entre une appréhension excessive de l'avenir et une gestion réaliste.

INTERPRÉTATION

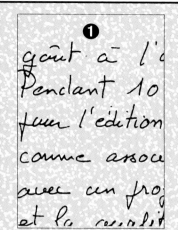 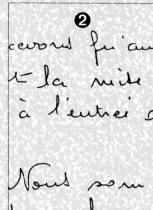 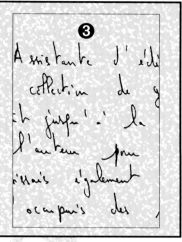

❶   ❷   ❸

Interprétation

❶ La marge de gauche est très ferme, la marge de droite marquée dans un ensemble aéré où le noir domine. Le trait est net, on remarque un rythme de répartition des masses graphiques. Esprit prévisionnel, organisé et prudent.

❷ Petite écriture simple, dans une mise en page assez conventionnelle. Une marge de gauche fermement tenue, une petite marge de droite souple. Le noir domine, mais les blancs circulent. Rigueur et organisation.

❸ Petite écriture fine et verticale. Marges de gauche et de droite très fermes. Les paragraphes, marqués et différenciés, indiquent une capacité d'organisation, un esprit prévisionnel et prudent.

Le principe de réalité domine le principe de plaisir chez l'adulte, contrairement au jeune enfant. L'apprentissage de la notion de temps et de patience permet de développer son sens prévisionnel. C'est pourquoi les bons gestionnaires savent aussi bien gérer leur temps. « Le temps c'est de l'argent. » Prévoir, c'est apprendre à garder, ne pas dépenser ou consommer tout tout de suite.

Celui qui a des difficultés avec l'argent, qu'il soit prodigue ou avare, aura aussi des difficultés avec le temps. L'avare sera plutôt exactement à l'heure, le prodigue peu soucieux des horaires.

Prudence et vision de l'avenir

Une gestion équilibrée se traduit dans l'écriture par un graphisme ordonné, avec une mise en page impeccable. Les signes de réflexion, de prudence et de capacités prévisionnelles sont nombreux. La marge de droite est marquée, indiquant la prudence et les paragraphes sont grands et réguliers. La marge de gauche est fermement tenue. Le noir domine le blanc, car ce n'est pas l'imagination qui règne, mais le réalisme. La ligne est tenue et la forme structurée. Le mouvement peut être dynamique, mais il comporte toujours des signes de retenue et de frein. Le contrôle domine, mais ne nuit pas à la souplesse d'un graphisme ferme sans être raide. Les signes de fermeture, jointoiements et enroulements, dominent les signes d'ouverture. Les lettres sont plutôt étrécies. On peut trouver du trait couvrant quand la plume repasse fidèlement sur ce qui vient d'être tracé au lieu de repartir aussitôt vers la droite. C'est un signe de prudence et de réflexion.

De l'alternance des noirs et des blancs se dégagent un rythme et une répartition équilibrée des masses graphiques. Des espacements assez grands entre les lignes indiquent que la personne prend du recul et voit loin.

Avare ou prodigue

Si la page est envahie, avec une écriture petite et noire, avec des lignes butant sur le bord droit, cela peut marquer des signes d'avarice. L'écriture est étrécie, compacte et, parfois, le scripteur tourne sa feuille afin d'écrire dans la marge pour ne pas utiliser de papier supplémentaire. Autrefois, le papier était très cher et cela pouvait se comprendre. Mais, aujourd'hui, c'est plutôt le signe d'un manque de savoir-vivre.

La fermeture de l'écriture indique la peur de manquer et de perdre en donnant ou en payant. On retrouve plus souvent l'arcade, qui cache, que la guirlande, qui accueille et dispense.

Inversement, si les blancs dominent largement, avec une écriture molle et trop ouverte, le principe de plaisir domine, la satisfaction immédiate est recherchée. La page peut être envahie : cela indiquera plutôt le manque d'organisation et le refus de se plier aux normes sociales, trop contraignantes. La personne est restée infantile et dit non à tout ce qui pourrait entraver sa liberté. L'imagination est importante. Certains artistes peuvent adopter ce style de mise en page.

Table des matières